AF295645

1883

LA VIE DROLATIQUE

DES SAINTS

Motteroz, Adm.-Direct. des Imprimeries réunies, B, Puteaux.

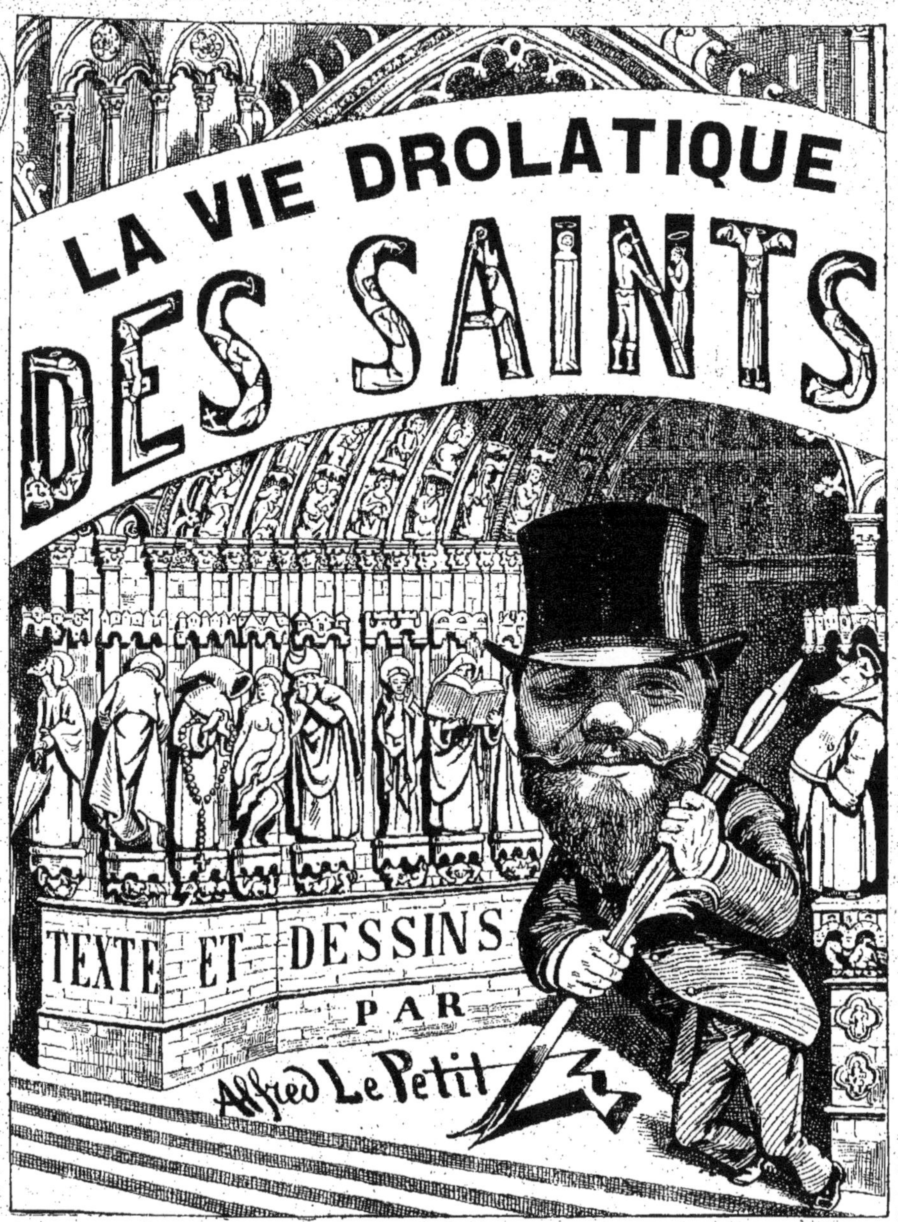

EN VENTE AU BUREAU DES PUBLICATIONS D'ALFRED LE PETIT, 128, RUE DE COURCELLES, LEVALLOIS-PERRET (SEINE)
ET CHEZ TOUS LES LIBRAIRES
1883
Tous droits réservés

CHRÉTIENS !!!

Ce n'est pas sans une secrète terreur que j'ai entrepris de vous raconter l'histoire véridique de tous les saints que l'Église vous propose comme modèles.

J'avais à peine commencé ce vaste travail, que mes nuits furent agitées par d'effroyables cauchemars. Les saints, irrités de mon audace, sortirent en foule de leurs tombeaux, et vinrent se livrer autour de mon lit à d'horribles danses macabres. — Oseras-tu donc, me criaient-ils d'une voix sépulcrale, venir troubler ainsi notre sainte et vénérable poussière ! ! ! ......
— Faut-il l'avouer ? Les premières nuits, je tremblais de tous mes membres ; une sueur froide coulait de ma figure contractée par la terreur ; mais on s'habitue à tout, et ces fantômes, qui m'avaient si fort effrayé, finirent par me sembler grotesques. Une nuit même, j'osai les apostropher : — Non ! m'écriai-je, vous ne m'en imposerez pas davantage, et je vais vous dire votre fait à tous. Toi, saint Hubert, qui te prétends le patron des chasseurs, tu ne fus jamais, en présence du gibier, qu'un insigne maladroit ; quant au gibier féminin, c'est une autre affaire, et je reconnais que pour celui-là, tous tes coups portaient juste. Toi et ton cochon, bon saint Antoine, vous ne fûtes que deux pauvres d'esprit, ne sachant pas plus lire l'un que l'autre ; toi, saint Crépin, un piètre cordonnier ; toi, saint Denis, un vulgaire farceur ; toi, saint Labre, un fainéant crasseux ; toi, saint Éloi, un roublard ; toi, saint Charlemagne, un monarque barbare et sanguinaire, mené par des moines ; toi, mon vieux saint Joseph, un mari cornu et content ; toi, grand saint Médard, un grand piss... » Mais je ne pus

continuer; la voix me rentra dans la gorge. Saint Médard venait de me renverser son arrosoir sur la figure, et je me sentis suffoquer par cette douche inattendue. Je n'en fus pas quitte comme cela; tous les saints en fureur poussaient des hurlements dignes de l'enfer; saint Hubert me mettait en joue avec une arbalète; saint Denis agitait sur ma figure sa tête ensanglantée; saint Antoine et son cochon grognaient effroyablement. Saint Éloi suspendait sur ma tête une énorme enclume au bout d'une ficelle, pendant que saint Charlemagne, qui était près de lui, faisait de terribles moulinets avec sa large épée; saint Joseph, semblable à un taureau furieux, faisait mine de se précipiter sur moi pour m'enfoncer ses cornes dans le ventre; saint Labre, entièrement nu, mais dont la pudeur était préservée par une énorme couche de crasse, secouait sur moi l'ignoble haillon qui lui servait de chemise, et je sentais ses horribles habitants me sucer avidement tous le corps pour venger leur maître. Pendant ce temps, un bruit strident, diabolique, assourdissait mes oreilles; on aurait dit une succession rapide, éffrénée, de notes aiguës et graves qui couraient les unes après les autres, entremêlées de grincements de machines mal graissées; c'était sainte Cécile qui tournait avec une rapidité vertigineuse la manivelle d'un orgue de barbarie.

Je ne savais véritablement plus à quel saint me vouer, lorsqu'il me vint une idée *lumineuse :* je me levai précipitamment, et allumai la chandelle. Ce moyen me réussit très bien, tous mes saints disparurent sur-le-champ, ce qui me démontra clairement que ces messieurs n'aiment pas la lumière.

Maintenant, chrétiens, qui fûtes mes frères, mais qui ne l'êtes plus, voulez-vous savoir par quelle suite de circonstances je fus amené à faire ce livre? Je vais vous le dire en deux mots. Enfermé dès ma jeunesse dans un petit séminaire, je fus bourré de latin, de grec, et de religion catholique. Je sortis de cette prison, juste au moment où un fin duvet commençait à poindre sous mon nez. Avant mon départ, un vénérable abbé me fit présent d'un scapulaire en m'assurant que, tant que je le conserverais sur moi, il me préserverait de tout péché. Comme bien vous pensez, ce précieux scapulaire ne me quitta plus ; mais un jour, jour fatal, l'un des rubans cassa ; ne sachant pas coudre, je fus le porter chez une couturière qui me le garda plusieurs jours. Pendant ce temps, le diable profitant de ce que je n'avais plus mon talisman, m'induisit en tentation. Hélas ! c'était un diable aux ongles roses, ayant de longs cheveux blonds, je succombai..... Effrayé des suites que cet horrible péché pouvait avoir pour mon salut, je résolus de vivre désormais comme un saint. A cet effet, j'étudiai la vie de tous les bienheureux pour y choisir un modèle. Ce que je consultai d'auteurs grecs et latins est incalculable ; le résultat de ces études fut une désillusion complète ; au lieu des gens vertueux que je m'attendais à y rencontrer, je vis des prélats ou des moines, ne cherchant qu'à abrutir les peuples pour s'enrichir, et à dominer les rois au profit de leur ambition ; des mères de familles abandonnant leurs enfants pour se vouer à Dieu, ou le plus souvent pour suivre quelque prélat galant, et dépouillant leurs fils pour enrichir les églises ; des scélérats, comme saint Dominique, mettant tout à feu et à sang pour imposer aux autres leurs croyances absurdes ; des extravagants, se figurant être très agréables à Dieu en se livrant aux actes les plus grotesques, comme saint Siméon le Stylite qui resta quarante ans sur le haut d'une colonne perché sur un seul pied ; de pauvres femmes hystériques, se livrant au mystique dévergondage d'une imagination en délire ; de jeunes filles, faisant vœu de chasteté, lorsque Dieu, lui-même, d'après l'Écriture-Sainte, a dit : « Croissez et multipliez » ; des malheureux, fanatisés par leurs prêtres, aimant mieux se laisser mettre à mort que de renoncer à toutes les billeve-sées dont leur cervelle est farcie. Ces exemples me dégoûtèrent complète-ment du métier de saint, et je préférai rester simplement honnête homme.

Si l'étude approfondie de la vie des saints me donna l'envie de ne pas les imiter, en revanche, elle m'amusa beaucoup, et je résolus de faire un livre qui renfermerait ce qu'elle contient de plus curieux ; je m'attachai surtout à arracher le masque à tous ces béats personnages, et à les peindre tels qu'ils ont été, et non tels qu'on nous les montre. Il y a dans cette Vie des Saints tant de légendes, de romans et de contes merveilleux, que leur ensemble constitue un livre des plus curieux.

En lisant les récits fantastiques dont pullule ce livre, on sera stupéfié de l'audace qu'avaient les pieux auteurs, de les donner comme véridiques ; mais on le sera bien davantage en pensant que, même de nos jours, il se trouve encore des gens pour y croire.

La vie écrite de la plupart des saints, n'est que le résultat de narrations qui étaient imposées dans certaines communautés, avant le xvᵉ siècle, à des religieux novices, pour exercer leur style. Les meilleures narrations, c'est-à-dire celles qui renfermaient les faits les plus extraordinaires et les plus propres à frapper les imaginations superstitieuses, furent considérées par les moines comme une émanation du Saint-Esprit, et données aux fidèles pour authentiques. A l'abbaye de Solesmes, cette fabrication de saints eut lieu sur une grande échelle.

Cher lecteur, ce que tu viens de lire est la préface de mon livre ; je me suis bien gardé de lui en donner le titre, pour lui éviter, s'il se peut, le sort réservé à toutes les préfaces, celui de n'être pas lu.

Aimable lecteur, ne t'avise pas de croire, d'après mon style burlesque ou drôlatique, que ce qui est écrit ici ne soit que contes et fariboles ; mais sache que tout cela est puisé aux sources les plus historiques ; j'ai adopté le système de Polichinelle, qui est de dire la vérité en riant.

Précieux lecteur, Je te salue avec respect,

Adorable lectrice, je t'embrasse avec effusion.

ALFRED LE PETIT.

LA VIE DROLATIQUE
DES SAINTS

29 JUIN. — **SAINT PIERRE,** *prince des Apôtres, patron des Portiers.*
— Saint Pierre a la gloire d'avoir provoqué le calembour sur lequel Jésus a
fondé le christianisme : « *Tu es Pierre, et sur cette pierre j'édifierai mon
Église.* » Singulière façon d'inaugurer une religion !

Notre saint qui, s'il faut en croire le jeu de mots du Christ, avait la tête plus dure qu'un caillou, était un ancien pêcheur de poissons que le fils Dieu transforma en « *pêcheur d'hommes.* »

Les « pêcheurs d'hommes », appelés plus communément apôtres, composaient un tas de vagabonds, lesquels, sous la conduite d'un mauvais sujet échappé de chez son père, charpentier nommé Joseph, s'imaginèrent de fonder un culte, dont les adhérents prenaient l'engagement de partager leurs biens avec nos roublards. Ceux-ci mettaient même un tel acharnement à veiller à ce que pas un liard ne leur échappât qu'ils n'hésitèrent pas, sur l'ordre de Pierre, à mettre à mort deux nouveaux convertis, *Ananie et Saphire*, qui avaient eu l'audace de garder quelque argent pour eux. Cet assassinat, l'Église l'appelle un miracle; passons. Pierre fut le premier apôtre du Christ, son bras droit, son confident, ou plutôt son compère dans les tours de passe-passe que notre Seigneur exécutait sous le nom de miracles; son interlocuteur dans les boniments de foires qu'il appelait paraboles. Mais, contrairement au proverbe : les loups ne se mangent pas entre eux, Pierre renia par trois fois son maître quand il le vit aux mains de la justice. Ce qui ne l'empêcha pas de verser d'abondantes larmes quand Jésus fut crucifié.

Après l'exécution de leur chef, les apôtres s'éparpillèrent, comme un vol de corbeaux, dans tous les pays du monde — voire même dans l'Amérique que Christophe Colomb n'avait pas encore découverte — y racontant, sur leur passage, que Jésus était ressuscité après sa mort, qu'il leur était apparu, qu'il avait fait descendre le Saint-Esprit sur leur crânes, et autres balivernes, qui forment la base de notre sainte religion. Pierre, lui, partit pour Rome, où il accomplit une foule de prodiges; guérissant les malades rien qu'avec son ombre, réconciliant les gendres avec leurs belles-mères, transformant en palais superbes les pauvres masures le long des murailles desquelles il... s'arrêtait. A cette époque, vivait à Rome un magicien nommé Simon, lequel avait l'audace d'opposer les prestiges de la magie aux miracles de Pierre. Ce Simon, entre autres merveilles, prétendait monter au ciel avec des ailes en carton qu'il faisait manœuvrer à l'aide d'un fort éventail. Pierre s'écria que c'était une blague et que les meilleurs miracles étaient ceux de la maison Jésus, père et fils, pour laquelle il voyageait. Pour les mettre d'accord, l'empereur Néron mit les deux rivaux en présence dans un cirque. Simon commence son ascension et s'élève très haut. Pierre, vexé comme un dindon, se jette à genoux et prie. Le magicien dégringole et se casse les jambes. Les auteurs sacrés attribuent cette chute à l'intercession de Pierre auprès de Dieu. Nous croyons plutôt que la mécanique du magicien s'était détraquée. Malgré cela, Néron fit crucifier saint Pierre, qui demanda à l'être la tête en bas.

Néron accepta ; en bas ou en haut, peu lui importait, pourvu que le résultat fût le même. La basilique de Saint-Pierre de Rome a été construite sur l'emplacement même où le martyr n'est pas enterré — attendu qu'il n'est jamais allé à Rome. C'est pour cela que les papes s'intitulent tous successeurs de saint Pierre. N'importe ; les vertus de notre saint lui ont valu la place de concierge du paradis, dont il ouvre les portes aux âmes des justes. Puissent les vôtres y carillonner le plus tard possible. Mais qu'elles ne se présentent pas à des heures indues. Passé minuit, saint Pierre n'ouvre plus. Ainsi soit-il !

29 JUIN. — **SAINT PAUL**, *apôtre des Gentils — rien de Louis Veuillot.* 1ᵉʳ *siècle*, 68. — Saint Paul naquit on ne sait où. A Giscale, petite ville de la Galilée, ou à Tarse, en Cilicie. Lui se prétend citoyen romain. Ce qui est incontestable, c'est qu'il réalisait le païen le plus endurci qui fût jamais. Son père, qui était pharisien, l'envoya à Jérusalem suivre les leçons d'un certain *Gamaliel,* une sorte de professeur de droit de l'époque. Paul puisa dans l'en-

seignement de son maître une haine profonde contre les chrétiens... et un amour non moins profond pour mademoiselle *Gamaliel*, dont il demanda la main. Mais la jeune fille refusa ses avances. Il faut dire que Paul n'avait rien de séduisant. Sainte Thècle nous dit « qu'*il était gros, court, large d'épaules; ses sourcils noirs se joignaient sur son nez aquilin, ses jambes étaient crochues, sa tête chauve, et il était rempli de la grâce du Seigneur.* » Si nous ajoutons à cela qu'il était très violent, que, comme le disent les Actes des apôtres — il respirait le sang et le carnage, nous comprendrons le refus de mademoiselle *Gamaliel* de s'unir à un aussi vilain coco. Paul, se voyant éconduit, se fit chrétien, de dépit. Les auteurs pieux attribuent cette conversion à un miracle, naturellement. Quoi qu'il en soit, Paul alla prêcher l'Évangile dans une foule de pays, brûlant effrontément ce qu'il avait adoré, élevant jusqu'aux nues ces chrétiens auxquels il jouait jadis tant de niches sanglantes.

Après des péripéties dont nous passons la description fastidieuse, Paul fut décapité par l'ordre de Néron. L'histoire prétend qu'il fut mis à mort le même jour que Pierre. Or, Paul dit que lorsqu'il comparut devant ses juges, « il n'avait été assisté par aucun des chrétiens; mais que tous l'avaient abandonné. » Si saint Pierre avait été à Rome, il eût été bien mal à lui de lâcher ainsi un confrère dans la peine. Saint Paul joue un peu, dans la religion dont il est un des pères, le rôle de l'enfant terrible. Ses épîtres nous montrent les premiers chrétiens sous des couleurs assez folichonnes. Il reproche aux femmes romaines d'aller entre elles et de se passer d'hommes. Il semble craindre que les Juifs convertis n'en usent de même. « *Si* — dit-il — *un circoncis est appelé à la nouvelle loi, qu'il ne se fasse point de prépuce.* » En effet, quelques israélites nouvellement baptisés, s'étaient pendus à la peau des poids, afin de se reconstituer un... état présentable. Saint Jérôme nie qu'ils aient pu se rallonger ainsi la... chose coupée à l'aide de poids. Longtemps plus tard, deux fanatiques, les P. P. Connig et Contu, voulant s'assurer de la chose, se firent circoncire, attendirent que la plaie fut cicatrisée et s'attachèrent à... l'endroit en question les poids les plus lourds, qu'ils enfermèrent dans des boîtes de fer blanc. Il se promenèrent ainsi pendant quarante-trois jours, ce singulier fardeau leur ballottant dans les jambes. Lorsqu'ils s'en délivrèrent Connig était presque recouvert. Quant au pauvre Contu, il n'avait gagné que trois lignes et demie, ayant probablement la peau moins élastique que celle de son compagnon.

30 JUIN. — SAINTE ÉMILIENNE, *vierge*. — Fille du sénateur Gordien — ne pas confondre avec le nœud du même nom — Émilienne fit vœu de virginité, ainsi que ses deux sœurs, Thrasille et Gordienne. Mais cette dernière jeta bientôt son bonnet par-dessus les moulins et perdit ainsi la place qu'elle devait occuper dans le calendrier, à côté de ses chastes sœurs. Celles-ci conservèrent, intact, leur capital. Thrasille, notamment, était d'une ferveur telle qu'elle s'était fait des calus aux genoux, à force de prier. C'est son oncle saint Grégoire le Grand qui l'a

constaté — nous aimons à croire que ce n'est pas en lui relevant les jupes. Thrasille mourut et apparut à sa sœur Émilienne, pour inviter notre sainte à venir tirer les Rois au ciel, le jour de l'Épiphanie. Émilienne se rendit à ces agapes célestes. Saint Pierre découpait, en ayant soin de laisser la part du bon Dieu. Émilienne, ayant avalé la fève pour chicaner, rendit l'âme immédiatement.

1er JUILLET. SAINT MARTIAL, *premier évêque de Limoges, 260.* — Il y avait une fois un saint évêque appelé Martial, qui vint à Limoges pour y enseigner la parole de Dieu. Son palais épiscopal était toujours entouré d'une foule d'infirmes et de malades. Ici un cul-de-jatte s'avançait avec des sauts de grenouille ; là un invalide privé de ses deux bras jouait sur la clarinette des airs de cantiques ; plus loin un caniche aveugle, conduit par son maître tenant dans sa bouche une sébile,

aboyait pour implorer la charité publique ; puis, c'était un défilé de

veaux à deux têtes, de moutons à cinq pattes, de cyclopes, d'hydrocéphales,
qui transformaient Limoges en une vaste cour des miracles. Martial, en effet,
faisait des prodiges. Tantôt, il chassait une multitude de diablotins du
corps d'un possédé. D'autres fois, à l'aide d'une simple imposition des mains,
il dégrisait un ivrogne. Mais le démon lui jouait quelquefois le mauvais tour
de mettre des bâtons dans les roues de ses miracles. Alors, au lieu de ressusciter les morts, le bon évêque faisait mourir les vivants ; ajoutait deux
bras aux culs-de-jatte et deux jambes aux manchots ; rendait la vue aux sourds
et l'ouïe aux aveugles ; bref, il s'emberlificotait dans tous ses miracles, à la
grande joie de Belzébuth. Martial s'apprêtait à déménager, quand Dieu le rappela à lui, vers l'an 260. On conserve encore ses reliques. On y remarque surtout un grand mouchoir sale, dans lequel les Limousins font moucher leurs
bestiaux. Il paraît que ça les guérit de la morve.

3 JUILLET. — SAINT ANATOLE, *Évêque de Laodicée*, IIIe siècle, 230. —
Saint Anatole, un des membres les plus distingués de l'académie des
sciences célestes, naquit à Alexandrie, en Égypte. Ses rares biographes le
représentent comme très fort en rhétorique, en philosophie, en physique, en
mathématiques, en astronomie et en grammaire. Ce qui provoque ces

réflexions : Si Anatole a été canonisé, c'est qu'il ajoutait foi à toutes
les bourdes de l'Église. Or que dire
d'un « astronome » s'inclinant devant
Josué, qui commandait au soleil de
s'arrêter ? D'un « mathématicien »
avalant le mystère de la sainte Trinité,
c'est-à-dire que trois personnes n'en
font qu'une ? D'un « philosophe »
adorant la divinité de Jésus ? D'un
« physicien » convaincu de l'authenticité des miracles ? La croyance à
toutes ces sottises prouve l'ignorance
complète du croyant, ou son imposture, s'il feint de croire. Dans les
deux cas, saint Anatole est fort peu intéressant. Ou c'est une canaille, qui,
pour jouir des béatitudes célestes a renié la science ; ou c'est un ignare, tout
au plus digne, comme « astronome » de montrer la Terre aux anges, à travers
le gros télescope de l'Observatoire du paradis.

4 JUILLET. — **SAINTE BERTHE,** *veuve*, vii° et viii° siècles. — S'il suffit d'être marâtre pour devenir sainte, Berthe peut passer pour l'une des plus grandes

des chrétiens. Fille de Rigobert, l'un des seigneurs de Clovis II, et d'Urfane, parente d'un petit roi de Kent en Angleterre, Berthe préluda à sa future canonisation en se faisant faire cinq filles par Sigefroy, son mari..... et plusieurs autres. A l'âge de quarante ans, rendue libre par la mort de son époux, elle prit le voile de religieuse à un monastère qu'elle avait fondé, et dans lequel elle contraignit ses deux filles, Gertrude et Déotile, à s'enfermer avec elle. Gertrude, surtout, qui était aimée d'un homme de qualité, nommé Roger, opposa à la violence de sa mère dénaturée une résistance désespérée... Mais les malheurs de cette pauvre sainte malgré elle méritent d'être chantés sur l'air de *Fualdès* :

Berthe dit d'une voix rude :
« Vous vous êtes fait aimer
» D'un garçon, nommé Roger. »
« Maman, répondit Gertrude,
En prenant un ton craintif,
« C'était pour le bon motif. »

La marâtr', d'un ton féroce,
Dit : « C't'amour sera proscrit
» Je veux, avec Jésus-Christ.
» Que l'on célèbre ta noce. »
Gertrud'pensait, r'gardant l'ciel
« Un homme, c'est plus réel. »

Mais Roger, d'amour malade,
Une nuit qu'il faisait noir,
Entra, frémissant d'espoir,
Au couvent par escalade ;
Jurant qu'il n'en sortirait
Qu'avec celle qu'il aimait.

Mais la sainte, avec rudesse,
Le voyant dans ce saint lieu,
Lui dit : « Ma fille, de Dieu
» Est l'épouse et la maîtresse !
» Mécréant ! ! oserais-tu
» Faire l'Éternel cocu !!! »

Roger s'enfuit en riant ; ce qui le guérit de son amour. Sainte Berthe, dans la suite, se démit de sa charge d'abbesse du monastère et mit sa fille Déotile à sa place. Il faut croire qu'elle n'avait pas confiance en Gertrude. Puis elle s'enferma dans une cellule, où, à l'âge de soixante-dix-neuf ans, elle rendit sa vilaine âme à Dieu — lequel voulant récompenser en Berthe l'amour maternel dont elle avait fait preuve, l'admit au nombre de ses saintes.

5 JUILLET. — SAINTE ZOÉ, *martyre.* — Saint Pierre n'est jamais venu à Rome. L'endroit où ses pieux biographes l'enterrent et où l'on a dressé une basilique, est sur l'emplacement de la salle d'audience de Néron. Or, celui-ci n'a pas enseveli dans son palais le corps de sa victime. Cela n'a pas empêché un soi-disant « successeur » du prince des apôtres, saint Clet ou Anaclet, de construire une chambre souterraine où il fit renfermer les prétendues dépouilles de saint Pierre. Vers 820, on leur offrit un tombeau plus riche, qu'on plaça encore dans une chapelle souterraine, au dessus de laquelle il y en avait une seconde, où les fidèles allaient prier et d'où l'on pouvait, par une ouverture faite sous l'autel, descendre les objets que l'on voulait faire toucher au sépulcre ; car le tombeau de Pierre, quoique vide, possédait une puissance miraculeuse.

Un jour, une femme, nommée Zoé, veuve de saint Nicostrate, était prosternée devant cette tombe. Des archers de Dioclétien qui passaient en ce moment l'aperçurent, et, la voyant faire ses prières dans une chapelle chrétienne, ils en conclurent qu'elle était de cette religion. Ils se précipitèrent sur elle, la saisirent et la jetèrent dans un cachot si noir, si noir, que lorsqu'un nègre y pénétrait, sa figure paraissait toute blanche. Zoé y resta plusieurs jours, en proie aux brutalités de ses bourreaux ; n'ayant pour toute nourriture que ces paroles de son geôlier : « *Mange ton poing et garde le reste pour demain !* »

Amenée devant ses juges, elle refusa de sacrifier aux idoles, malgré les tortures qu'on lui fit subir. On eut beau lui chatouiller la plante des pieds, la forcer à aller aux cabinets sans papier, lui retirer brusquement son mouchoir lorsqu'elle s'en servait ; lui introduire des pailles dans les narines et du poil à gratter dans son lit, Zoé demeura inébranlable. Ce que voyant, ses bourreaux la suspendirent, par les cheveux, à un arbre sous lequel ils mirent le feu à des branches qu'ils choisirent exprès très mouillées pour faire durer le plaisir longtemps. Mais Dieu abrégea le martyre de Zoé. Ses cheveux, qui étaient faux, se détachèrent, et elle tomba dans le feu, d'où, lorsqu'elle fut cuite à point, son âme s'envola vers le séjour des élus.

6 JUILLET. — SAINTE DOMINIQUE, *Vierge.*

CANTIQUE DES JEUNES FILLES DES COUVENTS A SAINTE DOMINIQUE. — AIR : *Venez, divin Messie.*

Quand la sœur les regarde.   Quand elle a le dos tourné

O sainte Dominique !
Vos enfants tombent à vos pieds ;
Exaucez leur cantique ;
Veillez, veillez, veillez ;

Sainte, veillez sur nos discours ;
Que, pendant les nuits et les jours,
L'innocence y règne toujours.
Que d'horribles images
Nos yeux ne soient jamais souillés.
Pour que nous restions sages,
Veillez, veillez, veillez.

Eloignez le fruit défendu ;
Lorsque, par Eve il fut mordu,
Pour nous le bonheur fut perdu.
Que nos seules lectures
Soient les livres que vous lisiez ;
Pour que nous restions pures,
Veillez, veillez, veillez.

Ah ! puissions-nous entrer un jour
Dedans le céleste séjour,
Pour donner à Dieu notre amour !
Jusqu'à l'heure dernière,
Que Jésus seul soit notre époux.
Nuit et jour, bonne mère,
Veillez, veillez, sur nous.

O sainte Dominique !
Sur nos jeunes sens éveillés
Veillez, vierge pudique ;
Veillez, veillez, veillez.

Sainte, veillez sur les dortoirs
Où nous sommeillons tous les soirs,
En rêvant de blonds aux yeux noirs.
A la ville, au village,
En quelque endroit que vous soyez,
Sur notre pucelage
Veillez, veillez, veillez.

Que par vous il soit défendu,
Car, hélas ! lorsqu'on l'a perdu,
Jamais il ne vous est rendu.
Préservez les épitres
Que nous cachons dans nos cahiers ;
Vierge, sur nos pupitres,
Veillez, veillez, veillez.

Ah ! puissons-nous entendre un jour
Un beau brun nous faire la cour
Et nous parler de son amour !
Alors, ô vieille bique !
Aux bras de solides lurons,
Nous vous ferons la nique
Et nous nous marierons !

7 JUILLET. — SAINTE AUBIERGE. — Ce nom, à se faire mettre à la porte avec un billet de logement, était le sobriquet d'une abbesse du monastère de Faremoutiers, près de Meaux, et qui vivait au septième siècle. Cette abbesse,

qui pourrait servir de patronne à certaines maisons… à gros numéros, avait transformé l'abbaye dont elle était la supérieure en un temple où l'on fêtait beaucoup plus Cupidon et Bacchus que le père et le fils bon Dieu. Tous les moines gobichonneurs s'y donnaient rendez-vous pour y goûter les vins et les nonnes du cru. L'abbesse donnait l'exemple à ses religieuses. Son cœur était comme une vaste auberge où les frocards mâles trouvaient à boire et à manger — voire même à coucher. D'où ce surnom d'Aubierge que lui donnèrent ses locataires reconnaissants et que l'Église a consacré en le canonisant.

8 JUILLET. — SAINTE VIRGINIE. — Après avoir fouillé inutilement dans un tas de bouquins, pour y trouver des renseignements sur cette sainte, nous nous sommes adressé en désespoir de cause, à une somnambule extra-lucide de la dernière Foire aux pains d'épices. Cette sybille au nez culotté, aux seins pareils à des tétines de veau, nous a raconté, moyennant vingt sous, l'histoire de sainte Virginie. D'après cette pythonisse, Virginie serait la femme d'un vidangeur

du troisième siècle, laquelle fut séduite par un seigneur de la cour de François premier qui s'était fait baptiser à Tolbiac. Après avoir mis au monde un enfant à deux têtes, Virginie, reconnaissant les inconvénients de la maternité, embrassa l'état de vierge et se retira dans un bureau de nourrices de Pompéi, qui venait d'être ensevelie sous les cendres. Lors des dragonnades des Cévennes, elle fut condamnée par Dioclétien à subir un horrible supplice. On la contraignit à se servir de repas à elle-même. Elle mangea tour à tour ses pieds à la Sainte-Ménéhould,

ses tripes à la mode de Caen, ses côtelettes nature, ses épaules aux carottes.
Lorsqu'il ne lui resta plus que la tête, ses bourreaux, qui se tordaient de rire
autour de la table, la contraignirent encore à se manger le nez et les oreilles
Enfin sa langue resta seule, on la força de se l'avaler. Supplice terrible pour une
femme. Mais son âme était intacte et s'envola vers Dieu.

Voici, tels quels, les renseignements fournis par la somnambule extra-lucide.
Ceux qu'ils ne satisferaient pas peuvent s'adresser à elle, à la prochaine foire de
la place du Trône, à la trente-septième voiture à droite, dans l'avenue de Vincennes, à côté d'un grand tas de sable.

9 JUILLET. — SAINT CYRILLE, *martyr*. IIIe siècle. — Un des nombreux
Cyrilles canonisés. Celui qui nous occupe « pratiqua » disent les livres pieux,
« la loi de Dieu dès son enfance. » Il pratiqua, soit; mais sans savoir ce qu'il
faisait — et peut-être même, qui sait? un peu malgré lui. A cet âge-là, on aime
mieux s'agenouiller dans le sable, pour y bâtir de petits châteaux, que dans

l'église pour y prier. Et, à ce
propos, combien de saints, si
leurs familles ne les eussent
pas conduits de force dans le
sentier de la piété, fussent
devenus des hommes utiles,
au lieu de faire des aliénés
inoffensifs ou dangereux? Il
faut croire cependant qu'une
dévotion excessive n'était pas
le fait des parents de notre
jeune saint, car il désertait

souvent la maison paternelle, pour converser avec ceux qui servaient Dieu avec
plus de fidélité. Voyez-vous ce môme, lâchant papa et maman parce qu'ils ou-
bliaient de dire le *Benedicite* avant la soupe! Un jour, son père, voulant le
punir de ses absences, s'apprêtait à lui flanquer une fessée, lorsqu'il s'aperçut
que son derrière était entouré d'un nimbe lumineux. Cette manifestation
divine désarma la colère paternelle.

Dieu, en effet, destinait Cyrille à de grandes choses. A trente-quatre ans, il
fut fait évêque de Gortyne, dans l'île de Candie. Jusqu'à l'âge de quatre-vingt-
quatre ans, il vécut tranquille et convertit presque toute la ville au christianisme. Ceux même qui restèrent infidèles admirèrent le caractère de Cyrille,

mais ils ne changèrent tout de même pas de religion. A l'avènement de l'empereur Dèce, un édit contre les chrétiens ayant été publié à Gortyne, Cyrille fut
arrêté par le gouverneur de la ville, un nommé Luce, qui voulut l'obliger de
sacrifier aux faux dieux. Mais Cyrille refusa et fut brûlé vif, vers l'an 250. Il
marcha vers le bûcher en chantant des refrains de café-concert — ce qui n'empêche pas l'Eglise d'appeler ça un martyr. S'il chantait, c'est que ça lui faisait
plaisir, et, si ça lui faisait plaisir, ce n'était pas un martyr. Je ne sors pas
de là.

10 JUILLET. — SAINTE FÉLICITÉ *et ses sept enfants, martyrs.* —
II° siècle. — Vers 1850, une blanchisseuse de Montrouge avait, au fond d'un
jardin, un petit pavillon où elle cachait sa petite fille, qu'elle martyrisait. De
temps en temps, elle s'amusait à lui repasser le ventre avec un fer rouge. Cette
horrible goule fut condamnée à mort et guillotinée.

Au deuxième siècle, une dame romaine, nommée Félicité, regarda, d'un œil

sec, massacrer ses sept enfants. Alors qu'ils
n'avaient qu'un mot à dire pour échapper
à la mort, elle leur défendit de dire ce
mot. Cette féroce mégère, l'Eglise en a
faite une de ses saintes! La blanchisseuse
de Montrouge doit bien rire!

Félicité vivait à Rome du temps des
empereurs Antonin le débonnaire et Marc-
Aurèle. Son mari mourut en lui laissant
sept garçons, Janvier, Félix, Philippe, Silanus, Alexandre, Vital et Martial, qui étaient
tous parfaitement instruits des maximes de
l'Évangile et fort exacts à les pratiquer. De
sorte que s'ils étaient morts, ils seraient
allés tous au ciel en train express. Mais leur
douce mère préférait les y voir monter par le martyre. L'occasion ne tarda pas
à s'en présenter. Sur la requête des prêtres des faux dieux — je demande à voir
les vrais — Félicité et ses sept fils furent arrêtés par l'ordre d'Antonin, lequel
chargea de cette affaire le préfet de Rome, un nommé Publius. Celui-ci fit
appeler Félicité et lui tint à peu près ce langage : « *L'empereur a résolu d'élever*
» *vos fils aux premières charges de l'État. Il exige seulement qu'ils sacrifient à*
» *nos dieux. Pour cela, un mot de votre bouche suffira. Il s'agit pour eux du*

» *bonheur ou de la mort.* — FÉLICITÉ : *Je choisis pour eux la mort.* — PUBLIUS :
» *Et vous osez dire que c'est une religion de douceur qui vous ordonne de con-*
» *damner vos enfants à mourir dans les tortures!* — FÉLICITÉ : *Mes enfants*
» *m'appartiennent et, seule, je puis disposer de leur sort.* — PUBLIUS : *Misé-*
» *rable que vous êtes, si la mort a pour vous tant de charmes, ne la procurez*
» *pas à vos enfants!* »

Le lendemain, Publius parut sur son tribunal dans la place de Mars. Il conjura encore la sainte (!!!) d'avoir pitié de ses enfants. Mais ceux-ci, à qui leur
mère avait fait la leçon, répondirent qu'ils désiraient la mort. Antonin fit
exécuter les fils de Félicité, sous les yeux de cette marâtre sept fois infanticide. Elle vit mourir Janvier sous les coups de lanières plombées; Félix et
Philippe sous le bâton; Silanus précipité dans le Tibre; Alexandre, Vital et
Martial décapités, sans qu'un seul instant son visage cessât de rayonner de
joie devant cet anéantissement de toute une postérité. Si l'ignoble créature est
montée au paradis, elle a y certainement rencontré saint Dominique. Cette
hyène et ce chacal ont dû peupler le ciel de bêtes féroces qui le rendent peu
agréable à habiter.

11 JUILLET. — SAINT BENOIT XI, *pape*. XIV° siècle. — Dans l'histoire
des papes, Benoit XI fait un peu l'effet d'un agneau au milieu d'une forêt
pleine de loups. Fils
d'un berger, suivant
les uns, d'un notaire,
suivant les autres, il
fut élevé au cardinalat
et à l'évêché d'Ostie
par son prédécesseur
au trône pontifical,
Boniface VIII, *lequel*
lui fit la singulière
recommandation d'ê-
tre moins vertueux,
s'il voulait se faire ai-

mer du clergé de son diocèse. Comme cynisme, ça dégote Jean Hiroux!

Devenu pape, Benoît, sachant à quoi s'en tenir sur la vertu de celui qui lui
avait donné ces jolis conseils, blâma ouvertement la conduite de Boniface VIII.
Il annula les censures ecclésiastiques et les bulles de cette crapule. Bien diffé-

rent des prélats de cette époque, qui pratiquaient les maximes d'humilité de l'Évangile en étalant un faste de marchands de cochons retirés des affaires, Benoît XI était tellement ennemi de l'ostentation, que sa mère étant venue le voir après son exaltation, sous des vêtements magnifiques, il feignit de ne pas la reconnaître. Comme elle s'aperçut du mécontentement de son fils, elle revint avec ses habits ordinaires. Alors Benoît l'embrassa devant les cardinaux scandalisés. On comprend qu'un homme capable d'actes aussi grandioses ne faisait pas précisément l'affaire des muguets en robes et en chapeaux rouges. Une poule s'apercevant qu'elle vient de pondre des œufs de canards n'a pas une tête plus cocasse que celle qu'ils durent faire en constatant quel singulier pape ils avaient juché au Vatican. Comment! ce crétin se permettait de pratiquer ce qu'il prêchait! Mais alors il n'y avait plus moyen de rigoler un brin sans qu'il vous tombât sur le dos! Qu'est-ce qui leur avait fichu un gêneur comme ça! Ah! ils allaient bien vite s'en débarrasser, de ce gobeur qui croyait que c'était arrivé! En effet, un jour de grand festin que le Saint-Père dînait avec plusieurs d'entre les cardinaux, un jeune clerc déguisé en religieuse vint offrir à Benoît un plat d'argent rempli de figues; le pape en prit deux et offrit les autres à ses convives, lesquels refusèrent avec empressement de manger ces fruits qu'on avait empoisonnés par leur ordre. Dans la soirée, Benoît fut pris de coliques et de vomissements, et, quelque temps après, le 6 juillet 1304, il expira, après huit mois de pontificat. On dut joliment faire la noce ce jour-là, au Vatican.

Telle fut la vie de saint Benoît XI dont l'Église a eu l'audace de faire un de ses saints. Ugolin mangeant ses enfants pour leur conserver un père n'est pas plus bouffon que ces ruffians de sacristie empoisonnant Benoît XI pour le canoniser ensuite. On voit d'ici Troppmann proclamant les vertus de la famille Kinck après en avoir assassiné tous les membres.

12 JUILLET. — SAINT GUALBERT, *abbé*. XIe siècle.

Air : *Au sang qu'un Dieu va répandre.*

L'onzième siècle, à Florence,
Y' avait un nommé Gualbert,
Qui vivait dans l'ignorance
Et n'lisait que l' *Grand-Albert*.
Quand il parcourait sa terre,
Chacun, voyant c' potentat
Vêtu d' l'habit militaire,
D' vinait qu'il était soldat.

C'guerrier, dans tout'la Toscane,
Passait pour n'respecter rien ;
Sur les prêtr's cassait sa canne
Et jurait comme un païen.

Sans honte, il traitait d'bêtise
L'Evangil' de Saint-Mathieu
Et l'dimanche, en pleine église,
Gueulait : « Sacré nom de Dieu ! »

Cet impie avait un frère...
Ou, plutôt, il n'l'avait plus,
Car il était au cim'tière,
Couché sous un tumulus.
Traîtreus'ment frappé naguère
D'vingt-sept coups d'poignard dans l'sein,
Il était mort à la guerre,
Tué par un assassin.

Gualbert, devant la victime,
Soudain se mit à crier .
« J'fais l'serment d'punir l' crime
« De ton lâche meurtrier !
Puis, les yeux brillants d'furie,
Comme ceux d'un carnassier,
Il courut vers l'écurie
Pour y choisir un coursier.

Il y prend un'bêt' de race,
La revêt de son harnois ;
Puis il s'arm' d'une cuirasse
Ainsi qu' d'un sabre de bois.
Puis il décroche une lance,
Met l'orteil sur l'étrier,
Monte à cheval et s'élance
A la r'cherch' du meurtrier.

Il parcourut la campagne,
Descendant et remontant ;

Visita la Suèd', l'Espagne,
Grenelle et Ménilmontant.
Il chercha dans Pampelune,
Dans les montagn's, les vallons ;
Il eût cherché dans la lune
S'il y avait eu des ballons.

Gualbert courut en pur' perte :
L'criminel était sorti !
L'voyageur, la trouvant verte,
S'dit tout à coup : « Sapristi !
A mon âge faut-il être
De bon sens si dépourvu !
Comment pourrais-j' le r'connaître
Puisque je n' l'ai jamais vu ? »

Il r'gardait l'heure à sa montre,
Quand, soudain, près d'un hallier
Il vit v'nir à sa rencontre
Un farouche cavalier.

Pour passer d'front les deux bêtes,
Trop étroit était l'sentier.
Ils se fir'nt un tas d'courbettes
A c'lui qui pass'rait l'premier.

Ils étaient dans c'te posture,
Lorsque, regardant Gualbert
L'inconnu, de sa monture
Sauta sur le gazon vert.
D'vant l'autr', qui le r'gardait faire,
La surpris' lui fermant l'bec,
L'homme, soudain, sur la terre
S'aplatit comme un Y.

Puis, d'une voix pitoyable,
« O Gualbert — dit-il — je suis
« L'infâme, le misérable
« Que vainement tu poursuis.
« Mais, te sachant pas mal... chose
« Pour t'attendrir, comme tu l'vois,

« Devant toi je prends la pose
« De Jésus-Christ sur la croix ! »
Gualbert dit à ce brave homme :
Au nom de mon frèr' chéri,
« Viens qué j'te suce la pomme,
« Comme à son meilleur ami ! »
Puis dégoûté de la terre,
Pour mieux prier à l'écart,
Il lâch' l'état militaire
Pour embrasser c'lui d'frocard.

V'là comment c't'homm' qu'on vénère,
Bonté qu'on n'voit pas souvent,
Pour venger l'meurtr' de son frère,
Se r'tira dans un couvent.
Auvergnats, garçons et filles,
Si vous voulez dev'nir saints,
Des membres de vos familles
Protégez les assassins !

13 JUILLET. — SAINT EUGÈNE, *évêque de Carthage*. Vᵉ et VIᵉ siècle. —
Eugène était un citoyen de Carthage qui vivait à l'époque où les Vandales
étaient maîtres de l'Afrique. Hunéric, leur roi, ayant permis aux catholiques
de se choisir un prélat, ils élirent notre futur saint.

Mais les Ariens conseillèrent au roi Hunéric de défendre à Eugène
de prêcher le peuple et de souffrir des Vandales dans son église. Cette défense
fit pousser les hauts cris aux chrétiens sans alliage, lesquels appliquent les
maximes évangéliques en faisant aux autres ce qui les jette dans une colère
bleue quand on le leur fait à eux-mêmes. Bravant l'ordre du roi, Eugène admit
les Vandales dans son temple, ce que voyant, Hunéric posta à la porte de

l'église des bourreaux, qui, dès qu'ils
voyaient un homme ou une femme y
entrer avec l'habit de leur nation,
« *leur jetaient sur la tête de petits
bâtons dentelés, dont ils leur entor-
tillaient les cheveux* ». Singulière
façon de punir les gens que de leur
faire des papillotes malgré eux ! De
plus, Hunéric ôta toutes les pensions
aux catholiques qui étaient à sa cour,
et les employa aux travaux les plus
rudes de la campagne. « Ce prince
cruel » — disent les livres pieux —
« *les contraignit à faire la moisson
pendant les plus grandes chaleurs.* »
C'est ce que font journellement les paysans, sans figurer pour cela dans
le martyrologe chrétien. Eugène, lui, fut banni et confié à la garde d'un
évêque arien, ce qui équivalait à faire surveiller une souris par un matou. Son
geôlier, ingénieux à le tourmenter, lui faisait, entre autres mauvaises farces,
« *avaler de force le vinaigre le plus violent.* » Du vinaigre, est-ce bien *sûr?*
Rappelé par le successeur de Hunéric, Eugène fut de nouveau exilé, et mourut
en 505, auprès d'Alby, dans un monastère qu'il avait fait bâtir.

Dans l'intervalle, son barbare persécuteur, Hunéric, était mort victime de la
vengeance céleste. « Il fut mangé de vers qui sortaient de toutes les parties de
son corps, et il mourut ainsi dans le désespoir *en vuidant ses intestins.* » Dans
un pot, probablement. La colère du Seigneur a des façons de se manifester
dont la description serait parfaitement capable de vous faire vomir après dîner.

14 JUILLET. — SAINTE BASTILLE. 1369-1789. — Sainte Bastille,
dont la République Française célèbre avec joie le martyre bien mérité, naquit
en 1369, à Paris — où elle devait vivre 420 ans — sous le règne de Charles V.

Fille de Hugues Aubriot, intendant des finances, et de Tyrannie, elle vint au
monde si affreusement laide et repoussante que tout le monde en fut épouvanté. Elle était grande et noire, de physionomie sinistre, de formes massives, avec
des bras gros comme des tours. Elle avait surtout le poignet si solide que, lors-

qu'elle vous tenait, elle ne vous lâchait que quand elle le voulait bien. Hugues Aubriot fut le premier à s'en apercevoir. Comme ses ennemis l'accusaient de partialité envers les juifs — crime irrémissible en ce temps-là — sainte Bastille, reprochant cette hérésie à son père, le saisit au collet et ne le délivra de ses doigts de fer que lorsqu'on le transporta à For-l'Evêque. Aubriot dut alors réfléchir aux inconvénients qu'il peut y avoir à faire des enfants si robustes.

Si sainte Bastille était vilaine au physique, elle ne l'était pas moins au moral. Debout sur une place, près de la Porte Saint-Antoine, elle arrêtait les plébéiens, au nom des rois, des prêtres et des nobles — car sainte Bastille, terrible aux déshérités, était l'humble servante des grands. Elle qui ne se montrait au pauvre monde qu'armée de tenailles, de chaînes et de haches, souriait, un bouquet de roses à la main, aux seigneurs qui voulaient bien lui faire l'honneur d'accepter son hospitalité cérémonieuse. Elle tortura Lally-Tollendal, l'abbé Lenglet, Dufresnoy, Latude — qui lui échappait souvent, mais qu'elle rattrapait toujours — Linguet, le prévôt de Beaumont, etc., etc. Elle étrangla, rompit, enterra vivants un tas de pauvres diables obscurs; mais, par contre, offrit aux Bassompierre, aux duc de Richelieu, aux Grignan « bon souper, bon gîte et le reste ». Sur la simple présentation de blancs-seings, dont les possesseurs faisaient libre usage, elle s'emparait des gens, les dépouillait de leur fortune et les assassinait ensuite. Si bien qu'un jour, à jamais illustre, le 14 juillet 1789, tout Paris indigné sauta sur elle, rendit à la liberté ceux qu'elle étreignait encore, et la démolit, en lui brisant les membres à coups de marteau. C'est ce martyre de sainte Bastille que les aristocrates, nobles et prêtres, déplorent dans le cantique suivant :

INVOCATION A SAINTE BASTILLE

AIR : *Esprit-Saint, descendez en nous.*

Bastille, redresse tes murs, *bis.*
Ressuscite à nos yeux tes cachots les plus sûrs. *bis.*
Ah ! daigne écouter notre plainte !
Puissions-nous voir encor rager
Le peuple en ta sublime enceinte !
Bastille, prison sainte,
Reviens nous protéger. *bis. (Au refrain.)*

Rapporte-nous les engins de torture;
Noir arsenal qu'en ton sein l'on cachait;
Et tes bourreaux d'effrayante stature;
Rends-nous les lettres de cachet. *bis. (Au refrain.)*

Vieux château-fort, viens remplacer la tombe
Où sont couchés les bandits de Juillet !
Que, sous le coup d'une céleste trombe,
La colonne enfin tombe ! *bis. (Au refrain.)*

14 juillet. — SAINT BONAVENTURE. xiiie siècle. — Jean de Fidenza, dit saint Bonaventure, naquit en 1221, à Bagnaréa, en Toscane.

Il se porta à la piété dès sa plus tendre enfance. Il observait, en tétant, le jeûne du vendredi. Comme conséquence de cette piété, il fit de grands progrès dans les sciences. Il est tout naturel que, étant pieux, il apprît instantanément à lire. Dieu a des méthodes d'enseignement dont ses fidèles seuls profitent. Quoique faisant de grands progrès dans les sciences, Bonaventure vint étudier à Paris et prit des leçons d'Alexandre de Halès, de l'ordre des Frères-Mineurs. Cet ordre le fit professeur de philosophie, de théologie, et enfin il en fut le général en 1256, à l'âge de 35 ans. Nommé général, il commença à mettre ses hommes sous la protection de la sainte Vierge — comme un simple Trochu. Bonaventure, ainsi que saint Dominique, avait pour la Vierge une dévotion particulière. Les historiens de sacristie vous disent de ces choses-là sans s'apercevoir qu'elles offensent Dieu. En effet, si Bonaventure avait une dévotion *particulière* pour Marie, ça

ne pouvait être qu'aux dépens du Père, du Fils et du Saint-Esprit. Les Frères-Mineurs suivaient une règle d'un élastique à faire la fortune d'un marchand de bottines; Bonaventure la réforma. A la mort du pape, les cardinaux lui offrirent la tiare, qu'il refusa, désignant Grégoire X pour le remplacer. Enchanté de se voir si gentiment passer la casse, Grégoire X passa le séné à Bonaventure en le nommant cardinal et évêque d'Albano. Lorsque le chapeau lui fut apporté, les envoyés du Saint-Père trouvèrent l'heureux titulaire en train de laver la vaisselle. L'histoire ne dit pas si c'était dans un restaurant à 18 sous. Bonaventure mourut à Lyon, en 1274.

15 juillet. — SAINT HENRY, *dit le boiteux*. — Le saint monarque que l'Église honore en ce jour était fils d'un duc, totalement incapable de faire un enfant. Aussi s'engendra-t-il lui-même, ce qui ne l'empêcha pas, en venant au monde, huit mois après la mort de son père, d'hériter de l'impuissance de ce dernier. Ne cherchez pas à comprendre, c'est un prodige. Cette naissance bizarre fit surnommer Henry l'*Enfant du miracle*. Malheureusement, dans sa précipitation à s'engendrer — car il s'agissait d'arriver à temps pour recueillir l'héritage d'un trône — notre futur saint ne s'aperçut pas qu'il se faisait une jambe plus courte que l'autre. Ceci explique pourquoi les caricaturistes le représentent avec un petit banc attaché à l'un de ses pieds. Henry, dès sa plus tendre enfance, avait été voué au blanc. Il s'amusait parfois à jouer au soldat

avec des bambins de son âge, et, dans ce but, il s'était improvisé un drapeau à l'aide d'un mouchoir blanc noué au bout d'une canne. D'un caractère intraitable, il ne voulut jamais changer la couleur de cet étendard immaculé. Un de ses camarades ayant formé une troupe dissidente, sur laquelle flottait un mouchoir tricolore, vint proposer à la jeune Altesse de réunir les deux bandes en une seule, dont lui, Henry, prendrait le commandement, à condition qu'il changerait de mouchoir. Mais Henry refusa net, et, malgré les instances de ses propres partisans, ne voulut jamais mettre son mouchoir... non... son drapeau dans sa poche. A quelque temps de là, il vit en songe ce lambeau de phrase, se détachant, lumineux, sur un mur sombre : *Après six*. Henry crut ces deux mots écrits par le doigt de Dieu et s'imagina qu'ils le prévenaient qu'il serait roi *après six* jours. Les *six* jours écoulés, il attendit *six* semaines, puis *six* mois, puis *six* ans, *après* lesquels il monta enfin sur le trône... d'Allemagne. Nos lecteurs doivent s'apercevoir ici qu'il ne s'agit pas de Henry V de France, lequel vit au XIXe siècle, mais de Henry II de Bavière, qui vivait au XIe. La confusion est d'autant plus facile à faire entre eux que, comme saint Henry, le comte de Chambord boite d'une jambe et qu'ils sont tous deux de sang royal. Mais où leur ressemblance cesse, c'est à l'avènement au trône de Henry II, après six ans d'attente. Henry V, lui, peut attendre six cents ans, s'il veut; il risque fort d'être encore, lorsque ce temps sera expiré, à la porte de la France, sans que celle-ci se décide à lui ouvrir. Au reste, on peut affirmer que Henry V, rétabli sur le trône de *ses pères*, s'y conduirait comme Henry II sur le trône d'Allemagne. Ce dernier s'appliqua à rétablir dans ses États la pureté de la Foi; à réparer les églises, à faire communier ses soldats avant la bataille, politique dont Henry V s'emparerait pour nous l'appliquer. Henry II ne couchait jamais avec sa femme sainte Cunégonde, et il la remit vierge à Dieu. Il est à supposer que la comtesse de Chambord arrivera au ciel dans le même état. Henry II fut canonisé par l'Église pour avoir pris la défense du pape Benoît VIII contre le peuple romain. Il est à présumer que s'il le pouvait, Henry V se ferait béatifier dans les mêmes conditions.

16 JUILLET. — SAINT HÉLIER, *ermite et martyr*. — Ce saint est tellement obscur, que rien que d'en parler, nous nous cognons à tous les meubles;

et il vivait à une époque si éloignée que ça nous essouffle de l'écrire. La seule chose qui soit arrivée à nos *oreilles*, c'est que les *siennes* étaient totalement bouchées, bien qu'il les eût fort grandes. En un mot, il était sourd; infirmité qui, lorsqu'il confessait les filles dans les églises, donnait lieu à des scènes de ce genre : LE CONFESSEUR : « *Parlez plus haut, ma fille.* — LA PÉNITENTE..... — LE CONFESSEUR (*d'une voix de stentor*) :

Comment! avec le fils un tel! — LA PÉNITENTE... — LE CONFESSEUR (*criant*) : *Combien de fois?...* — LA PÉNITENTE... — LE CONFESSEUR : *Ah! et bien, vous*

direz cinq fois votre prière tous les soirs. Allez et ne recommencez plus ! » On voit d'ici la tête que devait faire la pénitente, en s'en retournant à sa place, sous les regards des vieilles dévotes de ce temps-là.

17 JUILLET. — SAINT ALEXIS. Vᵉ siècle. — Celui-là est un saint en deux personnes. Il est, à la fois, sous le nom d'Alexis, le fils unique d'un riche sénateur de Rome ; et sous celui de saint Jean Calybite, le fils cadet de parents établis à Constantinople. Deux imbéciles en un seul crétin.

Ses parents voulant absolument qu'il s'engageât dans le mariage, il se rendit, par condescendance, à leurs désirs et s'unit avec une belle fille de tempérament passionné. Seulement, dès le premier jour des noces, sans s'inquiéter de sa femme qui l'attendait, il déserta le toît conjugal où il ne revint qu'au bout de sept ans, complètement défiguré par l'abstinence et la prière. Profitant de ce qu'il était méconnaissable, il resta sept années sous l'escalier de la maison paternelle, juste au dessous de la chambre de son épouse qui l'attendait toujours. La Foi et la Chair le tourmentèrent longtemps de ce dialogue intérieur. — LA FOI : *Du courage, mon fils, et tu recueilleras*

la palme du martyre ! — LA CHAIR : *C'est égal, c'est pas drôle de savoir que sa femme repose au-dessus de vous et de ne pas aller la rejoindre.* — LA FOI : *Reste ici !* — LA CHAIR : *Viens donc, imbécile !... tiens, écoute, le lit craque !* — LA FOI : *C'est une craque, n'y vas pas.* — LA CHAIR : *Écoute ! on marche... c'est le pas d'un homme..... serais-tu cocu par hasard ?* » Mais le saint n'écoutait que la Foi, et la Chair excitait en vain sa jalousie. Qu'importe le cocuage, cette couronne terrestre, à ceux qu'attend le nimbe des bienheureux ? Il resta ainsi sept années sous son escalier, vit passer son père, entendit gémir sa mère et son épouse et s'obstina à garder le silence. Puis se sentant près de mourir, il écrivit un billet à ses proches, leur révélant qui il était, et expira sans remords. Amour filial dont l'Église a récompensé cette fripouille grotesque en la canonisant.

18 JUILLET. — SAINT CAMILLE. XVIᵉ et XVIIᵉ siècle. — Camille de Lellis naquit en 1550, à Pucchianico, dans l'Abruzze. Il mena tout d'abord une vie de possédé, perdant son argent au jeu et sa santé avec les femmes.

Totalement ruiné, ayant à la jambe un ulcère incurable, fruit de ses hon-

teuses débauches, il entra dans l'hôpital de Saint-Jacques, à Rome, dont il devint l'économe et où il se proposa de prendre des moyens plus efficaces pour soulager les malades que ceux qu'on avait employés jusqu'alors. Son état de laïque lui interdisant de mettre à exécution son projet, il se mit à piocher le *Rudiment* à trente-deux ans, et parvint au sacerdoce. Quand le diable a des ulcères, il se fait ermite. Camille fonda alors une congrégation, chargée de venir en aide aux souffrants et de les soulager, en disant des chapelets et des litanies.

Il mourut saintement le 14 juillet 1614, à soixante-quatre ans. L'Église l'a canonisé, lui, ses infirmités, compliquées ou non, et l'ulcère qu'il avait à la jambe. Inclinons-nous.

19 JUILLET. — VINCENT DE PAUL. XVIᵉ et XVIIᵉ siècle. — Vincent de Paul nous paraît indigne du nom de saint, que lui donne l'Église. Il ne fut ni féroce, ni trompeur, ni voleur, ni assassin, ni luxurieux, ni fanatique, ni fou, ni bête, ni sanguinaire, ni lubrique.

A quel titre figure-t-il donc sur ce calendrier où chaque jour est marqué d'un nom que l'Église jette, comme un défi, à la tête et au cœur du monde moderne ?

20 JUILLET. — SAINTE MARGUERITE, *vierge et martyre.* — Les auteurs sacrés nous apprennent que cette sainte naquit aux IIᵉ, IIIᵉ et Vᵉ siècle, à Antioche, en Pisidie.

Edésius, son père, qui était prêtre des faux dieux — je demande encore une fois où sont les vrais — ayant appris les dispositions de sa fille, la fit venir, la conjura de ne pas abandonner la religion de sa famille, et, sur son refus, l'envoya garder ses troupeaux. Olibrius, général de l'empereur Décius, disent les uns, de l'empereur Aurélien, disent les autres, rencontra la jeune fille et lui proposa de l'épouser. Sur son refus, il lui fit subir un tas de tortures sur le

genre desquelles les historiens n'ont rien d'assuré, mais qu'ils décrivent minutieusement. La jeune fille, persistant à dire qu'elle n'aurait jamais que Jésus pour époux, l'espèce d'*Olibrius* qui répondait à ce même nom lui fit scier les pieds et les mains, lesquels repoussèrent instantanément. Les pieds et les mains des saintes, c'est comme les cors, on a beau les couper, ils repoussent toujours. Olibrius, vexé, la fit remettre dans une prison, que les spectres les plus affreux remplirent. Le démon, sous la forme d'un dragon, disent les uns, d'un jeune homme, disent les autres — peut-être était-ce tout bonnement un jeune homme, dragon d'un régiment — voulut la séduire, mais quelques gouttes d'eau bénite l'empêchèrent de mettre son projet à exécution. Jésus-Christ rendit à Marguerite sa beauté première. En vain, Olibrius voulut-il triompher d'elle, en la martyrisant encore. Il se résigna enfin à la faire décapiter. Au moment où le bourreau levait son épée, une voix qui partait du ciel se mit à crier : « *Venez, ô digne épouse de Jésus-Christ! venez recevoir la couronne éternelle!* » Olibrius, épouvanté de cette manifestation de la colère divine, n'hésita pas à l'augmenter encore en faisant trancher la tête à la sainte. C'était en 175, suivant les uns, en 275, suivant les autres, en 454, d'après certains. Mettons que c'était en l'an... timêche et n'en parlons plus.

Les femmes invoquent ordinairement cette sainte pour la délivrance de leur grossesse. Une comtesse, s'étant moquée en présence de Marguerite d'une femme enceinte, « *eut, d'une seule ventrée, autant d'enfants qu'il y a de jours dans une année bissextile.* » Enfoncée, la mère Gigogne!

BIBLIOTHÈQUE NATIONALE IMPRIMÉS

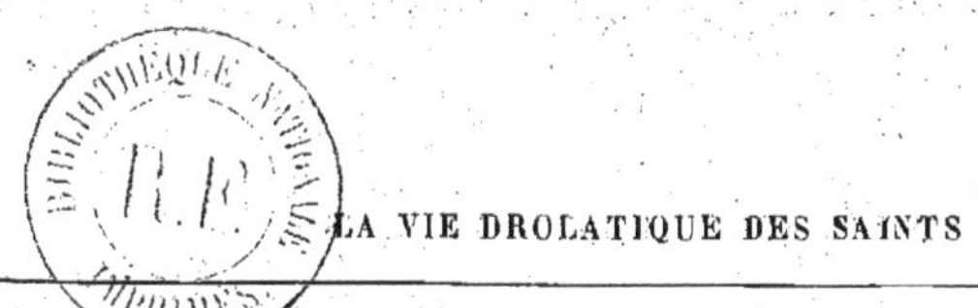

22 JUILLET. — SAINTE MARIE-MADELEINE. 1er siècle. — Comme
on connaît ses saints on les honore. L'Église sait tellement à quoi s'en tenir
sur le compte de quelques-uns des siens qu'elle n'hésite pas à les renier

hypocritement. C'est ainsi qu'elle affuble du nom de sainte Marie-Madeleine
un mannequin bâti pour les besoins de la cause, au détriment de celle qui a
droit à ce titre ; c'est-à-dire la sœur de Marthe et de Lazare, la pécheresse,
célèbre par son amour pour Jésus-Christ, dont l'Évangile fait mention.

Marie-Magdeleine, originaire de Béthanie, petit bourg près de Jérusalem, était une courtisane. Sa beauté et les grands biens qu'elle partagea avec son frère et sa sœur la mirent au premier rang, parmi les hétaïres du temps. Les écrivains qui vont à confesse disent qu'elle fut affligée d'une possession de sept démons qui la tourmentaient cruellement. Ces échappés des enfers pourraient bien n'être que des vieux beaux, lesquels se partageaient les faveurs de cette Nana du premier siècle — ce qui suffirait à justifier la parole de Jésus sur Magdeleine : « Il lui sera beaucoup pardonné, parce qu'elle a beaucoup aimé. »

Ayant appris les miracles que le Christ faisait journellement, Marie eut recours à lui, pour se débarrasser de ses sept crampons. Voici dans quelles circonstances :

> « Christ disnant chez Simon y survient une femme
> » Dont le comportement estoit jadis infâme,
> » Mais dont le cœur alors estoit bien repentant,
> » Lave les pieds de Christ de ses larmes dolentes,
> » Et de ses longs cheveux luy dessèche les plantes,
> » Pour dela r'emporter un cœur par foy content. » 1674.

Comme Simon le pharisien allait lui faire cette observation qu'elle choisissait mal son temps pour faire sa besogne — les bains de pieds étant malsains après dîner — Jésus dit à son amphitryon : « Voyez, Simon, cette femme vous donne une leçon de politesse. Comment ! je suis entré dans votre maison et vous ne m'avez pas donné d'eau pour me laver les pieds !! — Mais, Seigneur, j'ignorais que vous les eussiez sales ! et, quand bien même je l'aurais su, je ne me serais pas permis de vous contraindre à les nettoyer chez moi. — Simon, vous ne m'avez point embrassé ; mais elle, depuis qu'elle est entrée, n'a point cessé de me baiser les pieds ; c'est pourquoi je vous déclare que ses péchés lui seront remis. » Ceux qui étaient à table se dirent : « Qui est cet homme-ci qui remet les péchés lorsqu'on lui lave les pieds et qu'on les essuie avec ses cheveux ? » Et Jésus dit à cette femme : « Allez en paix ; les sept démons que vous cachiez dans votre alcôve ne vous tourmenteront plus. Votre amour vous a sauvée. » Mais la pécheresse ne voulait plus quitter Jésus. Alors il lui parla bas, et elle sortit. Et le lendemain, allant à la recherche de leur maître...

<table>
<tr><td>

Discipulis, astantibus
Le virent sur un omnibus.
   Alleluia !
Ce qui chacun édifia.
   Alleluia !

</td><td>

Et Maria Magdalene
Aima le Seigneur incarné.
Avec un amour effréné.
   Alleluia !
Lui, d'un franc, la gratifia.
   Alleluia !

</td></tr>
</table>

Au surplus Jésus, qui était un fort beau garçon, faisait mieux que de donner de l'argent aux dames : il en recevait. L'Évangile nous dit que lui et ses disciples étaient suivis de pieuses femmes, qui les assistaient de leurs biens. Je la trouve verte, pour un fils de Dieu!

Madeleine devint tellement acharnée après Jésus, que, quelques jours après, Jésus dînant chez Simon le lépreux, elle y entra, et sans crier gare, versa sur la tête du Seigneur un torrent d'huile parfumée. Quand ce n'étaient pas les pieds, c'était la tête qu'il fallait qu'elle arrosât. C'était à ce point que, lorsque Jésus recevait un vase quelconque sur la tête, en se promenant dans les rues de Jérusalem, il ne manquait pas de s'écrier. « Ça, c'est de Marie-Magdeleine! » Cette poursuite effrénée ne s'arrêta même pas après que le Sauveur eût été crucifié. Elle passait son temps auprès du sépulcre à verser des torrents de larmes. Tant et si bien que le Christ ressuscita pour la prier une fois pour toutes de le laisser être mort tranquille.

Depuis lors, le texte sacré ne nous dit plus rien de Marie-Magdeleine. Mais la légende nous apprend qu'elle se retira sur une haute montagne, située entre Aix, Toulon et Marseille. Là, dans une caverne humide, elle mena trente ans la vie des anges, ayant pour seuls vêtements ses cheveux et pour toute nourriture la prière et la contemplation — excellente manière de faire des économies. Les vestiges de ses pieds restèrent longtemps gravés sur le sommet d'un rocher. Voilà des pieds dont il nous serait peu agréable de recevoir des coups quelque part!

21 JUILLET. — SAINT VICTOR, *martyr*. IIIe et IVe siècle. — Marseille, dont César s'était emparé l'an 49 avant J.-C., gémissait, en 286,

sous la tyrannie de l'empereur Maximien. Un centurion romain, nommé Victor, originaire d'une famille marseillaise, allait de porte en porte, visiter les catholiques et les encourager au martyre, leur conseillant de bien mourir. Tous ceux à qui il s'a-

dressait, lui ayant dit que les conseilleurs n'étaient pas les payeurs et qu'il eût à commencer par leur donner l'exemple, il alla trouver les préfets et leur confessa qu'il était chrétien — comme ces fous qui s'en vont dire au poste qu'ils viennent de tuer leur femme et qu'on veuille bien les arrêter. Les préfets crurent en effet avoir affaire à un toqué, mais, dans le doute, ils s'abstinrent de le mettre en liberté. Reconnu par les magistrats Astère et Eutique comme étant réellement l'un des plus fidèles serviteurs de Jésus-Christ, Victor sur l'ordre de Maximien, Victor fut traîné, pieds et poings liés, par la ville. Au bout de quinze heures, les bourreaux, en se retournant, s'aperçurent qu'ils tiraient derrière eux un âne. Le martyr avait miraculeusement pris cette forme pour échapper aux insultes de la populace. Ayant revêtu sa dépouille humaine, il fut attaché ensuite et déchiré sur le chevalet. Mais ses plaies se fermèrent immédiatement. Maximien le fit alors mettre en prison et voulut le contraindre d'adorer une idole de Jupiter. Mais le saint la renversa d'un coup de pied. Maximien lui fit couper le pied, lequel s'envola immédiatement vers l'église Saint-Nicolas du Chardonnet, à Paris, où il est encore; dans un état d'intégrité parfaite. Vexé de voir rater toutes ses tortures, le barbare empereur condamna Victor à être écrasé sous la meule d'un moulin à bras, que les

bourreaux firent tourner. Mais, dans l'intervalle, le martyr était devenu de caoutchouc, ce qui rendait le supplice sans résultat. Alors, Maximien eut une inspiration; il profita de la dernière transformation de Victor, pour s'en faire des bottines imperméables. Asphyxié par les chaussettes de l'empereur, Victor rendit enfin son âme à Dieu, l'an 303.

23 JUILLET. — SAINT APOLLINAIRE, *martyr*, IIIe et IVe siècle. — Saint Apollinaire n'est qu'une moitié de martyr. Premier évêque de Ravenne pendant vingt ans, il est dit dans le martyrologe de Bède qu'il fut torturé sous Vespasien. Il fut torturé, mais son successeur, saint Pierre Chrysologue, nous dit qu'il n'en mourut pas. Son corps fut transporté, en 549, dans une voûte de l'église de Clarisse, ancien port de mer à quatre milles de Ravenne. Grégoire le Grand nous apprend que l'on faisait jurer sur ce tombeau pour découvrir la vérité que cachent les procès. Si ce tombeau était dans la voûte, comment pouvait-on jurer dessus? En se mettant la tête en bas et les jambes en l'air?

24 JUILLET. — SAINTE CHRISTINE, *vierge et martyre*. IV° siècle.
— Christine, si célèbre par les miracles auxquels donna lieu son martyre,
était originaire de Tyr, en Toscane. N'allez pas y contrôler l'exactitude de ce
que nous allons raconter, Tyr a été submergée et n'existe plus. Elle était
gouvernée, au quatrième siècle, par un des préfets les plus cruels de Dioclétien, Urbain, ennemi terrible des chrétiens. On comprendra donc sa colère en
apprenant que sa fille s'était donnée au Christ et que pour mieux témoigner
son amour au Crucifié, elle avait pris le nom de Christine. Il prit d'a-
bord la gamine — elle avait dix ans ! — par la douceur, la comblant de poupées
et de chiffons, de petites idoles en or et en argent, que la bambine brisa pour
les distribuer aux pauvres. Alors Urbain fit venir des bourreaux — ces pères
païens sont si barbares ! — et leur ordonna de déchirer sa fille avec des fouets
et des ongles de fer. Ce premier et léger avertissement eut un singulier effet.
Christine ramassa tranquillement les petits lambeaux de chairs que lui avait
arrachés l'instrument du supplice et les montra en riant à son tendre papa.
Celui-ci « en fut si touché — disent les plumitifs bigots — « qu'il fit retirer sa
fille de devant ses yeux et.... conduire en prison. » Juze un peu, mon bon, s'il
n'eût pas été touché. En prison, Christine fut encore l'objet des bons soins de

l'auteur de ses jours ;
il la fit attacher à une
roue, l'arrosa d'huile
et la fit passer sur un
feu — ni plus ni moins
qu'un poulet à la bro-
che. Mais cette « vo-
laille céleste » se re-
fusa à cuire dans son
jus. La flamme, loin
de la consumer, se répandit sur les cuisiniers et en fit mourir un grand nombre.
Voyant cela, Urbain la fit jeter dans un lac voisin, Mais l'eau ne lui réussit pas
plus que le feu. Un ange déguisé en terre-neuve sauva la jeune sainte. A cet
aspect, Urbain entra dans un tel accès de rage qu'il en mourut. J'imagine que
Christine n'eut pas l'hypocrisie d'aller pleurer à son enterrement.

Dion, qui succéda à Urbain, dans la préfecture, ne fut pas moins féroce
envers Christine, que son prédécesseur. Il fit faire un berceau de fer où on
renferma la jeune servante de J.-C. et où on la plongea dans de la poix et de
l'huile bouillante. Elle ne fut pas plutôt dans ce lit d'un nouveau genre qu'elle

s'endormit profondément. Le préfet, dépité, la fit alors conduire dans un temple d'Apollon, pour y sacrifier. Mais au premier pas qu'elle fit dans le temple, l'idole se renversa et tomba réduite en poudre. Au même instant, le sanguinaire préfet s'affaissa raide mort. Julien, qui fut préfet ensuite, attribuant tous ces miracles à la magie, fit jeter Christine dans une fournaise ardente, dont il faisait sans cesse renouveler le feu. La jeune vierge y resta cinq jours sans y roussir un de ses cheveux. On ajoute même qu'elle s'y plaignit du froid. Julien, alors, lui fit couper la langue, mais sa voix n'en devint que plus claire. Le préfet, désespéré, lui fait jeter des flèches. Christine pria Dieu de la laisser périr par ce dernier supplice. Elle fut exaucée et alla recueillir la couronne du martyre.

Du martyre ? Entendons-nous. Les livres dévots nous racontent à l'unisson que Christine passa à travers toutes ces tortures sans souffrir un seul instant. Alors, où est le martyre ? Un abonnement d'un an à l'*Univers* au lecteur qui nous dira en quoi peut consister le martyre d'une vierge à qui l'on coupe la langue ; que l'on fait cuire à la broche et qu'on jette dans de la poix bouillante, sans que ça lui fasse plus d'effet que si elle prenait de la douce Revalescière Du Barry.

25 JUILLET. — SAINT CHRISTOPHE, *martyr*. IIIe siècle. — Il y avait une fois un homme si grand, si grand, qu'il vous avertissait trois jours à l'avance quand il allait pleuvoir. Mais sa sainteté était encore plus grande que lui. Il n'entrait jamais dans les églises, parceque ça lui était impossible, mais il allait dans la campagne où il s'agenouillait pour prier. Même à genoux, il était encore d'une telle hauteur que Dieu lui criait souvent : « Christophe, ne parle pas si fort, je t'entends bien…. est-ce que tu as mangé de l'ail, ce matin ? » Comme on le voit, le géant s'appelait Christophe, ce qui veut dire, en grec, *Porte-Christ*. Ce nom lui avait été donné à la suite de l'aventure suivante. Un jour, Jésus dit à son père ! « Il paraît qu'il y a sur la terre un homme renommé pour sa haute taille et plus encore pour sa charité. J'ai bien envie d'aller m'assurer de *visu* si ce que l'on dit de lui est vrai. Qu'en penses-tu, papa ? — Va, mon fils, et ne sois pas long, car je m'ennuie en ton absence ; le Saint-*Esprit* en a si peu ! » Jésus descendit quatre à quatre sur la terre, et, pour mieux réussir dans son entreprise, il prit la forme d'un enfant. Il ne fut pas long à trouver ce qu'il cherchait, Christophe s'apercevant même sans longue vue, de vingt lieues à la ronde. Arrivé tout près des souliers du géant, il monta dessus avec une échelle, longue de cent mètres,

et, dressé sur le dernier échelon, réussit à pincer le saint au gras du mollet.

Christophe croyant qu'une puce le chatouillait porta la main à sa jambe, prit Jésus-Christ entre le pouce et l'index, et, comme il était miséricordieux même aux insectes, le porta à sa bouche pour l'embrasser avant de le remettre en liberté. Mais reconnaissant que c'était un enfant, il lui dit : « que me veux-tu ? — Je voudrais bien que vous me portiez afin de me faire traverser cette rivière. — Rien de plus facile, » dit Christophe en enjambant les deux rives. De l'autre côté de l'eau, il s'arrêta et, par ce mouvement, la canne qu'il tenait à la main s'enfonça dans la terre, et y devint, par la suite, un palmier énorme.

Saint Christophe eut la tête tranchée l'an 250, par ordre de l'empereur Dèce. L'exécution dura quatre heures et sa tête, en tombant, fit trembler toute la ville. On conserve des reliques de lui dans une infinité d'églises. Il était assez grand pour en approvisionner toutes les châsses de l'univers. Dans un village du Tyrol, on garde un de ses plus grands ongles, celui du pouce de son pied droit. Il est enfermé dans un étui, haut comme le puits de Grenelle, et fabriqué, dit-on, avec le bois du palmier qui naquit de la perche qu'il planta en terre, après avoir passé l'enfant Jésus d'un côté de la rivière à l'autre.

26 JUILLET. — SAINTE ANNE, *patronne des menuisiers.* — Sainte Anne, on le sait, est la mère de la sainte Vierge. La sainte Vierge engendra Jésus-Christ par l'opération du Saint-Esprit. Mais Jésus-Christ c'est le Saint-Esprit lui-même. Donc, sainte Anne est la grand'mère de son gendre et la belle-mère de son petit-fils. Mais Jésus-Christ et Dieu ne font qu'un. Donc sainte Anne est la grand'mère de Dieu, qui, par conséquent a eu un commencement. Si sainte Anne est la grand'mère de Dieu, elle est également la grand'mère du Saint-Esprit, lequel est Dieu. Or le Saint-Esprit est le père de Jésus-Christ,

lequel ne fait qu'un avec son père. Sainte Anne se trouve donc être la belle-mère du père de son petit-fils. Mais, si elle.... ah! assez! revenons à la simple histoire d'Anne, mère de Marie.

Donc, Anne épousa Joachim et de ce mariage naquit Marie. Et Marie épousa Joseph, un brave charpentier. Et Jésus naquit de ce second mariage, et Anne en fut la grand'mère. Il n'y a rien de merveilleux là-dedans.

27 JUILLET. — SAINTE NATALIE *martyre.* IXe siècle. — Natalie, — ou Noele — et son mari Aurèle faisaient au IXe siècle le plus singulier ménage qu'on pût imaginer. Leur vie était un modèle de vraie pénitence. Ils jeûnaient sans cesse, et de toutes les façons. Natalie, particulièrement était bien le type de la bigote mariée. Elle avait transformé son salon en reposoir; sa chambre à coucher en chapelle et sa cuisine en sacristie.

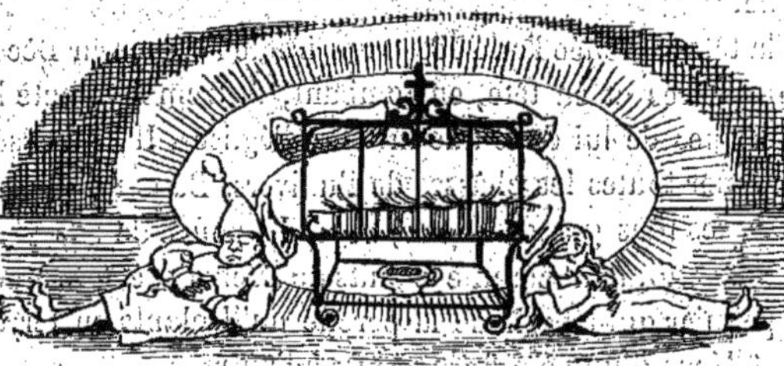

Tous ses chandeliers étaient armés de cierges. Son plumeau était un goupillon. Elle cachetait ses lettres avec des hosties. Elle et son mari avaient un lit magnifique; mais ils se couchaient séparément à terre sur des cilices. Ils priaient sans cesse, pendant le jour, et chantaient des cantiques pendant la nuit. Si bien que les locataires, qu'ils empêchaient de dormir, les dénoncèrent au juge, lequel, après les avoir vainement exhortés à changer de religion, les condamna au martyre, à la grande douleur de leur propriétaire auquel ils devaient trois termes de loyer et qui leur envoya vainement plusieurs huissiers, que saint Pierre flanqua sans vergogne à la porte du Paradis.

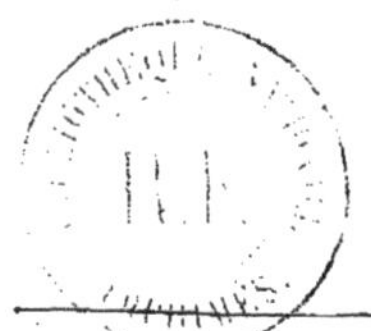

2 AOUT. — SAINT ALPHONSE. XVIIIᵉ siècle

INVOCATION DES ALPHONSES A LEUR PATRON

Air : Hélas ! quelle douleur.....

Patron
Qu'a pour amis,
Au Paradis,
Les saints, les ermites ;
Patron,
Dans nos taudis
Pus un radis,
Un maravédis.

Aux Bouillons,
Grâce à nos marmites,
Nous bouffions
Des pomm's de terr' frites.
Pus t'rond,
Pus un kopeck,
Des lonsié meck
La bourse est à sec !

Su'l'front,
Nous avons beau
Mettr' comm' chapeau
D'immenses casquettes.
Patron,
Nous avons beau
Faire le beau
Pour pincer l'chameau.
Nous nous f'sons
De chiqu's rouflaquettes,
Des frisons,
Des coiffur's coquettes.
Patron,
Efforts perdus,
Soins superflus,
Hélas ! ça n'mord plus !

Patron,
Toi qu'es bon fieu,
Ai', du saint lieu,
Pitié d' nos détresses.
Patron,
Toi qu'es bon fieu
D'mande au bon Dieu
D'nous r'lever un peu.
Fais, presto,
Car il faut qu'tu t'presses,
D'Lazaro
Sortir nos gonzesses.
Patron,
Alphous', mon vieux,
Ramène aux pieux
Les michés sérieux.

Nos lecteurs s'imaginent la tête que doit faire notre saint en écoutant ce cantique quand ils sauront qu'il n'a aucun droit au tutoîment de Monsieur Alphonse. C'était un évêque, originaire de Naples, lequel vivait au xviii siècle et avait pour le Sacré-Cœur de Jésus une vénération inexprimable. Il ressentait pour la Sainte Vierge l'affection d'un bon fils pour une tendre mère, et non celle d'un « garçon » pour son Amanda. On comprendra donc sa fureur, lorsque le lendemain de la première représentation de *Monsieur Alphonse* au Gymnase, il alla trouver Dieu, et lui parla ainsi : « — Seigneur, j'ai un grand service à vous demander. — Parle, Alphonse, tu... — Seigneur, ne ravivez pas ma douleur, en m'appelant d'un nom que je viens vous supplier de m'autoriser à changer. — Mais... pourquoi..? — Voilà, Seigneur. Un mortel, nommé Alexandre Dumas (vous savez, le fils du gros qui est actuellement au purgatoire?), voulant mettre à la scène un poisson qui se trouve dans la mer... — Explique-toi, voyons... je ne comprend pas... — Je dis bien..... voulant mettre sur le théâtre un souteneur de filles, ou plutôt un soutenu, l'a baptisé Alphonse ; si bien que je me trouve être le patron de cette fripouille ; ce qui m'expose à entendre des choses comme celles-ci. (*Ici il chante au bon Dieu le cantique ci-dessus.*) Vous comprenez que c'est très désagréable. — Certes, mais je n'y puis rien ; M. Dumas fils est libre d'appeler les personnages de ses pièces des noms qui'il lui plaît, mon pouvoir ne va pas jusqu'à les lui faire changer. — Mais, Seigneur, vous êtes tout-puissant, et... — Assez! vous vous appelez Alphonse et Alphonse vous resterez... et pas un mot de plus... ou je vous prends au mot et alors vous seriez bien attrapé!.. — Comment cela, Seigneur ? — Je vous fais changer de nom avec saint Thomas, qui, lui aussi, désire quitter le sien, ne voulant plus servir de patron aux pots de chambre.

28 JUILLET. — SAINT SAMSON, *évêque*. VIe siècle. — Saint Samson naquit en Angleterre, d'une famille très noble, mais très impie. Sauf sa mère Anne, qui était assez bête pour se figurer qu'elle avait obtenu un fils en priant Dieu, tous ses proches, à commencer par son père, formaient la plus jolie collection de païens qui se puisse voir. Mais la volonté de Dieu était qu'un ange vînt au monde au milieu de ces démons, afin de les ramener tous dans le sentier du ciel. La première parole de Samson en naissant fut une réprimande à l'auteur de ses jours. Il lui reprocha d'avoir contraint récemment Anne, sa mère, d'avaler de la viande un vendredi. Samson fut mis, malgré l'opposition

d'Amon, son père, sous la conduite de saint Eltut, abbé d'un monastère du pays de Galles. Il fit, sous cette direction, de grands progrès dans toutes les sciences, — ce qui pouvait lui être utile — mais surtout dans celle des Saintes Ecritures — ce qui ne lui servait à rien du tout. Son maître, le voyant si ferré en théologie, le fit ordonner diacre, puis prêtre. Mais Samson, aspirant à une plus haute perfection, se retira dans une île voisine, où il y avait des solitaires dont le chef s'appelait Piron — drôle de nom pour un ermite! « Là, Samson — disent les écrits sacrés — passait ses jours dans le travail des mains et ses nuits dans l'étude de l'Écriture ». Parbleu ! il n'eut plus manqué que ce fût aussi dans le travail des mains. Le reste du temps il dormait, debout contre un mur, sans jamais se servir de lit et sans jamais tomber.... comme les chevaux dans l'écurie. Cette faculté de dormir debout rendait de grands services à Samson. Quand il avait une course à faire, il se livrait en route au sommeil, tout en marchant, et ne se réveillait qu'au bruit de la sonnette qu'il tirait à la porte de la personne chez qui il se rendait. On l'aperçut même, un jour, couché sur la flèche d'une église, autour de laquelle le vent le faisait tourner ; ce qui lui donnait, d'en bas, l'air d'une girouette.

Girouette, Samson ne l'était pas, car il ne broncha pas un instant dans ce chemin de la vertu sur la pierre du péché. Les histoires nous disent que son père l'ayant envoyé solliciter de le venir assister à son lit de mort « *il refusa d'abord, dans la crainte que ce ne fût une tentation du démon, qui voulût le tirer de sa retraite* » Il fallut que son maître saint Eltut l'y contraignît pour qu'il se rendît au désir de son père mourant. Admirable amour filial que l'Eglise a bien fait de nous donner pour modèle, en canonisant celui qui le ressentait! Il paraît que lors qu'il revit son fils, Amon le païen commença à aller mieux. Puis, la voix lui revenant, il se confessa d'un crime énorme et demanda à en faire pénitence. Son père converti, Samson convertit ses cinq frères, son oncle Umbrafel avec sa femme et leurs trois fils. Sa fureur de convertir ne s'arrêta même pas au chien de la maison, qu'il revêtit d'une robe de moine et à qui il faisait aboyer d'innombrables prières. Il continua à convertir le monde, jusqu'au jour, arrivé en 564, où la mort le convertit lui-même... en cadavre.

29 JUILLET. — SAINTE MARTHE. — Marthe est cette sœur de Madeleine à laquelle Jésus, reprochant son activité, disait en substance. « *Marthe Marthe! vous vous occupez de beaucoup de choses, vous faites là cuisine, vous nettoyez votre linge, vous mettez des boutons aux chemises de votre frère, vous feriez mieux de ne rien faire et de songer au royaume du ciel!* » L'histoire (?)

de sa vie nous dit qu'elle mourut à Jérusalem, comme une bourgeoise tranquille. Voici maintenant ce qu'en dit la légende : Un jour — comptez sur vos doigts combien il y a de temps — les promeneurs et les marchands qui encombraient le vaste port de Marseille virent avec étonnement aborder un vaisseau sans gouvernail, sans mâts et sans agrès. Grande fut leur surprise en voyant sortir cinq personnes de cette épave. C'étaient Lazare, Marthe et Magdeleine, Marcelle, leur bonne à tout faire, et Maximin, l'un des soixante-douze disciples de Jésus. Ayant mis pied à terre, ils racontèrent que les Juifs les avaient abandonnés aux flots sur cet esquif désemparé, mais que le Seigneur avait commandé aux vagues de les conduire dans ce pays, qu'il voulait appeler au salut. Les Marseillais avalèrent tout cela comme du bon pain. Il y eût bien quelques vieux loups de mer qui murmurèrent en changeant leur chique de place : « P'tèt'ben qu'c'est l'effet de la marée ! » mais l'immense majorité des imbéciles écouta ces étrangers qui naviguaient, ayant le bon Dieu pour pilote. Un jour que Marthe expliquait les vérités de la religion — y compris le mystère de la sainte Trinité ? — un jeune homme qui se trouvait de l'autre côté, souhaitant de l'entendre, voulut traverser le fleuve à la nage et se noya. Admirez ici le doigt de Dieu, qui enfonce dans la limonade ceux qui ont soif d'écouter la parole de ses apôtres. Marthe fit pêcher le corps, et, s'étant mise en prières, elle lui rendit la vie au nom de Jésus. Ce miracle fit un tel bruit dans le pays que personne ne put dormir pendant au moins quinze jours. Les habitants de Tarascon, inquiétés par un énorme dragon — à cheval ? — qui ravageait toute la campagne, eurent recours à Marthe, pour s'en délivrer. Pleine de confiance en Dieu, celle-ci passa la Durance en sautant à pieds joints d'une rive à l'autre, entra hardiment dans un bois qu'on lui indiqua comme la retraite du dragon et le trouva effectivement qui dévorait un homme. A la vue de la sainte, le dragon s'arrêta de manger, et, comme un gourmet qu'un importun dérange à son déjeuner, se mit à grogner d'une façon terrible. Sans s'émouvoir, Marthe fit le signe de la croix, aspergea le monstre d'eau bénite, lequel vint de lui-même s'attacher après une ceinture que la sainte lui montrait d'un air engageant. Les Tarasconnais, accourus à cette merveille, et voyant le dragon plus doux qu'un agneau, l'assommèrent néanmoins. Puis ils se jetèrent aux pieds de Marthe en la suppliant de ne pas les abandonner. Elle céda à leurs prières et fixa sa demeure dans un endroit contigu de la ville, et qu'on nommait le Bois-Noir, où elle mourut. Si vous ne voulez pas le croire, allez-y voir. Comme tous ces prodiges ont eu Marseille pour théâtre, les habitants de cette ville vous les raconteront mieux que moi, en terminant chaque phrase par un « *et digue digue vingue, mon bon !* » bien senti.

30 JUILLET. — SAINT ABDON, *martyr.* IIIᵉ siècle. — Abdon était un prince Persan qui souffrit le martyre sous la persécution de l'empereur Décius. Ayant fait ensevelir les chrétiens victimes de ce barbare, il fut condamné, pour ce fait, à devenir la proie des lions et des ours. Mais il polka avec les ours et mit sa gueule... non.. sa tête.. dans la gueule des lions. L'un d'eux, sentant sous sa dent le cou rond et gras d'Abdon, ne put résister à son appétit, et serra la nuque du saint pour voir si elle était tendre. Abdon ne perdit pas son sang-froid. Il raconta au lion une histoire embêtante, ce qui fit bâiller l'animal. Le saint en profita et retira vivement sa tête. L'empereur Décius, vexé, eut alors

une idée de génie; il fit ouvrir une cage qui retentissait de cris farouches. Des belles-mères en sortirent en bondissant, et, entourant le condamné... se

mirent à lui faire des yeux de merlans frits au printemps. On tâcha, mais en vain, d'exciter la colère de ces fauves en leur montrant tour à tour le portrait de leurs gendres. Ce que voyant, Décius, désespéré, fit massacrer Abdon. Son corps fut transporté dans le cimetière de Pontien, près de Rome, et l'on y voit encore un morceau de sculpture antique représentant la figure de ce saint. Cette figure, sculptée dans un marron d'Inde colossal, nous montre Abdon, ayant sur la tête la mitre ou bonnet *persan*, *percé* de mille flèches et poussant un cri *perçant*.

31 JUILLET. —SAINT GERMAIN L'AUXERROIS, *évêque.* IVe et Ve siècle.

— Germain naquit à Auxerre, de parents nobles. Epoux d'une femme riche, belle et vertueuse — veinard, va! — il était de plus, gouverneur de sa ville natale et commmandant des troupes du pays. Quoique exerçant la profession de chrétien, il ne laissait pas de faire la noce de temps en temps. Grand chasseur, il faisait attacher les têtes des animaux qu'il prenait aux branches d'un poirier, qui était au milieu de la ville et pour lequel les Auxerrois avaient une vénération superstitieuse. Ils ne passaient jamais devant sans retirer leurs chapeaux. Certains jours, l'arbre étant plein de têtes de cerfs, Germain contraignait tous les cocus d'Auxerre à passer devant et à saluer. Saint Amateur, patron des marchands de tableaux et évêque de la ville, ayant plusieurs fois, mais inutilement, prié Germain de couper cet arbre, le fit abattre en l'absence du gouverneur. Germain, furieux, résolut de tuer le saint prélat.

Dans cette intention toute chrétienne, il se rendit à Auxerre d'où celui qu'il voulait assassiner s'enfuit avec un empressement trop justifié. Une nuit, saint Amateur, entendit une voix qui lui disait : « *Cesse de fuir Germain!* — *Mais il veut m'occire !* — *Erreur! il se convertira, car c'est lui qui doit te remplacer. — Me faire remplacer par un meurtrier ! — Assez ! les desseins de Dieu sont impénétrables !* » Saint Amateur alla à la rencontre de Germain ; lui fit couper les cheveux à la Bressant, bien qu'il les eût préférés à la Capoul ; le revêtit de l'habit ecclésiastique ; lui conféra les ordres sacrés et lui dit que Dieu le destinait à lui succéder. En effet, après la mort d'Amateur, le clergé, la noblesse et le peuple sacrèrent Ger-main et le bombardèrent évêque en 418. Dès ce jour, il fut aussi pieux qu'il l'avait été peu naguère. « Il priait sans cesse, quoiqu'il fît » disent les bons auteurs. Même en faisant caca ? La franc-maçon-nerie des évêques députa saint Germain et saint Loup pour combattre Pélage. Ils partirent l'an 429 et convertirent pas mal de Pélagiens. A son retour, Germain trouva son peuple dans une dèche pro-fonde. Il partit pour aller prier le Préfet de lui accorder quelque soulagement. En route, un passant lui vola son che-val. Germain empêcha qu'on courût après lui. Le voleur revint le lendemain matin

rendre le cheval et demander pardon. Le saint lui dit : « *Il y a plus de ma faute que de la vôtre ; si je n'avais pas eu de cheval, vous ne me l'auriez pas volé.* » Puis il le fit habiller d'un complet de 35 francs. L'hérésie pélagienne ressuscitait en Angleterre. Germain y retourna et opéra, à l'aide de miracles, la conversion de ce qu'il restait de Pélagiens. Entre autres prodiges, il déli-vra les habitants du pays d'une guerre que leur faisaient les Saxons. Germain se mit à la tête de l'armée et, quand les ennemis s'approchèrent, il fit crier ses soldats tous à la fois. « Les ennemis — disent les bouquins dévots — furent si épouvantés qu'ils prirent la fuite. » Zuze un peu s'il y avait eu du canon ! Germain mourut à Ravenne, le 31 juillet 448, à sept heures trente-neuf du matin.

1ᵉʳ AOUT. — SAINT FRIARD. *Patron des laboureurs.* VIᵉ siècle. — Friard, fils d'un laboureur du diocèse de Nantes, naquit en 511. D'une paresse incurable, il eut l'adresse de la déguiser en dévotion, pour qu'on le laissât tranquille. Il lâchait sa pioche au beau milieu de son labeur, et, la plantant en terre comme une croix, il s'agenouillait devant pour prier.

Ses camarades, considérant que le travail est la meilleure des prières, se moquaient du saint fainéant. Un jour, ramassant des javelles dans un champ, il trouva un essaim de guêpes qui s'élevèrent tout à coup et piquèrent ses compagnons.

Le saint laboureur fit le signe de la croix et les guêpes rentrèrent dans leur trou. Une autre fois, il tomba d'un grand arbre sur la tête et se releva avec une entorse au pied. Frappé de cette protection du ciel, Friard se retira dans une solitude et mourut vers l'an 577.

3 AOUT. — **SAINTE MARANE**, *Anachorète.* v⁰ siècle. — Cette sainte vécut 42 ans, en compagnie de sainte Cyre, dans un petit réduit, chargée de grosses chaînes, n'ayant pour se garantir de la pluie qu'une grosse toile au-dessus de la tête. Elle vécut trois quarantaines sans manger — ça dégote le docteur Tanner — et trois fois trois semaines sans rien prendre... qu'un lavement. Elle ne parlait que depuis Pâques jusqu'à la Pentecôte. Tout le reste de l'année se passait dans un silence perpétuel. Encore n'y avait-il que Marane qui parlât dans ce temps limité, car Cyre ne parla jamais... Peut-être

était-elle muette. N'importe, une femme ne parlant jamais, c'est là le miracle le plus extraordinaire dont fasse mention la Vie des saints.

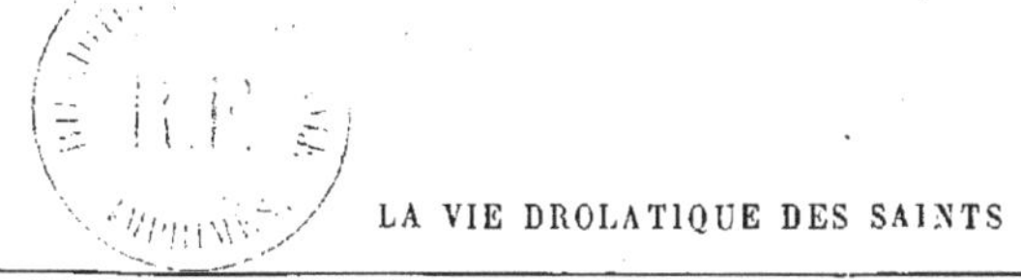

4 AOUT. — SAINT DOMINIQUE, xiiie siècle, 1221. — Si les assassins et les voleurs avaient un calendrier spécial, ils en réserveraient certainement la première place à saint Dominique. Assassin, ses forfaits, pendant la guerre

des Albigeois, dépassent tout ce qu'on peut imaginer ; voleur, il l'a été en organisant, sous le titre de *Frères-Prêcheurs*, une bande de *grinches* habillés en moines. Ce brigand tonsuré, au lieu d'un nimbe autour de la tête, aurait de nos jours, la lunette de l'échafaud. En lisant l'histoire de sa vie, on met à chaque instant les pieds dans le sang humain, une odeur d'abattoir vous saisit

à la gorge. Bouchez-vous le nez, et allons-y ! Fils d'un certain Félix de Gusman
et de Jeanne d'Aza, Dominique naquit, en 1170, dans un village de la Haute-
Castille appelé Calaroga. Ses instincts cruels se manifestèrent avant sa naissance. Il changeait à chaque instant de place dans le ventre de sa mère, la
griffait, la pinçait, essayait de la mordre ; tant et si bien qu'elle rêva une nuit
que son enfant, sous la forme d'un dogue, s'échappait de son sein, tenant dans sa
gueule un flambeau, dont il allait incendier tous les pays du monde. Pour
faire un rêve pareil, il fallait réellement avoir du chien dans le ventre. Mais
la malheureuse femme se trompait : le fruit de ses entrailles n'était pas un
chien, mais un tigre ; et la torche qu'il tenait entre ses crocs devait allumer
les bûchers de l'Inquisition. A peine au monde, en effet, Dominique confirma
les habitudes de méchanceté dont il avait déjà donné des preuves. Ses parents
changèrent plus de trente fois ses nourrices, le féroce poupon leur déchirant
les seins. Quand il attrapait une punaise, il lui attachait les bras et les jambes après quatre mouches, qu'il excitait avec un gros fouet de charretier, et
qui écartelaient le pauvre insecte. Ces coutumes sanguinaires s'alliaient
naturellement à une piété fervente. Sa dévotion grandit en même temps
que lui. A sept ans, il quitta la maison parternelle, pour aller apprendre à lire
et à écrire, chez un oncle, archiprêtre à l'église de Gumiel d'Izan. A quinze
ans, il étudia à l'université de Palentia, où il resta dix ans. Les auteurs cagots
nous racontent divers épisodes de cette époque de sa vie, dans lesquels Dominique joue un rôle charitable. L'un de ces épisodes nous le représente, vendant
ses bouquins d'étudiant pour en distribuer l'argent aux pauvres. Nous croyons
plutôt que c'était pour payer des dettes criardes. A vingt-cinq ans, l'évêque
d'Osma l'attacha, comme chanoine régulier, à la cathédrale de cette ville. Il
eût pu y vivre gras et tranquille ; mais il se mit en tête de visiter tout le
diocèse, afin d'y sermonner les pécheurs. Il parcourut ainsi la Castille et l'Aragon, convertissant les infidèles. Vers 1204, il s'établit en France pour travailler
au salut des Vaudois et des Albigeois qui infestaient le Languedoc. Que voulez-
vous ! ces faiseurs d'anges sont insatiables ; non contents de convertir chez eux,
il faut encore qu'ils travaillent pour l'exportation ! Afin d'arriver plus vite à son
but, l'affreux diable qu'il y avait en Dominique se changea en un ermite patelin.
Il reprocha aux abbés de Citeaux, chargés de ramener à Dieu les hérétiques,
d'étaler un faste scandaleux. Pour lui, il s'en allait par la campagne, vêtu
d'une robe de bure, portant un rude cilice et mendiant son pain. Cette humilité
d'attitude n'ayant pas produit le résultat qu'il en attendait, il raconta, avec une
effronterie de dentiste de foire, que la sainte Vierge était venue le voir, une

nuit, et qu'ils avaient passé leur temps à enfiler des perles. Il montrait à la foule, à l'appui de son dire, des grains noirs reliés entre eux par un fil, ajoutant qu'il suffisait de dire, à mesure qu'un de ces grains vous passait entre les doigts, un *Pater* ou un *Ave*, pour gagner le royaume du ciel. Cette mécanique de l' « Arsenal de la Dévotion » que Dominique baptisa « Rosaire » est l'origine de cette innombrable série de chapelets que des vieilles femmes, aux yeux chassieux, vendent à la porte des églises. Le fondateur du Rosaire, outre les visites de la Vierge, reçut celles du diable, avec lequel il était du dernier bien. Cet ange déchu, qui se moquait de Dieu comme d'une guigne, rampait, la queue entre les jambes aux pieds de Dominique. Ce dernier n'avait qu'à le siffler pour qu'il accourût aussitôt. Il lui cirait ses souliers le matin, lui vidait son pot de chambre et lui tenait sa chandelle pendant qu'il faisait sa prière. Une fois même, la prière de Dominique se prolongeant outre mesure, le diable se brûla cruellement les doigts; la chandelle, s'étant consumée jusqu'au bout, communiquait au chandelier une chaleur plus insupportable à Satan que les flammes de l'enfer. Enfin, c'était tout à fait le bon diable qui sert d'enseigne à un magasin de nouveautés. Cette camaraderie de Dominique avec Lucifer allait même si loin que celui-ci n'hésita pas à se confesser à notre saint. Il fit un aveu si sincère de ses crimes et en montra un tel repentir que Dominique lui promit l'absolution s'il voulait s'amender. Mais les mauvaises habitudes de Satan reprenant le dessus, son confesseur dut remettre son absolution dans sa poche — ce qui est bien dommage, car, le diable remonté au ciel, l'enfer disparaissait et nous ne risquions plus, en écrivant cette histoire des saints, d'aller y rôtir un jour.

Mais, hélas ! le charlatanisme du Rosaire, joint à ces racontars de vieilles campagnardes, à l'audition desquels les Albigeois se tordaient de rire, n'avançait pas d'un iota le triomphe de la sainte cause. Dominique obtint alors du pape Innocent III — singulier nom pour une canaille ! — la permission d'exterminer par le fer et le feu cette hérésie qu'il n'avait pu guérir par la douceur et l'imposture. Il prêcha, en termes sauvages, la croisade contre les infidèles et arma contre eux le comte de Montfort. Mais, désirant voir éclore, partout à la fois, les fruits de ses homélies féroces, il institua cet ordre des frères prêcheurs ou dominicains, ramassis d'espions et de bourreaux, mendiants demandant l'aumône le couteau du Saint-Office sur la gorge des fidèles, et chargés de faire triompher l'Evangile par la torture. Ces moines devinrent les juges de la chrétienté, siégeant à ce tribunal de l'Inquisition, sorti, tout armé, du cerveau de Dominique et qui restera comme le monument le plus horrible du fanatisme religieux. Son fondateur en devint naturellement le général, poste qu'il occupa jusqu'en 1253, époque où son âme de bandit s'envola vers Dieu.

La légende raconte qu'en arrivant au ciel, saint Dominique, n'y remarquant aucun de ses disciples, pleura toutes les larmes du corps qu'il avait laissé dans le cercueil. Un ange, pour le consoler, le mena vers la sainte Vierge, dont il souleva effrontément un pan de la robe et lui montra une multitude de frères-prêcheurs qui y étaient cachés. Marie aimait tellement les dominicains qu'elle les avait mis dans sa chemise — ce qui lui donnait l'air d'une poule blanche couvant des œufs noirs.

5 AOUT. — SAINT ABEL, *archevêque de Reims.* — Il faut croire que les historiographes bien pensants tiennent ce saint en assiez piètre estime, car ils ne donnent aucun détail sur son compte. Nous savons seulement qu'il était si distrait qu'un jour de carême, dans un sermon, au moment où il disait : « *Mes frères, voilà le sauveur du monde !* » il tira de son sein, au lieu du crucifix, un énorme saucisson, qu'il brandit aux yeux des vieilles bigotes scandalisées.

6 AOUT. — SAINT GEZELIN, *solitaire; patron des gorilles, orangs-outangs, macaques, mandrilles, chimpanzés et autres ouistitis.* XIIe siècle. —Ce gâteux canonisé, qui vivait du temps du roi Louis le Gros, offre un des exemples les plus frappants des extravagances que fait commettre à ses victimes le fanatisme bigot. « Il passa dix ans — dit un de ses biographes les plus naïfs — au milieu des montagnes et des déserts, sans avoir d'autre couvert que le ciel, ni d'autre vêtement que son poil et l'air qui l'environnait. » Il faut dire que « son poil » était assez long pour lui tenir lieu d'elbeuf. Sa barbe et ses cheveux étaient d'une telle dimension que, lorsque le vent soufflait, ils s'accrochaient à toutes les branches, en faisant un tas de nœuds que Gezelin passait son temps à défaire. Il broutait l'herbe, mâchait des racines, mangeait des glands et déterrait des truffes. Suivant le biographe naïf dont nous parlons plus haut « il errait dans les montagnes et solitudes sans se fixer en aucun lieu. Ainsi il souffrait avec une patience incroyable les ardeurs de l'été, et les froids les plus rudes de l'hiver. » Patiemment ou non, il était bien forcé de les

souffrir — ni plus ni moins que ces pauvres gens des villes qui n'ont même
pas de « poil » sur le dos. Devenu vieux, Gezelin changea de régime. Il passait
la nuit, couché dans une auge à co-
chons, ou dans tel autre réduit à bestiaux qu'on lui offrait, et en sortait
au premier chant du coq, afin de
n'être vu de personne. « Afin de
garder la modestie » il consentait
à se vêtir de quelques mauvaises
loques. Du reste, ce saint paraît
avoir toujours eu un mépris singulier
pour les tailleurs. Saint Bernard lui
ayant donné un vêtement, en signe
d'affection, il s'en habilla devant les
envoyés du saint, et, lorsqu'il furent
partis, l'ôta aussitôt. Ce Gezelin qui
aimait tant à aller tout nu, mourut
vers l'an 1136.

Peut-être n'était-ce qu'un singe de
haute taille qu'un religieux aura pris pour un solitaire. Il y a bien eu saint
Almanach qu'un moine a pris pour un homme et qu'on a décanonisé en s'a-
percevant, deux cents ans après, que c'était un calendrier.

7 AOUT. — SAINT GAETAN, XVIᵉ siècle. — Gaëtan naquit à Vicence, en
Lombardie, vers 1480. Fils de Gaspar, seigneur de Thienne, et de Marie
Porta (neuf mois), sa mère le mit, aussitôt né, sous la protection de la sainte
Vierge. Ce que voyant, le croup et la coqueluche le laissèrent tranquille. Cette
haute protection de Marie fut tellement efficace que Gaëtan, dans son enfance
même, fut appelé « *le saint.* » Occupé, du matin au soir, de la méditation
des vérités éternelles, il ne pensait qu'à Dieu, ne parlait que de lui et ne son-
geait qu'à lui plaire. Le reste du temps, il le consacrait à l'étude des sciences.
Aussi fit-il de grands progrès dans le droit civil et canonique, où il prit le degré
de docteur. Puis, embrassant sur les deux joues l'état ecclésiastique, il fit bâtir
une chapelle à Rampazzo, et se retira à Rome, où il vécut caché. Mais le pape
Jules II le tira de son isolement et l'obligea d'exercer l'office de protonotaire
apostolique, c'est-à-dire d'écrire les actes des martyrs. Gaëtan fut bien embarrassé; il n'avait aucun document. Mais ça ne l'empêcha pas de décrire en

détail, d'accord avec onze collègues, les tortures infligées aux saints. Sa mère morte, il se défit de sa charge, retourna à Vizence et entra dans la congrégation de Saint-Jérôme, où il se dévoua tout entier aux pratiques de la plus

humiliante charité : grattant les galeux dans le dos et entre les doigts, rasant et coiffant les pouilleux, lavant les pieds aux charbonniers les plus noirs. Puis il retourna à Rome et, remarquant le grand nombre d'ordres religieux qui s'y étaient installés, il se fit cette réflexion qu'il fallait en instituer un nouveau. Il fonda donc, de concert avec Jean-Pierre Caraffe, depuis pape sous le nom de Paul IV, et deux autres, l'ordre des théatins, ainsi nommés, parce que Caraffe, leur premier supérieur, était archevêque de Théate, dans l'Abruzze. Le but de la nouvelle fondation était de réformer les mœurs du clergé, d'assister les malades et d'accompagner les criminels au supplice. La réforme des mœurs du clergé coûta à Gaëtan tant d'efforts qu'il en attrapa une maladie de langueur et mourut le 7 août 1547 à trois heures juste — heure de la Bourse.

8 AOUT. — SAINT JUSTIN, *martyr en Parisis.* — Le frère aîné de Justin ayant été fait captif et conduit à Amiens, notre saint, quoiqu'il fût encore un enfant, accompagna son père dans cette ville.

Après avoir racheté le prisonnier, ils se hâtèrent de décamper. Malheureusement, ils avaient été reconnus par les hérétiques, lesquels lancèrent des soldats à la poursuite des fuyards. Mais ils ne les atteignirent qu'au bourg de Louvres, près de Paris. Se voyant perdu, le père Justin se cacha avec son aîné, laissant bravement à la merci des soldats son plus jeune fils. Arrivés près du bambin, les soudards lui demandèrent où son père et son frère étaient cachés. Mais l'enfant leur répondit par un geste qui voulait

déjà dire, dans ce temps-là, « Tu peux t'fouiller, ma vieille branche! » Ils
eurent beau le cajoler, lui offrir des billes, du chausson aux pommes, le
petit garçon se borna à leur faire des pieds de nez. La douceur ne leur réussis-
sant pas, ils essayèrent de la rigueur et firent trancher la tête au jeune
entêté. Son corps fut enterré à Louvres. Notre-Dame de. Paris prétend posséder ses reliques; entre autres le petit doigt de la main droite, qu'au moment
où on le décapita, le jeune saint se fourrait dans le nez.

9 AOUT. — SAINT AMOUR. *Tous les siècles*. — Saint Amour naquit,
en même temps que le premier homme et la première femme, dans le pays du
Tendre. Il vint au monde si joli,
que ses parents sautèrent de joie
en le regardant. Par malheur son
caractère répondait peu à son physique. Changeant comme les flots de
la mer, il était tour à tour crédule
ou jaloux, caressant ou brutal, ordu-
rier ou délicat dans ses paroles, constant ou capricieux. Mais, tel qu'il
est, il faut le subir, car il est immortel. Il a été martyrisé vingt milliards
de fois par ces bourreaux qui s'appellent l'Indifférence, l'Imposture, le
Mariage. Mais, comme le phénix,
il renaît sans cesse, et se fait une

nouvelle vie de ses souffrances. Il éclot tout à coup, mis au monde par cette
sage-femme qui s'appelle la Vue, grandit presque instantanément, donne de
l'esprit aux filles et aux sots et rend stupides les gens d'esprit. Très gros
mangeur de viande, il se rassasie difficilement, se donne quelquefois des
indigestions qui le mènent à l'hôpital ou au cimetière. Enfin il a des relations
partout, depuis le palais jusqu'à la chaumière, et tutoie tour à tour l'empereur
et le paysan.

10 AOUT. — SAINT LAURENT, *martyr*. III° siècle. — Le lieu de la
naissance et les commencements de la vie de Laurent sont tellement obscurs
que les chats, seuls, pourraient nous renseigner dessus. On sait seulement
que, diacre de l'église romaine sous le pape Sixte II, il administrait, en cette

qualité, les biens de cette église. Après la mise en croix de Sixte, l'empereur Valérien fit arrêter Laurent, et lui demanda de vouloir bien lui faire cadeau des richesses confiées à sa garde. Notre saint demanda trois jours, réunit le plus de chrétiens qu'il pût, et les présenta au délégué de l'empereur, en lui disant : « *Voilà les trésors de l'Église!* » On se représente facilement la

figure du délégué, recevant, au lieu d'or, les grimaces de ces bonshommes. Cette monnaie de singe mit Valérien dans une fureur telle qu'il fit fouetter Laurent, pour le rendre plus tendre, et le condamna ensuite à être étendu sur un gril ardent, placé sur un feu tranquille. Le saint supporta cet affreux supplice avec un courage tel qu'il blaguait ses bourreaux en cuisant dans son jus : « *J'ai été assez longtemps sur ce côté* — disait-il — *faites-moi retourner sur l'autre, afin que je sois rôti sur tous les deux!* » Ou bien : « *Mettez un peu de sel, je vous prie; n'oubliez pas le poivre. Là, maintenant, mangez hardiment et voyez si la chair des chrétiens est meilleure cuite!* »

Puis il mourut, le 10 août 258 — un vendredi! Ses bourreaux n'avaient pas craint de le traiter comme un vulgaire beefsteack, un jour de jeûne! L'église de Saint-Laurent, située près du Tréport, sur une haute falaise, conserve une barre du gril sur lequel brûla ce saint beefsteack. Elle possède de plus une pierre, où l'on voit l'empreinte du pied de Laurent, au moment où il s'envola au ciel. Les marins font vœu d'aller en procession à cloche-pieds, dans cette église, avec des pois durs dans leurs souliers... que quelques roublards font cuire auparavant, pour les attendrir. Dans un sermon fait à ces échappés des tempêtes, un vieux curé, très aimé des loups de mer, leur dit un jour : « *Il fait beau vous voir au milieu de la mer, lorsque le Très-Haut, dans sa colère, déchaîne, pour vous punir, les fureurs de l'Océan; il fait beau vous voir, vieilles brisques, prononcer un tas de vœux, dont, le danger une fois passé, vous vous moquez comme de votre première chemise. Une fois sur le plancher* DES VACHES, *vous vous rendez dans les maisons* IDEM; *vous dépensez votre argent à vous saouler comme des cochons, pendant que saint Laurent attend les cierges que vous lui avez promis!* » (Sic.)

15 AOUT. — SAINT NAPOLÉON, *martyr.* IIIe et IVe siècle. — *Néopol*
ou *Néopolus*, nommé *Napoléon* par la manière de prononcer du moyen âge,
était d'une naissance si haute qu'on ne peut en parler qu'en ballon. Lors de la

cruelle persécution des empereurs Dioclétien et Maximien, Napoléon se distingua parmi les chrétiens les plus enragés; faisant des poche-œil aux prêtres
païens, entrant coiffé dans leurs temples, lâchant des molaires sur les dalles;
chantant des refrains populaires pendant les offices — tant et si bien qu'il fut

lapidé et rendit son âme à Dieu, aux côtés duquel il alla s'asseoir sur un petit banc. Voilà ce que dit l'histoire (??) Voyons maintenant, comment s'exprime la légende. Dans ce temps-là — mettons que c'était sous Dioclétien — vivaient un roi et une reine, du mariage desquels naquirent trois enfants, dont le plus jeune, Louis Napoléon, est celui qui nous occupe. Il paraît que son père n'était pas bien sûr de la légitimité de ce troisième rejeton, car il écrivait à Marcellin — 30° pape, qui sacrifia aux faux dieux avant de mourir — une lettre où se trouvent ces mots : *« .... Quant à l'autre* (saint Napoléon) *qui usurpe mon nom, vous le savez, Saint-Père, celui-là, grâce à Dieu, ne m'est rien : j'ai le malheur d'avoir pour femme une Messaline qui accouche... »* Ces derniers mots jettent un triste jour sur les mœurs de la mère de notre futur saint. Mais qu'importe ; Dieu qui a sanctifié Madeleine, pouvait bien destiner Hortense à mettre au monde un bienheureux. Les premières années de Napoléon furent guidées par de pieux précepteurs. Un caricaturiste de cette époque nous le représente avec un nez en bec d'aigle, et d'une telle grosseur, que le petit bonhomme tombait sans cesse dessus, entraîné par le poids de ce pif gigantesque.

Depuis longtemps, le sol de la patrie était interdit aux Napoléon. Mais après la mort de sa mère, le jeune Louis pénétra subrepticement dans le royaume où régnait alors *Philippien*, pour tenter d'y faire des prosélytes à la religion chrétienne. Dans cette expédition, il tua à l'aide d'une flèche un centurion qui lui barrait le passage. Il se promenait souvent sur la plage d'un port appelé *Boulognius*, avec un aigle apprivoisé sur sa tunique et un morceau de lard dans son casque. Un impie, Hippolytus Briolletien, osa même dire que : *« Ce n'était pas seulement un morceau de lard qu'il avait dans son casque, mais bien une tête de cochon tout entière. »* Les passants, stupéfaits de le voir ainsi l'ami intime des oiseaux de proie, le suivaient avec curiosité. Mais Philippien veillait au grain. Il fit arrêter saint Napoléon et le jeta dans un cachot. Dieu, sous la forme d'un gâcheur de plâtre, l'en fit bientôt sortir. C'est alors que profitant d'une révolte des sujets de Philippien qui avaient renversé leur roi, saint Napoléon revint dans sa patrie et convertit un grand nombre de badauds au culte qu'il prêchait. Il profita de cet enthousiasme pour se faire élire évêque. Mais, dans son esprit, le siège épiscopal n'était que le marche-pied de la chaire de saint Pierre. Quelques sceptiques protestèrent seuls contre cette élévation. L'immense majorité des cardinaux lécha les pieds du maître qu'elle s'était donné. Le trône pontifical, vacant alors, semblait à Napoléon d'une majesté bien tentante ; mais, pour s'y asseoir, il fallait passer sur le ventre des cardinaux et du peuple. Le prétendant n'hésita pas; il fit le signe de la croix devant les cardinaux qui s'éclipsèrent aussitôt, et bénit le peuple, lequel s'aplatit instantanément. D'immondes historiens ont osé dénaturer ce miracle en racontant un prétendu massacre que ce bon pasteur aurait fait des brebis confiées à sa garde. A les entendre, c'est dans le sang humain qu'il ramassa la tiare. Ignobles calomnies! C'est Dieu qui la lui donna, à la grande joie de ses ouailles reconnaissantes.

Devenu pape, saint Napoléon prononça ces paroles : « *Le christianisme, c'est la paix.* » Puis il fit immédiatement grâce à ses ennemis, bien que d'infâmes menteurs aient osé écrire qu'il les envoya tous à Cayennus. Bien au contraire, il les combla d'honneurs et de richesses. Ayant appris qu'on venait de découvrir des mines d'or dans l'Océana, il fréta de nombreuses galères, les approvisionna luxueusement et pria ceux qui l'avaient combattu jadis de s'embarquer dessus, pour aller fouiller les dites mines ; leur permettant ainsi de réaliser en très peu de temps des fortunes incalculables. Du reste, pendant les quatorze ans qu'il fut pape, saint Napoléon tint la parole qu'il avait dite : « *Le christianisme, c'est la paix.* » Il supprima jusqu'aux soldats qui le gardaient. C'est en vain que les barbares de la China pillèrent eux-mêmes leur palais d'Ili er pour mettre ça sur son dos; il ne se départit pas un seul instant de sa manséatude. Les infidèles du Mexicum fusillèrent inutilement un aventurier nommé Maximilius, qu'ils prétendirent envoyé par le pape pour escalader le trône ; saint Napoléon garda son sang-froid devant cette nouvelle provocation. C'est alors que le démon, sous la forme de Bismarckum résolut d'en finir avec le pieux pontife. Sous un prétexte futile, il arma d'innombrables légions, qui se ruèrent lâchement sur saint Napoléon, pendant qu'il lisait attentivement son bréviaire. Quoique pris à l'improviste il se défendit bravement, mais, voyant que toute résistance était impossible, il se sacrifia pour son peuple, et se rendit à son ennemi. Toujours dévoué, il offrit sa tête comme rançon, ne voulant pas qu'on démembrât son pays de deux provinces, l'Alsacium et la Lorrainus. Le vainqueur fut impitoyable. Outre les deux provinces et la mort du pape, il réclama encore cinq milliards que le Saint-Père paya de sa bourse, abandonnant toute sa fortune et plongeant ses héritiers dans la misère la plus atroce. Bismarckum le mit ensuite à la torture. Il la supporta avec une constance admirable. On eut beau le forcer de lire la *Lanterna*, d'Henrius Rochefortum ; le contraindre à regarder les dessins de la *Chargus* d'Alfreda Le Petitum ; lui fourrer le nez dans les virements de Janviérus de la Motta ; il ne se départit pas un seul instant de son courage. Ce que voyant, ses bourreaux le firent lapider jusqu'à ce qu'il eût rendu l'âme — pendant que priaient autour de lui ses disciples Rouherus, Olivierum, Lebœufa, Bazainien, Eugénia Thébadelainus, etc., etc... Ses ennemis, niant qu'il ait été martyrisé, prétendent qu'il est mort de la *pierre*. Parbleu ! puisqu'il a été lapidé !

11 AOUT. — SAINTE SUZANNE, *vierge et martyre*. IIIe siècle.

Air du Juif-Errant.

D'une noble famille,
Nièce du pap'Caïus,
Suzanne était la fille
Du riche Gabinius,
Neveu, quoique chrétien,
De l'emp'reur Dioclétien.

Maximien Galère,
Fils de c'fameux emp'reur,
Chez Suzanne, en prière,
Entre un jour, plein d'fureur,
Résolu d'tout briser,
Voulant d'forc'l'épouser.

Mais, voyant c'te jeun'vierge
Un nimbe autour des ch'veux,
I'd'vient blanc comme un cierge,
Et s'sauv'comme un péteux.
Ayant manqué son coup,
Il lui fit couper l'cou.

Jeunes fill's au cœur tendre
Qu'avez peur de l'amour,
Afin de vous défendre,
Ayez, la nuit et l'jour,
A tous vos rendez-vous,
Une auréol'sur vous.

12 AOUT. — SAINTE CLAIRE, *vierge et abbesse*. XIIIe siècle. —

L'an 1193, à Assise, ville d'Italie, ainsi nommée à cause de sa situation sur une montagne appelée Assi — vivaient tranquillement de leurs rentes deux nobles époux : Phaverino Sciffo et sa femme Hortulane. Cette dernière étant enceinte entendit un jour parler son ventre, qui lui dit : « *La délivrance approche ; n'en crains pas l'issue ; accouche sans chandelle ; car tu donneras à cette terre une pure lumière qui suffira pour éclairer les ténèbres.* » En effet la petite fille qu'engendra Hortulane, répandit en naissant une telle lumière que ses parents la nommèrent Claire.

Claire, aussitôt née, fit preuve d'une telle disposition à la piété, que Dieu lui fit tout de suite faire ses dents et lui octroya instantanément la parole afin qu'elle pût le prier plus tôt. En grandissant, cette dévotion devint telle, que notre sainte s'atreignait à réciter tous les jours un certain nombre de fois l'oraison dominicale et la salutation angélique; comptant ses prières avec des petites pierres qu'elle se fourrait partout; dans son corset, dans ses bas et jusque dans ses souliers. Quelquefois, elle en était tellement chargée, qu'il lui était impossible de se remettre debout, et que ses deux sœurs aînées, Agnès et Béatrix, se voyaient contraintes de l'aider à se relever, en la soutenant sous les bras. Ses parents, voulant l'établir dans le monde, lui proposèrent un mariage avantageux, Claire refusa; son cœur était à Jésus-Christ..... sous la forme séduisante de saint François, lequel jouissait, dans Assise, d'une réputation de vertu carabinée. Elle n'eût pas plus tôt entendu parler de l'établissement dudit saint qu'elle résolut de s'y faire agréer. Pour cet effet le 18 mars 1212 — 659 ans avant la Commune — elle s'échappa, une nuit, de la maison paternelle, courut au monastère de *Sainte-Marie-des-Anges*, où ayant été reçue, fêtée, régalée de toutes façons par celui qu'elle poursuivait, elle fut prêchée, bénie, tondue comme un caniche, déshabillée comme une courtisane, mise dans un sac comme les pommes de terre, menée chez les bénédictines de Pazzo, et de là dans une vieille église, où elle fonda les *damianites, ou clarisses* — religieuses qui vont sans chemise, pour faire enrager les blanchisseuses, sans caleçons de bains et les pieds sales.

Ses parents tentèrent, mais en vain, de l'arracher à l'autel. Elle convertit même ses deux sœurs et sa mère, et mourut le 11 août 1253, à l'âge de soixante ans, après avoir mené une vie d'austérités incroyables — je dis incroyables, parce que je n'y crois pas du tout.

13 AOUT. — SAINT HIPPO-LYTE, *martyr.* IIIe siècle. — Hippolyte, soldat, chargé de garder saint Laurent, fut converti et baptisé par ce saint dans sa prison. Il fut condamné à être écartelé. Le 13 août 258 — voyez comme je suis renseigné — il fut attaché à des chevaux d'omnibus, rendus furieux au moyen de picotins d'avoine, qu'on retirait vivement aussitôt qu'ils faisaient mine d'y

goûter. Malgré les coups de fouet dont on les accabla, ils ne vinrent à bout de leur victime qu'après avoir tiré cinq fois inutilemen t.

La sixième fois, ils l'écartelèrent; mais l'impulsion donnée était si grande qu'ils furent lancés, comme par une fronde, aux quatre points cardinaux, à quinze lieues de là, pendant qu'Hippolyte riait aux éclats, de tous ses memb res détachés.

14 AOUT. — SAINT EUSÈBE, *prêtre et confesseur*. IVe siècle. — Eusèbe, qui vivait à Rome, du temps de Libère, 37e pape, se fit, quoique totalement

chauve, pas mal de cheveux dans son existence. Emprisonné dans sa propre chambre par ordre de l'empereur Constance, il sanctifia son emprisonnement par des prières continuelles. Le diable prit différentes formes pour le faire endêver. Eusèbe fut inébranlable. Sachant que l'ennui est le meilleur lieutenant de Lucifer, il se livrait dans son intérieur, à toutes sortes d'exercices corporels, pour vaincre les tentations de la chair. Il faisait, à cloche-pieds, trois cent soixante-cinq fois le tour de sa demeure; marchait sur les mains; enlevait des chaises à bras tendu, après s'être assis dessus au préalable; faisait sauter des caniches dans son auréole; cardait lui-même ses matelas, etc., etc. Aussi mourut-il en parfait état d'innocence, après avoir fait plus de six mille lieues en marchant dans sa chambre.

16 AOUT. — SAINT ROCH, *confesseur*. XIIIe et XIVe siècle. — Roch, fils d'un gentilhomme nommé Jean et d'une femme nommée Libère, naquit à Montpellier, l'an 1284 ou 1295 — on n'en sera jamais bien sûr, son acte de naissance ayant été volé par Belzébuth. Ce dont on est certain, par exemple, c'est qu'il vint au monde avec une petite croix rouge dans le creux de l'estomac. Il faut croire que sa mère, étant enceinte, avait eu un regard pour un crucifix.

L'histoire de la vie dé saint Roch, que Godescard lui-même considère comme « peu authentique », nous apprend qu'il délivra l'Italie de la peste. Or, l'Italie ne fut affligée de ce fléau qu'en 1348, saint Roch débarrassant Rome d'un fléau qui ne devait y éclater que dix-neuf ans après sa mort, c'est là un étonnant miracle. Nous croyons plutôt que, bien loin de chasser l'épidémie des endroits qu'il visitait, Roch l'y apportait avec lui ; ce qui expliquerait qu'il ait été chassé de Plaisance — dont les bouquins moisis de dévotion nous disent qu'il sortit volontairement. La vieille complainte suivante, faite sur un air connu, nous racontera plaisamment cette partie de l'existence du saint ;

Approchez tous, et que chacun écoute
Sur un vieux saint un cantique nouveau,
Le ton badin conviendrait peu sans doute,
Pour un sujet si pieux et si beau.
    Sur un air tendre,
    Faisons entendre
    Comme à saint Roch
    Le paradis fut hoc.

Ce fut d'un grand, gros, large et long village,
Que notre saint se trouva né natif.
De quatorze ans à peine avait-il l'âge,
Qu'à Satanas il se montra rétif ;
    Le diable insiste
    Le saint résiste
    Et le lutin
    Y perdit son latin.

Un pauvre, un jour, lui demandant l'aumône,
Transi de froid, car il gelait alors,
Soudain saint Roch se dépouille et lui donne
Manteau, culotte et veste et juste-au-corps,
    Puis à l'église
    Fut en chemise,
    Dont le devant
    Flottait au gré du vent.

Il soufflait fort, et la bise était froide.
Cette bonne œuvre allait lui coûter cher.
Voilà saint Roch tout transi, quasi roide,
Quoiqu'il fût dur du côté de la chair.
    Mainte canaille,
    Sotte marmaille,
    Le honnissoit
    Et le vilipendoit.

Son cher papa, le voyant de la sorte,
A coups de canne accueille son cher fils.
Saint Roch lui dit : le diable vous emporte !
Pour Dieu, j'ai fait présent de mes habits.
    Ils sont, je gage,
    Peut-être en gage,
    Dit le papa :
    Mais nous allons voir ça.

Saint Roch, voyant qu'il étoit difficile
De vivre là comme doit un chrétien,
Prit le parti d'abandonner la ville
Et dans les bois s'enfuit avec son chien.
    A leur substance
    La Providence
    Prit bien le soin
    De fournir au besoin.

Monsieur son chien, élevé pour la chasse,
Le long du jour giboyait dans les bois ;
Son caudebec leur servait lieu de tasse ;
Avec sa gaule il abattait des noix.
    Mais une peste,
    De ses jours zeste !
    Trancha le fil,
    De son venin subtil.

Saint Roch, voyant venir sa dernière heure,
Dit de grand cœur son dernier *oremus* ;
Et puis, adieu, mon pauvre chien, demeure,
Car pour ton maître, il dit son *in manus*.
    Exempt de blâme,
    Il rendit l'âme
    En bon chrétien
    Dans les bras de son chien.

Ce que la complainte ne dit pas, c'est que ce chien appartenait à un gentil-homme nommé *Gothard*, et qu'il se sauva pour suivre Roch. La conversion de l'animal amena celle du maître, lequel renonça aux biens terrestres pour s'assurer ceux du ciel. Serait-ce le fameux *Saint-Gothard?* Le chansonnier oublie aussi de nous apprendre que, lorsque le saint mourut, on trouva près de son corps ces mots évidemment écrits par Dieu. « *Ceux qui, frappés de la peste, invoqueront mon serviteur Roch, seront guéris.* » Pestiféré guérissant de la peste, Roch peut être considéré comme le véritable inventeur de la médecine homéopathique.

17 AOUT. — SAINT SEPTIME. — Inconnu au ba-taillon. Nous avons eu beau nous faire faire les cartes, con-sulter le marc de café, faire tourner des tables et des chapeaux, interroger des spirites, fouiller des bouquins écrits sur papyrus, pas plus de saint Septime que de cheveux sur une queue de billard. Pendant quinze nuits, nous avons vu défiler dans nos rêves un tas de bienheureux à figures grotesques, nous faisant des pieds de nez sous leur nimbes, en disant : « *Je suis Septime!* » et en prenant peu à peu des formes de...

18 AOUT. — SAINTE HÉLÈNE, IIIᵉ et IVᵉ siècles. — Hélène naquit à Drépane, bourg de la province de Bithynie, et qui s'est appelé ensuite Hélènople, du nom de la sainte qui y vit le jour. Son père tenait une hôtellerie, dont Hélène

devint la servante principale, bordant les lits avec un soin méticuleux, balayant scrupuleusement les chambres, cirant les souliers des locataires avec une telle perfection qu'ils se regardaient dedans pour se faire la barbe. Malheureusement ces brillantes qualités étaient ternies par le souffle impur de Satan. Hélène était idolâtre et considérait Jésus comme un petit garçon auprès de Jupiter. Quelques pieux roublards ont essayé de nier l'origine roturière de Sainte-Hélène, en la faisant la fille de Coïlus, roi du pays de Colchester. Nous nous appuyons, nous, sur l'autorité peu suspecte de saint Ambroise, en la disant issue d'un simple aubergiste. Une chose que personne ne conteste, c'est qu'Hélène était d'une figure charmante, si charmante que Constance Chlore, descendant de Vespasien, futur César, mais alors simple garde du corps, s'arrêtant dans l'hôtellerie pour y déjeuner, fut tellement ravi de la grâce que notre future sainte mettait à lui servir la soupe, qu'il en fit sa maîtresse, en dépit de son origine roturière. Il l'enleva et l'emmena en Dardanie, sa patrie, où sa famille était très-puissante. Les pieux roublards dont nous avons parlé prétendent bien qu'il l'épousa. Mais Julien l'apostat et Zozime appelaient Hélène « la *concubine* de Constance. » N'importe, qu'elle fût ou non sa maîtresse, Constance ne l'en lâcha pas moins comme une vieille pantoufle, pour se marier avec Théodore, la belle-fille de Maximien, lorsque celui-ci le fit son associé au trône.

De la liaison d'Hélène avec Constance était né un fils, Constantin, lequel grandit loin de sa mère. Jusqu'à l'âge de soixante-quatre ans, Hélène vécut dans une obscurité que la vrille la plus aiguë ne parviendrait pas à percer. Mais lorsqu'en 311, Constantin monta sur le trône, il rappela sa mère à la cour, où, frappée d'une lumière céleste, elle embrassa le christianisme. — Mieux vaut tard que jamais. Hélène mit les bouchées doubles pour rattraper le temps perdu et bâtit une ribambelle d'églises, dont elle enrichit tous les prêtres. Cela seul suffirait, aux yeux des bons catholiques, pour la faire mettre au nombre des saintes, — — quand bien même Hélène n'aurait pas rendu le plus immense service au vrai culte en découvrant la vraie croix. Racontons rapidement cette découverte : En 326, elle se rendit à Jérusalem, où, après avoir demandé à un épicier l'adresse du Calvaire, elle fit creuser la terre et découvrit trois croix, celle de Jésus et des deux larrons. A terre gisaient les clous qui avaient percé le corps du Sauveur, et le titre qui avait été attaché au haut de l'instrument de son supplice. Comment reconnaître à laquelle de ces trois croix appartenaient ces divins accessoires? Saint Macaire (de son petit nom Robert), évêque de Jérusalem, qui assistait aux fouilles, eut une idée subite : il fit porter les trois croix chez une dame de la ville atteinte de paralysie et lui frotta les membres avec. Lorsqu'elle fut touchée par la troisième, la paralytique se leva et se mit à danser un chahut gigantesque, d'où Hélène conclut qu'on avait mis la main dessus la vraie croix arrosée du sang de Jésus. Entre nous, je crois plutôt que l'on les tira à la courte paille ou à pile ou face. Quoi qu'il en soit, la sainte fit bâtir une église sur l'emplacement où était enfoui cet inappréciable trésor. Elle fit cadeau de l'écriteau à la ville de Rome, où on le trouva, en 1492, renfermé dans une boîte de plomb ; malheureusement, les lettres rouges en étaient un peu effacées. Elle envoya les clous à son fils, qui fit du premier un mors pour son cheval, — du second un cure-oreilles, profanations involontaires dont il fut puni en en attrapant un troisième à la fesse droite. Puis elle partagea la croix en un tas de morceaux, en donna une partie à Constantin, une autre à Rome, etc., etc., et ne s'arrêta d'en distribuer que lorsque la mort l'en empêcha, en 328, à Nicomédie.

Depuis cette époque, ces morceaux n'ont cessé de pulluler, au point qu'on pourrait planter une forêt avec. Le plus petit trou du culte prétend en posséder un. Les morceaux de la vraie croix, c'est comme le dernier survivant de la *Méduse* ou les cheveux d'Éléonore : quand il n'y en a plus, il y en a encore.

19 AOUT. — SAINT LOUIS, *évêque*, XIIIᵉ siècle. — Louis, fils de Charles II, dit *le Boiteux*, roi de Naples, de Jérusalem et de Sicile, et de Marie, fille d'Étienne V, roi de Hongrie ; neveu, par sa mère, de sainte Élisabeth de Hongrie ; petit-neveu de saint Louis, roi de France, — ouf ! — naquit à Brignoles, en Provence, au mois de février 1274.

Il parut, dès son jeune âge, n'avoir d'inclination que pour la vertu. « *Ses récréations même*, — dit Godescard, — *se rapportaient à Dieu.* » Les jeux divers qui servent à l'amusement de l'enfance prenaient, dans la bouche de Louis, des dénominations nouvelles. Il appelait le *cheval fondu*, « *la mule du pape fondue* » ; *le pigeon vole*, « *le Saint-Esprit vole* » ; *le saute-mouton* « *le saute-brebis du Sauveur* » etc., etc.. Parfois, il achetait des petites chapelles aux Limousins de passage et disait devant la messe à ses camarades. Sa charité dépassait encore sa piété. Il donnait des billes à tous ses compagnons et partageait avec eux ses tartines de raisiné. A sept ans, afin de donner moins d'ouvrage à sa bonne, il ne se couchait pas dans son lit, s'étendant, pour dormir, sur un tapis de pied. Lorsqu'il eut atteint sa quatorzième année, il fut envoyé en Catalogne avec deux de ses frères, pour demeurer en otage au lieu du roi, son père, qui était prisonnier de celui d'Aragon. Il y resta sept ans, ne sortant de sa chambre que pour visiter les malades et les infirmes « et leur rendre, — dit un bon livre, — les services les plus dégoûtants. » C'est ainsi qu'il torchait les manchots des deux bras, les aidait à faire pipi; passait les pouilleux au peigne fin; donnait des frictions aux teigneux, etc., etc.. Ayant été attaqué d'un mal dangereux, il fit vœu d'embrasser l'institut de Saint-François, s'il revenait à la santé.

En effet, à sa guérison, ayant recouvré la liberté, il renonça au trône et revêtit l'uniforme des Franciscains, qu'il masqua, lorsqu'il fut sacré, d'une soutane ecclésiastique..... « pour ménager ses proches, » écrit un naïf, sans s'apercevoir qu'il accuse le saint de respect humain. L'évêque de Toulouse étant mort à Rome, en 1296, le pape Boniface VIII contraignit Louis, alors âgé de vingt-deux ans, à accepter cet évêché. Jamais on n'avait vu un évêque aussi peu barbu; aussi les petites filles, auxquelles il donnait la confirmation, ne purent-elles jamais le prendre au sérieux. Elles le regardaient curieusement, croyant à une farce d'un garçon de leur connaissance. Quand il bénissait ses ouailles, les femmes semblaient dire entre elles : « Si jeune et déjà évêque! Voilà ou mène l'ordre et la propreté. » Louis, devenu prélat, poussa à son degré extrême cette charité dont il avait fait preuve dans son enfance. Il donnait tous les jours à manger à vingt-cinq pauvres, les servait à genoux, faisait leur absinthe, coupait leur beafteack et les renvoyait, sans accepter le moindre pourboire. Tant de vertus méritaient une récompense céleste, et Dieu rappela à lui cet évêque de vingt-trois printemps. « *Déjà meur pour l'éternité,* » dit un vieux livre. Il fut canonisé par Jean XXII, vingt ans après sa mort, l'an 1317.

20 AOUT. — SAINT BERNARD, XIe et XIIe siècles. — L'an 1091, vivaient au château de Fontaines, près Dijon, un seigneur nommé Técelin et sa femme, Alette, ou Alix. Ils avaient deux enfants, Gui et Gérard, et en attendaient un troisième, car la châtelaine était grosse. Une nuit, elle rêva qu'elle portait dans son sein un chien microscopique, lequel aboyait sur un ton si aigu, que ça la réveilla instantanément. Ce songe lui fit un tel effet qu'elle accoucha, avant terme, d'un garçon beau comme le jour — de paye — et que ses parents nommèrent Bernard. Alix, par la suite, mit au monde trois autres garçons : André, Barthélemy, Nivard, et une fille : Hombeline, — en tout sept rejetons. Fécondité agréable à Dieu pour la gloire duquel la pieuse mère élevait sa progéniture. Dès ses premières dents, Bernard annonçait déjà le grand orateur qu'il serait plus tard. Sa parole était si persuasive qu'on satisfaisait immédiatement tous

ses désirs, eût-il demandé la lune dans un seau d'eau. Il priait sa mère de le moucher ou de lui donner du potage, avec des mots si bien choisis, que la bonne dame lui arrachait presque le nez ou lui passait la soupière dans son enthousiasme. Adolescent, Bernard était si beau garçon que les filles se retournaient sur son passage et le suivaient jusqu'à sa porte. Il en avait quelquefois cinquante derrière lui, sans pouvoir s'en débarrasser. Mais sa chasteté était telle qu'il rougissait en apercevant un nez retroussé. Un jour, ayant considéré une jolie grisette avec trop de curiosité, il alla se plonger dans un étang d'eau glacée. C'est égal, se jeter dans de l'eau froide, parce qu'une femme lui avait tapé dans l'œil, c'était raide! A vingt-deux ans, Bernard prêcha les douceurs de la vie monastique avec une telle persuasion, qu'un tas d'abbayes surgirent sur le

sol de France, comme des pantins d'une boîte à surprise. Les femmes cachaient leurs maris et leurs fils dans des armoires, pour les soustraire à l'éloquence de ce terrible prédicateur. En 1145, il fit élire pape un de ses religieux, Eugène III, polichinelle pontifical dont il faisait jouer à son gré les ficelles. Cet humble frocard acquit une telle autorité sur le monde, qu'il arma l'occident contre l'orient, promettant au nom du ciel des succès que l'événement ne tarda point à démentir. Cette autorité s'étendait même jusqu'au diable, auquel Bernard ordonna de se plier en forme de roue, afin de remplacer celle que le malin lui avait cassée, un jour que le saint voyageait en charrette. Comme cette aventure arriva le long d'un sentier long et raboteux, Satan eut tellement le corps fracassé qu'il s'en ressent encore aujourd'hui. La Vierge elle-même n'échappait pas à l'influence magnétique que Bernard exerçait autour de lui. Un jour qu'il récitait le *Salve Regina*, il fit, lorsqu'il vint à l' « *ó Clemens* », une révérence que la statue de Marie, devant laquelle il priait, lui rendit, en disant : « *Salve Bernarde.* » Le saint continua et dit : « *ó pia!* » et fléchit de rechef; la Vierge

réitéra le salut et la réponse : « *Salve, Bernarde.* » Alors l'homme de Dieu dit :
« *O dulcis Virgo Maria!* » fléchissant pour la troisième fois. La Vierge, qui ne
voulait point être en retour de politesse envers son serviteur, tripla le « *Salve,
Bernarde.* » Ce saint si poli mourut le 11 août 1153. Il avait soixante-trois ans
et un compère-loriot à l'œil gauche.

21 AOUT. — SAINTE JEANNE, XVII siècle. — 1641.

Air : *La bonne aventure.*

Sous Henry la Poule-au-Piot
Vivait, c'est notoire,
Jeanne-Françoise Frémiot,
D'illustre mémoire.
Vous qui de tout plaisantez,
De sainte Jeanne écoutez
La touchante histoire,
    O gué !
La touchante histoire.

Bourgeoise, sans un quartier,
De bonne famille;
D'un président à mortier
Jeanne était la fille.
Droite et souple comme un jonc,
Oncques ne vit à Dijon
Brune plus gentille,
    O gué !
Brune plus gentille.

Quand Jeanne, en son corselet,
De vingt ans eut l'âge;
Son amour, bel oiselet
Jusqu'alors en cage,
D'un de Chantal-Rabutin
Devint le tendre butin,
Par le mariage,
    O gué !
Par le mariage.

Jeanne, dedans son château,
Sainte Châtelaine,
Dormait tard, se levait tôt,

Filait de la laine.
Pieuse, de sa maison
Elle chassa du démon
La mauvaise haleine,
    O gué !
La mauvaise haleine.

Elle fit de court jupon
Longue robe honnête;
De bonnet au tour fripon
Béguin de nonnette :
Au nez de Satan marri,
Jusqu'au baron, son mari,
Qu'elle fit cornette
    O gué !
Qu'elle fit cornette.

Ce baron, homme de nerf,
Parcourait les mornes,
Vêtu d'habits couleur cerf,
Dans le vert sans bornes.
Un de ses amis, un jour,
Le tua, le prenant pour
Une bête à cornes
    O gué !
Une bête à cornes.

La sainte de brûlants pleurs
Versa plus d'un fleuve;
Prit robe aux noires couleurs,
Devant cette épreuve;
Puis résolut, au saint lieu
De se consacrer à Dieu

Qui la faisait veuve,
    O gué !
Qui la faisait veuve.

Ses enfants, pour empêcher
Que la dame sorte,
Eurent beau s'aller coucher
En travers la porte.
Leur mère, marchant sur eux,
S'en alla grosssir des cieux
La sainte cohorte,
    O gué !
La sainte cohorte.

Au ciel, trois globes de feu
Furent, grâce insigne,
De sa faveur près de Dieu
Le glorieux signe.
A cinq ou six jours de là
Sa grande âme s'envola
Blanche comme un cygne,
    O gué !
Blanche comme un cygne.

Du ciel si vous désirez
Franchir les enceintes,
De vos fils désespérés
Méprisez les plaintes.
Dussiez-vous, tristes discords!
Leur passer dessus le corps
Pour devenir saintes,
    O gué !
Pour devenir saintes.

22 aout. — SAINT SYMPHORIEN, *martyr*, iie siècle. — Symphorien, fils de Fauste, vivait à Autun, sous le règne de Marc-Aurèle. A cette époque, cette ville était livrée au culte des dieux pipés. Il y avait un jour de l'année où l'on promenait la statue de Cybèle, sur un char magnifiquement décoré. Symphorien s'étant permis de dire sur le passage de la déesse : « Je ne la trouve

pas *si belle* que ça ! » expia ce mauvais calembourg par la torture. Voilà ce que raconte la légende. Malheureusement pour elle, l'histoire nous apprend que jamais Marc-Aurèle ne donna d'édit sanglant contre les chrétiens, dont il avait même un grand nombre à son service. Le martyre de saint Symphorien doit donc s'ajouter à l'innombrable collection de canards qui s'appelle la *Vie des Saints*, canards pour l'assaisonnement desquels les navets et les petits pois du monde entier seraient insuffisants.

23 aout. — SAINT SIDOINE, *évêque de Clermont*, ve siècle. — En dépit de l'almanach de 1881, lequel place au 23 août la fête de sainte Sidonie, nous croyons que cette sainte n'existe que dans l'imagination des fabricants de calendriers. Sidonie est évidemment mise là pour Sidoine, dont toutes les *Vies des Saints* font mention à la susdite date.

Caïus-Sollius-Apollinaris-Sidonius-Gibus-Omnibus de Grenellus, naquit à Lyon vers l'an 431. Il était fils d'Apollinaire, qui avait eu les premières charges de l'empire dans les Gaules; ce qui ne veut pas dire qu'il était commissionnaire. Il montra, dès son jeune âge, un goût prononcé pour la poésie. A cet amour pour la muse, Sidoine, en grandissant, joignit la passion du jeu d'échecs.

Il avait des combinaisons tellement compliquées que tous ses adversaires devenaient fous en cherchant à les déjouer. Il fut tour à tour soldat, préfet de la ville de Rome et employé dans diverses ambassades. Quoiqu'il fût marié avec Papianille, fille du futur empereur Avit, les vertus de Sidoine l'élevèrent, malgré lui, sur le siège épiscopal de Clermont. « Dès lors, — dit un vieux livre, tintamarresque sans le savoir, — il renonça à la poésie, au jeu des échecs et à l'air enjoué qu'il avait eu dans la vie. » Il se rendit chez un professeur de maintien pour évêques et suivit des cours de langue auvergnate, afin de se faire comprendre de ses ouailles. Au bout de trois mois de leçons, il roulait des « *vougrrrrri* » avec l'accent d'un ferrailleur de la rue de Lappe. Dans un temps de famine il nourrit quatre mille hommes et leur fournit des voitures pour s'en retourner chez eux. A dix hommes par voiture, ça représente un total de quatre cents véhicules que Sidoine dût louer à cet effet. Aussi les carrossiers ont-ils gardé pour lui une sympathie profonde. Ce saint évêque mourut vers l'an 482, dans les bras d'un porteur d'eau *de chon diochège*.

24 AOUT. — SAINT BARTHÉLEMY, *apôtre*, 1er siècle. — Barthélemy, ou *Bartholomé*, nom patronymique, qui veut dire fils de Tholomée, ou Tolmaï, ou Ptolémée, — mince d'érudition, hein ? — naquit à Cana, petite ville de Gali-

lée. Il figure, sous le nom de Nathanaël, parmi les soixante-douze disciples de Jésus-Christ, et fut mis au nombre des douze apôtres destinés à annoncer l'Évangile. Jésus, dit Renan, « affectait de savoir sur celui qu'il voulait gagner *quelque chose d'intime*, ou bien il lui rappelait une circonstance *chère à son cœur*. » C'est ainsi, d'après saint Jean, qu'il gagna Nathanaël, en lui disant : « Je t'ai vu *quand tu étais sous un figuier*. » Le futur saint rougit, balbutia quelque chose et suivit le Sauveur comme un caniche. Que diable pouvait-il faire sous l'arbre susnommé ? Barthélemy prêcha l'Évangile dans les Indes et autres pays lointains. On dit qu'il fut écorché vif ou crucifié. « Nous ne doutons pas qu'il n'ait fait de grandes choses, — dit un vieux bouquin naïf, — mais la connaissance n'en est pas venue jusqu'à nous. » Jusqu'à nous non plus, malheureusement.

25 AOUT. — SAINT LOUIS, *roi de France*, XIII° siècle. 1270.

Comment nier encor tes sublimes desseins ?
Grand Dieu ! quand ta justice est aussi manifeste.
Louis voulut trois fois délivrer les lieux saints ;
Et ne délivra rien... mais attrapa la peste.

Ce joli quatrain de notre ami Vaughan peut servir d'épigraphe à cette histoire de saint Louis. Louis IX, fils et successeur de Louis VIII, roi de France, naquit en 1215, à Poissy, pendant le marché aux bestiaux, qui se tient encore dans cette ville. Il monta sur le trône à l'âge de douze ans et à cloche-pieds, mais ne régna effectivement qu'en 1236. Majeur, il commença par transformer sa maison en abbaye; puis, dans un édit féroce qu'il publia contre le blasphème, il ordonna que les individus coupables de ce crime fussent marqués d'un fer rouge sur les lèvres. Il fit même exécuter cette loi sur un des principaux habitants de Paris qu'on avait entendu dire « *Sac à papier!* » dans la rue. Du reste, les peines étaient plus ou moins sévères, suivant le plus ou moins de violence des jurons proférés. Un simple « *nom d'une pipe!* » était puni du fouet; un « *ventrebleu!* » de la bastonnade, et ainsi de suite, jusqu'au « *nom de Dieu!* », qu'on punissait de mort, ainsi qu'il appert de cette maxime qu'enseignait Louis IX à son favori, le sire de Joinville : « *Quand un laïque entend médire de la religion, il doit la défendre, non seulement de paroles, mais à bonne épée tranchante, et en frapper les médisants à travers le corps, tant qu'elle peut entrer.* » Cette maxime, entre parenthèses, est impie au premier chef; car en tuant un blasphémateur, sans lui donner le temps de se repentir, Louis IX se faisait le pourvoyeur de l'enfer, — ce qui n'est pas le rôle des saints sur la terre.

Les blasphémateurs vaincus, Louis IX mâta ses grands vassaux, lesquels refusaient de lui lécher les doigts de pieds, et les tailla en pièces, — ainsi qu'Henri III, roi d'Angleterre, allié de l'un des révoltés, — à Saintes et à Taillebourg. Baudouin II, empereur de Constantinople, avait, dans un moment de dèche, mis la couronne d'épines au mont-de-piété chez les Vénitiens, qui lui avaient prêté dessus une somme considérable. Louis IX fournit l'argent nécessaires pour dégager cet auguste monument, et le porta, nu pieds et en chemise sale, à l'église de Saint-Étienne, à Sens; d'où on le transporta à la Sainte-Chapelle de Paris. Chose bizarre : ce roi bigot comme une vieille loueuse de chaises fut le premier en France qui osa subordonner l'autorité ecclésiastique à la puissance civile. Il fit poursuivre et condamner plusieurs évêques et défendit au pape, lui-même, de venir à Lyon, où ce pontife avait l'intention d'aller acheter du saucisson. Au reste, le renom d'équité de Louis IX était universel; des princes le prenaient pour arbitres, et il aimait à rendre la justice sous un chêne du bois de Vincennes, que des guides roublards montrent encore aux étrangers, ainsi qu'un mouchoir que le saint roi y oublia un jour. Sauvé miraculeusement d'une maladie dangereuse, Louis fit vœu d'aller arracher des griffes des Musulmans la Terre-Sainte, dont ils étaient, depuis six siècles, les légitimes propriétaires. S'il avait fait vœu d'y aller seul, c'était à faire à lui; mais il crut devoir entraîner à sa suite ses sujets dans de périlleuses aventures et prodiguer leur sang dans une guerre sainte, dont Dieu le remercia... en lui faisant flanquer par les infidèles une des plus formidables tripotées qu'on vit jamais. Louis fut fait prisonnier avec son frère et ses principaux capitaines, et les Français durent se saigner de sept milions, — somme énorme alors, — pour tirer ce fanatique de la gueule du loup dans laquelle il s'était fourré lui-même. Devenu libre, Louis parcourut la Palestine pour acheter un tas de reliques : des crânes en poudre, des nez conservés miraculeusement avec leur contenu, et jusqu'à un morceau de la vraie croix avec un certificat de sainte Hélène. Ce fut là tout le résultat de sa croisade. Puis, cinq ans après son départ, il se rembarqua pour la France, qu'il avait lâchée comme une vieille pantoufle. Le croirait-on ? malgré le malheureux succès de ce premier voyage, il fut repris, vingt-quatre ans plus tard, d'un nouvel accès de *croiséite aiguë*. Cette fois Dieu le remercia de ce nouveau service... en le faisant mourir de la peste, le 25 août 1270, aux portes de Tunis, qu'il s'apprêtait à assiéger, — pendant que son frère, Charles d'Anjou, ramenait en France les tronçons d'une armée victime du même fléau; témoignage des bonnes dispositions de l'Éternel vis-à-vis de ses serviteurs.

Telle est, à larges traits, la vie de ce saint, canonisé vingt-sept ans après sa mort, grâce à l'existence duquel l'abbé Edgeworth a pu dire à Louis XVI : *Fils de saint Louis, montez au ciel !* et Adolphe Crémieux à Louis-Philippe : *Fils de saint Louis, montez en fiacre !*

A notre compte, le vrai saint Louis, devant lequel on se prosternera toujours, c'est encore la pièce de vingt francs.

26 AOUT. — SAINT ZÉPHIRIN, *pape et martyr*, IIIᵉ siècle. 219. — Zéphirin succéda, l'an 202, au pape saint-Victor Iᵉʳ. Il était Romain et fils d'Abundius. A la mort de Victor, le Saint-Esprit, déguisé en colombe, parut au dessus de l'assemblée des grands de l'Église de Rome, tenant dans son bec une lettre, que le céleste volatile déposa sur le bureau du président. Celui-ci ouvrit la missive mystérieuse et lut tout haut : *Moi, Jésus-Christ, mon propre père et mon propre fils, j'ai choisi Zéphirin pour mon premier vicaire.* Une multitude de signatures approuvèrent le décret céleste et Zéphirin fut élu seizième pape. Je ne sais si vous êtes comme moi, mais cette colombe me fait l'effet d'être un canard. Quoi qu'il en soit, Zéphirin monta sur le trône de saint Pierre, — ainsi nommé parce que ce dernier ne s'est jamais assis dessus; on ne saurait trop le répéter. A cette époque, l'hérésie se donnait libre carrière. Les Montanistes, particulièrement, prétendaient, — après Montanus, leur fondateur, Phrygien mort en 212, — établir une distinction entre le Saint-Esprit et le Paraclet; se basant sur ces paroles, que saint Jean prête au Christ : *Je prierai le Père, et il vous donnera un autre conso-*

lateur, qui demeurera avec vous éternellement; esprit de vérité, le Saint-Esprit, que le Père enverra en mon nom. Montanus, — concluant, de ce que le Saint-Esprit étant Dieu, qu'il ne pouvait se dédoubler, — soutenait que le *consolateur* promis était, non pas le Saint-Esprit, mais le Paraclet (du grec, consolation) et que lui, Montanus, était ce Paraclet, ou tout au moins son interprète. Le montanisme condamnait le culte de la philosophie et des lettres et retirait aux évêques le droit d'absoudre les grands crimes. Zéphirin faillit couper dans le pont et lâcher le Saint-Esprit, — qui l'avait cependant porté au trône pontifical, — pour embrasser le montanisme. Mais il en fut empêché par un certain Praxéas, lequel, pour montrer au pape combien il

avait raison, se convertit plus tard à la doctrine de ce même Paraclet. La persécution contre les chrétiens redoublant par un édit de l'empereur Septime-Sévère, Zéphirin décampa pour éviter le martyre et reparut quand tout danger fut écarté. Pour faire oublier sa lâcheté, il poursuivit les hérétiques, excommunia les montanistes, et avec eux Tertulien, qui avait embrassé leur parti. Voilà pourquoi Tertulien, docteur de l'Église, a vu se fermer pour lui les portes du calendrier. Zéphirin, impitoyable pour Montanus, accueillit à bras ouverts Origène, autre hérétique; se montra inexorable aux idolâtres et aux homicides, mais reçut en grâce les femmes adultères, — indulgent pour ce péché mortel qu'il leur aidait probablement à commettre. Il reçut l'abjuration d'un hérétique théodotien, nommé Natalis, lequel fut fouetté pendant une nuit par les saints anges, qui lui jouèrent toutes sortes d'autres farces : lui retirant ses matelas pendant son sommeil, répandant sur sa tête des nuages de cendres et l'amenant, à grands coups de *pied* quelque part, embrasser ceux du pape. On ne peut fixer d'une manière certaine ni le jour, ni même l'année, ni le genre de mort de Zéphirin; ce qui n'empêche pas les pontificaux de le faire mourir martyrisé, le 26 août 219, à trois heures vingt-deux minutes d'une après-midi orageuse.

27 AOUT. — **SAINT CÉSAIRE,** *évêque d'Arles*, vi⁰ siècle, 542. — Césaire, né sur le territoire de Châlons-sur-Saône, l'an 470, sortait d'une famille où la

piété et les loupes sur le nez étaient héréditaires. Dès la plus tendre enfance,
sa charité fut si grande qu'à l'âge de sept ans, lorsqu'il rencontrait un pauvre
sans vêtement, il lui abandonnait ses culottes sans fond, ses chemises de couleur déteintes et ses chaussettes hors d'usage. Après avoir passé son bachot ès-
lettres, il entra dans le monde en se baissant, — car il était très grand, — et s'y
ennuya tellement qu'à l'âge de dix-huit ans, il alla trouver Sylvestre, évêque
de Châlons, lequel, le voyant si peu satisfait des mœurs du temps, lui fit couper
les cheveux à la mal content, le revêtit de l'habit clérical et l'attacha solidement
à son église. A vingt ans, Césaire s'en-
fuit secrètement de chez son bienfai-
teur et se réfugia au monastère de
Lérins, dont le directeur, l'abbé Porcaire, le nomma cellérier, — c'est-à-
dire surveillant des provisions de
bouche. Il fit preuve, dans cet emploi,
d'une telle sévérité, que les moines, —
qui n'aiment pas qu'on les dérange
quand ils vont chiper du vin à la cave
et du gigot dans le garde-manger, —
se plaignirent et le forcèrent à quitter
la place. Libre, il se livra à de si

grandes austérités qu'il détruisit entièrement sa santé, et que l'abbé
Porcaire l'envoya à Arles, afin qu'il s'y rétablît. Trois ans après, il fut élevé,
malgré lui, évêque de cette ville. Il eut beau aller se cacher dans des tombeaux
dont on voit encore les ruines aujourd'hui aux environs d'Arles, il fut découvert
et contraint de coiffer la mître. Son premier soin, une fois évêque, fut de régler
ce qui avait rapport au chant de l'Office divin. Remarquant qu'un grand nombre
de fidèles bavardaient pendant la messe, il les engagea à chanter, avec les
clercs, les psaumes et les hymnes. Il fonda à Arles un monastère de filles auxquelles on tapait sur le derrière lorsqu'elles n'étaient pas sages. Il fit encore
d'autres grands travaux, qu'on essaya, mais en vain, de ternir par la calomnie,
et mourut esquinté le 27 août 544, à l'âge de soixante-quatorze ans.

28 AOUT. — **SAINT AUGUSTIN**, *évêque d'Hippone*, v⁰ siècle, 430. —
Augustin, le « parfait modèle des vrais pénitents; » le « glorieux athlète de la
foi; » le « fléau des hérétiques; » la « brillante lumière de l'Église; » le téléphone de l'Éternel; la lanterne magique de l'épiscopat, etc., etc., naquit, le

13 novembre 354, à Tagaste, petite ville de Numidie, en Afrique. Fils d'un père païen et d'une mère catholique, — ça devait faire un joli ménage! — Augustin, ses études terminées, fit une noce dont on n'a pas l'idée. Le vin, le jeu et les femmes se partageaient ses instants. Les femmes, surtout, l'occupaient considérablement. Il ne pouvait pas faire un pas dans la rue sans marcher sur une de ses maîtresses. Ayant tout un sérail de beautés à satisfaire, il distribuait ses rendez-vous de la façon suivante : Le matin, à six heures, il allait voir une blonde; à dix heures et demie, une rousse; à onze heures, il déjeunait; à onze heures et demie, il se rendait chez une châtaine; à midi, chez une cendrée et ainsi de suite, jusqu'à minuit, où il se reposait de ses fatigues, pendant vingt minutes. Les résultats de cette vie ne se firent pas attendre. Les rues de Tagaste étaient tellement encombrées de filles grosses que la municipalité dut les faire

élargir, — pas les filles, les rues. Le père d'Augustin répondait aux plaintes des papas de ces beautés : « J'ai lâché mon coq; gardez vos poules! » Mais sa mère, sainte Monique, versait toutes les larmes de son corps sur l'impiété de son rejeton. Heureusement Dieu le convertit bientôt. Si l'on s'en rapporte aux *confessions* du saint, cette conversion fut miraculeuse; il entendit une voix qui lui disait de lire les ouvrages de saint Paul; il les lut et fut éclairé par la grâce. C'est une blague. Voici comment cette conversion arriva. Une nuit qu'il escaladait, dans une galante aventure, une haute muraille hérissée de pointes de fer, le pied lui glissa et il se serait tué en tombant, si Dieu n'avait permis qu'il restât suspendu à l'un des piquants par le fond de sa culotte. Cette preuve manifeste de la protection divine toucha son âme, et il se voua entièrement à l'étude des livres saints. Si l'on considère les maximes qu'Augustin émet dans ses ouvrages, cette « brillante lumière de l'Église » se transforme en lampion de mauvais lieu.

Il prétend que *les biens des impies appartiennent de droit aux justes;* ce qui est une apologie du vol. Il soutient qu'*une femme stérile peut céder ses droits à une autre;* ce qui est une glorification de l'adultère. Il ment avec impudence en disant, dans un sermon, *qu'il a vu en Éthiopie une nation d'hommes sans tête, et qui avaient les yeux placés au milieu de l'estomac.* C'est cet orateur de boniments forains que l'Église juche au pinacle, ne s'apercevant pas que l'encensoir dont elle lui donne par le nez lui retombe sur le sien. Saint Augustin, en effet, joue du pavé de l'ours comme Paganini du violon ; il dit *que l'on admet trois personnes dans la Trinité, non pour dire quelque chose, mais pour ne point rester totalement muet sur cette matière*. Il décoche à la confession ce coup de poing : *Qu'ai-je besoin que les hommes entendent ma confession, comme s'ils pouvaient porter remède à toutes mes fautes ?*

Sacré évêque d'Hippone, en Afrique, l'an 391, Augustin mourrut en 430, après trente-neuf ans d'épiscopat.

29 AOUT. — SAINT MÉDÉRIC, *abbé*, VIIIᵉ siècle, 702. —. *Médéricus*, Merry ou Merri, vint au monde à Autun, VIIᵉ siècle. D'une dévotion précoce, il menaça ses parents de se crever l'œil droit, s'ils tentaient de s'opposer à son désir de renoncer au monde. Il se retira dans l'abbaye de Saint-Martin-

d'Autun, dont les religieux répandaient dans le pays une telle odeur de sainteté, que tous les habitants en avaient dans leurs mouchoirs. Il en devint l'abbé, quelques années plus tard, mais trouva cette charge si lourde, qu'il la lâcha et s'enfuit dans une forêt près d'Autun, emportant dans une hotte des provisions de toutes sortes. Dans ce lieu, que l'on appelle encore aujourd'hui la *celle Saint-Merri*, il vécut saintement du travail de ses mains ; débitant aux rares passants des petits porte-allumettes, en forme de croix. Mais les religieux qu'il avait abandonnés vinrent troubler son petit commerce ; et, sur l'ordre de l'évêque d'Autun, qui le menaça des censures de l'Église, Merry dut réintégrer le monastère de Saint-Martin. Mais il s'en échappa encore, en compagnie d'un de ses religieux, Frodulphe (Saint-Frou), pour aller visiter le tombeau de saint Denis. Il passa trois ans dans une chapelle, près Paris, et mourut vers l'an 700. L'Église Saint-Merri a été bâtie sur l'emplacement de son tombeau. Elle renferme, dans une grande châsse, au dessus du grand autel, les reliques de son patron ; entre autres, un brûle-gueule, une petite croix en guano et l'odeur d'un pet enfermé dans une fiole soigneusement bouchée à l'émeri.

30 AOUT. — SAINT FIACRE, *anachorète*, VIIᵉ siècle. — Fiacre, anciennement appelé *Féfre*, était d'une illustre famille d'Irlande. Quelques-uns vont même jusqu'à dire qu'il était l'aîné des fils d'un roi d'Écosse, contemporain de Clotaire II. Écossais ou Irlandais, ce qui est certain (?) c'est que Fiacre renonça à la Terre pour gagner le Ciel ; qu'il se retira à Breuil, dans la Brie, à dix lieues de Meaux ; qu'il y mourut, vers l'an 670 et qu'il fut enterré dans son oratoire.

Durant toute sa vie, Fiacre ressentit pour les femmes une haine formidable. La vue d'un jupon le mettait dans une fureur bleue. Il fit poser à la porte de son ermitage un écriteau ainsi conçu : *Il est expressément dé_fendu aux vilains animaux qui composent ce qu'on appelle le beau sexe d'entrer ici.* Contradiction, ton nom est femme. Il suffit que Fiacre défendît aux femmes la porte de sa retraite, pour qu'elles y pénétrassent malgré lui. Il en trouvait partout : derrière son prie-Dieu, dans sa table de nuit et jusque dans son lit. Mais quelques gouttes d'eau bénite les dispersaient bien vite. La châsse de saint Fiacre est célèbre par ses miracles. C'est, entre autres, aux prières du saint qu'Anne d'Autriche attribua la naissance de Louis XIV. C'est-à-dire que, grâce à Fiacre, la France a été tyrannisée soixante-quatorze ans par ce dindon, paré des plumes du paon, qu'on appelle le Roi Soleil. Le saint eût mieux fait de rengaîner son miracle.

31 AOUT. — SAINT ARISTIDE, IIe siècle. — Les biographes de ce saint sont aussi rares que les merles blancs ou les chiens verts. Un hasard miraculeux nous a rendu acquéreur, à l'hôtel des ventes, d'un fragment d'une lettre écrite par Aristide à l'empereur Adrien, l'an 125.

Cette lettre est passée dans les mains de saint Jérôme, qui l'a mise dans l'état où vous voyez ci-contre.

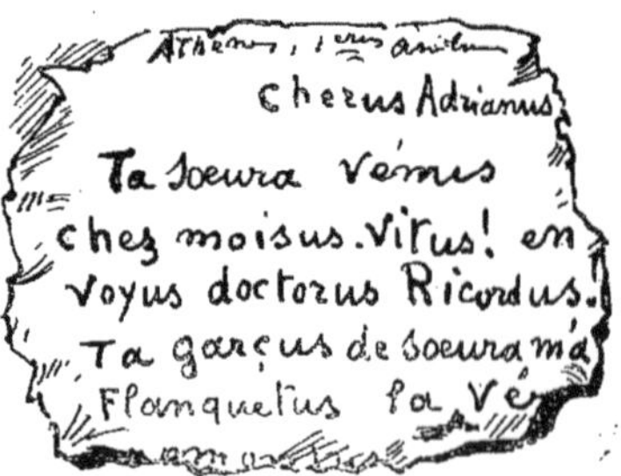

2 SEPTEMBRE. — SAINT LAZARE, *évêque et martyr*, 1ᵉʳ siècle.

INVOCATION DES FILLES A SAINT LAZARE

AIR : *Goûtez, âmes ferventes...*

Ben, là, vrai ! c'qu'on s'amuse,
Notr' vénéré patron,
Dans la sacré'cambuse
Qu'on appell'de ton nom.

Saint-Lazar', si t'es chouette,
Ai'pitié d' notr'martyr' ;

De ta satanée boîte
Fais-nous bientôt sortir.   (*Bis.*)

En prison, c'est pas drôle,
Nous trimons... il faut voir !
Autrefois, dans notr'piaule,
Nous n'turbinions que l'soir.
Saint-Lazar' etc.

Nous nous suçons la pomme
En cachett', dans les coins
Mais ça n'remplac' pas l'homme...
Même avec les coups d'poings.
Saint-Lazar', etc.

Garde nous d'la justice;
Préserv'nos intérieurs
Des michées d'pain d'épice

Et des agents des mœurs.
Saint-Lazar', etc.

A notr' suppliqu', vieux gonse,
Si tu fais bon accueil,
En cachett' de l'Alphonse,
Nous' t'f'rons monter à l'œil.
Saint-Lazar' etc.

Cette invocation effrontée des Madeleines du faubourg Saint-Denis risque fort d'être sans résultats ; car le saint Lazare auquel elles s'adressent, le patron des lépreux et des prostituées, le parrain de la « satanée boîte » où elles gémissent, n'a jamais existé que dans l'imagination de quelques pères de l'Église évidemment éméchés. Il s'agit de ce pauvre, tout couvert d'ulcères, dont parle l'évangile de saint Luc, qui se grattait les jambes et se frottait le dos contre la porte du mauvais riche, implorant en vain quelques miettes de pain pour calmer sa soif. L'âme du pauvre fut portée dans le sein d'Abraham, — drôle d'endroit pour une âme ! — tandis que celle du mauvais riche s'en allait cuire dans la chaudière de Satan. L'âme du riche, apercevant l'âme du pauvre qui s'empiffrait de glaces à la vanille, implora, en tirant la langue, le fond d'un siphon de limonade, pour apaiser sa soif. Mais Abraham lui répondit : *Chacun son tour, ma vieille branche; c'est pas toujours les mêmes qu'aura l'assiette au beurre. Quand Lazare souffrait, tu jubilais; à toi de souffrir, maintenant qu'il jubile.* La tradition, qui a fait un saint de ce Lazare, n'est fondée que sur cette parabole, que les bons théologiens ont prise pour de l'histoire.

Saint Lazare, — le vrai (??), — est ce frère de Marie-Madeleine et de Marthe dont nous avons déjà parlé, et que la légende fait aborder à Marseille sur un vaisseau désemparé, après avoir joué, avec Jésus-Christ, le tour de Robert-Houdin, qui s'appelle « La Résurrection de Lazare. » Étant malade, il se fit entourer de bandelettes comme un mort et enfermer dans son tombeau de famille, grande chambre, taillée dans le roc, où il avait fait mettre des provisions. Marthe et Madeleine amenèrent devant la grotte Jésus, lequel fit écarter la pierre et commanda à Lazare de sortir, — ce qu'il fit, à la grande colère des princes et des prêtres, qui condamnèrent le prestidigitateur à être crucifié. Quant à Lazare, on ignore ce qu'il devint. Il est fâcheux que ce saint ressuscité n'ait rien dit de son état dans l'autre monde. Ses connaissances eussent assuré le dogme de l'autre vie et confondu les matérialistes.

1ᵉʳ SEPTEMBRE. — SAINT LEU, *évêque*, VIIᵉ siècle. — Loup, — vulgairement appelé Leu, — naquit près d'Orléans. Son père, Beton, et sa mère,

Austregilde, étaient de famille royale et épiscopale. Leu monta quatre à quatre
les degrés de l'échelle religieuse, et succéda à saint Artem, l'an 609, sur le
siège épiscopal de Sens. Quelque éclatante que fut sa vertu, il ne fût pourtant pas à l'abri de la calomnie, et l'histoire suivante fut colportée par les
mauvaises langues jusqu'à la cour de Thierry, roi de Bourgogne : Une nuit
d'orage, un mendiant frappa à la porte de Leu, pour lui demander l'hospitalité.
Le saint le fit coucher dans son lit, et ne souffrit pas qu'il retirât sa chemise, bien qu'elle fût pleine de poux. Au matin, le mendiant se sentit pincer à la fesse et se réveilla, pendant que l'évêque, à moitié endormi encore,

disait : *Lève-toi, Volusie; il est l'heure d'apprêter mon chocalat.* Ce nom de
Volusie était celui de la fille du prédécesseur du saint évêque pour laquelle il
avait beaucoup d'affection. On juge si les potins se donnèrent libre carrière.
Mais Leu les méprisa. A la mort du roi Thierry, Clotaire II, roi de Neustrie,
voulant s'emparer de la Bourgogne, envoya assiéger Sens. Leu entra dans son
église cathédrale et fit sonner les cloches tellement fort que les assiégeants
s'enfuirent, totalement sourds.

Mais ils revinrent à la charge et s'emparèrent de la ville. Leu, s'étant
refusé à venir au devant du gouverneur Farulphe, et à lui offrir des pots de con-
fiture comme présents, fut exilé au village d'Ausène, en Vimeu ; d'où, ayant obtenu sa grâce, il revint dans un tel état de maigreur qu'on voyait le jour au
travers. Clotaire, touché, lui fit manger un bouillon et le renvoya à son église, où
il mourut, le 1er septembre de l'an 623. Il paraît qu'il se fit enterrer, par humilité, sous les gouttières de l'église de Sainte-Colombe. Ça ne nous paraît pas
encore le comble de l'humilité. Il eut été encore bien plus humble en se faisant
ensevelir dans les communs, en parfaite odeur de sainteté.

SAINT GILLES, *abbé*, VIᵉ siècle. — Saint Ægidius, — qu'on appelle
saint Gilles pour le mettre à la portée des cardeuses de matelas mystiques, —

était un noble Athénien qui vivait aù septième siècle. Sa piété était si grande, que Dieu l'en récompensa, en lui faisant cadeau d'une paire de bretelles bleues qui avaient le don du miracle. Gilles n'avait qu'à tirer sur les élastiques pour voir se réaliser tous ses désirs. Un jour de fête qu'il priait dans une église, un dépossédé se mit à crier au curé, qui était en train de vider son ciboire : *A la tienne, Étienne!* Gilles tira sur sa bretelle et commanda au démon de sortir de cet homme, — ce qu'il fit incontinent, sous la forme et l'odeur d'un pet retentissant. Une autre fois, il guérit un malheureux d'une piqûre que lui avait faite un serpent non venimeux. Le bruit de ces miracles rendit Gilles si célèbre qu'il lui était impossible de faire un pas dans la rue sans traîner à ses trousses un tas

d'infirmes, qui cherchaient à lui chiper ses bretelles miraculeuses. Aussi s'embarqua-t-il sur un vaisseau qui partait pour la France, et qui fut assailli, en route, par une tempête. Gilles tira sa bretelle ; la mer redevint unie comme un miroir, et l'on aborda tranquillement sur les côtes de Provence. Le saint choisit d'abord pour retraite un endroit situé près de l'embouchure du Rhône, et si désert, que l'Odéon, un soir de représentation classique, peut seul en donner une idée.

De là, Gilles alla s'enfermer près de Nîmes, dans une caverne environnée de bois et presque inaccessible. Aristote, après avoir défini l'homme *un être social*, ajoute que celui qui vit seul doit être *un Dieu ou une bête.* « Une bête » Gilles l'était certainement, car ses biographes nous le représentent broutant l'herbe et buvant à même les ruisseaux. Il se fût même tout à fait transformé en ruminant, si une biche ne l'eût nourri de son lait. Il fut surpris par Flavius (peut-être Wemba), roi des Goths, un jour que poursuivant cette biche, elle mena ce monarque dans la caverne où le saint se cachait. Flavius laissa Gilles prier tranquille et se retira en haussant les épaules. « Plusieurs personnes, — dit un bouquin pieux, — rendirent témoignage qu'au moment que Gilles expira, l'on entendit une musique céleste d'un grand nombre d'anges qui conduisaient son âme au ciel. » Les reliques de ce saint sont dans l'église abbatiale de Saint-Sernin de Toulouse. On y remarque une patte de biche, qui est celle de la nourrice du solitaire, et qu'il avait placée, en guise de cordon de sonnette, à la porte de son ermitage.

3 SEPTEMBRE. — SAINT GRÉGOIRE-LE-GRAND, *pape*, VII° siècle. — Grégoire Ier, 66° pape, l'un des treize Grégoires canonisés, est surnommé le Grand, probablement parce que sa vie offre un grand assemblage de grands vices et de grands crimes. Grand hypocrite, il se cacha dans une caverne, d'où des bergers durent le tirer, pour le contraindre de coiffer la tiare, — voulant ajouter à l'honneur de la dignité suprême la gloire de l'avoir refusée. Grand imbécile, il composa des dialogues dans lesquels il dit entre autres âneries : Qu'on *avait beaucoup plus découvert de choses sur l'autre monde de son temps, parce que le monde, approchant de sa fin, commence à entrevoir ce qui se passe dans l'autre* (*sic*.) Grand

cynique, il se lia étroitement avec la fameuse Brunehaut, reine de France, empoisonneuse et infanticide. Il est vrai qu'elle fut très dévote et fonda nombre de monastères ; ce qui devait, aux yeux de Grégoire, effacer bien des forfaits. Grand criminel, il empoisonna l'évêque Malchus, qui s'opposait à son dessein d'étendre son autorité partout. Grand charlatan, il inventa le Purgatoire, jusqu'alors inconnu dans le dogme et le fit comme nos moulins : à l'eau et au vent, éléments dont il le composa.

Grand assassin, il ordonna aux prêtres de se séparer de leurs femmes, ce qui causa un nombre prodigieux d'infanticides, les frocards se débarrassant des preuves de liaisons désormais interdites. Un an après l'édit du pape, on trouva dans ses viviers six mille têtes d'enfants nouveau-nés. Assassinats dont Grégoire était coupable aussi bien que leurs auteurs, car il les avait provoqués. Grand fanatique, il persécuta les enchanteurs et les sorciers, — auxquels il croyait, comme un grand serin, — et ordonna de « les frapper sans miséricorde ». Grande brute, il incendia la bibliothèque palatine et fit brûler les œuvres de Tite-Live, coupables de s'élever contre les cultes superstitieux. Il anéantit les ouvrages d'Ennius et d'autres poètes latins. Grand âne, il excommunia Didier, évêque de Vienne, parce qu'il se mêlait d'enseigner la grammaire, etc. Et c'est cet homme, — qui débarrassa la terre en 604, — que l'Église invoque comme un de ses plus grands docteurs ! Jugez des autres.

4 SEPTEMBRE. — SAINTE ROSALIE, *vierge,* XIIe siècle. — Rosalie, fille de Rembaud ou Senebaud, comte de Roies et de Quisquinia, descendant

(par une échelle de corde) de la famille de Charlemagne, naquit à Palerme, en Sicile. Elle se sauva de la maison paternelle et se retira dans une caverne si étroite qu'on ne pouvait s'y tenir que de côté. Au bout de quelques années, trouvant son logement encore trop large, elle le quitta pour aller habiter une autre caverne, — avez-vous remarqué comme les saintes aiment les cavernes ? — dans laquelle on ne pouvait pénétrer qu'en marchant sur les mains et en se piquant les doigts après un tas d'orties.

Elle y resta jusqu'en 1160 (époque où elle mourut), sans jamais en sortir, et se nourrissant de fruits sauvages, disent les bons livres. Soit; mais où diable pouvait-elle faire ses besoins ? Dans la caverne ? Ça devait être du propre ! Il est vrai que Dieu purifie tout ce qu'on fait en son nom.

5 SEPTEMBRE. — SAINT BERTIN, *abbé,* VIIIe siècle. — Bertin naquit dans le territoire de Constance, vers le commencement du septième siècle.

Neveu de saint Omer, évêque de Térouenne ou Tervanne, en Artois, il aida son oncle à défricher les terres de son évêché, qui étaient des déserts. Les pommes de terre, — qui n'étaient pas encore inventées, — les haricots et les moines remplacèrent les fondrières et les marais. Adroald, seigneur du pays, s'étant converti, donna sa terre de Sithiu pour y fonder un monastère. Étonnez-vous, après cela, des disettes du moyen-âge. Quand ils ne laissaient pas leurs terres sans culture, les grands de ce temps-là en faisaient cadeau aux frocards.

Stérilité sur stérilité. Semez de la graine de moines sur un terrain inculte et

vous récolterez la famine. Fait abbé de Sithiu-en-l'Ile, Bertin vit venir à lui
des milliers de fainéants, qui désolèrent tout le territoire. La paresse allonge
la vie. Notre saint mourut le 9 septembre 709, âgé de la bagatelle de cent
douze ans. Il était si vieux, qu'il se cassa, comme un château de cartes, quand
les croque-morts le mirent dans le cercueil.

6 SEPTEMBRE. — SAINT ONÉSIPHORE. — Disciple de saint Paul, souffrit le martyre avec saint *Porphyre*, — lequel se montra de *marbre*. Onésiphore fut attaché à la queue d'un cheval et traîné
pendant cinq heures sur un chemin que des
agents voyers avaient parsemé de grosses pierres
pour faire du macadam. Comme il était très
lourd, la queue du cheval finit par se dévisser
et le saint n'eut que le temps de la vendre à un
coiffeur pour dames. En recevant l'argent, il
tomba mort. On croit que ce nom d'Onésiphore

est un sobriquet que lui donnèrent ses contemporains. Il avait, en effet, un
appendice nasal d'une telle grosseur que les commères du pays l'appelaient,
en clignant de l'œil : *Saint au nez si fort*.

7 SEPTEMBRE. — SAINT CLOUD, *prêtre*, VIe siècle. — La narration de
l'enfance de Clodoald, vulgairement appelé Cloud, est utile à faire, ne serait-
ce que pour remettre sous les yeux du lecteur le tableau des mœurs de nos
premiers rois. Il était fils de Clodoald, roi d'Orléans, et petit-fils de Clovis
et de sainte Clotilde. Il avait deux oncles paternels : Clotaire, roi de Soissons,
et Childebert, roi de Paris. Clodomir étant mort, en 524, dans une bataille,
sa femme Gondiuque se remaria avec son beau-frère Clotaire, abandonnant à
sainte Clotilde, Cloud, son fils, ainsi que les deux frères de celui-ci, Thibaud
et Gontaire. C'est déjà joli, mais nous ne sommes pas au bout. Childebert et
Clotaire résolurent de dépouiller les trois jeunes princes du royaume d'Orléans,
qui leur appartenait depuis la mort de leur père. Ils dépêchèrent à sainte
Clotilde un facteur du télégraphe, porteur d'une dépêche ainsi conçue : *Clotilde.— Envoyez vite Clodoald, Thibaud et Gontaire, proclamés rois d'Orléans.
— Childebert, Clotaire.* Clotilde donna un bon pourboire à l'employé du
télégraphe et dépêcha ses protégés vers leurs oncles. Lorsqu'elle les eut perdus
de vue, on leur ôta leurs pages et leurs gouverneurs, on les enferma dans
trois chambres séparées, aux murs assez épais pour qu'il leur fût impossible

de se communiquer leurs impressions. Cloud, flairant un guet-apens de ses braves parents, avisait déjà, à part lui, aux moyens de se tirer de ce pétrin. Les trois frères emprisonnés, Childebert et Clotaire envoyèrent à Clotilde un officier armé d'une épée nue et d'énormes ciseaux dont il faisait retentir les deux branches d'un air farouche. Clotilde, surprise, croyant avoir affaire à un toqué, demanda : « Que voulez-vous ? — Je viens vous avertir que vos petits-fils sont au pouvoir de leurs oncles. Choisissez, ou de les voir égorger ou de les voir enfermer dans un monastère. — J'aime mieux les voir morts, que de les voir clercs ou moines. » Cette fière réponse de sainte Clotilde, à la lecture de

laquelle plus d'un robin a dû faire la grimace, fut rapportée à Clotaire, qui entra dans une grande fureur. S'emparant de Thibaud, l'aîné des trois enfants, âgé de dix ans, il l'empoigna par la jambe gauche, et le faisant tournoyer comme une fronde, il le lança à une distance de cent mètres, dans un lac profond qu'il connaissait. Gontaire, le plus jeune, âgé de sept ans, n'échappa pas non plus à la vengeance de son oncle. Clotaire le saisit par l'oreille droite et l'envoya, par dessus son épaule, dans un champ de luzerne, situé à une lieue de là, où la petite victime tomba sur le dos d'un faucheur qui fut tué sous le choc.

Clotaire, que ces deux assassinats avaient mis en appétit, chercha Cloud ; mais le fûté s'était sauvé, en faisant un pied de nez derrière le dos de son oncle. Il avait alors huit ans et demi.

En avançant en âge, Cloud se coupa les cheveux lui-même, — pour faire l'économie d'un coiffeur ; rapia, va ! — se retira auprès de saint Séverin et vécut dans plusieurs solitudes plus em... miellantes les unes que les autres. Il fut ordonné prêtre du diocèse de Paris, en 551, par l'évêque Eusèbe. Mais il se retira quelque temps après à deux lieues de Paris, dans le village de Nogent, qui s'appelle maintenant Saint-Cloud, et où il mourut le 7 septembre 560.

Je ne sais si vous êtes comme moi, mais la piété de saint Cloud me paraît bien moins l'œuvre du ciel que du trac formidable que ce saint ressentit en se sauvant des griffes de Childebert.

8 SEPTEMBRE. — LA NATIVITÉ DE LA SAINTE VIERGE. —

L'histoire de Marie, mère de Jésus, et des milliers de formes sous lesquelles les dévots l'adorent, demanderait, à elle seule, une livraison. Or, nous nous

sommes engagé à donner chaque semaine la vie des sept saints que l'on y fête. Nous ne parlerons donc ici que de la naissance de celle que les chrétiens regardent comme la plus grande sainte du Paradis, nous réservant de raconter les autres parties de son existence, au fur et à mesure que le calendrier nous les mettra sous les yeux. Nos lecteurs auront ainsi l'histoire complète de la

Vierge, en en réunissant mentalement les chapitres épars dans ce livre.

Il n'est point fait mention dans l'Écriture de la naissance de la Sainte Vierge. Marie, étant mère de Jésus qui est Dieu, lequel n'a jamais eu de commencement, ni de mère, conséquemment, — son origine embarrasse singulièrement les premiers écrivains de l'Église. Aussi s'abstiennent-ils d'en parler. Cela n'empêche pas les auteurs orthodoxes de nous raconter comment la Vierge vint au monde. Encore ne s'entendent-ils pas entre eux. Les uns en font une patricienne et les autres une plébéienne. Narrons vivement ces deux versions, avant d'arriver à une troisième, émise par Celse, philosophe épicurien du IIe siècle, et qui nous semble être la vraie. Il y a longtemps, vivaient à Nazareth Joachim de Zéphoris, de la famille royale de David, et sa femme Anne, descendante de la tribu de Lévi. Au bout de quarante ans de ménage, les deux époux, malgré tous leurs efforts, n'avaient pu faire un enfant. Anne, furieuse d'une stérilité humiliante pour Lévi, mettait tout sur le dos de son mari, lequel, pour essayer de se refaire, partit pour les eaux. A son retour, sa femme lui raconta qu'un ange était venu lui annoncer la nuit dernière qu'elle serait mère d'une fille, à laquelle ses parents donneraient le nom de Marie. En effet, l'envoyé céleste avait appuyé son dire de si solides arguments, qu'elle ne douta pas un seul instant de sa véracité. La taille d'Anne s'arrondit progressivement, en même temps que le nez de son mari s'allongeait, en présence de cette grossesse inattendue. Neuf mois après, jour pour jour, Anne mit au monde la bienheureuse Marie. Une autre version des livres pieux est que *Dieu n'a pas permis que nous eussions rien d'assuré sur le nom du père et de la mère de Marie,* et ce Dieu l'a fait naître dans *l'obscurité et le silence qui l'ont rendue alors inconnue aux yeux du monde, sans qu'il y ait rien paru qui la relevât aux yeux des hommes.* Tout cela porte à croire que son origine était fort obscure. Une chose sur laquelle les écrivains qui vont à confesse sont d'accord, c'est que Marie vint au monde exempte du péché originel, contracté, comme on sait, dans le sein de la mère par tous les autres enfants d'Adam. C'est assez logique : une fille *annoncée* par un ange ne pouvait être que de substance céleste. Il est vrai que Celse, dont nous parlons plus haut, — et qui fut l'adversaire le plus redoutable du christianisme, qu'il attaqua par les armes de la dialectique la plus forte, — fait de Marie la fille de pauvres villageois vivant de leur travail. Mais c'est Satan qui lui a soufflé ce mensonge. Quoi qu'il en soit, la Sainte-Vierge reçoit, des femmes surtout et du vulgaire, des hommages bien plus affectueux que Dieu lui-même. On la nomme *la Reine du ciel, l'Arche de l'alliance, la Porte du Paradis, le Refuge des pécheurs, la Borne de l'Impiété, le Fil Télégraphique de la Prière*, etc., etc. On lui adresse des vœux comme à la divinité, qui, de l'humeur surtout dont nos docteurs la dépeignent, a lieu d'être jalouse des honneurs immodérés que l'on rend à une de ses créatures.

9 SEPTEMBRE. — SAINT OMER, évêque, VIIe siècle. 670.

AIR *du Roi Dagobert.*

C'est le roi Dagobert,
Qu'a coiffé d'la mîtr' saint Omer.
Le grand Saint-Eloi
Lui dit : « O mon roi !
L'Flamand et l'Picard
D'Dieu s'tienn'nt à l'écart. »
« C'est vrai, lui dit le roi,
Je m'en vais les fair'marcher droit. »

Le bon roi Dagobert
Dit à Saint-Eloi : « Mon très-cher ;
Dans c'pays d'péché
Faut un évêché.
Pour ça, connais-tu
Un homm' plein d'vertu ? »
J'en connais un, ma foi.
Alors, j'suis certain qu'c'est pas toi. »

Saint-Éloi, d'un air fier,
Dit alors au roi Dagobert :
« J'ai l'homme qu'il vous faut,
Pieux, sans un défaut,
D'puis vingt ans et plus,
Il vit en reclus. »
« Alors, lui dit le roi,
Il n'a pas pris modèl'sur toi. »

Au bon roi Dagobert
Éloi dit : « C't'homm's'appelle Omer.
Mais il doit s'cacher ;
Faudra l'arracher
Du monastère où
Il vit en hibou. »
« Ça n'fait rien, dit le roi,
Par l'oreille amène-le-moi. »

Voilà comment Omer
Fut fait évêqu' par Dagobert.
Étant d'venu vieux
Il perdit les yeux,
Dans un'flût souffla
Des sol et des la ;
Et puis — De profundis !
Mourut en six cent soixante-dix.

C'lui qui m'a récité,
De c't'évêque atteint d'cécité,
L'roman curieux,
Emouvant, pieux,
Court, intéressant,
Est, — je vous l' donne en cent !
La vie a d' ces hasards :
C'est l'aveugle du pont des Arts !

10 SEPTEMBRE. — SAINTE PULCHÉRIE, *impératrice*, V^e *siècle*. 453. — Pulchérie, fille de l'empereur Arcadius et de l'impératrice Eudoxie, naquit le 19 janvier 399. Orpheline à neuf ans, elle se fit la gouvernante bigote de ses frères et transforma le palais impérial en une immense sacristie. Dès l'âge de quinze ans, *elle empiéta l'empire sur son frère*, comme s'exprime Pierre Corneille. Ce frère, Théodore II, dit le jeune, était, du reste un joli serin, et son impérieuse sœur le menait à la baguette. Les dévots racontent naïvement qu'elle fit, à cette époque, le vœu de rester éternellement vierge, vœu qu'elle rendit public en le faisant graver sur une table d'or, dans la cathédrale de Constantinople.

Pour qu'elle fît à l'âge de quinze ans vœu de rester chaste, il fallait qu'elle sût en quoi consistait le contraire de la virginité. Bons écrivains, qui ne s'aperçoivent pas qu'en nous faisant avaler des bourdes de ce calibre, ils délivrent à leur sainte Pulchérie un certificat de débauche précoce! Son frère Théodore, ayant atteint sa vingtième année, se maria avec la fille d'un philosophe athénien, laquelle se convertit à la religion chrétienne, — Rome valait bien une messe! — et changea son nom d'Athénaïs en celui d'Eudocie. Pulchérie, persistant à

garder, vis à vis des nouveaux époux son attitude de madame j'ordonne, son frère eut un éclair d'énergie et l'envoya loin de sa cour voir s'il y était. Après la mort de Théodore, Pulchérie, devenue impératrice, épousa un vieux militaire gâteux, un Mac-Mahon de ce temps-là, qui s'appelait Marcien ou Martian. Auparavant, elle avait fait comprendre à son futur mari qu'elle entendait rester fidèle à son vœu de chasteté. Alors, pourquoi se mariait-elle ? « Pour avoir un soutien qui l'aidât à porter le poids de la couronne, » répondent de bons livres. Mais, bouquins ineptes, puisque vous nous la représentez comme une femme forte, qu'avait-elle besoin de soutien! En vérité, ces balançoires vous font lever les épaules tellement haut qu'on est forcé de grimper à l'échelle pour les remettre à leur place. N'importe, nous n'hésitons pas à croire que Pulchérie resta vierge jusqu'à sa mort, arrivée l'an 454; d'abord, parce que Marcien, quand bien même il eût voulu violer les conventions... et sa femme, eût été probablement impuissant à le faire, soixante-dix printemps lui pesant sur le dos; ensuite, parce que les églises grecque et latine honorent notre sainte avec le titre de vierge ; et surtout parce que nous aimons mieux le croire que d'y aller voir.

11 SEPTEMBRE. — SAINT HYACINTHE, *eunuque et martyr*, iiiᵉ siècle. — Sous l'empereur Valérien, vivait à Rome un riche sénateur nommé Philippe, dont la fille, qui devait être un jour sainte Eugénie, professait, à l'insu de son père, la religion chrétienne. Les grands de ce temps-là avaient

à leur service des eunuques, que l'empire romain ne connut qu'après l'intro-
duction du culte de Jésus, lequel s'oppose à cette mutilation. Or, parmi les
neutres préposés à la garde d'Eugénie, il y avait deux frères, Hyacinthe et
Prote, que la future sainte convertit miraculeusement au christianisme. Je
dis « miraculeusement »
parce que, les femmes étant
sans aucune influence sur
ces sortes d'infirmes, la conversion de Prote et d'Hyacinthe doit évidemment être
attribuée à quelque intervention céleste. Quoi qu'il
en soit, Hyacinthe et Prote
se dévouèrent tout entiers (?)
à sainte Eugénie, dont ils
favorisèrent la fuite ; qu'ils
suivirent à la queue leu-leu,

partout où il lui plut de les mener, et avec laquelle ils souffrirent le martyre,
en 257, époque où ils furent décapités.

En 1592, le pape Clément VIII déposa les reliques- sans... têtes des
deux saints dans l'église de Saint-Jean-Baptiste, à Rome. Deux farceurs se
cachèrent un jour dans la châsse et, pour faire peur aux fidèles, se mirent à
crier. Mais, contrairement à leur attente, un immense éclat de rire leur
répondit. Les étourneaux, doués d'une voix de basse profonde, avaient oublié
d'en changer pour la circonstance.

12 SEPTEMBRE. — SAINT SÉRAPHIN. — La biographie de ce saint
n'existe dans aucune des innombrables *Vies* sur lesquelles nous avons
jauni comme un coing. Peut-être Séraphin, l'impressario du théâtre d'ombres
chinoises qui porta son nom, a-t-il été récemmement canonisé. Peut-être encore
les dévots fabricants d'almanachs ont-ils voulu réunir en une seule figure les
séraphins innombrables qui sont comme l'état-major de l'armée céleste.

Ces anges, — s'il faut en croire le récit des explorateurs du paradis, — sont
en effet les favoris du bon Dieu. On les nomme séraphins, — de l'hébreu *zaraph*,
qui signifie brûler, enflammer, — parce que, de toute la volaille divine, ils sont
les plus rapprochés de l'Éternel, pour lequel ils brûlent d'un amour ineffable.

Isaïe, qui les a vus à l'aide d'une lunette marine, les dépeint comme des anges qui avaient chacun six ailes et qui étaient au-dessus du trône du Seigneur. De quel trône le phrophète veut-il bien parler ici?

13 SEPTEMBRE. — SAINT MAURILLE, *évêque d'Angers*, v° siècle. — Maurille, natif d'Italie, fut confié, alors qu'il faisait encore dans ses langes, à saint Martin, dont il devait être le disciple. Saint Martin possédait, proche de Milan, une espèce de séminaire où il dressait les petits enfants à faire toutes sortes de grimaces pieuses. Maurille se distinguait, parmi ces jeunes singes de sacristie, par une façon toute gracieuse de faire le signe de la croix. Il était même devenu d'une jolie force sur les quarante-neuf manières de s'agenouiller, lorsque son maître, ayant été chassé par Auxence, évêque arien, le recommanda aux bons soins de saint Ambroise. Maurille, sous la pieuse direction de ce saint homme, devint d'une piété plus tendre que le pain sortant du four. Son père, qui était gouverneur de la province, mourut. Maurille, voulant se consacrer à Jésus pauvre comme Job, se fit l'un des principaux actionnaires d'une société financière pour l'exploitation des graines oléagineuses, propres à la fabrication d'une huile, servant au graissage des essieux des roues des tramways à air comprimé. La bourse vide, il se rendit auprès de son premier maître, saint Martin, qui avait été fait évêque de Tours. Il fit dans la vertu des progrès si *rapides*, que les trains du même nom n'en peuvent donner qu'une faible idée, et qu'il fut ordonné prêtre, malgré la résistance désespérée qu'il opposa aux robins, lesquels furent obligés de se mettre à douze pour lui mettre la soutane. Saint Martin, voyant l'esprit apostolique dont ce fervent religieux était animé, l'envoya dans l'Anjou exterminer à lui tout seul le paganisme et le libertinage qui dominaient ce malheureux pays. Avisant un temple plein d'idolâtres en prière, Maurille se mit à genoux, et sur-le-champ le feu du ciel consuma le sanctuaire et les idoles. Il est regrettable que nos pompes n'éteignent pas les incendies avec la rapidité que Maurille mettait à les allumer. Ce prodige, —

dont l'auteur passerait aujourd'hui en cour d'assises, — convertit une partie des païens, la partie des vieilles portières et des abonnés de la *Patrie*. Les autres se bornèrent à cacher leurs idoles, qui dans leurs tables de nuit, qui sous leurs traversins, etc., etc. Mais l'œil de l'Éternel, qui se trouve partout, — et surtout dans les tables de nuit, — désigna à Maurille les endroits où les infidèles avaient fourré leurs dieux. Le saint apôtre se mit encore en prière, tous les faux dieux sortirent de leurs cachettes, — comme les bêtes noires un jour d'orage,

— et se sauvèrent en criant : *Maurille, ne cesseras-tu de nous persécuter !* On pense bien qu'à ce spectacle, ce qui restait d'hérétiques se convertit avec la facilité d'un Émile de Girardin. Le siège épiscopal d'Angers étant vacant, les nouveaux convertis se mirent à vingt et y juchèrent de force Maurille. Mais il s'échappa bientôt et s'enfuit en Angleterre, où il se fit jardinier. On fit mettre dans les journaux une annonce ainsi conçue : *L'évêque d'Angers s'est sauvé de son siège. Cinquante francs de récompense à celui qui le ramènera. Voici son signalement : teint ordinaire, nez ordinaire, yeux ordinaires, cheveux ordinaires, etc., etc.* Ce signalement banal fit rire aux larmes le fugitif, en train d'arroser un plant de haricots verts. Mais Dieu permit que ceux qui le poursuivaient le découvrissent miraculeusement. Un jour qu'il marchandait une bêche chez un marchand, celui-ci le regarda tout à coup d'un air effaré en désignant du doigt quelque chose que Maurille avait au front. Le déserteur céleste porta vivement la main à l'endroit désigné et s'aperçut qu'il avait oublié de retirer son auréole. Le marchand, croyant qu'il avait volé ce nimbe à quelque saint de sa paroisse, conduisit Maurille chez le commissaire, où l'identité du saint fut reconnue. Réintégré de force sur son siège, dûment et solidement attaché avec des courroies, Maurille mourut le 13 septembre 437, âgé de la bagatelle de quatre-vingt-dix-ans.

14 SEPTEMBRE. — L'EXALTATION DE LA SAINTE CROIX. — Quand sainte Hélène eut découvert la vraie croix, elle l'enferma dans un étui d'argent et fit bâtir une magnifique église à Jérusalem, pour y placer cette inestimable relique. Chosroès II, roi de Perse, ayant battu l'hocas, empereur de Constantinople, prit ensuite Jérusalem et emporta la vraie croix, non pour elle, mais pour l'étui d'argent qui la contenait. Quoique au pouvoir des hérétiques,

qui l'érigèrent comme un trophée à leur idolâtrie, dans la ville de Crésiphon (d'eau de seltz), la croix sut se faire respecter et elle convertit même plusieurs infidèles, par des moyens qu'on a négligé de nous apprendre. Héraclius s'étant emparé de l'empire de Constantinople, résolut d'aller reprendre à… Machin… Chose…roès le bois qu'il avait chipé. Il mit ses troupes sous la protection de la Sainte-Vierge, —jolie casemate pour vous garantir des obus! — et alla jusque dans la Perse flanquer une tripotée au filou, lequel fut tué. Héraclius rapporta la vraie croix à Jérusalem.

En entrant dans la ville, il voulut porter lui-même le morceau de bois divin. Mais il ne put avancer, ses ornements impériaux offusquaient l'instrument, qui, pour donner à son porteur une leçon de modestie, devint d'une lourdeur dont le style de Saint-Genest peut seul donner une idée. Ce que voyant, Héraclius se déshabilla entièrement, remit la croix sur son épaule et la transporta avec la vitesse d'un cheval arabe jusqu'au sanctuaire.

Telle est l'origine de cette fête, où les chrétiens,—qui se moquent si agréablement des idoles d'or et d'argent de leurs concurrents,—adorent un morceau de bois, sous le vain prétexte qu'un criminel est mort dessus. A quand l'exaltation de la sainte guillotine?

20 SEPTEMBRE. — SAINT EUSTACHE, *martyr*. 120. — Il y avait
un commandant des gardes du corps de l'empereur Trajan, qui se nommait
Placide et qui passait exprés cènt fois par jour sur le même pont plein d'a-

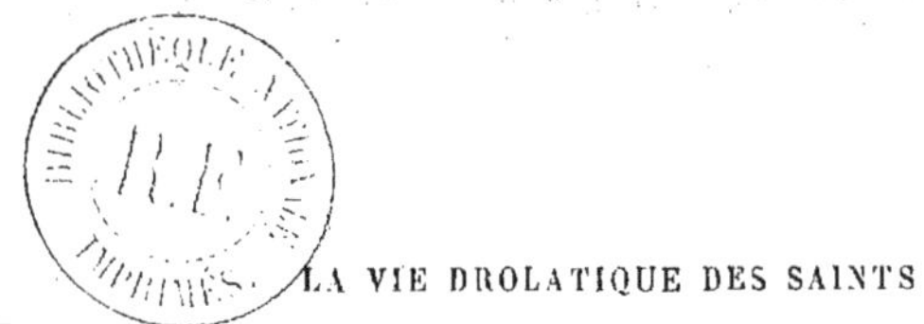

veugles, dans le but de faire l'aumône à ces infirmes. Malheureusement, cette
charité ne pesait pas un fétu dans la balance divine, car Placide adorait les
idoles. Sa femme et ses deux fils étaient plongés jusqu'au cou dans la même
idolâtrie. Un jour, étant à la chasse, Placide aperçut un troupeau de cerfs. L'un
d'eux se distinguait par une haute taille et par des bois au moins aussi gros

que ceux de monsieur... ne chagrinons personne. Eustache poursuivit l'animal dans une vaste forêt, jusqu'au pied d'un rocher gigantesque, au sommet duquel le quadrupède s'était réfugié. En le regardant, il vit, au milieu de ses deux cornes, une croix qui brillait d'un éclat supérieur à celui d'un beau soleil. L'Éternel donne des yeux d'aigle aux serins qu'il attire dans ses filets. Eustache regarda fixement l'image miraculeuse, et il entendit la bête illuminée qui bramait ce qui suit : « O Placide, pourquoi joues-tu à cache-cache avec pépère ? Je suis Jésus-Christ que tu sers sans le savoir. Un païen ne peut pas être charitable, s'il ne se fait catholique. C'est pourquoi, bien que nous ne soyons pas en carnaval, je me suis déguisé en cerf afin de te chasser moi-même tandis que c'est toi qui crois me chasser. » En entendant ces paroles, Eustache eut tellement peur qu'il tomba de cheval, et alla se cacher dans le creux d'un chêne, où il s'évanouit. Quand il revint à lui, une heure après, il se releva et dit : « Révèle-moi qui tu es si tu veux que je te croie. » Et le cerf répondit : « On ne répète pas deux fois la messe pour les sourds; je t'ai déjà dit que j'étais Jésus-Christ ! » Placide tomba de nouveau sur la terre, si fort que les arbres frissonnèrent dans un rayon de trois lieues, et il eut encore la force de dire : « J'te crois ! » Et le cerf dit : « Si tu me crois, va te faire... baptiser et emmène avec toi ta femme et tes fils. Tu peux même y joindre ta bonne, si ça te fait plaisir ; tout est gratis. Cela fait, reviens ici demain apprendre de ma bouche — ou de ma gueule, comme tu voudras — des choses futures que tu ignores. » Placide prit ses jambes à son cou; grimpa quatre à quatre l'escalier de sa maison; dîna, lui, sa femme et ses fils, en un quart d'heure, et alla avec sa famille trouver l'évêque de Rome qui ronflait comme un pot au feu, car il était minuit. Il réveilla le prélat à l'aide d'une petite seringue d'eau glacée et lui demanda le baptême. L'évêque se leva en grognant, baptisa à la « va comme je te pousse » ces gêneurs qui venaient troubler son sommeil, et leur fit changer de nom et de chemise. Placide devint Eustache, sa femme Théospita, et ses fils Agapet et Théospite. Le lendemain matin, Eustache — nous ne le nommerons plus que comme cela — se rendit à la chasse et, prétextant un besoin pressant, il se rendit à l'endroit où il avait eu la première apparition. Le cerf lui apparut derechef, lui annonça qu'il aurait de grandes épreuves à soutenir pour être tout à fait à point pour le ciel, et s'envola sous la forme de Jésus-Christ. Revenu chez lui, Eustache annonça la nouvelle à sa femme. Peu de temps après, une maladie contagieuse se déclara parmi ses esclaves, lesquels, en dépit des soins d'un Ricord de l'époque, périrent tous. Ses brebis et tous ses troupeaux moururent subitement. Des voleurs pénétrèrent la nuit dans sa maison, et ils dérobèrent tout, jusqu'aux chemises de nuit dans lesquelles les époux Eustache dormaient à poings fermés. Et ces derniers, rendant grâces à Dieu des bontés qu'il avait pour eux, partirent la nuit avec leurs enfants, n'ayant même pas de feuilles de vigne à se mettre sur le dos. Arrivés à la mer, ils trouvèrent un navire, et quoiqu'ils n'eussent pas plus d'argent que de poches pour le mettre, ils s'embarquèrent pour l'Égypte. Le capitaine du navire, voyant que la femme d'Eustache était fort belle décolletée, eut une idée diabolique. Il réclama au saint le prix de son passage et celui de sa famille ; et, comme il n'avait pas de quoi payer, il ordonna que Mme Eustache serait retenue à bord. Le saint quitta tout désolé sa femme, et prenant ses deux fils par la main, il s'en alla en disant : « Je comprends maintenant pourquoi Jésus a pris la forme d'un cerf pour m'annoncer mon malheur ! » Étant arrivé aux bords d'une rivière, il voulut la traverser avec ses enfants. Il en laissa un sur la rive, mit l'autre sur son dos, le déposa sur le bord opposé, et revint chercher le second. Lorsqu'il fut au milieu du fleuve, un loup saisit l'enfant qu'il avait laissé sur le bord et l'emporta. Eustache, désespéré, se hâta de nager vers l'enfant qui lui restait ; mais un lion survint et se sauva avec le pauvre petit. Le malheureux père s'arracha le peu de cheveux qui lui restaient après tant d'épreuves, mais il ne cessa point de bénir Dieu. Il se mit en service chez un laboureur et y resta quinze ans, au bout desquels des soldats de l'empereur Trajan, envoyés à la recherche du saint, le reconnurent grâce à une cicatrice qu'il avait à la tête. Mis à la tête des troupes, pour arrêter des barbares qui menaçaient l'empire romain, il les défit ; il retrouva dans son armée ses deux fils que des paysans avaient arrachés à la gueule des bêtes ; il se réunit à son épouse, que son ravisseur avait déposée intacte sur les côtes de Syrie ; et il s'en retourna avec eux à Rome. Mais dans une si brillante prospérité, Eustache n'abandonna point le Seigneur. L'empereur Adrien, successeur de Trajan, lui ordonna de sacrifier aux idoles. Comme il résistait, le tyran le fit arrêter avec sa famille et fit lâcher sur eux les lions. Mais ils s'étendirent aux pieds des chrétiens comme de vulgaires tapis de chambre à coucher. Alors l'empereur ordonna de chauffer un taureau d'airain et de les y enfermer vivants. Les martyrs entrèrent dans cette machine et rendirent leur âme au Seigneur. Trois jours après, en présence d'Adrien, ils furent tirés de la fournaise. Leurs corps étaient absolument intacts ; leurs cheveux ne sentaient pas même le roussi. Bien mieux, l'empereur, épouvanté de cette manifestation de la puissance divine, ayant touché le corps de ceux qu'il avait livrés aux flammes, attrapa instantanément l'onglée : Eustache, sa femme et ses fils étaient morts gelés.

15 SEPTEMBRE. — SAINT NICODÈME, *martyr.* 1ᵉʳ siècle. — Nicodème,

prêtre de Rome, était d'une sainteté si grande qu'il ne l'emménageait que par la fenêtre, comme les commodes. Domitien le fit arrêter parce qu'il exerçait le métier de croque-mort sans avoir de plaque. Nicodème, en effet, avait la manie d'enlever les corps des martyrs pour les enterrer. L'empereur le mit en demeure de choisir entre le métier de prêtre et celui de fossoyeur. Comme Nicomède s'y refusait, Domitien, par une de ces fantaisies de tyran qui en font le résumé des Commode, des Néron et des Caracalla, le fit assommer à coups de bâton, vers l'an 90.

16 SEPTEMBRE. — SAINT CYPRIEN, *évêque et martyr.* IIIᵉ siècle. — Cyprien naquit à Carthage de parents distingués, mais païens, c'est-à-dire canailles. Aux yeux d'un dévot, tout honnête homme qui n'est pas chrétien est un scélérat ; de même que tout scélérat, s'il est orthodoxe, est un honnête homme. D'abord professeur de rhétorique, Cyprien fut converti au christianisme par un prêtre nommé Cécile. Sa vertu le fit rapidement élever à la prêtrise ; et bientôt après on le juchait de force sur le trône épiscopal. L'empereur Dèce ayant publié un édit contre les chrétiens, Cyprien prit la fuite, laissant son troupeau de brebis à la merci des loups.

Quelques-uns des fidèles, les pauvres — qui n'avaient rien à perdre — moururent pour la foi, mais l'immense majorité préféra quitter la religion que la

vie. Cyprien — oubliant qu'il eût dû donner l'exemple — écrivit, à la nouvelle
de cette défection, une lettre à son clergé, dans laquelle il conjurait les brebis
égarées de revenir au bercail. Plusieurs demandèrent la pénitence, qui, en ce
temps-là, était très longue et proportionnée aux crimes qu'il s'agissait d'expier.
Elle durait des quatre ou cinq ans et était accompagnée de pratiques rigoureuses:
jeûne, coups de poing dans l'estomac, nez cognés par terre, etc., etc. Aussi
beaucoup d'entre nos pénitents achetèrent-ils aux prêtres, au poids de l'or,
des *Indulgences* que l'Église leur accorda plus ou moins facilement, suivant le
plus ou moins d'importance de l'argent versé dans son aumônière. Cyprien,
averti de ce honteux trafic, écrivit à son clergé une lettre où il s'élevait contre
cette absolution donnée à des apostats riches, alors que les pauvres gémissaient dans la pénitence. Hâtons-nous de dire que ces apostats, réintégrés dans
les rangs des troupes orthodoxes, les lâchèrent une seconde fois, lors de la
persécution que l'empereur Valérien renouvela contre les chrétiens. Cyprien,
lui, fut pris et condamné à perdre la tête. Quand il vint au lieu du martyre,
il commanda à ses gens de donner au bourreau, pour son salaire, quinze
pièces d'or, une pipe en terre, une douzaine de chemises, huit paires de chaussettes, etc., etc. Prenant un linge, il se couvrit les yeux de sa propre main,
avec la même désinvolture que s'il se fût agi de jouer au colin-maillard, et il
reçut ainsi la couronne du martyre et un coup de hache, l'an 258.

17 SEPTEMBRE. — SAINT LAM-
BERT, *évêque et martyr*. VIIIᵉ siècle.
Landebert, qu'on a depuis appelé
Lambert — sans doute pour les besoins du calendrier — naquit à Mas-
tricht, de parents nobles, riches et
pieux. Aussi fut-il élevé noblement,
richement et pieusement ; éducation
grâce à laquelle il s'assit sur le siège
épiscopal de sa ville natale, comme
successeur de Théodard, son maître.
Le roi Childéric II l'aimait beaucoup
et le lui témoignait souvent en lui
allongeant de grandes claques sur
les fesses. Mais Childéric ayant été
tué, des méchants chassèrent le pré-

lat sans motifs et le remplacèrent par un nommé Téramon. Lambert entra
dans un monastère et y resta sept ans.

Une nuit, en se levant pour aller quelque part, il lâcha un vent si formidable,
que l'abbé l'entendit et cria : « *Que celui qui a fait ce bruit sorte et aille à
la croix.* » Aussitôt Lambert, laissant les habits qu'il tenait dans ses mains pour
se revêtir, s'en alla à la croix — qui était exposée à l'air, devant la porte de
l'église — nu-pieds, couvert de la haire ; et il y resta exposé à la neige et à
la gelée, tandis que les frères se chauffaient après matines. Quand l'abbé le
fit rappeler, ce n'était plus qu'un glaçon qu'on fut forcé de briser à coups de
hache. Rappelé par Pépin à son premier siège, Lambert réprimanda beaucoup
le roi à cause d'une femme de mauvaises mœurs avec laquelle il vivait. Dodo
— l'enfant do — frère de cette femme et officier de la chambre du roi, assembla des troupes et assiégea la maison de l'évêque, lequel était en oraison. Lambert prit une épée, arma ses gens et se mit en devoir de repousser ses ennemis.
Mais, tout à coup, il changea d'idée, jugeant qu'il était mieux qu'il vainquît en
mourant — manière de voir à l'exposé de laquelle les nez de ses domestiques
s'allongèrent outre mesure. Les pauvres diables furent assassinés ainsi que
leur barbare maître — lequel eût mieux fait de se laisser occire seul, sans
entraîner tous ses serviteurs dans la mort. C'est cette capitulation arrivée
vers 708, que l'Église a transformée en martyre.

18 SEPTEMBRE. — SAINTE SOPHIE, *martyre.* — IIe siècle. — Sainte Sophie

était une dame romaine, qui vivait du temps de
l'empereur Adrien, et dont la bigoterie était à
ce point outrée qu'elle avait baptisé ses trois
filles Foi, Espérance et Charité. Le gouverneur
de Rome, Antiochus, ennemi des chrétiens,
martyrisa ces trois enfants sous les yeux de leur
mère. Il leur fit couper les mamelles, les fit frapper à coups de nerf de bœuf, etc., etc., sans
que Sophie, qui n'avait qu'un mot à dire, fît
cesser ce supplice. Quelques auteurs disent
que Sophie eut la tête coupée. Elle le méritait,
fichtre! bien coupable qu'elle était de ce triple
infanticide. L'Église honore cette laie, dévorant
ses petits pour leur conserver un Dieu.

19 SEPTEMBRE. — SAINT JANVIER, *martyr.* **— IV° siècle. —** Janvier, peut-être natif de Naples, était évêque de Benevant, lors de la persécution de Dioclétien. Sa sainteté le signala au gouverneur Timothée, qui le fit mettre en prison. Sur son refus d'adorer les dieux, il fut plongé dans une fournaise ; ce qui ne servit qu'à le guérir de ses rhumatismes. Le juge, alors, le condamna à servir de nourriture aux lions, après lui avoir, au préalable, fait arracher les nerfs — comme à un vulgaire beafteack. Mais les bêtes fauves, reconnaissant un chrétien, vinrent se jeter à ses pieds, se bornant à lui dévorer ses chaussettes. Le gouverneur, exaspéré, ordonna qu'on tranchât la tête à Janvier. Lorsqu'on

le conduisit au supplice, il passa devant la maison de Timothée, qui perdit subitement la vue. « Cette punition visible — pas pour celui qui en était victime ! — étonna le gouverneur », qui supplia Janvier de lui rendre ses yeux. Le saint se mit à genoux ; Timothée recouvra la lumière et récompensa son médecin en le faisant mettre à mort plus vite. On le décapita et les fidèles transportèrent son corps à Naples. Quant à la tête, on la garde dans la chapelle *du Trésor* de la cathédrale de la même ville, avec son sang renfermé dans deux fioles de verre fort anciennes. A ceux qui douteraient que ce sang soit bien celui de Janvier nous répondrons par ce miracle : On met la tête sur l'autel du côté de l'évangile, et les fioles du côté

de l'épître. Quand ils sont en présence les uns des autres, le sang se liquéfie, la tête éternue ; et chef et fioles dansent un quadrille aux accents de l'orgue. Lorsqu'on a retiré le sang et qu'il n'est plus vis-à-vis de la tête, il redevient si solide qu'on ne pourrait le briser avec une hache.

Ces reliques cascadeuses ont, de plus, le pouvoir d'arrêter instantanément les éruptions du Vésuve et les incendies causés par les flammes qui sortent du volcan. En 1707 on porta processionnellement la châsse de saint Janvier à une chapelle qui était au pied du mont. Aussitôt l'éruption cessa ; les flots de lave qui descendaient du cratère se transformèrent en confitures de groseille ; l'obscurité disparut et fit place au jour. Il est regrettable que saint Janvier ne soit pas mort trois cents ans plutôt ; il eût préservé Pompéi d'un ensevelissement que Dieu ne put malheureusement empêcher.

21 SEPTEMBRE. — SAINT MATHIEU, *apôtre et évangéliste.* **—** Mathieu exerçait la profession de receveur des tributs pour les Romains. Jésus aperçut Mathieu qui était assis à son bureau et lui ordonna de le suivre. Mathieu obéit, mais, avant de quitter sa maison, invita le Sauveur à dîner. Par la suite, il devint un de ses apôtres. Un jour, qu'il prêchait en Éthiopie, il trouva deux enchanteurs, Zaroës et Arphaxat, qui avaient le pouvoir de changer la forme des membres des gens. Mathieu surprit leur secret et leur joua mille farces. Son hôte, un ennuque de la reine Candace, lui demandant comment il entendait tant de langages, Mathieu lui répondit que le Saint-Esprit, en descendant sur les apôtres, leur avait fait le don des langues. Sur ces entrefaites,

il vint un homme leur dire que les enchanteurs étaient venus avec deux dragons qui jetaient du feu et du soufre par la gueule et les narines, et qui tuaient tout le monde. Résolu de mettre fin à ces dragonnades, Mathieu se munit d'un signe de la croix de Tolède et alla sans crainte vers les deux monstres, qui s'endormirent aux pieds du saint. Celui-ci dit aux enchanteurs : « Vous qui êtes si malins, éveillez-les si vous pouvez. » Les sorciers eurent beau crier dans les oreilles de leurs dragons; les appeler bonapartistes, Bazaine, etc., etc., les monstres ronflèrent de plus belle et ils dormiraient probablement encore si Mathieu ne les eût tirés de leur sommeil, en chantant : « *Réveillez-vous, belle endormie!* » Mathieu fut le premier qui écrivit l'Évangile et c'est le Saint-Esprit qui le lui dicta. Il mena jusqu'à sa mort un genre de vie fort austère, ne se nourrissant que dans les restaurants à dix-huit sous et dans les banquets politiques. Autant que je puis m'en rappeler — car j'étais bien jeune, alors! — il subit le martyre en Perse... ou autre part. L'évangile de saint Mathieu fut trouvé écrit de sa main — de vraies pattes de mouches! — en même temps que l'on découvrit, en l'an 500, les os des jambes de saint Barnabé. Celui-ci portait toujours, dans la poche droite de sa redingote, cet évangile et le posait sur les malades, qui guérissaient instantanément. Il est regrettable que je n'aie pas sur moi ce saint livre, il arrêterait probablement le rire inextinguible dont je suis pris en écrivant ces lignes.

22 SEPTEMBRE. — **SAINT MAURICE**, *martyr, patron des soldats* — III° siècle. — Une théorie chère aux teneurs de goupillons — ces alliés naturels des traîneurs de sabre — c'est que le soldat doit savoir obéir et « se taire

sans murmurer ». Or, la vie du saint que nous allons raconter offre l'un des exemples les plus éclatants d'indiscipline dont l'histoire militaire fasse mention. Si c'est là le modèle de général que l'Église offre à notre armée, il donne un singulier démenti aux maximes d'obéissance passive dont raffolent nos bons cléricaux — parce qu'ils en profitent.

Parmi les légions qui composaient les armées romaines, du temps des empereurs Dioclétien et Maximien, il y en avait une, appelée la légion thébéenne, parce que ceux qui en faisaient partie étaient de la ville de Thèbes. Les six mille six cent soixante-six soldats qui composaient cette légion étaient tous chrétiens et d'une piété exemplaire. Maurice, leur chef, veillait à ce qu'aucun païen ne se glissât au milieu de ce saint troupeau. Ses soldats récompensaient le zèle de leur commandant par la dévotion la plus touchante ; alliant heureusement les pratiques de l'Évangile avec le métier des armes ; entremêlant les prières aux exercices de la corvée ; esquissant d'innombrables signes de la croix lorsqu'ils « passaient la jambe à Jules ».

Dioclétien et Maximien, voulant déraciner la foi de Jésus-Christ, envoyèrent des lettres dans toutes les provinces où les chrétiens habitaient, exhortant ces derniers à changer de religion. On évalue à plus d'un million le nombre des timbres que les malheureux serviteurs du palais impérial durent coller à cette occasion. Leurs lettres étant restées sans réponse, les empereurs, furieux de l'impolitesse des destinataires, réunirent tous les hommes propres au service afin de subjuguer les rebelles et de leur apprendre à répondre aux missives qu'on leur adressait. Maurice rassembla la sainte légion qu'il commandait, compta, l'un après l'autre, ses six mille six cent soixante-six soldats, et d'accord avec ses lieutenants, saint Candide, saint Innocent, saint Exupère, saint Victor et saint Constantin, envoya à Dioclétien des députés pour lui dire qu'il était prêt à l'aider dans des guerres justes, mais qu'il ne porterait point les armes contre les chrétiens, qu'il était plutôt prêt à défendre. Il est à présumer, entre parenthèses, que si des soldats, au 2 décembre, avaient excipé de leur qualité de républicains pour refuser de tirer sur le peuple, les mêmes dévots qui ont canonisé la rébellion de Maurice, eussent crié à l'indiscipline et demandé l'exécution des coupables. Aux yeux de cette pieuse clique, la désertion et la révolte changent de noms, lorsqu'elles sont commises au nom du ciel.

Dioclétien, au lieu de faire exécuter les lieutenants qui osaient discuter ses ordres, eut la bonté de répondre à Maurice qu'il ne s'agissait pas de combattre les chrétiens, mais de châtier les Bagaudes, peuple de paysans des Gaules, qui avaient pris les armes contre l'empire. Maximien Hercule ayant passé les Alpes, donna l'ordre que toute l'armée sacrifiât aux idoles, afin de les lui rendre favorables. Maurice et ses six mille six cent soixante-six hommes s'éloignèrent alors de l'armée et s'en furent camper dans un endroit, sur le Rhône, nommé Aganum. L'empereur enjoignit aux déserteurs de venir sans délai sacrifier aux dieux avec les autres. Maurice refusa d'obéir à cet ordre. — Maximien résolu d'en finir avec ces révoltes perpétuelles de la légion thébéenne, la fit passer tout entière, chefs et soldats, au fil de l'épée. Cette juste exécution, que l'Église a eu l'audace d'appeler martyre, eut lieu vers l'an 297, ou 280, ou 286 ; on n'en sait rien. Ce que l'on sait, par exemple, c'est que les corps de saint Maurice et de ses six mille six cent soixante-six compagnons — découverts à Agaune, plusieurs années après leur martyre, par Théodore, évêque d'Octodurum — ont le don du miracle. Un ouvrier païen, employé à la construction de l'église de Genève, propriétaire des reliques de la sainte légion, travailla seul un dimanche, à l'heure de la messe. Une foule de saints sortirent de leurs niches comme des chiens en fureur, et flanquèrent au pauvre maçon une telle tripotée, qu'il se convertit immédiatement à une religion dont les bienheureux avaient une si belle poigne. Il y eut en Bourgogne un clerc qui s'était emparé de force d'une église consacrée à saint Maurice. Un jour que l'on chantait la messe, et que l'on disait à la fin de l'évangile : « Celui qui s'élève sera humilié, et celui qui s'humilie sera élevé », ce clerc se mit à rire bruyamment et cria, au nez des chantres interloqués : « C'est faux ; car si je me fusse humilié, je ne posséderais pas les richesses de votre boutique. » Tout à coup la foudre, sous la forme d'une épée, lui entra dans la bouche et il expira — comme un saltimbanque de cirque frappé d'apoplexie foudroyante au moment où il vient d'avaler le sabre du garde municipal de planton.

23 SEPTEMBRE. — SAINT LIN, *pape et martyr*. — Ier siècle. — Lin était originaire de Toscane et son père se nommait Herculan. Un jour qu'il écoutait, à Rome, une prédication de saint Pierre — lequel, comme on sait, n'a jamais mis les pieds dans la ville éternelle — Lin, qui vivait dans l'impiété jusqu'aux cheveux, ouvrit les yeux à la lumière de l'Évangile, qu'il alla bientôt prêcher dans les Gaules. A Besançon, dont il fut le premier évêque, il convertit Onusius, tribun de la ville, en chrétien — et sa maison en église.

Ayant remarqué que les païens avaient dans leur église une idole juchée en haut d'une colonne et qu'ils adoraient en se mettant à plat ventre, il entra un jour dans ce temple, marcha sur la pointe des pieds jusqu'à l'idole, et se mit à scier la colonne qui la supportait. Les infidèles, abîmés sur les dalles, étaient loin de se douter de ce qui se passait. Quand la colonne fut suffisamment sciée et que ses deux fragments n'adhérèrent plus l'un à l'autre que par un grain de pierre, Lin, dissimulant derrière son dos la scie dont il venait de se servir, se mit à crier, en s'adressant aux païens, brusquement tirés de leurs prières : « Peuples ! quelle est votre folie ! vous adorez des divinités tout au

plus dignes de faire peur aux moineaux dans les cerisiers! Regardez ce qu'elles pèsent sous la main d'un serviteur du vrai Dieu! » Et posant le doigt sur la colonne, il la fit pencher et tomber en poussière avec l'idole qui la surmontait. Mais un idolâtre avait vu le manège, et ce prétendu miracle, loin de convertir les infidèles, les mit en fureur contre Lin, qu'ils chassèrent, à grands coups de sa crosse d'évêque dans le dos. Deuxième pape, Lin défendit aux femmes de paraître dans les temples sans être voilées. Voilà une défense qui ferait jeter de beaux cris aux jolies dévotes de la Madeleine ou de Sainte-Clotilde! Il mourut martyrisé après onze ans de pontificat, vers l'an 76.

24 SEPTEMBRE. — SAINT ANDOCHE, *prêtre et martyr*. — II⁰ siècle. —

Andoche, Thyrse et Andéol étaient disciples de Polycarpe, évêque de Smyrne.

Leur maître les envoya dans les Gaules, pour y faire connaître Jésus-Christ. Pour cela ils montèrent une baraque de foire, Andéol jouait de la grosse caisse, Andoche de la clarinette et Thyrse le rôle de Jésus-Christ, dans l'intérieur. Les gros sous des bons paysans gaulois abondaient tellement dans leur caisse qu'ils firent bâtir plusieurs églises. Mais les saints banquistes furent massacrés à Saulieu, près d'Autun, ainsi qu'un marchand, nommé Félix, chez lequel ils s'étaient réfugiés pour échapper à la colère de la foule.

25 SEPTEMBRE. — SAINT FIRMIN, *évêque et martyr*. — III⁰ siècle. — Il y

avait une fois, au temps de Dioclétien et de Maximien, dans une ville d'Espagne appelée Pampelune, un sénateur nommé Firme, qui donna à son fils le nom de Firmin. Ce fils fut mis entre les mains d'un saint prêtre nommé Honestus et fit de si rapides progrès dans l'étude de la religion, que dès l'âge de six ans, sa chemise lui pendant encore au derrière, il montait sur toutes les bornes des rues de sa ville natale, pour prêcher les passants. A dix-sept ans, il fut envoyé à Honorat, évêque de Toulouse, lequel le consacra bientôt évêque de Pampelune. A trente et un ans, Firmin revint, rejoignit Honestus, son ancien précepteur, et parcourut toute la Navarre, où il fit des conversions sans nombre. Il alla

ensuite dans les Gaules, à Angers, à Beauvais, à Amiens, où il attrapa une courbature à force de baptiser. Tant et si bien que Julien, préfet de la province, lui fit trancher la tête dans la prison où il le fit enfermer l'an 287. Morte la bête, mort le venin. Un sénateur, Faustinien, que Firmin avait converti, réussit à chiper le corps du martyr et l'inhuma en cachette. L'an 615, saint Salve, évêque d'Amiens, voulant découvrir l'endroit où gisaient ces précieuses reliques, ordonna un jeûne de trois jours, au bout desquels une lumière fit connaître le lieu où était caché ce trésor : Firmin avait quatre cents francs dans sa poche lorsqu'il fut occis. On creusa la terre et on trouva le corps qui répandait une odeur d'eau de Cologne très prononcée. Si vous ne me croyez pas, allez sentir vous-même ces reliques dans la cathédrale d'Amiens. N'oubliez pas le pourboire du suisse.

26 SEPTEMBRE. — SAINTE JUSTINE, *martyre.* — IVe siècle. — Il y avait à Antioche, ville située entre la Syrie et l'Arabie, dépendant du gouvernement de la Phénicie, une jeune vierge, nommée Justine, fille d'un prêtre des idoles. Chaque jour, assise à sa fenêtre, en cousant des boutons aux chemises de son père, elle entendait un diacre, qui lisait l'Évangile, avec une si belle voix,

qu'elle fut enfin convertie. La nuit suivante, Jésus-Christ apparut en rêve, avec un tas d'anges dans sa tunique, aux parents de Justine, disant : « Venez à moi, je vous donnerai le royaume des cieux! » A peine réveillés, le lendemain, avant même de prendre leur chocolat, ils se firent baptiser avec leur fille.

Or, à la même époque, vivait dans la même ville, un magicien appelé Cyprien, et qui, dès son enfance, avait été voué au démon par ses parents. Ce magicien, entre autres prestiges, changeait les femmes en bêtes de somme — sauf les belles-mères, qu'il transformait en bêtes féroces. Ce malheureux, qui égorgeait des hommes, des femmes et des enfants, pour employer leur sang à ses opérations magiques, rencontra un jour Justine et s'éprit de sa merveilleuse beauté. D'autres historiens disent qu'un gentilhomme païen nommé Acladius conçut pour la sainte une passion violente et que ce fut cette passion seule que Cyprien voulut faire triompher, — moyennant finances. Quoi qu'il en soit, Cyprien invoqua le diable, et le diable vint en fiacre, et lui dit : *« Pourquoi m'appelles-tu? — J'aime une vierge et je voudrais être payé de retour. — Rien de plus simple. Prends*

cet onguent, frottes-en la porte de ta bien-aimée et il embrasera son cœur. C'est deux francs le flacon. » Cyprien paya, et, la nuit suivante, le diable alla trouver Justine, et s'efforça, en lui pinçant les fesses, d'exciter l'amour en son cœur. La jeune vierge fit le signe de la croix et le diable disparut par la fenêtre fermée. Un second diable, envoyé par Cyprien, n'eut pas meilleure chance. Ce que voyant, Cyprien appela le prince des démons, lequel prit la figure d'une vierge et s'introduisit chez Justine. Mais la sainte souffla dessus et Satan disparut, fondant comme de la cire. Lucifer prit alors la figure d'un beau jeune homme, se cacha dans la table de nuit de Justine et se mit hardiment au lit avec elle. La vierge souffla dessus et il s'évanouit comme la fumée d'une cigarette. Furieux de toutes ces déconvenues, Belzébuth eut recours à un dernier stratagème. Il se transfigura sous la forme de Justine, pour souiller sa réputation, et vint s'offrir à Cyprien, qui s'écria tout joyeux : *« Soyez la bienvenue, Justine! »*

À ce nom de Justine, le diable s'éclipsa, au grand désespoir du magicien, qui demeura tout triste et vint se planter à la porte de la vierge, se changeant, pour l'attendre, soit en femme soit en oiseau. Mais toutes ces ruses ratèrent comme autant de pétards mouillés. Si bien que Cyprien, ayant appris de la bouche de Lucifer que le signe de la croix suffisait pour déjouer toutes ses mauvaises farces, renonça à tous les diables de l'enfer pour se munir du signe de salut du crucifié. Il se fit baptiser par l'évêque d'Antioche, lui succéda dans son commerce, et mérita de subir le martyre avec Justine, à laquelle il dit : « *Les desseins de Dieu sont impénétrables ; il me fait souffrir avec vous, moi qui désirais précisément le contraire.* » On mit les deux martyrs dans une chaudière pleine de cire, de poix et de graisse d'oie fondue. « Ils n'en éprouvèrent que rafraîchissement », dit la légende. Un prêtre des idoles, attribuant cela à la magie, se plaça devant la chaudière et se mit à crier : « *Je me f… iche de Jésus-Christ et j'em… mielle la sainte Vierge!* » Et aussitôt le feu jaillit de dessous la chaudière et transforma en rôti le blasphémateur. Alors Justine et Cyprien furent décapités ; leurs corps furent mis en pâtée et jetés aux chiens, qui se convertirent au christianisme. Cela se passait vers l'an 304.

27 SEPTEMBRE. — SAINT COME ET SAINT DAMIEN, *martyrs.* — IVe siècle. — Côme et Damien naquirent en même temps dans la ville d'Égée, en Arabie. Ils devinrent si savants en médecine, qu'ils guérissaient toutes les maladies, celles des hommes et celles des bêtes. Ils exerçaient leur art sans rien accepter, comptant bien que Dieu leur rendrait ça là-haut. Lysias, gouverneur de Cilicie, les fit arrêter, ainsi que leurs

trois autres frères, et leur ordonna de sacrifier aux idoles. Sur leur refus, il fit lier et jeter à la mer les cinq martyrs.

Mais un ange plongea du haut du ciel et les repêcha. Alors, Lysias les fit jeter dans un grand feu. Aussitôt la flamme s'écarta d'eux et brûla leurs propres bourreaux. On les fit lapider, percer de flèches ; mais flèches et pierres retournèrent en arrière et tuèrent ceux qui les envoyaient. Le juge, furieux, leur fit enfin couper la tête. Comme les chrétiens étaient embarrassés pour leur donner la sépulture, un chameau vint, qui cria d'une voix humaine : « *Ensevelissez-les tous en un même lieu.* » On était en 303; il faisait beau ce jour-là. Saint Côme et saint Damien ne sont pas invoqués en vain. Un paysan dormant la bouche ouverte, après son travail, un serpent lui entra dans la bouche et le fit beaucoup souffrir. Il eut recours à Côme et à Damien et le serpent sortit par l'orifice opposé à celui par lequel il était entré.

28 SEPTEMBRE. — SAINT WENCESLAS, *martyr*. — xe siècle. — Wenceslas, fils d'Uratislas, duc de Bohême, fut élevé par sa grand'mère, la bienheureuse Ludmille, dans les principes de la religion. A la mort d'Uratislas, Drahomire, sa femme, se fit nommer régente et persécuta les chrétiens. Mais la vertueuse Ludmille obligea Wenceslas à prendre le gouvernement des

mains de sa mère, laquelle se retira avec son autre fils, Boleslas. Drahomire, outrée, fit étrangler Ludmille avec son voile, pendant qu'elle priait dans une chapelle. Lorsque, trois ans après, on transporta le corps de cette sainte dans la cathédrale de Prague, il se trouva sans corruption aucune. Cette merveille n'étonna point l'incrédule Drahomire. Résolue de détrôner son fils, — quel amour de la famille chez ces princes! — elle s'allia à Radislas, prince de Gurime, qui vint fondre, avec une armée puissante, sur les États du saint, lequel proposa à l'envahisseur un combat singulier. Recouvert d'une légère armure, Wenceslas s'avança vers son ennemi, et ouvrant subitement deux boîtes à surprise qu'il dissimulait derrière lui, il en fit sortir deux anges dont les physionomies terribles mirent en fuite Radislas. Drahomire, furieuse, fit assassiner Wenceslas par son frère Boleslas, qui, par ce moyen, monta sur le trône. Mais la marâtre ne jouit pas longtemps de son triomphe. Un jour, qu'elle se promenait en voiture, la terre s'ouvrit et l'engloutit. Cette manifestation du courroux céleste ne fut peut-être que le résultat de l'imprévoyance d'un ingénieur des ponts et chaussées de ce temps-là.

29 SEPTEMBRE. — SAINT MICHEL, *archange.* **—** Bien que la Genèse ne nous dise rien de la création des Anges, il est certain que ce furent les premières créatures qui sortirent des mains de Dieu. Il les a faits tous à la fois, le premier

jour du monde, dans le ciel. D'après le prophète Daniel, qui les a comptés à l'aide d'une mécanique comme on en installe aux portes des Expositions, les anges sont plus d'un milliard, nombre divisé en neuf ordres et trois Hiérarchies, les Chérubins, les Séraphins et les Thrônes ; les Dominations, les Vertus et les Puissances ; les Principautés, les Archanges et, enfin, les Anges.

Tous ces êtres sont de purs Esprits qui n'ont point d'enveloppes corporelles, — c'est-à-dire qui ne souffrent ni du mal de dents, ni des coliques, ni des œils-de-perdrix. Si, parfois, ils ont apparu aux hommes avec des corps, c'étaient des corps qui ne leur appartenaient pas. On ne sait les noms que de trois : de saint Raphaël, qui prit soin du jeune Tobie ; de saint Gabriel, qui annonça à la sainte Vierge qu'elle ferait un enfant par l'opération du Saint-Esprit ; et de saint Michel qui précipita du ciel sur la terre Lucifer, l'ange déchu.

Parmi cet innombrable état-major de Dieu, saint Michel est le général chargé de la défense de l'Église, et il s'est plusieurs fois montré aux hommes pour leur faire constater sa puissance. En 710, à l'endroit qui s'appelle le mont de la Tombe, près de la mer, à six milles de la cité d'Avranches, saint Michel apparut à l'évêque de cette ville et lui ordonna de bâtir une église à la place où il trouverait un taureau que des voleurs auraient caché ; ajoutant qu'il devrait se régler, pour la dimension de cette église, sur l'étendue du sol que le susdit taureau aurait foulé aux pieds. Sans songer à discuter cet ordre bizarre, l'évêque se mit à la recherche du taureau, et le trouva emprisonné entre deux rochers que nulle force humaine ne pouvait mouvoir. Mais saint Michel commanda à un homme d'ôter les deux énormes pierres ; ce qu'il fit en soufflant doucement dessus. Et il advint, en ce même lieu, un autre miracle. Deux fois, à la Saint-Michel, les eaux de l'Océan s'y séparent et livrent un chemin au peuple. Un jour, comme une grande foule allait à la messe, une femme enceinte, retenue par la lourdeur de son ventre, ne put fuir, au moment où la mer revenait, et fut enveloppée dans les flots. Mais l'archange, la saisissant par les cheveux, la maintint sur les ondes, entre lesquelles elle mit au monde un enfant, qu'elle allaita tranquillement, tandis que la mer s'ouvrait pour lui faire un passage. Ces faits sont constants. Les passagers d'un bateau à vapeur en ont été témoins. C'est pour célébrer ces apparitions — et bien d'autres encore, que le défaut d'espace nous interdit de raconter — que l'Église a établi cette fête.

La monture de saint Michel est commune avec celle de beaucoup de maris, dit une vieille chanson. Le diable est une machine usée qui ne fait plus peur qu'aux enfants à la mamelle. L'Écriture nous apprend que les démons, dans leur origine, étaient des Anges de lumière qui se révoltèrent, se croyant semblables à Dieu. Les Anges n'étaient donc pas au séjour de la perfection dans l'état parfait de leur nature ? On peut donc pécher même au Paradis ? Alors, « où allons-nous ! » comme disait élégamment feu monseigneur Dupanloup. Non seulement nous sommes pécheurs sur la terre, mais l'exemple des Anges nous fait croire que nous pourrions encore l'être au ciel. Alors, à quoi sert d'y aller? J'offre le service gratis de cette *Vie drôlatique des Saints* au casuiste qui voudra bien détruire ce petit raisonnement.

30 SEPTEMBRE.. — SAINT-JÉROME, *prêtre et docteur de l'Église.* — Vᵉ siècle. — Jérôme naquit à Stridon, sur les confins de la Dalmatie et de la Pannonie, vers l'an 340. Eusèbe, son père, qui était chrétien, l'envoya, jeune encore, à Rome, où il acquit une profonde connaissance dans les lettres grecques, latines et hébraïques. Il s'adonnait nuit et jour à l'étude des saintes écritures... et à la débauche la plus raffinée. Tant et si bien qu'il tomba malade

et fit, une nuit où l'on préparait déjà ses funérailles, le rêve que voici : Mené devant le tribunal de Dieu, ce dernier lui fit les questions suivantes : « Votre nom? — Jérôme. — Votre profession? — Étudiant. — Êtes-vous chrétien? — Oui, je suis chrétien, par la grâce de Dieu. — Vous mentez! Vous menez une vie de possédé dans les brasseries du quartier, où plusieurs de vos maîtresses servent des bocks. — Mais, monsieur le président... — Taisez-vous!... Répondez! Vous êtes accusé d'avoir dit un jour que vous préfériez Cicéron et Platon aux prophètes divins. — J'ai dit que le style de ces derniers était négligé et que... — Assez! Qu'on lui donne le fouet! » Jérôme eut beau implorer la pitié du Seigneur, celui-ci le fit frapper si fort... que le futur saint s'éveilla, en pleurant à chaudes larmes; et, se tâtant le derrière, il y sentit la trace des coups qu'il avait reçus en présence du souverain juge. Cette manifestation de la colère de

Dieu *frappa* tellement Jérôme qu'il se fit baptiser, se plongea dans la lecture des livres saints, alla prêcher l'Évangile à Aquilée, dans la Thrace, le Pont, la Bithynie, la Galatie, la Cappadoce, et s'enfonça dans les déserts de la Chalcide, en Syrie. *La Légende Dorée* prétend qu'avant cela il fut ordonné prêtre et cardinal en l'Église de Rome, et succéda au pape Libère. Ayant repris fortement les mœurs corrompues de quelques frocards de toutes robes, ceux-ci lui jouèrent cette petite farce : Ils placèrent près du lit de ce pape raseur un costume complet de cocotte. Le saint, se levant la nuit pour aller à matines, trouva cet habillement, s'en revêtit et s'en alla ainsi à l'église. « Ses ennemis — ajoute benoîtement la légende — avaient agi ainsi afin que l'on crût qu'il était en compagnie d'une femme. » Jérôme, voyant la malice de ses administrés, leur céda la place et se retira dans le désert dont nous parlons plus haut. Telle est la version de Jacques de Voragine que les auteurs sérieux ont traitée de conte. Quoi qu'il en soit, Jérôme mena dans les solitudes de la Syrie une véritable vie de chien.

Quatre ans après il se rendit à Bethléem, près de la crèche de Notre-Seigneur, et, aidé de nombreux disciples, il traduisit les livres sacrés. Il y consacra soixante-cinq ans et six mois. Un jour, un lion boiteux entra dans le monastère et Jérôme « vint au-devant de lui comme pour un hôte. » Le lion montrant son pied blessé, Jérôme commanda qu'on le lavât et l'on s'aperçut que la pauvre bête avait été blessée par des ronces. Le saint soigna l'animal et il le guérit. Le lion, reconnaissant, demeura avec ses médecins, qui le chargèrent de mener paître un âne qu'ils avaient. Un jour le lion s'étant endormi, des marchands qui passaient par là, avec des chameaux, prirent l'âne et l'emmenèrent. Le lion s'en revint seul au monastère. Pour le punir, les religieux lui firent faire l'office de l'âne et le chargèrent de bois. Un soir, le lion reconnut l'âne marchant devant ses ravisseurs, le ramena et s'empara même des chameaux, qu'il ramena à Jérôme. Plaisanteries à part, nous ne voyons pas bien pourquoi l'on a canonisé Jérôme. Son monastère était un vrai sérail de saintes où Paule, Marcelle, Babiole, Mélanie, etc., etc., pratiquaient avec le pieux docteur les maximes de la Bible — livre très moral comme chacun sait. « Je place, a dit ce saint, la virginité dans le ciel, *non pas que je l'aie.* » Les fréquents entretiens qu'il avait avec ses dévotes compagnes l'accablèrent au point qu'il en était réduit à se soulever sur son lit, à l'aide d'une corde pendue au plafond. Ce n'est point non plus sa traduction des livres sacrés qui lui a valu sa béatification. Cette traduction souleva un tollé général dans l'Église, laquelle se scandalisa qu'un téméraire osât débarrasser des voiles hébraïques qui les masquaient aux yeux du vulgaire ; les épisodes de maisons de tolérance dont fourmille l'Ancien Testament.

1ᵉʳ Octobre. — **SAINT REMI**, *évêque de Reims, apôtre des Français.*
viᵉ siècle. — Vers 439, un ermite, nommé Montan, qui était aveugle, priait, un
jour, Notre-Seigneur de délivrer l'Église des Gaules de la persécution des Vandales. Un ange lui apparut et lui dit : « *Cesse de geindre sur l'impiété du siècle ;
sache qu'une grande dame nommée Cilinie, épouse du seigneur Émilius, aura
un fils qui s'appellera Remi, et qui sera l'apôtre des Français.* » Et l'ange — car,
quoiqu'il fût aveugle, l'ermite avait bien vu que c'en était un — remonta vers le
ciel. L'ermite courut au château de Laon, et il dit à la châtelaine ce qu'il avait
entendu. Et comme elle ne voulait pas le croire, se trouvant trop avancée en âge,
l'ermite ajouta avec une familiarité
déplacée. « *Allons donc, il n'est pas
de vieille marmite qui ne trouve son
couvercle ! sache que tu auras un enfant ; que tu l'allaiteras toi-même ; et
oignant mes yeux de ton lait, tu me
rendras la vue.* » Et toutes ces choses se réalisèrent ; et le jeune Remi
marcha dans le chemin de la vertu
avec des bottes de sept lieues telles
qu'à vingt-deux ans il fut élu évêque
de Reims. Son caractère était si
doux que les petits oiseaux venaient
sans crainte à sa table, barbotant

dans ses potages et lui mangeant ses cerises. Une dame dont il était l'hôte lui
ayant dit qu'elle manquait de vin, Remi descendit à sa cave, fit le signe de
la croix sur un tonneau, et aussitôt le vin coula en si grande abondance
qu'il monta jusqu'au premier étage. Remi sut si bien entortiller la femme de
Clovis, sainte Clotilde, que le féroce roi des Francs promit de se faire chrétien…
s'il gagnait la bataille de Tolbiac ; sinon le dieu de Clotilde pouvait se fouiller.
Ayant eu la victoire, Clovis se fit en effet baptiser par Saint-Remi, aves trois mille
de ses soldats. Le saint se servit, pour faire les onctions, d'une petite bouteille
d'huile à manger qu'une colombe blanche comme la neige avait eu la précaution
de lui decendre du ciel, et qui, sous le nom de Sainte-Ampoule, figura plus tard
au sacre des rois. La roublandise de Remi se montre dans une lettre où il commande au farouche Sicambre « *d'avoir un grand respect pour les ministres du
Seigneur* » et de partager avec eux le fruit de ses rapines. Il mourut, âgé de
94 ans, le 13 janvier 533.

. **2 OCTOBRE. — LES SAINTS ANGES GARDIENS..** — Dieu s'intéresse si tendrement au salut de ses créatures, qu'il leur donne à chacune un
envoyé céleste chargé de les garder des faux-pas. « *Il n'est personne de nous*

*dans l'Église, quelque petit qu'il
soit, qui n'ait à ses côtés un bon
ange pour le conduire, l'avertir
et le gouverner* », dit Origène
— lequel, entre parenthèses,
me paraît avoir eu peu de confiance en son camarade ailé, car
il se châtra pour échapper au
péché de concupiscence. Donc,
tous les hommes ont un ange
gardien qui ne les quitte jamais,
voire même lorsqu'ils exercent
leurs fonctions naturelles. Vous vous êtes souvent demandé par quels moyens
les invalides sans bras se mouchent et font pipi ; eh bien ! ce sont leurs anges
gardiens qui leur rendent ces petits services. Le culte de ces mentors du catholicisme est nouveau dans l'église.

Un canon du Concile de Laodicée dit expressément. « *Quiconque priera,
saluera et honorera les anges, qu'il soit anathème.* » Il est vrai que, de son côté,
un canon du Concile de Trente s'exprime ainsi : « *Si quelqu'un dit qu'il ne
faut point prier, saluer, honorer les anges, qu'il soit anathème.* » Le saint-*Esprit*
présida à ces deux conciles. Il faut croire qu'il *l'avait* perdu ces jours-là.

3 OCTOBRE. — SAINT FAUSTE, *martyr.* —
VIe siècle. — Faust souffrit le martyre pour Jésus,
sous Dioclétien, en compagnie de saint Janvier et
saint Martial. On lui coupa le nez, on lui arracha
les sourcils, la lèvre inférieure et plusieurs dents
qui ne le faisaient pas souffrir — en ayant bien
soin de lui laisser les gâtées. Rien ne put triompher
de sa constance. Le juge, nommé Eugène, eut pitié
de la laideur du patient, et prévoyant que, défiguré ainsi, il n'aurait aucun succès auprès des
filles, il le fit brûler vif, ainsi qui ses deux camarades. Ça se passait à Cordoue, en l'an 304.

4 OCTOBRE. — SAINT FRANÇOIS D'ASSISE, *instituteur des Frères-Mineurs.* — XIIIᵉ siècle. — François naquit l'an 1182, à Assise, ville d'Ombrie. Adonné au vice jusqu'à vingt ans, il attrapa, en courant le guilledou, un mal qui le rendit fou à lier. Vêtu de haillons sordides — contre lesquels il avait échangé ses beaux habits neufs — il alla s'asseoir sur les marches de l'Église de saint Pierre, à Rome, au milieu de soixante à quatre-vingts gueux, se grattant le derrière au soleil. Le diable eut beau le menacer de le rendre bossu, ce malin esprit ne put le détourner de ses résolutions. Étant entré prier dans l'église de saint Damien, le saint entendit un crucifix qui lui disait : « *François, va et répare ma maison, qui s'écroule toute, comme tu le vois.* »

Aussitôt il revêtit ses habits ordinaires et revint à Assise dans la pieuse intention de prendre de l'argent dans la caisse de son père. Surpris par ce dernier, il il fut traîné devant l'évêque, se mit nu comme un ver, sans égard pour la pudeur des filles qui se trouvaient là, renia l'auteur de ses jours, puis s'étant affublé d'un vieux rideau de lit, s'étant ceint d'un lambeau pourri de corde à puits et coiffé — en guise de capuchon — d'un bonnet trouvé sur un tas d'ordures, il s'en alla courir les champs. La quantité prodigieuse de disciples que son exemple suscita contraignit le saint rôdeur à fonder l'ordre des Frères-Mineurs, ramassis de mendiants de tout âge et de tout sexe, cour des miracles travestie en monastère, fumier sacré dont sainte Claire fut la perle. Observateur du saint précepte : « *Aimez vous les uns les autres,* » François prêchait les dindons et les ânes, en les appelant « mes très chers frères. »

Couvert de poux, il laissait ces insectes se nourrir de sa chair, disant : « *Il faut bien que tout le monde vive.* » S'étant retiré, à sa fin de la vie, sur une des plus hautes montagnes de l'Apennin — d'où il descendait, une fois par mois, pour venir *entretenir* sainte Claire — il vit un jour, au-dessous de lui, un séraphin crucifié, qui, bien qu'il ne put faire usage de ses bras ni des ses jambes, imprima sur les pieds et les mains de François les signes visibles du crucifiement. Si vous voulez vous assurer du fait, allez derrière le grand autel des Franciscains d'Assise. Le corps de leur fondateur y est debout, entier, avec les yeux élevés au ciel, avec les mêmes plaies que l'ange y imprima, et dont le sang ruiselle encore — comment diable les religieux peuvent ils bien alimenter cette fontaine rouge?

Sentant la mort approcher, François s'étendit sur la terre, bénit ses frères bipèdes et quadrupèdes — et rendit l'âme — qu'un moine vit « semblable à une étoile, aussi grande que la lune et aussi brillante que le soleil. C'était le 4 octobre 1226. Telle fut — racontée rapidement — la vie de celui que les bigots appellent *Le Chevalier du Crucifix; le Sauveur des affamés; le Prédicateur des sauvages ; la Plante des pieds des capucins —* et que nous appellerons, nous, *le Clopin-Trouillefou de l'Église; le Sauveur des fainéants; le Prédicateur des bêtes brutes* et *le Troufignon des frocards.*

5 OCTOBRE. — SAINT CONSTANT (?) — Un saint tout récent, probablement; car Godescard, lui-même, n'en fait pas mention. Serait-ce Constant Ier,

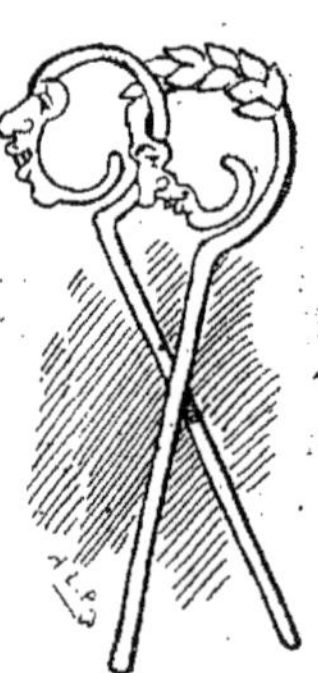

troisième fils de Constantin-le-Grand, qui fut proclamé César, en 333, et qui, en cette qualité, protégea les catholiques contre les Ariens; s'efforça d'éteindre le schisme des donatistes et fut tué en 350? Il est bien possible que l'Église ait mis au rang des martyrs cet empereur, qui mourut pour elle. S'il elle ne l'a pas encore fait, nous lui signalons cet oubli.

Nous ne pouvons croire qu'il s'agisse d'un autre Constant, fils d'un simple soldat, lequel se fit proclamer empereur de la Grande-Bretagne sous le nom de Constant III, en 409. Ce Constant, dit le Père Longueval, quitta le froc pour la pourpre — ce qui n'est pas un motif de canonisation. A nos lecteurs de dégager les deux branches de cette question romaine.

9 Octobre. — SAINT DENIS, *premier évêque de Paris, martyr.* — IIIe siècle. — Le plus célèbre des six Denis que l'Église a canonisés. Il vint en France, vers 245, en compagnie de six autres évêques : Galien, Trophime,

Paul, Saturnin, Austremoine et Martial. Cette mission, dont on croit que Denis fut le chef, était chargée de planter l'arbre de la foi chrétienne dans les Gaules, où ne fleurissaient alors que les orties du paganisme. Des sept missionnaires, Denis fut celui qui porta le plus loin le flambeau de l'Évangile ; car il vint jusqu'à Paris, lequel, quoique resserré alors dans l'île qu'on appelle aujourd'hui la

cité, était déjà le foyer d'impiété qui n'a fait que grandir depuis. Mais telle
était la vertu du ciel qui était dans le pieux apôtre, qu'à son aspect, les impies
se prosternaient à ses pieds, saisissaient le saint par les jambes et ne le laissaient continuer sa route qu'il ne les eût baptisés. Le diable, furieux de voir
son empire diminuer de toutes parts, excita dans le cœur de l'empereur Valérien une colère si grande que le tyran ordonna que partout où l'on trouverait
des chrétiens, on les ferait périr dans les supplices. Le proconsul Fescenninus,
envoyé de Rome, trouva Denis monté sur un fiacre et en train de prononcer
un sermon devant une foule immense. Courroucé de l'attitude de cet évêque,
qui ne craignait pas de susciter des embarras de voitures pour satisfaire sa passion des discours, il le fit saisir, souffleter, accabler d'outrages; lui fit mettre
les poucettes — comme à un simple gérant de journal radical pendant le 16 Mai
— et ordonna qu'il fût amené devant lui, en compagnie d'un prêtre nommé
Rustique et d'un diacre appelé Eleuthère. A l'ordre que le gouverneur leur
donna de sacrifier aux idoles, Denis et ses compagnons répondirent par le mot
que le général Cambronne devait jeter plus tard à la figure des Anglais. La fureur que Fescenninus ressentit à cette réponse ne fit que s'accroître lorsqu'il
survint une dame noble, mais païenne, nommée Lartia, laquelle vint se plaindre que son mari Lubrius avait été trompé par ces enchanteurs apostoliques.
Lubrius persistant à se proclamer chrétien, fut mis à mort, à la grande joie de
son épouse, libre désormais de se remarier avec le pédicure de son mari défunt.
Denis, Eleuthère et Rustique, eux, furent flagellés par douze soldats — quatre
par tête — envoyés en prison et liés avec des chaînes tellement grosses que dix
mille hommes furent obligés de les porter dans l'étroit cachot où gémissaient
les martyrs. Le lendemain, pour se remettre de ses fatigues, Denis fut étendu,
nu comme un ver, sur un gril en fer placé au dessus d'un bon feu; supplice terrible qui ne lui arracha que le même mot de Cambronne dont nous parlions
plus haut. Il fut ensuite jeté en pâture à des bêtes féroces qu'on avait eu la précaution de faire jeûner pendant quarante-huit heures. Comme les fauves allaient
se précipiter sur lui, il fit le signe de la croix, et lions et tigres lui firent un tas
de mamours. On le jeta alors dans un four de boulanger; mais cette nouvelle
torture ne lui arracha encore qu'un seul mot, auquel les bourreaux répondirent : « Mange! » Attaché ensuite sur une croix, Denis n'en devint que plus
agressif, il cria trois fois le même mot gras au nez de Fescenninus exaspéré.
Après une foule de petits supplices variés, les trois saints furent conduits près
d'une statue de Mercure, qui se trouvait sur une montagne située à l'endroit où
nous voyons aujourd'hui les buttes Montmartre. Ayant refusé de sacrifier au

dieu du commerce, ils furent décapités à coups de haches de sapeurs. Aussitôt le corps de saint Denis se releva, par un saut familier aux clowns des cirques, et ramassant sa tête — laquelle en tombant avait hurlé le même mot fatidique — il la porta dans ses bras, conduit par un ange et entouré d'une lumière électrique céleste, durant un espace de deux milles, depuis l'endroit où se trouve aujourd'hui le Moulin-de-la-Galette jusqu'au lieu où le martyr repose maintenant; c'est-à-dire dans l'église de Saint-Denis, qui n'était pas encore construite. Pendant ce trajet miraculeux, Denis fit toutes sortes de farces avec son chef. Il le jetait en l'air, à une hauteur prodigieuse, et le rattrapait, avec une adresse remarquable, sur le morceau de son cou qui lui était resté sur les épaules. Passant devant la voiture d'un dentiste en plein vent, le martyr, tenant sa tête sous son bras gauche, monta près du charlatan et se fit arracher une canine qui le faisait horriblement souffrir. Il entra aussi chez un perruquier et en sortit coiffé aux enfants d'Édouard. Et pendant ce voyage plus extraordinaire que tous ceux de Jules Verne, la fanfare des anges fit entendre des airs si émoustillants, que la foule des badauds se convertit dans un immense quadrille fraternel. Ces faits mémorables se passèrent un 9 octobre — quoique certains sceptiques leur fixent pour date un premier avril.

6 OCTOBRE. — SAINT BRUNO, *fondateur de l'ordre des Chartreux.* — XIe et XIIe siècles. — Bruno naquit à Cologne, vers l'an 1035. D'une famille noble, il montra dès sa plus tendre enfance un grand amour pour la solitude. Ses

parents firent enlever toutes les glaces de leur appartement, leur rejeton étant devenu furieux, un jour qu'il s'y était vu *en double.* Ce goût prononcé de Bruno pour les endroits déserts ne fit que grandir par la suite. Tout le temps qu'il fut à Paris, où il fit avec succès ses premières études, on était sûr de le trouver à l'Odéon, les soirs de tragédie. Tour à tour chanoine à Cologne, chancelier et maître des grandes études à Reims, Bruno sortit de cette dernière ville, sous l'archevêque Manassès, usurpateur de l'épiscopat, et résolut de se retirer dans un désert.

Accompagné de sept de ses amis, qu'il convertit à ses projets, il s'adressa à saint Hugues, évêque de Grenoble, et lui demanda s'il ne connaissait pas une solitude où des chrétiens pussent s'ennuyer à leur aise. Hugues chercha dans un guide Joanne qui se trouvait par hasard dans sa bibliothèque, et conduisit nos aspirants anachorètes dans un désert appelé *la Chartreuse,* auprès duquel le décor d'un cinquième acte d'un drame de l'Ambigu n'est que de la gnognotte. Ce lieu horrible, couvert presque toute l'année de brouillards à étaler sur du pain et de neiges profondes comme le puits de Grenelle, servait de gite à une multitude de bêtes plus féroces les unes que les autres, embusquées derrière des rochers effrayants. Les livres approuvés par monseigneur l'archevêque de Tours, qui négligent de nous dire par quels moyens les nouveaux ermites se conservèrent intacts au milieu des crocs de leurs hôtes, nous apprennent, néanmoins, qu'ils y bâtirent un oratoire et des cellules, si basses de plafond, que des limandes seules eussent pu y vivre à l'aise. Les nouveaux solitaires, qui prirent le nom de Chartreux, menèrent là-dedans une vie dont leurs prédécesseurs de la Thébaïde eussent été jaloux. Vêtus d'un rude cilice, ne connaissant point l'usage de la viande, ils ne mangeaient que du pain de son, des herbes bouillies, ne buvaient que de l'eau ; et, trouvant qu'il ne faut abuser de rien, ne faisaient qu'un repas par jour. Ils ne se parlaient que par signes et copiaient, pour vivre, une foule de livres pieux. La folie est contagieuse : on vit des hommes de tout âge, des bambins de onze et de douze ans — voire même des mômes, montrant leurs chemises à travers leurs culottes fendues — courir au désert pour embrasser la croix de Jésus-Christ — une croix en sucre d'orge, probablement. La mauvaise herbe croît toujours ; des monastères de Chartreux surgirent de toutes parts. Il y avait à peine six ans que Bruno gouvernait ses disciples, lorsque le pape Urbain II, son ancien élève à l'école de Reims, l'appela à Rome pour l'aider de ses conseils. Repris de son amour pour la solitude, le saint quitta la ville éternelle et se retira, avec quelques disciples, dans la Calabre, au sein d'une forêt si déserte que ça nous ennuie, rien que d'en parler. Il y vécut cinq ou six ans. Au moment de mourir, il assembla sa communauté et dit aux moines ébahis : « *Je prévois que nos successeurs abandonneront comme une vieille loque la règle de pauvreté que nous nous sommes imposée. Oubliant que la Fortune est une païenne, faite pour ouvrir aux hommes les portes de l'enfer, ils s'enrichiront en fabriquant et en vendant une liqueur ; à la grande joie du maréchal de Mac-Mahon, mais à la honte de leur fondateur, qui les répudie d'avance à son lit de mort!* » Il dit et mourut en embrassant l'image de celui qui chassa les marchands du temple. C'était le 6 octobre de l'année 1101.

7 OCTOBRE. — SAINT SERGE, *martyr.* — Serge était un officier distingué des armées de l'empereur Maximien. Surpris par son général au moment où il achetait une petite chapelle lumineuse à un Limousin, il fut condamné à mort, avec la faculté de choisir lui-même son genre de supplice. Dans l'espérance d'embarrasser son juge, il demanda à être fusillé. « Comment, déjà! » répondit le magistrat, à l'instar d'un personnage d'Hervé — « enfin, n'importe! si ton Dieu est assez puissant pour te don-

ner ce que. tu désires, demande-lui des armes. » Serge se mit en prière, et aussitôt dix magnifiques fusils Gras vinrent se placer d'eux-mêmes dans les bras des gardes épatés. Serge refusa de se laisser bander les yeux et mourut dans la position du maréchal Ney sur la place de l'Observatoire. L'église de Saint-Serge, à Rome, la cathédrale de Prague et l'église Saint-Benoît, à Paris, conservent des trous de balles du saint martyr.

8 OCTOBRE. — SAINTE BRIGITTE, *veuve*, XIVe siècle. — Birgite, qu'on appelle communément Brigitte, ou Brigide, était fille de Birger, prince du sang royal de Suède, et de Sigride, descendante des rois Goths. Cette dernière mourut peu de temps après la naissance de notre sainte, qui eut lieu vers l'an 1302. La petite fille fut confiée à l'une de ses tantes, une vieille bigote. Privée de l'usage de la parole jusqu'à l'âge de trois ans, elle rattrapa le temps perdu en marmottant une foule de prières, aussitôt qu'elle put se servir de sa langue. Un jour qu'elle était seule dans sa chambre, abîmée devant son prie-Dieu, elle fut éblouie par une éclatante lumière qui illumina tout à coup l'appartement. Croyant que c'était sa tante, qui, armée d'une lampe, venait voir si son lit était bien bordé, elle se retourna et resta pétrifiée d'étonnement en apercevant la sainte Vierge, laquelle tenait à la main une couronne de brioche, qu'elle présentait à la sainte en herbe. Brigitte s'élança vers l'apparition pour prendre le gâteau et baiser les pieds de la mère de Dieu, mais elle n'embrassa que ceux d'une chaise, au dessus de laquelle Marie lui était apparue et venait de s'éclipser subitement. Agée de dix ans, écoutant un sermon, elle fut si touchée de la description effrayante que fit le prêtre de la passion de notre Seigneur, que, la nuit suivante, elle vit en rêve Jésus attaché à la croix et couvert de plaies si effrayantes qu'elle se mit à pousser des cris de feu. L'image de ce beau jeune homme presque nu resta gravée dans le cerveau de Brigitte, qui s'éprit d'un chaste amour pour le Sauveur.

Mariée malgré elle à Ulphon, prince de Néricie, en Suède, elle se laissa, néan-

moins, faire huit enfants par son mari. Après quoi, les deux époux firent vœu de continence. Il était bien temps! Ulphon finit sa vie dans une maison de l'ordre des Citeaux, et Brigitte fonda l'ordre du Sauveur dont celui-ci lui dicta lui-même la règle. Hono-rée de nombreuses révélations de son divin amant, elle mourut à Rome, en 1373, au retour d'un voyage en train de plaisir qu'elle fit dans la Terre-Sainte. En tête du boisseau de prières que sainte Brigitte a reçu du ciel sur la tête, on lit qu'elles sont suffisantes pour avoir les grâces d'en haut, et que ceux et celles qui les réciteront, iront au paradis en train rapide, sans s'arrêter à la station du purgatoire. A ce compte-là, les oraisons de cette pieuse hystérique sont plus efficaces que le sang de Jésus, lequel n'a pu laver entièrement le péché originel que nombre d'infidèles expient dans la grande chaudière au père Satan.

10 OCTOBRE. — SAINT FRANÇOIS DE BORGIA, *troisième général de la compagnie de Jésus*, XVIᵉ siècle. — François de Borgia, naquit à Gandie, petite ville du royaume de Valence, le 28 octobre 1510, escorté de la plus effroyable généalogie qui fut jamais. Arrière petit-fils du pape Alexandre VI, il descendait, en effet, de cette immonde famille des Borgia, qui déshonora pour jamais l'Italie de ses assassinats, de ses vols, de ses viols, de ses incestes, de ses actes ignobles de pédérastie et de sodomisme. C'est de cette inanalysable mixture, de cette boue empestée, de ce fumier infect que jaillit ce lys immaculé que l'église a canonisé. Mais les desseins de la Providence sont plus impénétrables que la bêtise humaine elle-même. Jésus, fils de Dieu, et Dieu lui-même, ne compte-t-il pas parmi ses ancêtres une prostituée, Rahab, qui, par une trahison digne d'une femme de son espèce, facilita l'entreprise de Josué sur la terre de Canaan, patrie de cette courtisane?

Fils de Jean de Borgia, troisième duc de Gandie, grand d'Espagne, et de Jeanne d'Aragon, notre futur saint fut nommé François pour accomplir le vœu qu'avait fait sa mère, étant en couches, de lui donner le nom de Saint-François d'Assise, dont elle avait réclamé l'assistance dans le moment le plus critique de l'enfantement. Ayant perdu sa mère, à l'âge de onze ans, cette jeune branche du vieil arbre pourri des Borgia fut élevée par les soins de Jean d'Aragon, archevêque de Saragosse, et fit dans la piété de si rapides progrès, qu'il voulut renoncer à un monde qu'il ne connaissait pas encore. Mais son oncle le dissuada de cette pieuse pensée — drôle de rôle pour un archevêque! — et l'envoya à la cour de Charles-Quint, dont il devint l'un des plus brillants courtisans; chassant, faisant de la musique, etc., etc. Âgé de

dix-huit ans, il épousa Éléonore de Castro, dame du Palais de l'impératrice Isabelle, avec laquelle il vécut dans une grande pureté; ce qui ne l'empêcha pas d'avoir huit enfants. Après la mort de son père et de sa femme, il entra chez les Jésuites, dont il fut le troisième général. François de Borgia mourut à Rome, le 30 septembre 1572, âgé de soixante-deux ans. Si l'on recherche les raisons de la conduite de ce saint, lequel préféra à la vice-royauté de Catalogne, au cardinalat qui lui fut plusieurs fois offert, ainsi qu'à d'autres dignités ecclésiastiques la qualité de chef des Jésuites, on les trouvera dans cette pensée que le généralat de la Compagnie de Jésus compensait à ses yeux toutes les dignités susdites. Le général des Jésuites n'est-il pas, en effet, le dispensateur suprême des forces de l'église, aux mains duquel le pape lui-même n'est qu'un pantin doré, tout au plus digne d'amuser les spectateurs du guignol clérical?

11 OCTOBRE. — SAINT QUIRIN, *prêtre et martyr*, IIIe et IVe siècle. — Quirin accompagna Saint-Nicaise — que les uns font évêque de Rouen et les autres prêtre — et Saint-Égobille (ne pas imprimer : Dégobille), dans les villages de Conflans, d'Andresy, de Triel et de Vaux-en-Vexin, pour y planter la Foi. Nos saints trouvèrent les habitants de ce dernier village faisant la chasse à un dragon énorme qui piétinait les avoines, rasait complètement les champs de luzerne et saccageait tous les blés, pour y cueillir des coquelicots. Saint-Nicaise

donna son étole à Saint-Quirin et l'envoya vers le monstre qu'il attacha avec cette étole et le ramena aux paysans hébétés, devant lesquels la bête creva ins-

tantanément. Ce miracle convertit trois cents dix-huit personnes — pas une de moins. Le bruit de ce prodige s'étant répandu de bouche en bouche, parvint jusqu'aux oreilles du proconsul Fescenninus, le bourreau de Saint-Denis.

Ce gouverneur fit paraître devant lui Quirin et ses compagnons, et voulut les contraindre à prier Mercure et Mars.

Les saints répondirent en pissant sur les idoles. Le gouverneur les condamna à être fouettés et à perdre la tête, leur laissant la faculté de régler l'ordre de ces deux supplices. Ils demandèrent à être décapités d'abord et fouettés ensuite; ce qui fut exécuté sur le champ.

12 OCTOBRE. — SAINT WILFRID, *évêque d'Yorck*, VIIIᵉ siècle. — Ce saint évêque, à peine élevé sur le siège de l'église d'Yorck, mit tous ses soins à réfor-

mer les mœurs du clergé de son diocèse. Il se cacha un jour sous une table, autour de laquelle festoyaient des frocards et des courtisanes, et passant sa tête par une ouverture communiquant avec l'intérieur d'un

pâté de théâtre, il apparut tout à coup au nez des noceurs ébahis. Cette sévérité ne faisant pas l'affaire des robins, habitués à trouver chez leurs évêques plus d'élascité que ça, ils calomnièrent Wilfrid auprès du pape Agathon. Ça n'empêcha pas notre saint de mourir à soixante-seize ans, en 709, et d'être canonisé par ceux-là mêmes qui eussent préféré l'envoyer à tous les diables.

15 OCTOBRE. — SAINTE THÉRÈSE, *Fondatrice des carmélites dé-chaussées. Vierge.* — XVI° siècle. — Ceux de nos lecteurs qui sont entrés dans un hôpital de folles ont pu se faire une idée du spectacle que doit présenter, au

Paradis, le clan des vierges, des prophétesses et autres convulsionnaires. Ces épouses matérielles d'un Christ imaginaire, vouées, en dépit d'un tempérament plein d'ardeur, au célibat le plus absolu, ont dû constater en elles-mêmes la vérité du principe d'Hippocrate, qui dit que « *la partie la plus pure du sang ne trouvant point d'issue par les voies ordinaires remonte au cœur, alors les*

veines s'enflent, le cerveau se trouble et l'on tombe en frénésie. » Les ravissements, les extases, les visions de la pieuse extravagante dont nous allons vous conter l'histoire, sont le résultat de la passion hystérique, qui, dans cette femme au sang chargé de fer, produisit les phénomènes que l'Église a canonisés. Nous nous rappelons avoir vu, à la Salpétrière, une extatique, qui, par le seul effort de la volonté, se tenait debout sur le pouce du pied droit, dans la position que les images de sainteté donnent à la Vierge. Cette toquée, dont le docteur Voisin peut certifier l'existence, a certainement les mêmes titres à la béatification que la prétendue vierge dont nous allons vous entretenir.

Thérèse naquit, le 28 mars 1515, à Avila, ville du royaume de la vieille Castille, en Espagne. Son père, dom Alphonse Sanchès de Cepède, avait déjà douze enfants de deux femmes, trois filles et neuf garçons. Dès son plus jeune âge, Thérèse fit preuve d'une imagination précoce, attisée encore par le spectacle des tendres ébats d'une chatte, avec laquelle tous les matous du voisinage flirtaient dans le jardin de dom Alphonse; ainsi que par les livres dangereux que ce dernier lisait à ses rejetons.

Le goût des Espagnols pour le merveilleux : l'héroïsme, la chevalerie, les enchantements, les prodiges, les miracles — goût dont le Don Quichotte de Cervantès est la raillerie éternelle — les porte à lire les romans et les vies de saints, ouvrages remplis de faits de cette nature et qui ne pouvaient manquer d'agir fortement sur le cerveau, disposé à l'exaltation, de la petite Thérèse. Dès l'âge de neuf ans, elle sentit pousser en son cœur, tendre et sensible, les fruits de cette semence céleste. En compagnie d'un de ses jeunes frères, Rodrigue de Cepède, qui lui inspirait une affection peut-être plus que fraternelle, elle résolut de mettre en pratique les singeries bigotes dont l'imprudent auteur de ses jours lui avait farci la cervelle. Le frère et la sœur se mettaient quotidiennement au pain sec; jouaient ensemble au petit moinillon et à la nonette; se couchaient sur le parquet de leur chambre, pour s'endormir d'un sommeil peuplé d'images effrayantes ou bouffonnes. Tantôt ils se voyaient dans des déserts, mangeant leurs rares excréments; tantôt, à cheval sur le cochon de saint Antoine — armé d'ailes, depuis qu'il est au ciel — ils parcouraient des plaines infinies, où des membres de martyrs se rejoignaient, comme attirés par un aimant invisible. Partout ils apercevaient des bienheureux des premiers siècles, les uns cuisant sur des grils comme des côtelettes; d'autres broutant l'herbe comme des chèvres; d'autres se tenant en équilibre sur des fines flèches de cathédrales; d'autres encore trempant dans l'eau bouillante comme des œufs à la coque. Les réflexions que le spectacle de ces choses et de leurs conséquences inspirait à Thérèse, lui firent concevoir une telle frayeur pour l'enfer, qu'elle courait quelquefois, comme éperdue, dans la maison de son père, en poussant des hurlements épouvantables. Elle n'avait pas encore dix ans qu'elle forma le dessein d'aller prêcher l'Évangile aux Maures. Dans ce but, elle s'enfuit de la maison paternelle, en compagnie de son petit frère préféré; mais reconnus et arrêtés en route par un certain parent, les deux fugitifs furent remenés chez leur père, lequel trouva à propos de leur faire évaporer par les fesses les trois quarts du zèle qui leur était entré par la tête. Ne pouvant devenir apôtres ni martyrs, les deux petits diables, quoique jeunes, se firent ermites. Le jardin de la maison fut le désert où ils construisirent, avec du sable et de l'eau, des petites grottes devant lesquelles ils priaient sans cesse. Au bout de deux ans de cette vie, c'est-à-dire lorsqu'elle eut environ douze ans, Thérèse sentit poindre en elle les premières flammes du volcan d'amour qu'elle devait être plus tard. Sa mère, dona Béatrix d'Ahumade, aimait les romans et en laissait lire à sa fille. Celle-ci, copiant la coquetterie de dona Béatrix, était toujours devant son miroir, essayant sur elle-même les modes nouvelles. Un certain dom Pèdre de Busillos, jouvenceau beau comme le jour, acheva d'allumer l'incendie des passions profanes dans le cœur de Thérèse, qui n'était déjà que trop combustible. La future sainte apprit alors que le trouble qui l'agitait si fort avait son remède. Elle vécut deux ans dans le sein d'une félicité parfaite. Malheureusement don Pèdre mourut de la petite vérole, et Thérèse, dans sa douleur, laissa échapper, devant son père, l'amoureux secret qu'elle gardait dans son cœur. Dom Alphonse, pour la punir, la mit dans un couvent, où l'on fit lire à cette veuve illégitime l'ouvrage de saint Jérôme sur la virginité et une foule d'autres livres pornographiques, qui la rendirent complètement folle. Des maladies cruelles, suites d'une continence forcée, la disposèrent à toutes les rêveries bigotes et malsaines du cloître. Elle revoyait partout l'amant perdu. Elle le reconnaissait dans les anges du ciel qui venaient lui rendre visite; dans Jésus-Christ, dont elle se représentait l'humanité avec une telle puissance, qu'elle se réveillait le matin toute courbaturée. Des méchantes langues ont réduit ces apparitions célestes aux matérielles proportions de rendez-vous terrestres donnés la nuit à la pauvre histérique par des moines lubriques revêtus du costume de Jésus sur la croix. Quoi qu'il en soit, Thérèse s'éleva jusqu'à « l'oraison d'union », c'est-à-dire à la jouissance simple de Dieu ». Alors l'hystérie se manifesta chez elle dans toute sa puissance et la mit aux portes du tombeau. Mais elle guérit, grâce à saint Joseph, qu'elle prit pour patron. Pour remercier Dieu de l'avoir ainsi sauvée du trépas, Thérèse se jeta dans le sentier

fleuri du vice et mit sur les dents des couvents entiers de carmes, lesquels,
cependant, ont la réputation méritée d'être infatigables dans les choses de
l'amour. Revenue, après satiété, à sa ferveur première, Thérèse prit la plume
et écrivit le *Château de l'âme* et les *Pensées sur le Cantique des Cantiques*, auprès
desquels les ouvrages de notre ami Marc de Montifaud paraissent d'innoffen-
sives berquinades. Elle réforma les Carmes — qui avaient grand besoin de répa-
rations — et institua les Carmélites. Puis elle mourut, âgée de soixante-sept
ans, la nuit du 4 au 5 octobre 1582.

13 OCTOBRE. — SAINT ÉDOUARD LE CONFESSEUR, *roi d'Angle-*
terre. XIe siècle. — Ce monarque, dont toutes les *Histoires d'Angleterre* vous

raconteront la vie, était d'une si merveilleuse
sainteté, qu'ayant rencontré un jour un paralytique qui allait à l'église, se traînant avec
peine, il le chargea sur ses épaules, et sur le
champ l'infirme se trouva guéri. Un autre
jour, se reposant sur son lit, il vit un page
volant l'argent contenu dans un coffre de fer.
Non content de ce premier enlèvement, il
revint à la charge et le roi lui cria : « *Mon*
ami, vous devez être content de ce que vous avez
emporté, car, si le chambellan Hugolin venait,
il vous ferait tout rendre, et vous seriez fouetté
rigoureusement dans les places publiques. »
Cette majesté, qui eut peut-être les vertus
d'un particulier, fut, en tout cas, un bien piètre roi. Et puis, entre nous,
je ne crois pas beaucoup à la sainteté de ces conducteurs de peuples, lesquels
manquent au premier devoir du chrétien : l'humilité, en conservant un trône
et en palpant les espèces d'une grasse liste civile.

14 OCTOBRE. — SAINT CALIXTE, *pape et martyr.* IIIe siècle. — Calixte,
qui succéda à Zéphyrin l'an 219, et que quelques auteurs croient Romain —
rien de la claque — souffrit le martyre le 14 octobre 222. Voici à quelle occasion : Un jour, pendant que les chrétiens de Rome étaient en prières sur le
tombeau des martyrs, le tonnerre tomba sur le Capitole, en renversa une partie, et la main gauche de la statue en or de Jupiter fut fondue. Le consul de Pal-
matius attribua cette chute de la foudre aux enchantements des sectaires du feu

Christ. Il prit un corps de troupes avec lui et se mit en devoir de s'emparer
des enchanteurs catholiques, mais le consul
et ses soldats, furent, sur-le-champ frappés
d'aveuglement. Convaincus de la puissance
d'une religion qui ouvrait les yeux des hérétiques en les leur fermant, les malheureux
aveugles se convertirent, mais n'en virent pas
plus clair par la suite. Ces conversions et
une foule d'autres décidèrent l'empereur
Alexandre à faire exécuter les néophytes.
Calixte, lui, fut condamné à rester cinq jours
sans boire ni manger. Il n'en engraissa que
mieux et n'en eut que plus de couleurs. Passant à un autre exercice, on le flagella, sans
que le fouet le fît sortir de cette placidité
tranquille que conservent seuls sous les coups
les saints et les chevaux de fiacre. Il fut précipité par une fenêtre et retomba sur ses

jambes. Alexandre le fit alors jeter dans un puits, attaché par le petit doigt à
une pierre de taille. Ce martyr récalcitrant mourut enfin, — pour ne pas faire
enrager plus longtemps ses bourreaux.

16 OCTOBRE. — SAINT LÉOPOLD, XII° siècle. — Léopold, marquis d'Autriche, fut un prince pieux. Chaste et
continent avant son mariage, il se rattrapa, étant marié, en faisant à sa
femme, dans l'espace de vingt ans,
dix-huit enfants bien conditionnés.
Sa femme lisait avec lui l'Écriture
sainte, le réveillant au milieu de la

nuit, pour méditer ensemble les vérités célestes. Étant donnés les dix-huit
enfants, il est à croire qu'ils les méditaient dans une drôle de position.
Léopold mourut le 15 novembre 1136, absolument vidé.

17 OCTOBRE. — SAINTE EDWIGE, *duchesse de Pologne, veuve.* **XIII° siè-**
cle. —Cette sainte, d'une naissance aussi haute que l'Himalaya, montra, dès
son enfance, une piété non moins élevée. Cette extrême piété fut cause qu'elle

ne se laissa marier qu'à contre-cœur, ne coucha qu'avec répugnance à côté de son mari, ne se laissa faire six enfants qu'avec dégoût et ne les éleva qu'avec répulsion. Edwige observait les jours maigres et les jeûnes avec une telle rigidité, que son mari pouvait, ces jours-là, rentrer l'envie qu'il avait d'accomplir

ses devoirs conjugaux. — auxquels, en temps ordinaires, son épouse ne se soumettait déjà qu'en réchignant. Une nuit que son mari voulait lui confectionner un nouveau rejeton, Edwige, qui en avait jusque-là de la maternité, se sauva en chemise, et courut se réfugier dans un couvent, où elle racheta, par une continence à toute épreuve, tous les plaisirs forcés que lui avait procurés le conjungo. Devenue vieille, ayant une araignée dans le plafond, ou un bon Dieu dans le tabernacle — comme vous voudrez — Edwige avait la manie de se faire dire la messe par tous les porte-soutanes qu'elle rencontrait. Elle poussait ce dada si loin, qu'un jour, ayant pénétré par mégarde dans un petit endroit où l'on va généralement seul, et y ayant trouvé un prêtre en train de geindre, elle exigea qu'il lui dît une messe basse sur les lieux mêmes. Edwige mourut le 15 octobre 1243, au moment où la sonnette d'un enfant de chœur annonçait l'instant de l'élévation.

18 OCTOBRE. — **SAINT LUC**, *évangéliste*. — Luc, auteur présumé d'un

Évangile et des Actes des apôtres, était originaire d'Antioche et vivait sous le pape saint Clet ou Anaclet. Il se livra à la médecine et au paganisme, et ne se convertit à la foi qu'après la résurrection de Jésus-Christ. Ses écrits nous apprennent qu'il était marié; mais les évêques de Rome les ont falsifiés pour détruire une autorité si imposante en faveur du mariage des prêtres. Saint Luc est représenté sous la figure d'un bœuf. Il devrait l'être sous celle d'un âne. Ce médecin croyant qu'un criminel crucifié peut revenir au monde, devait être d'un crétinisme dont ses nombreuses victimes ne peuvent malheureusement témoigner, Saint Luc n'ayant pas jugé à propos de les ressusciter, en sa qualité de faiseur de miracles.

19 OCTOBRE. — SAINT SAVINIEN, *premier évêque de Sens.* IIIe siècle. —
Un de ces insupportables convertisseurs qui, de Rome,
s'abattirent sur la terre des Gaules, comme un essaim
de bêtes noires ; se faufilant partout, dans les potages
et dans les lits de nos pères. Quoi d'étonnant à ce que
ceux-ci, qui ne connaissaient pas encore l'insecticide
Vicat, les écrasassent de temps en temps sous un pied
furieux ?

20 OCTOBRE. — SAINT AURÉLIEN, *évêque d'Arles.* VIe siècle. — Vicaire
du Saint-Siège. Était chargé de terminer les différends
qui s'élevaient journellement parmi les évêques soumis
à sa juridiction. La douceur n'est pas la vertu favorite
des dévots. Le pauvre arbitre Aurélien s'en aperçut à ses
dépens. Il n'était pas de jour où, s'étant interposé entre
deux porte-crosses, il ne revint chez lui dans l'état où
vous le voyez ci-contre. Il mourut à Lyon, des suites
d'une ruade que lui avait administrée dans le bas-
ventre un apôtre de la religion dont le fondateur a dit :
« Aimez-vous les uns les autres. »

21 OCTOBRE. — SAINTE CÉLINE, *vierge.* Ve siècle. — Céline, ou Célinie,
naquit à Meaux. Nubile et fiancée à un jeune
homme de l'endroit, elle quitta sa famille pour
suivre sainte Geneviève, de passage dans la ville.
Les deux vierges se réfugièrent dans le temple,
pour éviter l'indignation bien compréhensible
du fiancé. Celui-ci, en regardant à travers une
serrure, s'était aperçu que sainte Geneviève et lui
aimaient la même femme !

22 OCTOBRE. — SAINT MODÉRAN, *évêque de Rennes, puis abbé en Italie.*
VIIIe siècle. — Passait son temps à pleurer sur les tom-
bes, dans les cimetières. Sa blanchisseuse seule pourrait
nous dire le nombre des mouchoirs qu'il trempa ; malheureusement, elle est morte. Une église de Reims conserve précieusement un baquet, plein des larmes de ce
saint, lequel mourut en 719 ou 730 d'une envie de
chialer rentrée.

23 OCTOBRE. — SAINT HILARION, *abbé.* IVe siècle. — Hilarion n'a été canonisé par le pape Léon III que tout récemment. Il nc l'était auparavant que par le grimoire, qui servait autrefois à la béatification des saints. Le grimoire était un bouquin farci d'oraisons et d'invocations qu'on récitait la nuit à la lueur d'un cierge triangulaire. Un prêtre le lisait pour savoir si un homme méritait d'être au rang des saints. Les oraisons achevées, le prêtre se couchait. Si, la nuit, il faisait un songe agréable, il assurait que la personne pour laquelle

il avait lu le grimoire était en paradis. Comme on le voit, il suffisait d'un homard mal digéré pour précipiter Hilarion en enfer. Heureusement que le prêtre, ayant bien dîné ce jour-là, le bombarda saint au nom du grimoire.

Instituteur de la vie monastique dans la Palestine, Hilarion se retira dans un désert de son pays, où il vécut vingt-deux ans, dans une niche à chiens, ne mangeant, chaque jour, que dix-neuf lentilles trempées dans de l'eau salée. Plusieurs fois tenté par Satan, il lui donna un jour une giffle tellement forte, que ce pauvre diable en a encore la joue rouge.

Malgré son genre de vie, qui ne rappelle que vaguement celui de Sardanapale, l'âme d'Hilarion avait un tel trac de l'enfer, qu'elle ne se décida qu'à contre-cœur à sortir du corps de son propriétaire, l'an **371.** Entre autres dons du ciel, Hilarion possédait celui-ci : que de l'odeur des personnes ou des choses qu'elles avaient touchées, il savait tout de suite de quoi elles avaient le corps ou l'âme souillés. C'est ainsi qu'un jour, ayant senti les pieds d'une vierge, il devina immédiatement dans quoi elle avait marché.

24 OCTOBRE. — SAINT RAPHAEL. — Un des trois anges dont on sait les noms. C'est lui qui rendit la vue au jeune Tobie, aveuglé par de la fiente chaude d'hirondelle. Si les causes de cette cécité sont bizarres, la guérison n'en est pas moins folichonne. On sait que Raphaël rendit la lumière à l'aveugle avec du fiel de poisson. Je doute que nos oculistes guérissent beaucoup de malades à l'aide d'un tel traitement. Il n'est pas un croyant qui consentirait à se crever les yeux pour éprouver l'efficacité d'un tel remède.

25 OCTOBRE. — SAINT CRÉPIN et SAINT CRÉPINIEN, *patrons des cordonniers.* III° siècle.

AIR : *A la façon de Barbari.*

Saint Crépin et saint Crépinien,
  En des siècl's d'ignorance,
Pour y planter l'arbre chrétien,
  Vinrent de Rome en France.
Ils s'arrêtèrent à Soissons,

La Faridondaine, la Faridondon !
Pour y prêcher sur Jésus-Christ,
  Biribi !
A la façon de Barbari,
  Mon ami !

Mais à c't'époque, on n'gagnait rien
. En expliquant l'saint livre.
Crépin et son frèr'Crépinien
S'fir'nt cordonniers, pour vivre.
Pendant l'jour, ils f'saient des sermons,
La Faridondaine, la Faridondon !
Et des souliers pendant la nuit,
     Biribi !
A la façon de Barbari,
     Mon ami !

Leur boutique était un autel,
    Leur vitrine un'verrière.
Les deux saints, au septième ciel,
    Travaillaient par derrière.
On avait beau fair' dig, din, don !
La Faridondaine, la Faridondon !
Ils n'quittaient jamais leur outil,
     Biribi !
A la façon de Germimi,
     Mon ami !

Prenant l'crucifix comm'tranchet
    Et la Bibl'comme alène,
Ils f'saient des bottin's sans cachet,
    D'quoi chausser la baleine.
Semelles, empeign's et talons,
La Faridondaine, la Faridondon !
Tout ça par eux était bâti,
     Biribi !
A la façon de Barbari,
     Mon ami !

Maximien, l'fameux emp'reur,
    Qu'était un'bonn'pratique,
Chez Crépin, un jour, plein d'fureur,
    Entre dans la boutique.
« Tu m'as chaussé comme un vrai m'lon,
 » La Faridondaine, la Faridondon !
 » Aussi, par moi, tu s'ras puni,
     » Biribi !
 » A la façon de Barbari,
     » Mon ami ! »

Puis, les ayant faits prisonniers,
    L'emp'reur, à bout d'patience,
Fit plonger les pieux cordonniers
    Au fond d'leur baquet d'science.
Comm'nous l'apprend un'vieill'chanson,
La Faridondaine, la Faridondon !
L'Eternel les traita, comm'lui,
     Biribi !
A la façon de Barbari,
     Mon ami !

« Le bon Dieu dit à saint Crépin :
 » — Vous n'êt's qu'un saint Nicaise !
 » Vous m'avez fait des escarpins
    » Où je n'suis pas à l'aise,
 » Et dont le cuir n'est pas très bon,
 » La Faridondaine, la Faridondon !
 » Vous sortirez du Paradis,
     » Biribi !
 » A la façon de Barbari,
     » Mon ami ! »

26 OCTOBRE. — SAINT ÉVARISTE, *pape et martyr.* IIe siècle. — Grec de
nation. Succéda, comme sixième pape, à saint Anaclet,
quoiqu'il fut le fils d'un juif de Bethléem, nommé Juda.

Déclara incestueux les mariages non bénis par le prêtre.
Quel pied de nez à la Bible ! En notre qualité d'enfants
d'Ève et d'Adam, nous sommes tous frères et sœurs. Consacrés ou non par l'Église, tous les mariages sont donc incestueux.

On ne sait à quelle époque ni de quelle manière mourut ce pape terrible.

27 OCTOBRE. — SAINT ABRAHAM, *martyr.* IVe siècle. — Souffrit le martyre en 339, sous le roi Sapor II, en compagnie d'autres
fanatiques : saints Sapor, Isaac, Mahanès et Siméon.

Abraham eut les yeux percés avec un'fer, non seulement
pointu, mais encore rouge. « *Merci, mon Dieu !* — s'é-
cria-t-il — *comme ça je ne pourrai plus me voir dans un*
miroir ! » Le portrait ci-contre vous expliquera tout.

28 OCTOBRE. — SAINT SIMON, *apôtre.* — Apôtre du Seigneur. Surnommé *Chananéen,* c'est-à-dire *Zélé.* La légende lui fait parcourir la Perse, en compagnie de Saint Jude, et, entre autres prodiges, lui attribue celui-ci : La fille d'un puissant seigneur conçut par suite de fornication, et, ayant enfanté un fils, elle accusa un saint diacre d'en être le père et de l'avoir violée. Les parents, justement furieux, voulaient occire le diacre. Mais saint Simon et saint Jude survinrent et dirent : « *A quelle heure l'enfant est-il né? — Aujourd'hui, à la première heure du jour. — Bien. Apportez ici le nouveau-né et amenez aussi le diacre que vous accusez.* » Et quand cela fut fait, les apôtres dirent à l'enfant : « *Dis, enfant, au nom du Seigneur, si ce diacre a approché de ta mère.* » Et l'enfant répondit : « *— Oh! non, il était bien plus gros que celui-là. — Tu en es bien sûr? — Pardi! Je l'ai assez vu pour ça!* » Simon et son compagnon eurent également à combattre deux magiciens, Zaroës et Arphaxat, que leur collègue, saint Mathieu, avait chassés d'Éthiopie. Les

deux apôtres, pour effrayer les imposteurs, leur jetèrent des serpents qu'ils avaient apportés dans leurs manteaux et qui se mirent en devoir de manger leurs victimes. Mais Simon et Jude ordonnèrent aux reptiles de retirer tout le poison qu'ils avaient répandu dans les corps des magiciens et de s'en aller dans un endroit désert. Ce que les serpents firent incontinent.

29 OCTOBRE. — SAINT DONAT, *martyr.* IVe siècle. — Donat fut élevé

avec l'empereur Julien l'Apostat, qui le persécuta ensuite et l'obligea de se cacher à Arezzo, dans la demeure d'un moine appelé Hilarin. Donat, pour charmer son exil, fit une multitude de miracles : expulsant le diable du corps des
possédés ; désinfectant les fontaines empoisonnées ; exterminant d'horribles
dragons en leur crachant dans la gueule, etc., etc. Un certain Eustache, receveur des impôts dans une province en proie à l'invasion des voleurs de pendules
de cette époque, remit, étant sur le point de partir en voyage, une grosse
somme d'argent à sa femme, une certaine Euphrosine. Celle-ci cacha l'argent
et, malheureusement, mourut. Quand le mari revint, il manifesta une joie coupable en apprenant la mort de sa moitié... et un désespoir navrant en songeant
qu'elle avait emporté dans la tombe le secret de la cachette contenant le trésor.
Le pauvre veuf alla trouver Donat, lequel vint avec lui au tombeau de la dé

funte, et dit : « *Euphrosine, je t'enjoins,
au nom du Saint-Esprit, de nous dire
où tu as caché l'or qu'on t'avait confié.*
On entendit alors une voix, qui venait
des profondeurs de la terre, et qui disait :
« *Je l'ai caché dans un endroit que
je n'oserai jamais vous dire. — Dis toujours. — Eh bien! j'ai fourré les papiers
Joseph dans mon...* » En ce moment,
le vent, soufflant dans les ifs du cimetière, empêcha l'ex-mari de saisir la fin de la phrase. Mais Donat avait tout entendu, lui, et il dit à son compagnon : « *Mon frère, votre argent est bien perdu,
car les plus vulgaires convenances m'interdisent de mettre la main au trou dans
lequel il est enfoui.* » Une autre fois, on portait un mort au cimetière. Il survint
un créancier avec un billet, qui affirma que le défunt lui devait « deux cents
sous », ajoutant qu'il s'opposait à l'ensevelissement tant qu'il ne serait pas payé.
La veuve s'en fut trouver Donat, qui vint vers le mort, auquel il dit : « *Écoute-
moi. — Je suis tout oreille. — Lève-toi, et vois ce que prétend cet homme, qui
ne veut pas te laisser ensevelir.* » Et le mort prouva qu'il avait payé sa dette,
déchira le billet et dit à Donat : « *Permets, mon père, que je m'en retourne
dormir. — Va, mon fils, tu peux ronfler à ton aise.* » Un homme, faisant ainsi
la causette avec les morts, ne pouvait végéter longtemps dans les bas-fonds du
clergé. Donat fut fait évêque. Accusé de magie par Quadratien, préfet impérial
de Toscane, il eut la tête tranchée, en 361. Une châsse, dans la cathédrale
d'Arezzo, renferme ses reliques ; entre autres un calice, brisé jadis par un diacre,

et que le saint raccommoda avec une prière. Il y manque un, petit morceau
que le diable emporta et fut cacher — afin de témoigner de la réalité de ce
miracle, ajoute la légende. Saint Donat préserve la terre des orages, des tempêtes, des foudres, tonnerres et autres intempéries. Il suffit de posséder son portrait dans une armoire pour éloigner le feu céleste du toit qui nous abrite. Si
l'on laisse tomber cette image, elle perd toute sa vertu. D'où il appert que saint
Donat est le véritable inventeur du paratonnerre, — bien que d'infâmes athées
aient attribué cette découverte à Franklin.

30 OCTOBRE. — **SAINT ARSÈNE**, *anachorète.* v⁰ siècle. — Arsène, issu
d'une famille de sénateurs de Rome, diacre de l'Église romaine, fut choisi
par le pape Damase pour être précepteur d'Arcadius, fils aîné de l'empereur
Théodore. Le jeune prince, d'un caractère indomptable, joua tant de farces
au saint homme que ce dernier y puisa un insurmontable dégoût du monde et
alla se cacher dans le désert de Scethé, en Égypte. Là il ne s'étudia plus qu'à
imiter les extravagances des différentes espèces de singes qui composent ce
qu'on est convenu d'appeler les solitaires et les
anachorètes. Il garda, pendant toute sa vie,
« un linge dans son sein pour essuyer les
larmes qui coulaient continuellement de ses
yeux. » Moi aussi j'ai toujours un linge « dans
mon sein », seulement c'est pour me moucher ; aussi ne serai-je point béatifié. Arsène
veillait toutes les nuits, et, pour vaincre plus

glorieusement le sommeil, il excitait chez lui ce besoin physique par la lecture
de toutes les tragédies qui lui tombaient sous la main. Le matin, il dormait
pendant une heure, se tenant sur un seul pied et courbant la tête vers son
genou levé dans la pose de ces ivrognes qui veulent prouver qu'ils ont leur
équilibre. Il aimait tellement le silence qu'il refusa de recevoir une dame qui
était venue pour le voir, et à laquelle il dit brutalement : » *Si tu veux voir mon
visage, regarde.* » La dame, dit la légende, « n'osa pas, par confusion et par
respect, regarder son visage. » De quels « visages » peut-il bien être question ?
Est-ce de ceux dont parlent les médecins de Molière ? Le soir du samedi,
Arsène élevait les mains au ciel et les tenait ainsi jusqu'à ce que, le dimanche
matin, le soleil mit fin, par sa présence, à ce supplice. Toutes ces tortures
n'empêchèrent pas ce crétin pieux de mourir à l'âge de quatre-vingt-quinze
ans, l'an 445 — ce qui me fait douter de leur authenticité.

31 OCTOBRE. — SAINT NARCISSE, *évêque de Jérusalem.* IIe siècle. —
Narcisse avait près de quatre-vingts ans lorsqu'on le fit évêque de Jérusalem,
dont il fut le troisième pasteur. Il arriva, un jour de fête, que l'huile manqua

pour alimenter les sacrés quinquets. Narcisse
ordonna aux desservants de verser de l'eau dans
les lampes, lesquelles s'allumèrent immédiatement, répandant une clarté supérieure au gaz.
Des prodiges de ce calibre n'empêchèrent pas
le saint évêque d'être calomnié. Quoique innocent
du crime dont on l'accusait, Narcisse déserta son
poste comme un coupable et se cacha si bien
qu'on ne put le découvrir. De saints auteurs pensent — mais ne disent pas — qu'il s'était réfugié
dans une fosse d'aisance, où il donna les preuves de la plus touchante humilité
en recevant, sans se plaindre, sur la tête, tous les porte-bonheurs du clergé!
Au bout de plusieurs années, commençant à s'em...bêter pas mal, il sortit de
sa cachette, reprit la direction de son diocèse — avec saint Alexandre comme
coadjuteur — et mourut à l'âge de cent seize ans, de vieillesse probablement.

1er NOVEMBRE. — LA TOUSSAINT. — L'Église a institué cette fête pour
honorer en une seule solennité, tous les saints qui n'ont pu, faute de place, figurer
dans le calendrier. Le premier novembre, le ciel est en liesse et présente l'aspect de la foire du Trône, à Paris. Tous les banquistes sacrés, tous les phénomènes de la grâce, toutes les somnambules mystiques s'y montrent à la foule
des anges. On y voit *saint Longin,* appelé ainsi par ignorance. Longin, d'après
la légende, fut un soldat qui perça le flanc du Christ. Or, ce nom de Longin
(ou Longis) était le nom de la lance qui piqua le côté de Jésus et dont les légendaires ont fait un homme et un martyr. Dans la même baraque est exposé *saint
Almanach,* qui s'échappa, un jour, du cerveau fêlé d'un moine. Ce dernier considérant un vieux guide-âne intitulé *sanctum Almanachum,* s'imagina que
c'était un grand saint. De pieux historiens firent subir le martyre au bienheureux Almanach, sous le préfet Appius, et l'Église chôma longtemps cette fête. On
exhibe *saint Hyacinthe,* religieux de l'ordre des frères Prêcheurs. Les Tartares
assiégeant son couvent, il prit le ciboire — parce qu'il était en or — et voulut
se sauver avec. Mais il en fut empêché par une grosse vierge de marbre, qui
lui dit : « *Mon bon ami, à quoi penses-tu! comment! tu sauves le fils, et tu laisses
la mère à la merci de ses ennemis.* » Le saint s'excusa sur la pesanteur de la

statue. Marie insista. Hyacinthe la prit et trouva ce marbre plus léger que du liège. Ce bienheureux est invoqué par les filles enceintes — probablement parce que son nom rime avec. Quelqu'un a lu à la porte des Jacobins de Bruxelles une affiche ainsi conçue : « *On célèbrera jeudi dans cette église la fête du glorieux Hyacinthe. Ce saint est original et singulier pour les femmes grosses; il y aura indulgence plénière sans miséricorde.* » Les badauds de l'Empyrée peuvent encore y contempler un compagnon de saint François; le bienheureux *Ruffin*, lequel consulta son chef sur ce qu'il devait faire pour se délivrer du diable, qui le tentait souvent. François lui dit . « *Mon frère, quand le diable viendra, vous lui ferez ouvrir la bouche et vous ch..... dedans.* » On n'a pas inséré cette recette merveilleuse dans le livre des exorcismes — sans doute pour ne pas faire tort à l'eau bénite. Parmi les saltimbanques de la kermesse du paradis, figure *saint Junipère*, capucin, lequel, ayant lu dans l'Écriture qu'il fallait devenir enfant pour entrer dans le royaume des cieux, suçait les tétons des nourrices, faisait caca au lit, comme les moutards, et mourut ainsi en odeur de sainteté. On montre, pour deux sous, la tête de *saint Spicien*, martyr, tête au crâne si pesant qu'elle fit, en tombant, un trou dans la terre. On peut voir encore *saint Baradat*, qui se tenait, d'une posture gênante, dans une cage de forme si bizarre, que, lorsqu'on l'en sortit, après sa mort, il ressemblait plutôt à un tire-bouchon qu'à une figure humaine. *Saint Adhelme* y est aussi fort couru. Ce saint comptait tellement sur ses forces, qu'aux premiers jours du printemps, il allait se coucher dans un lit de plumes, entre deux jeunes et jolies filles, et là il défiait l'esprit malin de lui faire remuer seulement le bout du doigt. On y contemple *saint Polycrone*, qui ne priait point Dieu qu'il n'eût une grosse racine de chêne sur ses épaules. Plusieurs forêts lui passèrent sur le dos, tant ses prières furent nombreuses. On peut y visiter l'indomptable *saint Vit*, martyr, si raide sur les principes et dont on voit une *grotte* dans le *Bas-Rhin*, près des châteaux de Geroldseck. *Saint Jean Damascène* y fait voir la main que lui fit couper le calife Hiocham et qui fut miraculeusement remise à sa place, la nuit suivante. Mais je n'en finirais pas, et je voulais énumérer les mille et une merveilles de la place du Trône... de l'Éternel. Au surplus, vous n'avez qu'à vivre pieusement, pour les visiter un jour au paradis. Ce fut sous Jean XXV, l'an 995, que l'on commença à canoniser les saints. Saint Ulric fut le premier. Les évêques eurent longtemps le droit de fabriquer des bienheureux. Mais Rome leur ôta ce privilège, en prenant un brevet près du bon Dieu. Saint Martin fut le premier dont on fit l'office. Les reliques placées sur l'autel firent crier le clergé de France. Il a bien changé depuis, car, en décembre prochain, il canonisera saint Labre et sa vermine. Les saints, dont les catholiques font l'un des objets de leur culte, sont des êtres que nous ne connaissons que de réputation. On ne les canonise que cent ans après leur mort, alors, comme le disait Frédéric de Prusse, qu'il n'y a plus aucun témoin de leurs fredaines.

2 NOVEMBRE. — LES MORTS. — La commémoration des fidèles défunts a été instituée par l'Église pour soulager les âmes des défunts. Saint Odilon, abbé de Cluny, apprenant que, près des volcans de Sicile, on entendait souvent les hurlements des démons qui se plaignaient de ce que par la prière et l'aumône on leur arrachait les âmes des trépassés, ordonna que, dans tous ses monastères, on ferait, après la fête des saints, la commémoration des morts. Cet usage se répandit dans l'Église entière. La justice divine a assigné divers lieux aux âmes qui n'ont pas satisfait l'Éternel. Les unes sont au Purgatoire ; les autres dans des blocs de glace ; d'autres ont sur les épaules un manteau doublé de flamme. Saint Augustin dit que les âmes sont punies aux lieux où elles ont péché ; cette perspective doit faire frémir MM. de Germiny, Voyer et Chouard. On sait que nous n'irons en enfer qu'après le jugement dernier. En attendant, le séjour des trépassés est probablement à la droite ou à la gauche du pays des limbes, et, lorsque le monde finira, le Purgatoire s'en ira en fumée. Posons aux docteurs ce dilemme : Ou bien le sacrifice de Jésus-Christ et les sacrements suffisent à notre sanctification, et alors le Purgatoire est inutile ; ou ils ne suffisent pas, et alors le Christ n'est pas Dieu, puisque son dévouement ne pèse pas un grain de sable dans la balance de son Père. Les papes pensent tirer les âmes du Purgatoire par leurs indulgences. Pourquoi ne le font-ils pas et privent-ils les défunts de la vision de l'Éternel ? Nous serions si bien dans le paradis ! Le Père Henriquez, jésuite, dit qu'on s'y baignera dans des rivières exquises ; que les anges s'habilleront en femmes ; que les femmes ressusciteront avec des cheveux plus longs ; que les hommes et les femmes se réjouiront avec des ballets, des festins et des mascarades, etc., etc... Il est regrettable que la négligence du Saint-Père nous prive de toutes ces joies,

> « Car, comme on voit dans la Genèse,
> » Nous serions tretous à notre aide,
> » Mangeant à bouche-que-veux-tu,
> » Au soleil nous grattant le C.,
> » Sans que qui que ce pourrait être
> » Osât jamais le nez y mettre ! »

3 Novembre. — SAINT HUBERT, *évêque de Liége et patron des chasseurs, VIIIe siècle.*

Air: *Allons, chasseur, vite en campagne.*

Bon chasseur, entonne l'antienne
Du grand saint Hubert, ton patron.
Ton, ton; ton, ton; tontaine; tonton!
Et que toujours il te souvienne
Des exploits de ce franc luron.
Ton, ton; tontaine; tonton!

Il fallait le voir à la chasse !
Quand il prenait son mousqueton,
Ton, ton; ton, ton; Tontaine, ton, ton !
Lièvres, perdrix, lapins, bécasse
S'empilaient dans son hoqueton,
  Ton, ton; tontaine; ton ton !

Il fut, si j'en crois un grimoire,
Avec le sexe, follichon;
Ton, ton; ton, ton; tontaine; ton, ton !
Et chassait, le fait est notoire,
Le plus souvent, sous le jupon.
  Ton, ton; tontaine; ton, ton!

Sa pauvre femme, Floribane,
Avec Floribert, son fiston;.
Ton, ton; ton, ton; tontaine; ton, ton !
Sur les amours de ce profane
Pissaient des pleurs à la maison.
  Ton, ton; Tontaine; ton, ton !

Toutes les filles et les femmes,
D'un bout à l'autre du canton,
Ton, ton; ton, ton; tontaine; ton, ton !
Brûlaient de trop charnelles flammes
Pour ce jeune et joli garçon.
  Ton, ton, Tontaine; ton, ton!

Un beau jour — miracle sans bornes !
Il vit en apparition,
Ton, ton; ton, ton; tontaine; ton, ton!
Un vieux mari portant des cornes,
Des cornes de cerf, nous dit-on.
  Ton, ton; tontaine; ton, ton !

Le vieillard, d'un grand coup de gaule,
Traitant Hubert de polisson,
Ton, ton; ton, ton; tontaine; ton, ton ;
Au séducteur brisa l'épaule
Et l'étendit sur le gazon.
  Ton, ton; tontaine; ton, ton !

Ainsi corrigé d'importance,
En dépit du qu'en dira-t-on,
Ton, ton; ton, ton; tontaine; ton, ton !
Saint Hubert, pris de repentance,
Se fit dévôt sous le bâton.
  Ton, ton; tontaine; ton, ton!

Je vais vous étonner, je gage :
Hubert guérit, vrai Nélaton,
Ton, ton; ton, ton; tontaine; ton, ton;
Tous les animaux de la rage,
De la belle-mère au mouton.
  Ton, ton; tontaine; ton, ton!

Après la mort de saint Hubert, arrivée le 30 mai 727, son corps fut transféré à l'abbaye d'Aindain, dans les Ardennes, qui porte aujourd'hui son nom. C'est dans ce monastère que les pieux crétins vont se faire tailler le front, lorsqu'ils ont vu un chien en colère, ou qu'ils s'imaginent être attaqués de la rage. Les cérémonies baroques qu'on fait observer aux hydrophobes témoignent hautement de la bêtise humaine. On fait une incision au front du malade dans laquelle on introduit un morceau de l'étole de saint Hubert. L'opération réussit si le malade couche dans des draps blancs. Un aubergiste qui s'aviserait de donner des draps sales ferait rater le miracle. Le malade ne doit manger que des aliments froids, de la chair de porc d'un an. Si le cochon est plus âgé, le miracle fait encore long feu. Il ne faut pas se gratter, se peigner, se mirer, même dans les yeux de sa maîtresse. Ce régime doit être observé pendant quarante jours, au bout desquels ceux qui sont réellement enragés... meurent tout de même. Les chiens atteints d'hydrophobie partagent, avec leurs confrères de l'espèce humaine, les faveurs du patron des Ardennes; avec cette différence qu'il leur est loisible de se gratter, de se coucher dans des niches sales, et de se mirer dans... l'opposé des yeux de leurs camarades. Comme on le voit, Saint Hubert avait plus de considération pour les chiens que pour les hommes — ce dont je suis loin de le blâmer. — Et maintenant, allons-y d'une petite invocation des chasseurs à leur illustre patron :

INVOCATION DES CHASSEURS A SAINT HUBERT.

Air : *Il est né le divin enfant.*

Refrain.

Saint-Hubert, descends parmi nous,
Toi qui jamais ne revint bredouille,
Saint-Hubert descend parmi nous ;
Que ton bras dirige nos coups.

LE CHASSEUR POLTRON.

Garde-moi des ours et des loups :
Aux lièvres seuls je chante pouille ;
Garde-moi des ours et des loups ;
Je préfère un gibier plus doux (*au ref.*).

LE CHASSEUR MALADROIT.

Quand je tire, c'est n'importe où ;
Dans tous les gibiers je m'embrouille ;
Quand je tire, c'est n'importe — où.
Préserve mon pauvre toutou (*au ref.*)

LE CHASSEUR COCU.

Protège les bénins époux,
D'un beau cerf rêvant la dépouille ;
Protège, les bénins époux,
Lorsqu'aux bois chantent les coucous,
(*au ref.*).

LE CHASSEUR D'HOMMES.

Sur les voleurs et les filous,
Des agents guidant la patrouille,
Sur les voleurs et les filous,
Des prisons tire les verroux (*au ref.*).

LE CHASSEUR D'OR.

De chaque mine du Pérou,
Caisse immense où notre bras fouille,
De chaque mine du Pérou,
Change en or le moindre caillou (*au ref.*).

LE CHASSEUR DE NOURRICES.

Dans les bras des beaux tourlourous,
Lorsque le printemps les chatouille,
Dans les bras des beaux tourlourous
Fais tomber les grosses nounous (*au ref.*).

LE RESTAURATEUR DE BARRIÈRE.

Fais mordre à mes morceaux de mou.
Appat de gibier de gargouille,
Fais mordre à mes morceaux de mou
Les lapins qui font « miaou ! »

4 NOVEMBRE. — SAINT CHARLES BORROMÉE, *cardinal, archevêque de Milan,* xvi⁰ siècle. — Charles Borromée naquit le 2 octobre 1538, dans le château d'Arona, sur le lac Majeur. Ce fruit des « devoirs conjugaux » de Gilbert Borromée, comte d'Arona, et de Marguerite de Médicis, sœur du pape Pie IV, joua au petit saint dès son enfance.

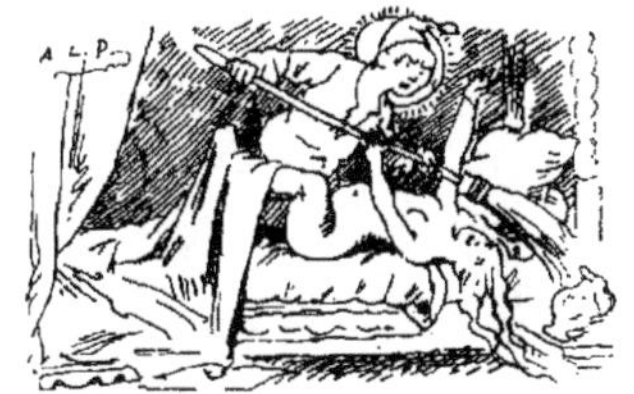

« Son divertissement — dit la légende — était de bâtir et d'orner de petits oratoires.» A douze ans, son oncle Jules-César Borromée lui résigna l'abbaye de Saint-Gratinien et de Saint-Félin — comme on donne un beau joujou aux bambins qui ont été bien sages. Le jeune Charles s'amusa avec son abbaye, jusqu'au jour, où, devenant sérieux, on l'envoya faire ses humanités à Milan, et son droit à Pavie.

Là, sa vertu eut à subir pas mal d'épreuves de la part de ses compagnons d'étude, qui cherchèrent inutilement à lui faire culotter des pipes dans les brasseries et à l'entraîner au Bullier de l'endroit. Ces bambocheurs, profitant du sommeil de leur innocent camarade, introduisirent dans son lit une courtisane, laquelle réveilla le jeune puceau d'une telle façon, qu'il en rougit jusqu'au blanc des yeux et flanqua sa persécutrice à la porte, sans même lui laisser le temps de remettre sa chemise. Une telle chasteté et l'influence des grands dignitaires ecclésiastiques qu'il avait dans sa famille, permirent à

Charles Borromée de faire un chemin rapide dans la bondieuscrie. Cardinal à vingt-trois ans, il pataugea dans une opulence toute chrétienne jusqu'à l'époque, où, nommé archevêque de Milan, il se plongea volontairement dans une gêne d'employé à douze cents francs. Il mourut en 1584, âgé de quarante-six ans, épuisé par les fatigues dont l'avaient accablé les plaisirs du luxe et les austérités qu'il avait simulées dans sa soi-disant débine. Ses reliques, renfermées dans une châsse de pierres précieuses, sont dans une magnifique chapelle souterraine, bâtie sous la coupole de la grande église de Milan. L'autel de cette chapelle est en argent massif et la voûte est revêtue du même métal. Des lampes d'or y brûlent nuit et jour. On y voit des riches présents, faits par des princes, des cardinaux et des évêques, et qui, dans l'espace de huit années, montèrent à plus de cent-cinquante mille écus d'or, indépendamment des étoffes splendides et des autres ornements. C'est ainsi qu'est honoré sur la terre ce disciple d'un Christ qui nous enseigna le mépris des biens de ce monde.

5 NOVEMBRE. — SAINTE BERTILLE, *abbesse de Chelles*, viie siècle. — Bertille, issue d'une illustre famille de Soissonnais, vint au monde sous le

règne de Dagobert I, le jour où ce roi mit sa culotte à l'envers. Dès l'extrême enfance, elle montra la plus extrême piété et ne faisait jamais caca sans dire un *benedicite* au préalable. A six ans, elle habillait ses poupées en saintes vierges et se mettait à genoux devant. Saint Ouen, archevêque de Rouen, l'ayant surprise un jour dans cette innocente occupation, persuada aux parents de la petite fille de la mettre dans le monastère de Jouare. Bertille s'y confit de plus en plus en dévotion, jusqu'au jour où sainte Bathilde la tira de son local pour lui confier la direction de l'abbaye de Chelles, qu'elle venait de fonder. Bertille y conçut un tel amour pour Jésus-Christ qu'elle songea à lui donner son sang. Les bourreaux manquant, elle y suppléa en se torturant elle-même et mérita d'aller au ciel le 5 novembre 692. Bertille eut bien tort de se donner tant de mal pour mériter la couronne céleste. Toutes les vies de saintes que nous avons racontées ne montrent-elles pas qu'une femme, jadis, était sûre d'avoir une des premières places au Paradis, quand, sur la terre, issue d'une maison noble, elle s'était vue la première abbesse d'un monastère ?

6 NOVEMBRE. — SAINT LÉONARD, *ermite en Limousin,* vi⁰ siécle. — Saint Léonard, que les vieilles poseuses de sangsues appellent saint Liénard, était un seigneur français de la cour de Clovis I, plongé, comme son roi, dans les ténèbres de l'idolâtrie. Clovis s'étant converti après Tolbiac, Léonard singea son maître et reçut le baptême des mains de saint Remy, qui le chargea du soin d'instruire les peuples. Menacé par Clovis

d'un évêché, Léonard alla se cacher dans la forêt de Pauvain, à quatre lieues de Limoges, dans laquelle il resta vingt ans. Un jour, entendant des cris de douleur, il s'approcha de l'endroit d'où ils partaient et vit la femme de Théodebert, roi d'Austrasie, laquelle, sous les yeux de son mari, se trouvait en mal d'enfant. Jugeant la reine prête d'accoucher, Léonard se mit en prières et fit croire à Théodebert que la délivrance de son épouse était le résultat de ses oraisons. Le roi donna dans le panneau et céda au saint accoucheur une grande partie de la forêt, dans laquelle Léonard s'empressa d'ériger un monastère plus confortable que l'ermitage où il végétait depuis si longtemps. On y creusa un puits dans un endroit sec, qui, grâce aux momeries de l'anachorète, se remplit d'eau instantanément. Une foule de crétins se joignirent au pieux ermite et se construisirent des abris, origine de la petite ville qui s'appelle aujourd'hui Saint-Léonard-le-Noblet. Léonard, qui mourut le 6 novembre vers l'an 559, est le patron des prisonniers et des femmes enceintes. Les reclus de la Roquette ou de Mazas n'ont qu'à invoquer son nom pour voir leurs chaînes se rompre et leurs cellules s'ouvrir devant eux. Il est singulier que feu Pie IX, qui, comme chacun le sait, gémissait sur la paille humide du Vatican, n'ait pas obtenu sa liberté, par l'intervention de saint Léonard auprès de Dieu. De deux choses l'une, en effet; ou Pie IX a vraiment imploré Léonard, ce qui tendrait à prouver que celui-ci se fiche du pape; ou bien Léonard a inutilement demandé à Dieu la délivrance de Pie IX, ce qui donne à penser que l'Éternel trouvait son premier vicaire parfaitement à sa place sur une litière. Saint Léonard, outre les liens des captifs, dénoue encore les enfants noués. Dans plusieurs églises de France, les paysannes frottent avec ses reliques leurs rejetons aux jambes torses. Ça n'empêche pas une bonne partie de mes compatriotes de marcher comme des canards — des libres penseurs, sans doute.

7 NOVEMBRE. — SAINT ERNEST, *patron des perruquiers.* — Après trois heures de fouilles dans des bouquins plus vieux que Mathusalem, n'ayant pas trouvé de saint Ernest, nous en donnions déjà notre langue aux princes d'Orléans lorsque nous nous sommes adressé à notre ami Pierre Malvezin, auteur de la *Bible Farce* et spirite convaincu, qui a bien voulu nous faire apparaître le bienheureux récalcitrant, lequel nous a parlé en ces termes : *Comment! ce nom*

*d'Ernest ne vous a pas dit qui j'étais! Apprenez que je suis le coiffeur du Paradis. C'est moi qui coupe les cheveux à Jésus-Christ, qui taille la barbe au bon Dieu et qui rase les anges. Ma boutique est toujours comble, car je n'ai pas de concurrent là-haut. Mes clients attendent leur tour sans trop s'ennuyer; j'ai des journaux qui donnent aux habitants du ciel des nouvelles de ceux de la terre. Je suis abonné à l'*UNIVERS, de Louis Veuillot — un grêlé qui donnera du tintoin à mon rasoir! C'est moi qui frise les saintes, et qui les défrise aussi bien souvent; ah! mes amis! si vous pouviez imaginer les torrents de délices qui inondent un bienheureux, vous deviendriez tous des saints, vous mépriseriez les plaisirs charnels et trop courts d'ici-bas pour jouir éternellement des voluptés célestes, c'est la grâce que je vous souhaite. Ainsi soit-il.*

8 NOVEMBRE. — FÊTE DES SAINTES RELIQUES. — De tout temps, l'Église a eu un très grand respect pour la défroque miraculeuse des saintes et des saints. Les catholiques, qui se moquent des bons dieux de l'Hindoustan, ne craignent-pas de rendre un culte public à des os pourris, à des vieilles frusques dont ne voudrait pas un marchand d'habits, à tous les objets de brocantage qu'ils ont pompeusement intitulés « saintes reliques. » Dieu, disent-ils, a lui-même autorisé ce culte par des prodiges innombrables, opérés à l'occasion de ces monuments précieux. Malheureusement, les reliques sacrées ne sont pas toutes sur la terre, il y a au Paradis un arsenal où l'on conserve les principales choses qui ont servi à la propagation de la religion ici-bas. On y voit le cabriolet dans lequel sainte Marguerite venait rendre visite à Jeanne d'Arc. — L'anneau de fian-çailles donné par Jé-sus-Christ à sainte

Catherine. — Le corbeau qui nourrit pendant dix ans l'ermite saint Paul. — L'agneau de sainte Colette, qui s'agenouillait à la messe.— Les six mois pendant lesquels saint Macaire fit pénitence pour avoir tué une puce. — Les trois révérences que la vierge fit à saint Bernard. — Une paire de souliers fabriqués par saint Crépin. — Le fusil de chasse de saint Hubert, etc., etc. Les saintes reliques terrestres ne sont pas non plus à dédaigner. On conserve, entre autres, dans la cathédrale d'Arras, une cassette remplie de manne, que les uns disent être le reste de celle qui nourrit les Juifs dans le désert, les autres de la farine de haricots écrasés sous un omnibus. Dans l'église de Saint-Hilaire, à Poitiers, on va baiser respectueusement la pierre sépulcrale d'un prêtre, appelée la pierre qui pue. La tradition dit qu'elle pue à cause que le diable a pété dessus. A Allouagne, diocèse de Béthune, on conserve une larme que versa Jésus-Christ sur le tombeau de Lazare et que recueillit Marie-Magdeleine. La pierre sur laquelle tomba la susdite larme est, de plus, offerte par les messieurs prêtres à l'admiration des fidèles. Crédulité, ton nom est peuple!

9 NOVEMBRE. — **SAINT MATHURIN**, *prêtre*, IVe siècle. — A l'âge de

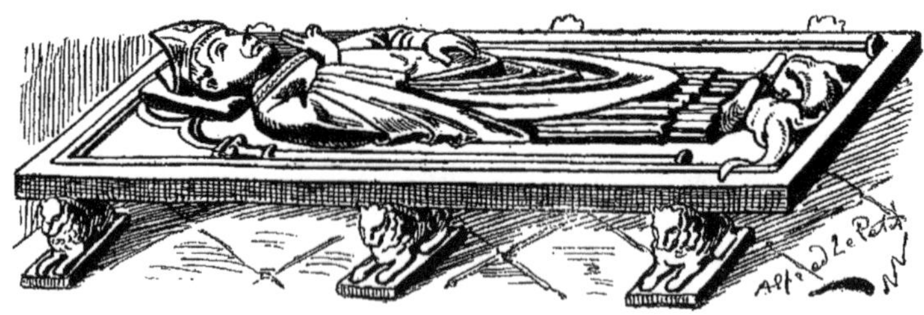

six mois, Mathurin déclara à ses parents qu'il était décidé à ne plus téter sa nourrice s'il n'était baptisé à l'instant même.

Ainsi, mis en demeure son papa et sa maman s'empressèrent de faire droit à une demande si juste, et se convertirent eux-mêmes à la religion chrétienne.

Mathurin, plus tard, fut élevé au sacerdoce et mourut chargé de mérites — ainsi que d'un paquet qu'il portait au clou — vers l'an 388.

10 NOVEMBRE. — **SAINT JUSTE**, *archevêque de Cantorbéry*, VIIe siècle. — Juste, Romain de naissance, est un de ces saints assommants qui ne firent de miracles, ni pendant leur vie ni après leur mort. Il faut croire que Dieu n'a pas jugé à propos de les récompenser de ce qu'ils ont fait pour lui. Juste fut envoyé en Angleterre en 601, pour partager les travaux apostoliques de saint Augustin. Sacré évêque de Rochester, il succéda, en 624, à saint Nellit sur le siège archiépiscopal de Cantorbéry. Le pape lui envoya une lettre où il le félicitait de ses innombrables qualités apostoliques. Saint Juste mourut le 10 novembre 627, en odeur de sainteté. Alors, pourquoi le bon Dieu ne lui a-t-il pas fait le don du miracle? Comment! voilà un homme qui mène jusqu'à sa mort une existence sans reproche et l'Éternel ne lui fait pas seulement faire un petit miracle! C'est à vous dégoûter d'être saint, ma parole d'honneur!

11 NOVEMBRE. — SAINT MARTIN, *évêque de Tours*, IV° siècle. — Saint Martin naquit, vers l'an 316, à Sabarie, dans la Pannonie, ville dont on voit encore les ruines sur la rivière de Guney, dans la Basse-Hongrie. Son père,

tribun des soldats des empereurs Constantin et Julien — ce qui équivaut au grade de colonel — errait, sans lanterne, ainsi que sa femme, dans les ténèbres de l'idolâtrie. Perle apostolique éclose en un fumier païen, le petit Martin profitait des courses que ses parents lui faisaient faire pour aller prier dans les églises. A l'âge de dix ans, s'étant regardé dans un miroir et s'étant trouvé

une bouche en coup de sabre, un pif tire-bouchonné, et des yeux en trous de
vrille, il comprit qu'il ne pourrait jamais faire son chemin par les femmes et
résolut de quitter un monde destiné à lui rire continuellement au nez. Admis
au nombre des catéchumènes — jeunes plantes qu'on élevait en serre chaude
jusqu'à ce qu'elles fussent en état de recevoir l'eau du baptême — Martin eût,
dès lors, embrassé l'état d'ermite, si son père, qui pataugeait de plus en plus
dans la mélasse du paganisme, ne l'eût arraché au goupillon pour le donner
au sabre. Soldat malgré lui, il sut garder intacte la fleur de sa piété dans une
carrière qui est ordinairement l'asile de tous les vices. Il se contenta d'un seul
serviteur dont il se fit le domestique, s'humiliant jusqu'à lui cirer ses bottes.
Remplissant simultanément ses devoirs religieux et militaires, il sut habilement entremêler ces corvées diverses et l'odeur de l'encens à celle du crottin
de cheval. Ayant rencontré, un jour d'hiver, à la porte d'Amiens, un pauvre
presque nu, il partagea son manteau avec son épée, en donna la moitié au
mendiant et remit l'autre moitié sur ses épaules. Il est heureux que nous
n'ayons pas beaucoup de saints Martins dans l'armée française, sans quoi tout
le budget de la guerre passerait à leur acheter journellement des uniformes.
Le pieux cavalier fut mis à la salle de police, où, la nuit suivante, il vit Jésus-
Christ revêtu de la moitié du manteau donnée au pauvre et disant à des anges
qui l'entouraient : « *Martin, qui est encore catéchumène, m'a donné ce vêtement.* A dix-huit ans, le pieux cavalier reçut le baptême, et, le temps de son
service étant expiré, il servit encore deux ans, cédant aux instances de son
tribun. Les barbares ayant envahi les Gaules, Martin qui consentait bien à rester soldat pendant la paix, mais qui ne tenait pas du tout à l'être pendant la
guerre, refusa l'argent que l'empereur accordait aux défenseurs de la patrie, en
disant : « *Je suis soldat de Jésus-Christ; il ne m'est plus permis de faire la
guerre.* » Julien, irrité, prétendant que ce n'était pas la piété, mais bien le trac,
qui dictait cette réponse au nouveau baptisé, ce dernier répliqua qu'on le ver-
rait le lendemain, à la tête de l'armée, ayant pour tout bouclier le signe de la
croix, pénétrer dans les bataillons ennemis. Bravoure dont Martin ne put
donner la preuve, car les ennemis se rendirent le lendemain à discrétion. Débarrassé du harnais militaire, Martin s'en alla chez saint Hilaire, évêque de Poitiers,
revêtir l'uniforme d'acolyte. Parti pour ramener au vrai Dieu ses parents infidèles, il triompha de toutes les embûches que le diable suscita sur sa route et
convertit sa mère... ainsi qu'un voleur qui l'avait assailli dans les Alpes. Son
père, seul, continua de plus belle à faire la planche dans les eaux fangeuses
du paganisme. Fouetté publiquement par les Ariens, qui dominaient l'Illyrie,

Martin montra, au milieu de son supplice, non seulement son derrière, mais encore la constance des premiers martyrs. Expulsé de Milan, dans les murs duquel, en dépit de la défense des autorités, il avait déposé un monastère, il se retira dans l'île de Gallinarie. Ayant brouté, avec d'autres herbes, de l'ellébore, il détruisit l'effet du poison par la force de ses prières, et il se trouva guéri. » Repris d'un accès de *monasteréite* aiguë, il alla rejoindre à Poitiers, saint Hilaire, revenu d'exil et rassembla, en faisant mettre des annonces dans les journaux, un tas de religieux dont il s'élut le chef. Martin ayant ressuscité un pendu et un catéchumène mort sans baptême, le peuple de Tours, qui n'avait pas d'évêque, demanda au saint de vouloir bien leur en servir. Quelques-uns s'opposèrent à son élévation à l'épiscopat, prétendant que la figure difforme de notre héros serait mieux à sa place dans les parades de la foire que dans celles de l'Église. Ordonné, néanmoins, évêque, Martin, repris de coliques sacrées, fit le monastère de Marmoutier, qui subsiste encore et que l'on croit être la plus ancienne abbaye de France. Là, entouré de quatre-vingts moines, l'illustre évêque déclara la guerre à l'Idolâtrie et la vainquit à l'aide d'une armée de miracles contraignant les flammes des incendies à rebrousser chemin — apaisant les tempêtes avec de bonnes paroles — arrêtant, d'un geste, des chiens poursuivant des lièvres — chassant le démon à califourchon sur une vache — conversant, dans sa cellule, avec feu saint Pierre et saint Paul ; ainsi qu'avec saintes Agnès, Thècle et Marie, qui lui rendaient souvent visite — disant la messe, avec un globe de feu que lui allumait sur la tête quelque allumeur des réverbères célestes — démasquant les diables qui s'offraient à ses yeux, travestis en Jupiter, en Mercure, en Vénus ou en Minerve, etc.; etc... Disons-le tout de suite, saint Martin fut le seul évêque vraiment tolérant dont l'histoire entière de l'Église nous fournisse l'exemple. Le tyran Maxime, s'étant emparé des Gaules, Martin l'alla trouver à Trèves pour l'empêcher de condamner à mort les hérétiques *Priscilianistes*, dont deux évêques d'Espagne, Ithace et Iduce réclamaient le supplice. N'ayant pu obtenir la grâce qu'il sollicitait, il ne voulut plus communiquer avec la cabale des deux évêques dont la cruauté avait fait, à ses yeux, une tache ineffaçable à la religion. La douceur et l'indulgence n'ayant jamais été les vertus du clergé, ce n'est pas, selon toute apparence, cet acte d'humanité qui fit mettre Martin au nombre des saints. Revenu à Tours, notre saint mourut à Candes, le 8 novembre 397 ou le 11 novembre 400. Il rendit son âme à Dieu, les yeux et les mains levés au ciel, dans de la cendre — comme une pomme de terre. Soixante-quatre ans après cet évènement, le bienheureux Perpétue, ayant magnifiquement agrandi son église, voulut y transporter le corps du saint. Mais on n'aurait pu mouvoir son lourd sépulcre, si « un vieillard d'une très grande beauté n'eût donné un bon coup de main aux déménageurs. Personne ne revit ce vieillard — lequel était évidemment saint Martin. Oddon, abbé de Cluny, raconte que, lors de cette translation, les cloches de toutes les églises sonnèrent toutes seules et toutes les lampes s'allumèrent d'elles-mêmes. Il raconte aussi que, lorsqu'on porta processionnellement les reliques hors de l'église, tous les malades qui rencontrèrent le cortège furent instantanément guéris. Un aveugle et un paralytique, qui, combinant ingénieusement leurs infirmités, se servaient mutuellement de guides — La Fontaine a pris là le sujet d'une de ses fables — apprenant que le corps du saint enlevait tous leurs maux à ceux qui se trouvaient sur son chemin, craignirent d'être délivrés d'infirmités qui leur constituaient à chacun une petite rente et se sauvèrent afin d'éviter la procession. Tandis qu'ils fuyaient, l'un portant l'autre, les restes de Martin vinrent à passer et contre le gré des deux mendiants, les guérirent immédiatement. Ajoutons qu'ils ne jouirent pas longtemps de leurs membres et de leurs yeux neufs, car, n'ayant appris aucun métier, les pauvres miraclés malgré eux ne tardèrent pas à mourir de faim. Les reliques de saint Martin ont le pouvoir de guérir les petits enfants qui ont le carreau. Quelques familles nobles, qui prétendent descendre de l'évêque de Tours, ont reçu, disent-elles, de leur ancêtre, le même pouvoir de guérison — à condition que le mal ne soit pas trop avancé. Un hobereau, auquel on apportait un bambin malade dit : « *Diable! diable! il est trop tard, j'eusse guéri votre rejeton si vous me l'aviez amené il y a huit jours, alors que la cure était certaine.* »

12 NOVEMBRE. — SAINT RENÉ, *patron d'Angers.* — Le 12 novembre, on célèbre à Angers la principale fête de saint René, patron de cette ville et dont le corps repose dans la cathédrale. Or nombre d'auteurs affirment que jamais René n'a occupé le siége épiscopal d'Angers — dans ce cas, les prières des Angevins s'adresseraient à de fausses reliques. Saint René, s'il a jamais existé, devrait bien nous tirer d'embarras. Il est singulier que les restes des bienheureux qui, nul ne l'ignore, on fait nombre de miracles, ne prennent point la peine de nous certifier au moins leur authenticité.

13 NOVEMBRE. — SAINT BRICE, *évêque de Tours,* v° siècle. — Natif de Tours, Brice fut élevé par saint Martin dans le monastère de Marmoutier. Fait chanoine, puis diacre, il récompensa son maître en se livrant à des orgies à

tout casser. Martin, qui savait que Brice serait son successeur, lui ayant fait des remontrances, fut reçu comme un mendiant dans une boutique où l'on fait l'inventaire. Après la mort du premier évêque de Tours, les électeurs sacrés éprouvant le besoin d'en nommer un second, choisirent naturellement le plus... indigne, et Brice succéda à celui qu'il considérait comme un toqué de son vivant. La légende dit qu'il fit paraître sur le siège épiscopal un tas de vertus dont la description serait fastidieuse. Ces vertus n'empêchèrent pas la voix publique de l'accuser d'avoir fait un enfant à sa blanchisseuse, bien que cet enfant, âgé de

trente jours, eût certifié que Brice n'était pas son père. Ne trouvant pas ce témoignage concluant, les fidèles vinrent, armés de pierres, sommer leur évêque de prouver autrement son innocence. Brice emplit d'abord son rochet de charbons ardents, qu'il porta jusqu'au tombeau de saint Martin ; il se fit ensuite mettre dans le four d'un boulanger et en sortit, en disant : « *De même que mes vêtements n'ont rien souffert du feu, de même mon corps est pur de tout attouchement féminin.* » Mais le peuple, convaincu que l'incombustibilité de son pasteur ne démontrait nullement qu'il n'avait pas forniqué, le chassa de son siège à grands coups de pieds quelque part. Brice s'en alla pleurer dans le gilet du pape, à Rome, où il resta sept ans. Le souverain pontife, convaincu de l'innocence de Brice — comment diable ce dernier avait il bien pu prouver au saint Père qu'il n'avait pas engrossé une blanchisseuse ? — le renvoya à son diocèse, qu'avaient dirigé, pendant son absence Justinien et Arninius. Brice mourut en 444, manifestant, de ses péchés de jeunesse, des regrets tellement amers, que ça me donne envie de vomir, rien que d'en parler.

14 NOVEMBRE. — SAINTE PHILOMÈNE. — Les fouilles opérées au mois de mai 1802 dans les souterrains creusés près de la voie Salara, à Rome, firent découvrir une pierre sépulcrale en terre cuite sur laquelle étaient sculptés un fouet, des flèches, une palme et un lis, le tout coupé par une

ligne transversale formée par cette incription. *Filumena pax tecum, fiat.* Sous cette pierre on trouve des ossements et un vase, ensanglanté jadis. Ces reliques transportées à Mugnano, trois ans après leur découverte, furent la cause de si nombreux miracles qu'on n'hésita pas à nommer Filumena — Philomène — la sainte présumée. Mais quelle était son histoire? Les fabricants de saints lui en eurent bientôt imaginé une, qu'ils apprirent par cœur à une petite fille, laquelle « apparut » à un pauvre artisan, à un prêtre et à une religieuse, pour leur raconter qu'elle était la fille d'un prince grec idolâtre et qu'elle avait souffert le martyre, à l'âge de treize ans, pour n'avoir pas voulu épouser l'empereur Dioclétien. Les trois personnes « visionnées » avalèrent la pilule — et le calendrier compta une sainte de plus.

15 NOVEMBRE — SAINTE EUGÉNIE, *vierge et martyre,* IIIe siècle. — Fille de Philippe, gouverneur d'Alexandrie, Eugénie était une jeune fille romaine alliant un joli visage à une instruction profonde — chose rare. Convertie à l'âge de quinze ans, par les épîtres de saint Paul, elle se sauva, déguisée en homme, et se retira chez des moines, dont elle devint l'abbé. Mélancie, dame d'Alexandrie, la visitait souvent, et la trouvant très joli garçon, elle lui demanda, dit la légende « d'avoir ensemble commerce charnel. » Et se saisis-

sant de lui, ou d'elle, elle se mit à l'embrasser sur la bouche, et « à vouloir l'amener à pécher. » Eugène, ou Eugénie, ayant envoyé promener cette nouvelle Putiphar, fut accusée par cette dernière d'avoir voulu la violer — naturellement.

Amené devant le gouverneur, le faux abbé n'eut pas de peine à prouver son innocence, en déchirant sa tunique jusqu'à la ceinture. « *Comment* — dit-il — *aurais-je eu l'idée de faire violence à une femme, puisque j'en suis une moi-même? — Ce n'est pas une raison!* » répondit gravement le gouverneur, qui s'écria tout-à coup : « *Mais c'est ma fille! je la reconnais à un signe qu'elle a sur le sein gauche!* » Eugénie, vêtue d'habillements dorés, fut depuis tenue en grand honneur, tandis que le feu du ciel, consuma Mélancie et ses faux témoins. Retournée à Rome avec ses parents convertis, Eugénie y souffrit, vers 258, sous l'empereur Valérien, un long martyre, dans les épisodes duquel on retrouve l'éternelle fournaise ardente s'éteignant subitement; le cachot obscur instantanément éclairé par un gaz céleste; et autres insipides clichés du martyrologe des premiers chrétiens.

16 NOVEMBRE. — SAINT EDMOND, *arhevêque de Cantorbéry*; XIII° siècle.
— Edmond Rich — vulgairement saint Edme — était fils de Raynud Rich
et de Mabile, marchands anglais. Chargé par le pape Innocent III de prêcher
la c roisade, il reçut comme salaire, l'archevêché de Cantorbéry. Forcé de

fuir les persécutions de Henri III
d'Angleterre, il se retira en France,
où il mourut en 1242. Après la
mort de ses parents, Edmond qui
était l'aîné, fut chargé de veiller
sur ses nombreuses sœurs, qui

étaient d'une grande beauté. Il ne les quittait jamais des yeux, les accompa-
gnant partout, à l'église, à la promenade, même dans les endroits où elles
n'allaient qu'une à la fois. Aussi lorsque, sur les conseils de leur frère, elles
entrèrent dans un couvent, leur virginité était intacte. Ce miracle, à défaut
de ceux qui se firent sur son tombeau, justifierait, à lui seul, la béatification
de saint Edmond.

17 NOVEMBRE. — SAINT AGNAN, *évêque d'Orléans*, v° siècle. — Les
Huns, conduits par Attila, assiégeant Orléans, Agnan fit le voyage d'Arles pour
demander des secours au général Aëtius. Celui-ci ayant dispersé les barbares,
l'Église attribua cette victoire aux prières du saint évêque. Quant à la bravoure
des Romains, elle n'était évidemment pour rien dans la défaite des Huns. Agnan
mourut en 453.

18 NOVEMBRE. — SAINT MAXIME, *prêtre et martyr*, III° siècle . —
Maxime, prêtre de l'Église romaine, sous le pontificat de saint Fabien, fut
arrêté pour la foi et resta longtemps en prison. Ayant été rendu à la liberté,
il renonça à une religion qui inspirait un tel respect au monde qu'on en coffrait
tous les adeptes comme des malfaiteurs. Un livre de saint Cyprien le fit
revenir, plus tard à son vomissement, et il mourut martyrisé, dit-on.

19 NOVEMBRE. — SAINTE ÉLISABETH *de Hongrie, veuve*, XIII° siècle.
— La *Vie des saints* serait un livre superbe si toutes les légendes qui le composent ressemblaient à celle de sainte Élisabeth. Cette bienfaisante souveraine
fille d'André II, roi de Hongrie, épouse de Louis IV, landgrave de Thuringe,
apporta sur le trône les plus belles des vertus humaines : la charité et l'humilité.
Elle donna, durant sa courte vie les preuves de la plus adorable simplicité :

lavant la vaisselle en l'absence de ses servantes, auxquelles elle ordonnait de lui parler comme à leur égale — se plaçant, lorsqu'elle se rendait au sermon parmi les pauvres — ordonnant à une de ses chambrières de la réveiller en lui chatouillant les pieds, si elle tardait à se lever — lavant les cheveux à un malade dont la tête puait horriblement — se contentant d'un morceau de pain à la table somptueuse de son mari — donnant ses vêtements aux indigents qui

étaient nus — ensevelissant les corps des malheureux et des étrangers — filant de la laine avec ses domestiques — employant les récoltes qui étaient dans ses greniers à nourrir les affamés — distribuant à boire aux altérés — construisant, au pied de son château, un hôpital aux malades duquel elle rendait journellement visite — faisant élever les petits enfants, qui l'appelaient leur mère, etc., etc. Une fois, passant dans un chemin étroit et sale elle rencontra une vielle femme, qui, refusant de lui céder le pas, la fit choir dans la bouc. Élisabeth s'en alla sans murmurer et essuya ses vêtements en riant. Étant donnée la coquetterie des femmes, ce trait est certainement le plus beau de tous ceux dont fourmille la vie de la douce reine. Nos lecteurs n'ont qu'à se rappeler les grimaces que leur ont faites les dames sur la robe desquelles ils ont marché par mégarde pour apprécier à sa juste valeur l'incomparable bonté d'Élisabeth, essuyant sans colère ses vêtements royaux maculés. Au reste, les vertus de cette femme eurent leur récompense : non seulement, après la mort de son mari, elle se vit chassée de la cour, mais Dieu, trouvant sans doute que la charité est encombrante sur la terre, l'appela au ciel, lorsqu'elle eut vingt-quatre ans, cette vraie sainte — que l'humanité a canonisée bien avant l'Église.

20 NOVEMBRE — SAINT OCTAVE (?) — Nous l'avons cherché partout et nous ne l'avons trouvé nulle part. L'octave, terme de liturgie, est l'espace de huit jours consacrés à la commémoration d'un saint ou d'une grande fête. Peut-être est-ce là le saint Octave que mentionne le calendrier. L'Église, qui a canonisé une lance et un almanach, peut bien avoir béatifié un laps de temps.

22 NOVEMBRE. — **SAINTE CÉCILE**, *vierge et martyre, patronne des musi-ciens*, III° siècle. — Cécile était Romaine, et issue d'une famille de *vielle* noblesse. Sa mère, enceinte, ayant eu un regard pour un joueur d'*orgue* auquel

elle avait jeté un *sol*, Cécile manifesta, dès son berceau, un tel amour de la musique, que, prenant les mamelons de sa nourrice pour des embouchures d'instruments à vent, elle soufflait en tétant, au lieu d'aspirer. Ses parents encouragèrent les brillantes dispositions dont elle donnait un exemple *si naturel* et lui firent suivre des leçons de solfège, dès qu'elle fut en état de marcher sur un *sol ciré*, sans tomber sur le *dos*. Elevée dans le christianisme, cette *clé* que Jésus nous a *portée* et qui ouvre la porte du ciel, Cécile, en grandissant, se sentit embrasée d'amour pour le Sauveur et résolut d'en faire son mari. Dégoûtée d'un monde où elle était certaine de ne point rencontrer celui qu'elle adorait, elle garda la retraite et se cacha ; en dépit des yeux de *harpe* frite que les jeunes gens faisaient à sa peau *blanche* et à sa longue chevelure *noire*, en poussant des *soupirs* à fendre l'âme. Pour charmer sa solitude, notre héroïne composait sur son *piano* des airs de cantiques, qu'elle adressait au Seigneur, en disant : « Inspirez-moi l'*harmonie*, *homme*-Dieu, *esclave saint*, qui mourutes pour nous sur la croix, le front saignant sous la couronne d'*épinettes !* » Seul, un jeune homme du nom de Valérien, cherchant à lui introduire un morceau de *clarinette* dans son *concert*, visitait en cachette Cécile, à laquelle il disait : « Mademoiselle, partout où vous êtes, *au bois*, à la ville, mon cœur *viole* vers vous. Je ne suis pas de ceux qui disent : « *Violons celle* qui a su nous charmer. Je laisse cette conduite *basse* à d'autres. Mademoiselle, je ne puis plus *fifre* ainsi. Je serai franc : Je n'ai pas de fortune ; ma *caisse* est vide ; c'est tout au plus si j'ai *cinq balles* dans ma poche. Mais j'ai du talent ; je possède une voix de *baryton* et je joue de plusieurs instruments. *Accordéon*-nous, Cécile, et si ma *touche* vous plaît, je vous montrerai mon *violon*. » Repoussé dans sa demande, Valérien obtint des parents de la jeune fille, à l'insu de celle-ci, une promesse de mariage. Mais Cécile, qui ne voulait pas faire d'infidélités au Christ, déclara qu'elle ne se marierait jamais avec un païen, affligé d'une aussi vilaine *trompette*, et tout au plus capable, comme musicien, de souffler dans un *mirliton*. Mais, rassurée par son ange gardien, qui lui affirma que son *corps* ne serait point souillé dans le lit conjugal, elle écrivit à Valérien : « O très cher et très doux jeune homme, vous pouvez enfiler votre *sifflet* et mettre vos gants blancs. En consentant à être votre femme, je suis évidemment *trombone ;* mais j'espère qu'il n'y aura jamais d'ani*croches* dans notre ménage. » Valérien, en recevant cette missive prit un *air fa*, mais ce fut bien une autre *guitare*, lorsque, la première nuit des noces, Cécile, avant de se mettre au lit, lui déclara qu'elle était déjà mariée à Jésus-Christ, qu'un ange était le détenteur de sa virginité et qu'il n'aurait le plaisir de voir cet ange que s'il se faisait chrétien. Valérien, considérant que voir l'ange de sa femme valait bien une messe, se fit baptiser — cérémonie après laquelle Cécile lui montra son ange. Dénoncés comme chrétiens à Almaque, lieutenant de l'empereur Alexandre, les deux époux, ronflant comme une *contre-basse*, furent réveillés en sursaut et cités au tribunal du tyran. A l'ordre qu'on lui donna d'immoler aux idoles, Cécile répondit :

« *Flûte!* » Almaque, vexé, ordonna qu'on la tînt un jour et une nuit dans un bain d'eau bouillante, disant : « Puisque tu *bugle* si fort, je vais te faire crier pour quelque chose. » Mais la sainte resta dans le bain « comme dans un endroit très frais », se coiffant, par bravade, d'un *chapeau chinois* et pinçant de la *mandoline*. Almaque, dont les jambes *flageolluient*, tant sa fureur était grande, ordonnât qu'on lui coupât la tête dans son bain. Le bourreau la frappa trois fois sur le cou, sans pouvoir le lui trancher. « Que la peste m'*étriangle* — s'écria-t-il — si, ce coup-ci, je ne lui coupe pas le *cornet!* » Mais le troisième coup ne réussit pas mieux que les autres, et comme il était défendu d'en porter un quatrième, Cécile fut laissée avec sa tête aux trois quarts coupée. Ça ne l'empêcha pas de vivre encore trois jours, pendant lesquels, retenant d'une main son pauvre chef, elle distribua, de l'autre, tout ce qu'elle possédait aux pauvres. Elle mourut vers l'an 230, suivant les uns, vers 176 ou 180, suivant les autres... et ne mourut pas du tout, suivant moi — attendu qu'elle n'a probablement jamais existé. On raconte que saint Pierre, qui s'attendait, en ouvrant à Cécile, à trouver une jeune vierge aux yeux baissés, à la voix timide, ne fut pas peu surpris de l'entendre lui demander : « Où *pisse-t-on* ici? En *bas sont* les lieux! » répondit le céleste portier.

On ne possède aucune relique de cette sainte — ce qui explique pourquoi elle n'a pas *encore de châsse.*

23 novembre. — SAINT CLÉMENT, *pape martyr*, 1ᵉʳ siècle. — Clément était d'une naissance d'au moins soixante mètres de haut. Resté seul, à l'âge de vingt ans, par suite d'évènements dont le récit serait fastidieux, il se livra à l'étude des lettres et se mêla aux philosophes qui tournaient en dérision les paroles de Barnabé, venu à Rome pour prêcher la foi de Jésus-Christ. Un jour, il lui posa cette question : « *Puisque le moucheron est un si petit animal, pourquoi a-t-il six pieds et des ailes, tandis que l'éléphant, qui est une bête énorme, n'a point d'ailes et n'a que quatre pieds?* » Ce à quoi Barnabé répondit : « *Pourquoi celui qui m'interroge a-t-il un si grand crâne pour une si petite cervelle?* » Cette réponse fit une telle impression sur Clément qu'il se soumit au joug de l'Évangile, fit relier richement les épîtres de saint Paul et alla en Judée trouver saint Pierre, qui, vrai terre neuve de mélodrame, lui fit retrouver son père, sa mère et ses deux frères, dispersés aux quatre vents du sort. Clément succéda à saint

Clet sur le trône des papes. Exilé par l'empereur Trajan, dans la Tartarie,
il y trouva des chrétiens travaillant dans les mines, y fit jaillir une source d'eau
sur l'indication d'un agneau « qui, le pied droit levé, semblait désigner un endroit » et cette source forma un fleuve. Un gouverneur de Trajan saisit l'auteur
de ce miracle et le fit jeter à la mer, lié par le cou à une ancre, en disant :
« *Les chrétiens, s'ils veulent t'honorer, iront te chercher au fond.* » Mais Dieu
ordonna à l'Océan de se retirer, ce qu'il fit poliment, laissant à découvert un
tombeau de marbre, dans lequel reposait Clément, ayant l'ancre à son côté —
ainsi que du papier et une plume pour écrire.

24 NOVEMBRE. — SAINTE FLORA, *vierge et martyre en Espagne,*
IXe siècle. — Flora — ou Flore, naquit près de Cordoue, d'un père Mahométan
et d'une mère chrétienne. Cette dernière, par ses disputes quotidiennes, ayant envoyé son époux voir dans l'autre monde si elle y était, éleva sa fille dans la douce
religion de Jésus. Flore profita si bien de ses pieuses leçons, que, dès l'enfance,
elle jeûnait le carême et donnait aux pauvres ce qu'elle recevait pour son dîner.
Un vendredi, ayant mangé, par mégarde, un beafteack aux pommes, que son
frère, qui considérait le Coran comme le véritable Évangile, lui avait malicieu-

sement fait servir, elle se mit deux doigts dans la bouche et rendit sa viande à Dieu. En avançant en âge, sa
piété grandit si vite que toutes les robes qu'on lui achetait la veille étaient trop courtes le lendemain ; si bien que
Flore s'enfuit, pour se dérober à la surveillance fraternelle, et se retira dans un couvent aux couloirs tellement entortillés qu'il était impossible que l'on vînt la
chercher là. Le frère, furieux de ne pouvoir la retrouver,
passa sa colère sur les autres chrétiens, qu'il persécuta
au nom du roi des Sarrasins, Abdéramène II. Flore, ne voulant pas que les
autres souffrissent pour elle, se rendit à son doux frère, qui la cita lui
même devant le cadi, ou juge de la ville. Celui-ci, la considérant comme
une folle, la fit battre de verges, jusque sur la tête — ce qui n'était pas
le moyen de lui rendre la raison. En effet, en dépit des efforts que deux femmes
perverses firent pour flétrir la fleur de sa piété, elle persista dans ce que son
frère appelait « ses erreurs. » — « *Vérité au delà ; erreur en deça* » a dit magnifiquement Pascal — et, bien que les portes de sa chambre fussent verrouillées,
elle réussit à s'échapper. Passant par une cheminée qu'on n'avait pas ramonnée
depuis vingt ans et dont elle sortit blanche comme la neige, elle gagna, à la fa-

veur de la nuit, le toit d'une maison voisine, d'où elle sauta dans la rue, sans se faire aucun mal. Cachée à Ossaria, elle y trouva saint Euloge qui lui conseilla de retourner à Cordoue, se faire martyriser pour la Foi. Flore, qui souffrait probablement encore des coups qu'elle avait reçus sur le chef, obéit au pieux conseilleur et se présenta devant le cadi, lequel fit couper à la sainte ce qui lui restait de tête, en lui chantant : « *Tu l'as voulu! n'l'en plains pas !* » pour la distraire pendant l'exécution. On était le 24 novembre 851 ; il pleuvait averse.

26 NOVEMBRE. — SAINT PIERRE D'ALEXANDRIE, *évêque et martyr*, IV° siècle. — Pierre, évêque d'Alexandrie, succéda à saint Théonas, l'an 300, pendant la persécution de Dioclétien et de ses successeurs. Prévoyant que la foi de nombreux chrétiens ne tiendrait pas longtemps devant la peur de la mort, Pierre, dans une épître canonique, distingua les différentes espèces d'apostasie, et imposa une pénitence pour chacune — depuis la prière imposée, jusqu'à l'excommunication; en passant par le fouet, le pain sec ou les coups de poing dans la poitrine. « Il est avec le ciel des accommodements », comme dit Tartufe. Une multitude d'apostats purent ainsi se réconcilier avec l'Église ; au grand scandale de Mélèce, évêque de Lycopolis, lequel blâma vivement la mansuétude de Pierre envers des gens qui changeaient de religion comme de chemise, suivant qu'il y avait, ou non, du danger à en être. Il est vrai que les historiens orthodoxes accusent ce Mélèce d'avoir lui-même sacrifié aux idoles — ce qui

nous semble bien invraisemblable ; car alors, il n'eût pas reproché à Pierre sa facilité à pardonner une faute dont lui, Mélèce, le premier, était coupable. Quoi qu'il en soit, ce gêneur fut déposé, mais n'en fonda pas moins un schisme qui prit le nom de son auteur, et dura cent cinquante ans. Pierre, condamné à mort par l'empereur Maximin, eut la tête tranchée, vers l'an 311. Pourquoi ne renia-t-il pas sa foi, pour faire pénitence ensuite de sa lâcheté, conduite qu'il avait excusée chez les autres? Le supplice de Pierre n'est-il pas la justification éclatante de Mélèce excommunié?

27 NOVEMBRE. — SAINT JACQUES *l'Intercis, martyr en Perse*, V° siècle. — Jacques naquit dans la ville de Beth-Lapéta en Perse, sous le règne du roi Isdegerde. A cette époque, la religion chrétienne jouissait, dans ce pays, d'une paix qui dura vingt années. Le roi, doux ou sceptique, laissait les disciples du Christ faire, dans son royaume, toutes les singeries qu'il leur plaisait. Mais quand les chrétiens ne sont pas persécutés, ce sont eux qui persécutent les autres.

Un évêque nommé Abda, ayant fait mettre le feu à un temple de dieux perses, reçut l'ordre d'Isdegerde — prince sage, qui voulait bien respecter les dieux des autres, pourvu qu'on laissât les siens tranquilles — de rebâtir, à ses dépens, le temple brûlé. Abda, n'en ayant voulu rien faire, fut mis à mort par le roi dont il avait provoqué aussi bêtement la colère, et qui appliquant aux chrétiens la peine du talion, s'inspira de leur intolérance en ruinant leurs églises et en les contraignant à embrasser la religion du pays. Notre Jacques, lequel par sa naissance, ses richesses et ses qualités — par dessus le marché — avait l'oreille du monarque, fut un de ceux qui se convertirent aux idoles, plu-

tôt que de perdre leurs places grassement rétribuées. Sa mère et sa femme lui écrivirent à ce sujet une lettre où elles lui crachaient à la face tout le fiel qui, d'après Molière, entre dans l'âme des dévôts. Le pauvre Jacques — rien du magasin de nouveautés — aima mieux quitter ce monde, en mourant pour la foi qu'il avait reniée, que d'y vivre en païen, au milieu des tracas que ne pouvaient manquer de lui susciter une épouse et une mère bigotes. Il rendit à Vararanes, fils et successeur d'Isdegerde, tous les biens qu'il tenait de ce prince, en déclarant carrément qu'il em...bêtait les dieux de la Perse. Vararanes ordonna que Jacques fût coupé en morceaux — pour servir d'exemple... multiplié. Les bourreaux lui enlevèrent, l'un après l'autre, les doigts des mains et des pieds, sans lui arracher autre chose que cette réflexion : « *Dans le rejeton de la vigne, les parties qui ont été taillées reprennent les sucs de la terre et produisent de nouvelles branches. Il en est de même du chrétien; il faut que le fer le mutile pour qu'il porte tous ses fruits.* » Quand on lui coupa le petit doigt du pied gauche, Jacques dit : « *Petit doigt, console-toi, car les grands et les petits ressusciteront de même.* » La légende raconte cela textuellement. Elle raconte aussi qu'à chaque membre qu'on lui coupait, Jacques se faisait des applications spirituelles de l'Écriture, avec un calme qui avait bien de quoi stupéfier ses tourmenteurs. Elle oublie d'ajouter qu'après qu'on lui eût arrachée certaine partie de son pauvre individu, le martyr changea de voix aussitôt, et que c'est avec l'accent des anges — qui ne sont ni hommes ni femmes, comme on sait — qu'il s'écria : « *Seigneur, exaucez-moi ; je n'ai plus de mains à joindre ; je n'ai plus de genoux à fléchir ; je n'ai plus de... chasteté à vous consacrer ; faites sortir mon âme, Seigneur, d'une prison d'où elle s'ennuie bien fort. O Seigneur fai...* » A ce moment un incident vint lui couper la parole ; c'était le bourreau qui lui tranchait le tête, le 27 novembre 421. Le genre de supplice que souffrit Jacques, l'a fait surnommer l'*Intercis* — coupé en morceaux.

28 NOVEMBRE. — SAINT ÉTIENNE LE JEUNE, *martyr*, VIIe siècle. — Étienne, qui naquit à Constantinople en 714, fut consacré à Dieu pendant qu'il était encore dans le sein de sa mère — sans avoir été consulté au préalable. Ses parents, pour ne pas offenser l'Éternel en restant dans un pays que souillait de sa présence l'empereur Léon l'Isaurien — lequel considérait le culte des images comme une idolâtrie — s'enfuirent, laissant Étienne dans le monastère de Saint-Auxence, en Bythinie. Ce fruit, encore vert, de la Foi catholique, poussa si rapidement dans sa pieuse serre, qu'à trente ans, on le trouva mûr pour la direction de l'abbaye. Cette direction, Étienne l'exerça dans une cellule plus étroite encore que son esprit, et située au sommet pointu d'une haute montagne, sur les flancs de laquelle s'éparpillaient les réduits des autres moines. Vêtu d'une peau de mouton pourrie, le saint abbé répandait une si forte odeur de vertu, que ceux qui venaient la sentir en étaient asphyxiés. Une jeune veuve, sans enfants, nommée Anne, le regardait même avec de tels yeux, qu'Étienne n'hésita pas à lui faire prendre le voile, dans un couvent de femmes qui se trouvait au pied de la montagne. A l'âge de quarante-deux ans, notre saint, fatigué, se fit substituer Marin dans le gouvernement de la communauté et de la jeune veuve cloîtrée. Puis il se retira dans une autre cellule, d'où l'empereur Constantin Copronyme, qui poursuivait la guerre qu'avait entreprise son père Léon contre le culte des images, le fit violemment arracher — après avoir vainement essayé de le rallier à ses vues iconoclastes. Emprisonné et torturé de toutes manières, Étienne fut tiré de son cachot, traîné dans les rues de Constantinople et frappé sur la tête d'un coup de levier si violent que le pauvre martyr, maigre et dur comme un clou, s'enfonça dans la terre jusqu'au cou. On était en 757, ou en 764, ou en 766 ; année où les melons abondèrent.

29 NOVEMBRE. — **SAINT SATURNIN,** *évêque de Toulouse, martyr*

III siècle. — Saturnin, ou Sernin, fut chargé en 245, par le pape saint Fabien, d'aller prêcher la Foi dans les Gaules. Il y fit son petit stock de miracles, vint s'établir évêque à Toulouse, où il fut arrêté pour avoir rendu muets les démons du Capitole, et mourut, attaché à un taureau en rut — qu'on avait irrité en lui faisant passer de jolies vaches devant le nez — et qui le traîna dans les rues, sans qu'un sergent de ville s'y opposât un seul instant.

30 NOVEMBRE. — **SAINT ANDRÉ,** *apôtre.* — Il fut le témoin — ou le complice, comme vous voudrez — des principaux miracles du Sauveur : l'eau changée en vin — ce qui ne vaut pas, comme tour de passe-passe, la bouteille de Robert-Houdin — la multiplication des pains — préparés

à l'avance — et la pêche miraculeuse, que nous voyons figurer aujourd'hui au programme du plus infime prestidigitateur de foires. Après l'exécution de son chef de bande, André prêcha l'Évangile dans la Scythie, la Sogdiane, la Colchide et autres endroits étranges. Il fut crucifié à Patras, en Achaïe. Saint Pierre Chrysologue dit que ce fut sur un arbre ; un autre ajoute que cet arbre était un olivier ; un troisième soutient qu'il mourut sur la croix. Ce qui est certain c'est qu'il vécut deux jours sur son instrument de supplice, demandant au Sauveur de ne pas en descendre vivant.

Comme on voulait le détacher, on ne le put, car les bras de ses bourreaux furent changés en saucissons et aussitôt une lumière électrique venue du ciel le frappa sur le nombril et personne ne pouvait le contempler. Et il mourut ainsi — comme une figurante de féerie, illuminé par un puissant réflecteur, le 30 novembre 63, le téléphone n'étant pas encore inventé.

25 NOVEMBRE. — SAINTE CATHERINE, *vierge, patronne des pucelles,*
IV° siècle. — Au neuvième siècle, on trouva sur le mont Sinaï en Arabie, le
cadavre d'une jeune fille parfaitement conservé ; les bons dévots d'alors l'ayant

scrupuleusemeut examiné, reconnurent à certains signes que cette jeune fille
était morte avec sa virginité et que par conséquent, ce ne pouvait être qu'une
sainte. Ils la baptisèrent donc du nom de Catherine et lui inventèrent aussitôt
une légende ; mais les dévots ne s'accordèrent pas entre eux, et chacun crut
reconnaître dans le cadavre une sainte différente. Le cardinal Baronius, entre

autres, soutint que c'était une nommée Dorothée que César Maximin Daïa avait fait mettre à mort parce qu'elle n'avait pas voulu conjuguer avec lui le verbe aimer. Enfin, ayant fait moi-même des recherches à rendre poussif un cheval d'omnibus, j'ai fini par découvrir sur un vieux parchemin la légende suivante :

« En *trois cent* et quelque chose, estoit belle fille, ayant tout mignon, de la teste au troufignon, mais muette de naissance. Dieu, voyant qu'à l'encontre des autres porte-jupes, elle abusait si peu de la langue, résolut d'en faire une sacrée orateur pour propager son sacré nom; si bien que pour rattrapper le temps perdu, elle se mit à japper, à codaquer, à aboyer tant et si tellement fort, qu'on l'entendit à plusieurs portées de fusils, convertissant moult payens. Deux philosophes qui s'appelaient, premier Littréminus, second Renantibus, accoururent pour la convertir à son tour à leur doctrine; mais Catherine prouva que belle fille possède en soi bien plus forts arguments que philosophes, et leur dit qu'elle leur permettrait d'en tâter s'ils adoraient publiquement le vrai Dieu ; ce que firent philosophes, lesquels s'en vinrent chacun dans leur particulier, afin d'avoir récompense qu'avait promise l'appétissante pucelle ; mais elle pensait tout bas que dommage serait de laisser prendre son bel oiseau par de si vilains merles; Adonc inventait chaque jour prétexte pour les faire déguerpir bredouille ; et advint que furent grandement jaloux, chacun croyant l'autre avoir forniqué avec la belle. Horrible bataille s'en suivit ; ruades, taloches et coups de bâton pleuvaient dru comme grêle! Littréminus ayant reçu un grandissime horion sur l'occiput, fit couic, et mourut. Rénantibus, après ce mauvais coup, courut chez Catherine. « Vite, vite, Catherine, appartiensmoi ou je t'escarbouille. Mais Catherine pleurant, dit : reviens demain, mon gentil matou, l'époque où je suis, du mois, me fait peu propre à l'accolade. Il s'en alla, mais ayant doutance de tromperie, s'embusqua peu loin, veillant ses agissements. Or, la vit mettre sur elle ses plus belles fripperies, et dans un petit sac, toutes choses précieuses qu'elle avait ; puis, s'ensauver hors la maison bride abattue ; lui, courant plus fort la joignit sur un petit pont, et l'aggrippant par son cotron ; — ah! Catherine, belle Catherinette, il faut que je t'encatherinardinise. — Aie ! aie ! lâchez-moi, vilain Coquefredouille ! — Non, non, je tiens l'oiseau par les plumes; bien fol serait le laisser envoler. — Ah ! je suis toute défulée, ouf! j'en perds l'haleine et le respire, au secours ! au secours! ah! ciel ! Jésus ! ma tante ! ah! scélérat ! Voici venir un beau ca ca, un beau pi pi, un beau capitaine qui de sa large épée, va t'ouvrir la bedaine. Un capitaine venait, en effet, sur une barquette, faisant force rames, au secours de Catherine, ce que voyant le vilain philosophe ramassa vite le petit sac que la belle étant houspillée, avait laissé choir, et en coiffa tout d'un coup Catherine, lui serrant les cordons autour du cou pour l'estrangouiller, mais n'y pouvant réussir, la poussa d'un grand coup de pied dans ce qui lui servait pour s'asseoir, la culbuta tout droit dans la rivière, d'où le beau capitaine la repêcha de suite. Le vilain philosophe, le cœur ourlé de mâle rage, fut trouver l'empereur Maximin Daïa et lui dit que Catherine avait roté et craché en face des idoles; et pour ce, elle fut arrêtée, condamnée et exécutée sur une roue armée de fers de lances, la tête coiffée du fatal bonnet pour que le populaire ne s'intéressât point à sa rare beauté.»

Le corps de Catherine fut recueilli par des chrétiens et ne se corrompit pas plus après sa mort que pendant sa vie. Il acquit, au contraire, la dureté du marbre, symbole de ce qu'elle avait été pour ses adorateurs. Un usage, parmi les premières chrétiennes qui voulaient consacrer leur fleur virginale à Jésus, était d'aller coiffer la tête de la sainte du sac qui était toujours à ses côtés; de là est venue l'expression : « coiffer sainte Catherine. »

1ᵉʳ DÉCEMBRE. — SAINT ÉLOI, *patron des forgerons, orfèvres,* etc., VIᵉ siècle. — Éloi naquit dans le Limousin de parents confits en dévotion. Il fut mis par eux au courant de toutes les pratiques bigotes, et chez un orfèvre où ses dispositions naturelles en firent bientôt un cadet à poil dans son art. En ce temps-là le roi Dagobert, ayant entendu vanter son mérite, le fit venir, et lui donna une grosse masse d'or pour lui faire un fauteuil; mais Éloi qui était roublard, lui en rendit deux en cuivre doré, et Dagobert, les croyant en or massif, le proclama le plus honnête homme de son royaume, et le fit évêque pour sa peine. Il ne fut pas plus tôt installé dans son diocèse, qu'il prétendit empêcher les garçons et les filles de danser en rond. Un dimanche donc qu'il s'était planté au milieu de la danse pour pérorer suivant son habitude contre ces plaisirs profanes, il fut poursuivi à coups de  cailloux par cinquante gaillards qui le firent déguerpir au plus vite. Éloi, pour se venger, leur mit à tous le diable au corps.

Éloi installa à la cour de Dagobert une grande usine où il fut fabriqué un grand nombre de moines, d'églises et de monastères de toutes sortes.

Du temps de saint Éloi, le peuple, plus ignorant encore qu'aujourd'hui, était

farci d'un tas de superstitions, comme il en existe encore dans nos campagnes.
On croyait aux devins, aux enchanteurs et aux sorciers. On consultait les cours
des astres, les saignements de nez, les éternuements, les songes, etc. Éloi se
mit en quatre pour déraciner ces absurdités; car, étant donné que le peuple
est une machine à gober, il faut lui faire avaler les bourdes orthodoxes, et
non les autres qui sont une concurrence au commerce sacerdotal.

Ce fut en 659 que ce saint cassa saintement sa pipe. Il me souvient d'une
légende curieuse que mon père, qui était horloger à Aumale, petite ville de
Normandie, me racontait lorsque j'étais tout petit. Nous avions alors pour
voisin un maréchal, lequel, me disait-il, avait mis sur son enseigne AU MAITRE
DES MAITRES, GUICHARD MARÉCHAL. Saint Éloi qui descendait souvent
du ciel, déguisé en maître compagnon pour visiter les forgerons ses protégés,
entra dans la boutique après avoir examiné l'enseigne, et demanda au maréchal pour être embauché. — Un instant, mon brave, ceci demande réflexion,
dit le père Guichard; vous êtes ici chez le maître des maîtres, et comme dit le
proverbe, tel maître, tel valet. Savez-vous bien que pour forger un fer, je ne fais
que deux chaudes, tandis que tous mes confrères en font cinq ou six! — Saint
Éloi ne répliqua pas, prit un morceau de fer brut, et le façonna, ne l'ayant mis
qu'une seule fois au feu de la forge. — Le patron était devenu tout pâle. —
Vous êtes sorcier, criait-il, car il est impossible de forger un fer en une seule
chaude. En ce moment arrivait un cheval vicieux qui lançait de terribles
ruades; le père Guichard n'osait l'approcher. Saint Éloi saisit un pied du cheval,
et d'un seul coup de couteau le trancha net; puis, le plus tranquillement du
monde, mit le pied dans l'étau, et le ferra à son aise. Lorsqu'il eut fini, il
rappliqua le pied qui se recolla immédiatement; il fit de même pour les trois
autres. Après quoi, le cheval partit au galop. — Comment se disait le forgeron,
moi, le maître des maîtres, je m'en laisserais remontrer par un ouvrier! le
diable m'emporte si je n'en fais pas autant au premier cheval qui m'arrive. Il
le fit en effet; mais lorsqu'il voulut recoller le pied, il ne put y parvenir; le cheval restait sur le flanc, perdait tout son sang, et le maître furieux réclamait le
paiement de sa bête. — Je suis perdu, ruiné, sanglotait le pauvre maréchal!
Ah! mon Dieu, courez vite après ce maudit compagnon. — Il disait ces mots
quand le saint lui apparut de nouveau, et le forgeron, reconnaissant alors à son
rayonnement, qui il était, lui dit : C'est vous, glorieux patron qui êtes le maître
des maîtres! — Non, dit saint Éloi, Dieu seul est notre maître à tous.

2 DÉCEMBRE. — SAINTE AURÉLIE, IVe siècle. — Aurélie, dès l'âge de trois ans, fit vœu de chasteté ; mais mariée à seize ans par la volonté de ses parents, son mari lui fit malgré elle 27 enfants. Elle mourut de désespoir de n'avoir pu garder sa virginité à l'âge de 97 ans.

3 DÉCEMBRE. — SAINT FRANÇOIS-XAVIER, *apôtre des Indes*, XVIe siècle. — François-Xavier naquit le 7 avril 1506, dans le château de monsieur son papa. Celui-ci, ayant reconnu dans son rejeton, une précoce intelligence, l'envoya de bonne heure à l'école. Xavier n'avait pas encore six ans que déjà il savait lire et écrire, et disait de son père et de ses frères aînés qui certes, n'en savaient pas si long, « que c'était une jolie collection de crétins ». Le père, enchanté des belles dispositions de son fils, l'envoya à l'Université de Paris où il fit des progrès étonnants. Il fit, à Sainte-Barbe, sa philosophie sur laquelle il

devint, en peu de temps d'une force de plusieurs chevaux ; mais ses succès enflèrent tellement sa vanité qu'un jour il faillit en crever. Ce fut alors qu'il connut Ignace de Loyola, lequel voulut se l'attacher pour la fondation d'une société qu'il méditait, et qui devait être plus tard celle de Jésus ; mais François, riche et fier, reçut avec hauteur les avances de ce pauvre diable qu'il traita de va-nu-pieds et de propre à rien. Ignace, voulant acquérir à tout prix, cette importante recrue, et ayant toutes les qualités jésuitiques dont ses disciples depuis, conservèrent si bien les traditions, parvint à s'insinuer dans ses bonnes grâces, en flattant à outrance son indomptable orgueil. Le trait suivant finit par l'attacher complètement à lui : — Xavier qui avait toujours beaucoup d'argent, en dépensait encore davantage, et souvent était sans le sou.

Un jour qu'il était aussi désargenté que le crucifix de saint Ignace, il alla mettre au clou une montre à laquelle il tenait beaucoup ; Ignace, saisissant cette occasion, alla la dégager aussitôt, et la rendit à son propriétaire, lui faisant accepter en outre tout ce qu'il avait d'économie. Pour le coup Xavier devint son ami, et réfléchissant que le catholiscime était à cette époque la seule puissance qui menait à tout, résolut d'entrer définitivement dans les vues d'Ignace. Celui-ci, voulant battre le fer pendant qu'il était chaud, l'emmena avec six autres compagnons dans l'église de Montmartre, pour lui faire prêter serment de visiter les lieux saints et de consacrer sa vie à l'abrutissement de ses contemporains. Après quelques autres événements sans importance, Jean III, roi de Portugal, ayant demandé des missionnaires pour convertir les Indes, Xavier lâcha aussitôt son ami Ignace pour se rendre à cet appel. En allant à Lisbonne où il devait s'embarquer, il passa près du château où habitait sa vieille mère qu'il n'avait pas vue depuis des années et qu'il ne reverrait probablement jamais; sur la proposition qui lui fut faite d'aller lui faire ses adieux, Xavier répondit qu'il était trop pressé de voler au salut des âmes pour s'attarder un seul instant. Un nommé Mascaregas fut tellement édifié de cette réponse qu'il résolut d'embrasser une religion qui provoquait d'aussi beaux traits d'amour filial. Xavier s'embarqua le 7 avril 1541. Le nombre des passagers qui se trouvaient à bord était de deux mille; mais tout ce monde était bien loin d'être attaché à ses devoirs religieux, et Xavier entreprit, pour s'exercer à l'avance, de faire réintégrer toutes ces brebis dans le sacré bercail; il surveillait donc activement les mœurs de son troupeau, passait les nuits sans dormir pour voir si les femmes était bien couchées avec leurs époux; le nombre de maris qu'il préserva ainsi du cocuage est incalculable. Le jour, il ne se reposait pas davantage, courant sans cesse à perdre haleine pour arrêter les jurons énergiques qui s'échappaient à chaque instant de la bouche des matelots. Il débarqua enfin à Goa, capitale des Indes, armé seulement, disent les pieux écrivains, de son livre de prière pour convertir les infidèles; mais les pieux écrivains sont des farceurs. Xavier disait lui-même que *des missionnaires sans mousquets ont rarement le bonheur de réussir.* Du reste, ses devanciers avaient mis depuis longtemps dans les Indes cette belle maxime en pratique; voici ce que dit à ce propos M. de la Harpe, écrivain catholique : « *En* 1500 *les Portugais équipèrent treize vaisseaux sous le commandement de Pedro Alvary Cabral. L'évêque de Visen lui remit l'étendard de la croix et un chapeau béni par le pape. On y joignit huit religieux de saint François et huit prêtres séculiers sous l'autorité d'un grand aumônier. Les instructions de l'amiral étaient de commencer par la prédication de l'Évangile, et s'il se trouvait des cœurs mal disposés d'en venir à bout par les armes.* » Bienfaits du catholicisme! beaucoup furent convertis, et des milliers d'autres, massacrés pour la plus grande gloire de Dieu. Lorsque quarante deux ans après Xavier débarqua dans ces contrées, les excès et les vices horribles des bons catholiques avaient entièrement corrompu ces peuples

naïfs; Xavier, paraît-il, leur prêcha surtout d'exemple en se montrant à leurs
yeux un modèle de toutes les vertus, « ce qui, on en conviendra, est rare parmi
ses pareils ; aussi le résultat ne se fit pas attendre : « *il avait tant de gens à
baptiser tous les jours, que le soir il avait les bras perclus.* » Après ces succès, il
alla au Japon, par ordre du Très-Haut, pour continuer ses conversions, mais
Dieu lui refusa les moyens de réussir ; jugez-en vous-même, par cette réflexion
naïve que fait son pieux historien : « *Quelle différence dans les excès de sa
mission si à cette multitude de miracles que les historiens de sa vie lui attribuent
Dieu avait voulu joindre le don des langues.* » En effet Xavier, ne sachant pas
un seul mot de japonais, et ne pouvant prononcer ses prédications accoutu-
mées, était forcé de les danser, ce qui le fit passer pour un fou. Dieu voyant
que son serviteur avait fait un fiasco si complet, lui intima l'ordre d'aller en
Chine, mais comme il arrivait en vue de ce pays, Dieu changea d'idée et lui
envoya en récompense de ses bons services une terrible colique qui le fit mourir en quelques jours dans d'horribles convulsions.

4 DÉCEMBRE. — **SAINTE BARBE**, *patronne des
sapeurs-pompiers, des artilleurs et des marins*, IIIe et
IVe siècles. Il y avait une fois à Nicomédie, du temps
de l'empereur Maximien, un païen nommé Dioscore
qui avait une fille plus belle que le jour, mais qui, à
l'âge de dix-huit ans, avait une barbe si longue, si
longue qu'elle lui descendait jusqu'aux genoux. Son
père regrettait bien d'être riche, car s'il avait été pauvre
il aurait pu la montrer dans les foires pour gagner sa
vie. Pour se débarrasser des curieux qui venaient en
foule, voir un phénomène aussi extraordinaire, il lui
fit bâtir pour l'y enfermer, une tour si haute, si haute
qu'il fallait 999,999 ans en courant ventre à terre pour
arriver jusqu'en haut. Un jour que Barbe était sur la
terrasse de sa tour, elle entendit un léger bruit d'ailes
à ses côtés ; c'était un ange qui revenait de chez Brébant
avec un potage qu'il allait porter au Père Éternel. Cet
ange ayant trouvé sur son chemin cette tour si haute,
si haute, en avait profité pour se reposer un instant.
Barbe, curieuse comme toutes les femmes, lui fit mille

questions et fut si émerveillée du récit qu'il lui fit du Paradis, qu'elle résolut immédiatement de se convertir à la religion chrétienne. Elle envoya donc, sous l'aile d'un pigeon voyageur, une lettre à Origène, homme d'une sagesse prodigieuse, dans laquelle elle lui faisait part de son intention d'être instruite des choses de la foi. Origène lui dépêcha un de ses plus jeunes disciples, lequel monta sur un char attelé de trois canards pour se rendre près de la belle, mais son père, curieux de savoir ce que ce joli jouvenceau pouvait dire à sa fille, s'accrocha sous le char, et arriva en même temps que lui. Il se cacha derrière la porte, et au moment où le disciple lui expliquait le mystère de l'opération du Saint-Esprit, le père irrité, entra le sabre levé. A cet instant la tour s'écroula avec un bruit horrible, et le père rendu encore plus furieux d'avoir cassé sa pipe en tombant, jura de retrouver sa fille, pour la faire sacrifier aux idoles. La sainte qui s'était cachée dans la cabane d'un berger, fut trahie et livrée par celui-ci. Pour sa punition elle changea *ce traître en statue de marbre et son troupeau en sauterelles.* Ayant refusé absolument de revenir au paganisme, son père lui trancha lui-même la tête vers l'an 306.

5 DÉCEMBRE. — SAINT SABAS, abbé, viᵉ siècle. — Un jour ce pieux crétin travaillant dans le jardin d'un couvent, apperçut des pommes sur un arbre ; il allait en manger une lorsqu'il se rappela que c'était ce fruit qui était cause de la chute d'Adam, il le jeta aussitôt avec horreur, et pour se punir d'avoir eu cette tentation, il se condamna à une solitude éternelle.

21 NOVEMBRE. — LA PRÉSENTATION *de la Sainte Vierge.* — Lorsque sainte Anne eût sevré Marie, alors âgée de trois ans, elle alla, en compagnie de son époux Joachim, au temple du Seigneur, et, présentant des offrandes, ils remirent leur fille, afin qu'elle fut admise sans examen, parmi les vierges. A l'âge de trois ans, Marie marchait avec une gravité de Suisse et sa figure « resplendissait comme le fond d'une casserole nouvellement étamée. » Réunissant dans son extrême jeunesse, les qualités d'une femme accomplie, elle vit violer en sa faveur les lois de Moïse. Le vénérable sanhédrin des Juifs lui fit construire une chambre sous l'autel de l'Arche de l'Alliance, dans laquelle les anges venaient faire la causette avec elle et lui apportaient des provisions de la part du bon Dieu, son futur fils. Elle n'en sortit qu'à l'âge de quinze ans, époque où les prêtres la trouvant *suffisamment préparée,* songèrent à la marier.

5 DÉCEMBRE. — SAINTE CRISPINE, IVᵉ siècle. — Je ne sais si vous l'avez remarqué comme moi, toutes les saintes et les saints, sauf de rares exceptions, sont toujours d'une naissance illustre. L'Église, par là, nous fait voir que les

familles riches qui lui graissent bien la patte ont seules quelques chances de voir les leurs gratifiés du titre de saints. Crispine, qui réunissait ces conditions de noblesse et d'opulence, fut revêtue de toutes les vertus chrétiennes et placée dans le calendrier à la grande édification des fidèles, mais si les gros bonnets du clergé savent en imposer à leurs ouailles naïves, il est impossible de mentir à Dieu ; nous allons donc voir ce qui se passa lorsque Crispine comparut devant ses trois juges : le Père, le Fils, et le saint Esprit.

Un huissier, avec des ailes dans le dos, vient de prononcer les paroles d'usage : « *La cour, messieurs, levez-vous.* Aussitôt, ces trois divins magistrats viennent s'asseoir au terrible tribunal. Le Père Éternel, juge président, lui parle en ces termes : « Crispine, je viens de lire votre dossier ; la liste de vos péchés mortels est trop longue pour en faire la complète énumération ; vous n'avez été toute votre vie qu'une hypocrite et une impure ; sous prétexte d'une complexion délicate (voir ci-contre mon croquis d'après nature), vous vous faisiez dorloter par votre mari ; le brave homme, plein de complaisance pour vous, bassinait votre lit le soir ; vous grattait dans le dos ; la nuit, craignant que vous ne preniez froid en vous découvrant, il se levait pour vous passer le pot ; le matin il vous apportait votre chocolat ; vous frictionnait lui-même des pieds à la tête avec des eaux de senteur ; apprêtait votre faux chignon, etc., etc. ; et vous malheureuse, que faisiez-vous pour reconnaître les soins d'un époux si tendre ? Vous le faisiez cocu avec un garçon charcutier sous prétexte que vous adoriez le saucisson ; avec votre épicier, parce que vous aimiez les oranges de premier choix ; avec votre frotteur, parce qu'il frottait dans la perfection ; avec..., mais je m'arrête ; d'autres prévenus sont là qui attendent ; votre pauvre mari, abusé comme les autres par vos simagrées bigotes, n'a pu survivre à votre mort ! Le voici près de vous qui demande votre grâce ; mais ses prières ne sauraient racheter votre infâme conduite, et pendant qu'il ira jouir du séjour des bienheureux, vous grillerez éternellement dans les flammes de l'enfer, ainsi-soit-il !

7 DÉCEMBRE. — SAINT AMBROISE, *archevêque de Milan, patron des avocats*, IV⁰ siècle. — Ambroise, étant tout petit, et

quoique d'une naissance illustre, puisqu'il comptait parmi ses aïeux des consuls et des préfets, aimait beaucoup les confitures. Un jour qu'il s'était endormi en ayant la bouche pleine, *un essaim d'abeilles vint voltiger autour de son berceau, quelques-unes entrèrent dans sa bouche, puis s'envolèrent si haut qu'aucune vue humaine ne pouvait les apercevoir ;* cet événement, disent les livres saints, fut regardé comme un présage certain de la grandeur et de l'éloquence future d'Ambroise. Muni d'un tel présage, ce gaillard ne pouvait manquer d'aller loin ; en effet, à peine avait-il atteint l'âge de puberté qu'il fut reçu avocat, et étonna

bientôt ses contemporains et ses contemporaines dans l'art de remuer habilement la langue. Une dame très puissante à la cour de Valentinien .(dont je
tairai le nom pour ne pas la compromettre), apprécia tellement les talents
d'Ambroise, qu'elle lui fit obtenir la place de gouverneur de la Ligurie et de
l'Émilie.

A cette époque, un monsieur Auxence, évêque à Milan, venait de rendre au
diable sa vilaine âme infectée d'arianisme, et, comme les Ariens et les catholiques voulaient mettre chacun un évêque de leur parti, et que les horions pleuvaient dru comme grêle, Ambroise, en sa qualité de gouverneur, vint leur faire
une si belle allocution pour rétablir l'ordre, que tous restèrent dans l'admiration.
A ce moment, un gamin à qui il avait donné deux sous s'écria : Ambroise !
évêque ! et le peuple de répéter aussitôt la même chose ; mais notre fin matois,
qui connaissait bien son public, fit celui qui ne voulait consentir à aucun prix.
Il fit aussitôt subir d'horribles tortures aux prévenus qu'il avait à juger, puis
commanda d'amener chez lui un grand nombre de femmes perdues, et, faisant
avec. elles mille indécences aux fenêtres, il dit à la populace : Vous voyez
bien que je suis indigne d'être votre évêque. Mais la populace, comme
les jolies femmes qui ne veulent précisément que ce qu'on leur refuse, criait
plus fort que jamais : Ambroise, évêque ! Enfin, à minuit il se sauva de Milan ;
mais, s'étant soi-disant égaré, il se trouva le lendemain matin, comme par
hasard, aux portes de la ville, et. consentit enfin, avec la permission de son
empereur, à se laisser nommer évêque. L'empereur regretta bientôt l'élévation
d'Ambroise : car celui-ci, en fin politique, sut mettre tout en œuvre pour acquérir les bonnes grâces du peuple, encourageant ses plaintes contre les exactions
du monarque. Lorsqu'il fut certain de sa puissante popularité, il ne craignit plus
d'imposer ouvertement ses volontés ; il envoya d'abord promener carrément
l'impératrice Justine, qui lui demandait seulement l'aumône d'une toute petite
église pour les Ariens ses amis. Une autre fois, les chrétiens, jaloux des Juifs,
ayant démoli une synagogue, le grand Théodose, malgré toute sa puissance, ne
put la leur faire rebâtir. Le sénat romain ne fut pas plus heureux lorsque, sur
la sollicitation de Symmaque, il réclama de l'empereur le rétablissement de l'autel de la victoire. L'empereur dit oui ; mais Ambroise ayant dit non, l'autel
ne fut point rétabli.

Théodose, prince très pieux et très catholique, ayant appris qu'un habitant
d'une ville de son empire s'était permis d'uriner contre sa statue, ordonna le
massacre de tous les habitants dont le nombre fut de sept mille. Quelque temps
après, comme il allait entrer dans une église, Ambroise, sachant qu'il aurait

l'opinion publique pour lui, saisit habilement cette circonstance d'affirmer encore sa puissance, et défendit au prince d'entrer dans l'église ; mais celui-ci ayant dit le nombre de pater et d'ave qui lui fut assigné pour sa pénitence, tout fut oublié.

Le clergé, qui se garderait bien de mettre dans son calendrier un des bienfaiteurs de l'humanité tel que Parmentier, est plein de vénération pour un homme comme Ambroise, parce que celui-ci, flattant ses vues ambitieuses, a soutenu avec arrogance le pouvoir spirituel contre le pouvoir temporel. En terminant, je citerai quelques passages des écrits de ce père vénéré de l'église latine. Voici d'abord une justification du suicide. *Dieu ne peut être offensé de notre mort lorsque nous la prenons comme un remède.* Plus loin il trouve qu'il est absurde de s'instruire, *la science du salut étant la seule qui doive préoccuper un chrétien.* Dans son livre de la virginité et du célibat, il dit textuellement *que le mariage est une chose contre nature, attendu que tous les hommes en naissant sont dans le célibat.*

7 DÉCEMBRE. — SAINTE FARE, *abbesse de Fare-Moutiers, en Brie,* VIIe siècle. — Fare était d'une naissance illustre, naturellement ; son papa, qui s'appelait Agnéric, était un des principaux officiers de la cour de Théodebert II, roi

d'Austrasie, et sa maman, qui s'appelait Léodegonde, n'en était pas plus fière pour ça. Ils demeuraient *aux lieux nommés Pipimissium.* Sainte Fare avait seize ans lorsque saint Colomban, passant dans le pays, logea dans leur maison et donna sa bénédiction à toute la famille ; mais quand il fut arrivé à Fare, il la prit en cabinet particulier *et la consacra au Seigneur d'une façon particulière.* Peu de temps après, son papa songea à la marier, mais la sainte ne voulut pas, parce qu'elle *avait remis sa virginité entre les mains de saint Colomban.*

Enfin, un jour elle se sauva de chez ses parents et se réfugia dans un couvent qui avait deux compartiments ; un pour les hommes, l'autre pour les femmes, avec une porte de communication. Les moines et les sœurs vécurent toujours en bonne intelligence ; on prétend même qu'ils eurent beaucoup d'enfants.

8 DÉCEMBRE. — CONCEPTION DE LA VIERGE. — Parmi les nombreuses fariboles que l'Église fit avaler à ses ouailles, il en est peu qui soulevèrent autant de contradictions que le dogme de l'Immaculée Conception ; voici la note curieuse que je trouve à ce sujet dans un vieux bouquin. L'Église, jusqu'à l'an 1150, a cru que Marie avait été conçue dans le péché originel. Jean Duns fut le premier qui prêcha l'Immaculée Conception. Le pape Sixte IV ordonna de fêter ce dogme, et cela à propos de l'aventure suivante arrivée à un chanoine. Ce prêtre, pour aller voir sa maîtresse, passait la Seine ; en entrant dans le bateau il avait la sainte habitude de réciter l'*Ave Maria*. Un jour, le diable et le vent le culbutèrent au fond de l'eau ; il se noya et le diable l'emporta aux enfers ; la sainte Vierge alla trouver le diable pour lui redemander son chanoine, disant qu'il lui appartenait, puisqu'il récitait souvent la Salutation angélique. Le diable, lui, soutenait que quelques *Ave Maria* pesaient moins lourd dans la balance que des milliers d'adultères ; la Vierge Marie l'emporta cependant ; le chanoine fut ressuscité et Marie lui ordonna, en reconnaissance, de réciter son office et de célébrer la fête de l'Immaculée Conception.

9 DÉCEMBRE. — SAINTE LÉOCADIE, *patronne de Tolède*, IVᵉ siècle. — Léocadie était d'une naissance non moins éclatante que ses devancières. Mais *son extrême beauté, ses grandes qualités, sa bonne éducation, les grâces répandues sur toute sa personne, faisaient d'elle un tel prodige de perfections qu'elles effaçaient l'éclat de sa naissance........* ouf! Un tel assemblage de vertus ne pouvait décemment rester sur terre. Dieu, jugeant qu'elle avait été assez turlupinée par un nommé Darcien, gouverneur de l'Espagne, se hâta de rappeler à lui une créature aussi parfaite, dans la crainte qu'elle ne rendît toutes les autres jalouses.

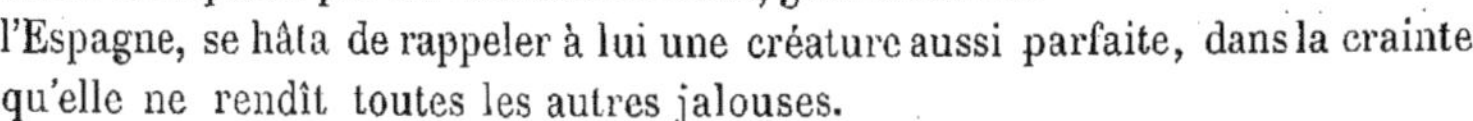

10 DÉCEMBRE. — SAINTE EULALIE et SAINTE JULIE, *martyres*, IVᵉ siècle. — Au temps de la persécution de Dioclétien, il était une jeune fille dont les parents, *nobles* et *riches*, habitaient la ville de Mérida, en Portugal. Sa mère, qui trouvait en elle une beauté d'esprit bien supérieure à celle de son corps, quoiqu'elle fût des plus éclatantes, s'empressa de cultiver cette plante rare, ne l'arrosant sans cesse qu'avec l'eau de la piété chrétienne et ne se servant comme engrais que du seul fumier de la grâce et de la componction. Une plante aussi bien cultivée ne manqua pas de porter rapidement les fruits

qu'on en attendait. La jeune fille, dédaignant les vanités de la toilette, qui font
les délices des femmes, ne consentait, pour tout vêtement et unique parure,
qu'à *se revêtir de sa seule modestie ;* sa maman, justement fière d'une telle
élève, lui faisait passer tout son temps à prier au pied des autels. Pour la
distraire de ces occupations, cette mère vertueuse l'entretenait du martyre des
vierges chrétiennes et du courage avec lequel elles allaient au devant des plus
horribles tortures. Eulalie ne rêvait plus que de choses épouvantables; surexcitée
par ces images effrayantes, elle se levait la nuit, courait nue à travers les cor-
ridors, poussait des cris effroyables. Monsieur son papa, voyant l'état de sa
fille, s'en prit bientôt à la mère, lui reprocha de lui tourner la tête avec ces
bigoteries exagérées, et ce chapitre était le prétexte de nombreuses scènes
conjugales.

A cette époque, la secte révolutionnaire des chrétiens ne rêvait rien moins

que le renversement *du culte et du gouvernement établis,* et commettait partout de nombreux méfaits. Pour rétablir l'*ordre,* Dioclétien proclama des
édits enjoignant à tout citoyen de respecter la religion de l'empire sous peine
de mort, et Calpurnien fut envoyé à cet effet à Mérida. A cette nouvelle, l'exaltation d'Eulalie ne connut plus de bornes; elle déclara qu'elle irait cracher à
la figure de ce magistrat ; la maman fut alors quelque peu effrayée de son
œuvre, et elle résolut, d'accord avec son mari, de passer quelque temps à la
campagne pour dissiper les hallucinations mystiques d'Eulalie; mais celle-ci,
trompant toute surveillance, s'échappe une nuit, arrive le matin à Mérida ; puis,
se rendant aussitôt au tribunal, traite le juge du haut en bas; celui-ci, prenant en pitié cette fille qui n'avait pas encore douze ans, voulut lui représenter sa folie et la renvoyer à ses parents. Eulalie, vexée de ne pas être prise au
sérieux, cracha saintement au visage du juge, jeta l'idole par terre et la foula

aux pieds avec l'encens et le gâteau dont on devait faire l'oblation ; aussitôt le juge, qui aurait mieux fait de lui donner une bonne fessée, appliqua la loi et la fit mettre à mort.

Eulalie avait entraîné avec elle une jeune fille, sa sœur de lait, nommée Julie, qui fut mise à mort en même temps qu'elle ; mais comme elle n'était ni noble ni riche, les livres saints, pour la plupart, n'ont pas jugé qu'elle valût la peine d'en parler.

Réflexion pieuse. On voit ici les fruits de l'éducation que les parents chrétiens doivent donner à leurs enfants. De la manière dont on les élève aujourd'hui, en trouverait-on beaucoup qui voudraient ainsi souffrir le martyre ? Hélas ! au lieu de leur apprendre à tout sacrifier à Dieu, on leur enseigne l'histoire, la géographie, toutes choses, en un mot, propres à exciter les vanités du monde.

11 décembre. — SAINT DANIEL *stylite*, v⁰ siècle. —Deux ordres bien distincts sont à remarquer dans la classification des saints : l'ordre des roublards et l'ordre des imbéciles. A première vue Daniel semble appartenir à l'ordre de

ces derniers ; mais en y regardant de plus près, on voit bien vite qu'il n'était pas si bête que les naïfs qui croyaient à ses simagrées ; notre homme, que l'immense renommée de Siméon le Stylite empêchait de dormir, résolut dans son orgueil de le surpasser en extravagances. Après s'être enfermé quelque temps dans un couvent, il résolut d'aller à Constantinople pour donner aux gens de la cour l'exemple de sa vie pénitente ; pour frapper les esprits, il s'établit d'abord dans une église abandonnée depuis longtemps, parce qu'elle était fréquentée par les revenants ; il y resta

neuf ans, lorsqu'enfin, fatigué des tracasseries des ecclésiastiques des environs, jaloux de son succès, il résolut de se faire bâtir une colonne et de remplacer ainsi Siméon ; mais l'hiver fut si rude qu'il manqua mourir de froid. La récompense ne se fit pas longtemps attendre ; il devint bientôt un objet d'admiration pour une multitude d'idiots qui lui attribuèrent le don de miracles et de prophéties. Daniel, ayant appris qu'un immense incendie dévorait Constantinople, *prédit que le feu ne cesserait que lorsqu'il aurait détruit tout ce qu'il devait détruire ;* et l'événement justifia cette prédiction, et la gloire du serviteur de Dieu fut immense. L'impératrice Vérine, qui le visitait souvent, lui demanda un enfant pour succéder à son mari, et le saint voulut bien le lui accorder, et lui prédit qu'il règnerait. L'enfant étant mort, la reine vint lui redemander un autre enfant et se plaignit à Daniel de ce que sa prédiction ne s'était pas accomplie. *Ma prédiction est accomplie, dit-il, car votre fils règne... au royaume des cieux, et pour votre manque de foi, vous n'aurez pas d'autre enfant.* En ce temps-là, le patriarche de Constantinople eut des démêlés avec l'empereur Basilique ; Daniel écrivit à ce dernier *ces simples mots :* « Un prince de la terre doit toujours s'incliner devant un prince du ciel ; fais ma volonté sans observation, car si tu me fais descendre de ma colonne, gare à toi ! » Basilique ayant ri de la menace, le saint se mit en route, armé seulement d'un bâton, mais suivi d'une si grande multitude de moines et de fanatiques, qu'elle ressemblait aux flots de la mer ; et cette multitude grossissait dans tous les pays où il passait. En entrant à Constantinople, tous se mirent à entonner des hymnes et des cantiques, rugissant à chaque refrain des cris de mort contre Basilique ; celui-ci, épouvanté, se sauva dans un de ses châteaux, à deux lieues de là ; Daniel l'y suivit et les gardes l'empêchèrent d'entrer ; alors, suivant le conseil de l'Évangile, il secoua la poussière de ses pieds et s'en retourna. Mais Basilique, se sentant perdu, envoya après lui pour le faire revenir et implorer ses bonnes grâces. Daniel s'y étant refusé avec indignation, l'empereur vint se jeter à ses pieds pour lui demander pardon ; au lieu de lui pardonner, Daniel lui mit un pied sur la tête, et dit au peuple : Voici la puissance qui abat les rois. Non content de lui infliger cette humiliation, il lui prédit qu'il serait détrôné dans... quelque temps, et la prédiction fut confirmée l'année suivante. Après ces exploits, Daniel remonta sur sa colonne, et se livra à de si atroces austérités, que je ne me sens pas le courage de les narrer ; elles ne l'empêchèrent pas néanmoins de vivre jusqu'à quatre-vingts ans.

14 DÉCEMBRE. — SAINT NICAISE, *évêque de Reims,* vᵉ siècle. — Au cinquième siècle, une armée de barbares s'étant présentée devant la ville de Reims, Nicaise, en face du danger, s'improvisa aussitôt général en chef de la garde nationale, et, dans une allocution patriotique, il engagea les habitants à s'armer... de prières. Il eut la tête tranchée par les barbares, et sa sœur Eudoxie mourut aussi en défendant inutilement sa virginité contre une multitude d'assaillants.

16 DÉCEMBRE. — SAINT NICOLAS, *patron des garçons*, est l'un des saints les plus célèbres de l'Église; mais les pieux historiens ne s'accordent pas sur son compte. Je prendrai donc un peu partout des absurdités avec lesquelles

on lui a composé une histoire; je ne puis résister au plaisir de vous citer, sans y changer un iota, ce que je lis dans un livre dévot : *Le grand Nicolas naquit de nobles et pieux et riches parents; ses parents l'engendrèrent à la fleur de leur âge, et puis ils vécurent dans la continence. Le premier jour de sa naissance il se dressa de toute sa hauteur, déclarant qu'il voulait observer les jours d'abstinence ; que le mercredi et le vendredi, — jours de jeûne observés alors par l'Église, — il ne prendrait pas le lait de sa nourrice. Il annonçait ainsi le prodige de grâces qu'il devait être plus tard.*

Nicolas était d'une taille et d'une beauté extraordinaires, et toute fille qui l'apercevait était férue d'amour en plein cœur. Un de, ses voisins, noble, mais pauvre, avait trois filles vierges, lesquelles devinrent toutes trois en même temps amoureuses du beau Nicolas. Mais pour céder la jouissance de leurs charmes elles demandaient à celui-ci une somme considérable, destinée, disaient-elles, à faire vivre leur pauvre père. Nicolas ne l'entendit pas comme ça, et, trouvant qu'il n'avait déjà que trop de mal à s'accorder avec sa femme légitime, il ne voulut pas s'en mettre trois autres sur les reins. Étant donc d'une naissance et d'un cœur très nobles, et par dessus le marché d'une famille très riche, il jeta à plusieurs reprises sa bourse chez son malheureux voisin. Cette action charitable, pour laquelle il exigea le plus grand secret, emplit bientôt le pays et ses environs de la renommée de son extrême vertu et de sa grande charité. En ce temps-là, l'évêque de la ville de Myre mourut, et comme, suivant l'habitude, on allait en venir aux mains pour lui choisir un successeur, il fut décidé, pour tout concilier, que le premier qui entrerait dans l'église serait bombardé évêque. En ce moment, Nicolas entra dans le temple, et l'un des évêques, l'arrêtant, lui dit : *Comment te nommes-tu ? Et lui qui était simple comme une colombe, répondit : Je suis le beau Nicolas ; et, quoiqu'il s'en défendît,* ils le firent asseoir de force sur le siège épiscopal.

Saint Nicolas était marié à une très belle femme, et, malgré la sainte ardeur qu'il mettait à provoquer en elle des extases célestes, Dieu ne jugeait pas à propos de le combler des joies de la paternité. Nicolas en était très mortifié, car son plus vif désir était d'avoir un héritier mâle pour en faire un grand saint comme lui. Les autres évêques, confrères de Nicolas, lui flairant une aussi jolie femme, venaient le visiter fréquemment ; mais celui-ci était très jaloux et montait bonne garde ; néanmoins ses amis le plaisantèrent tellement qu'un jour, en plein concile de Nicée, il entra suivi de son adorée, et leur dit : « Depuis longtemps déjà, vous m'accusez d'un amour trop charnel pour ma femme ; eh bien, aujourd'hui, éclairé par vos avertissements, je reconnais qu'un chrétien n'est vraiment digne de ce nom que s'il a un complet détachement des choses d'ici-bas. Voici donc ma femme, je vous l'abandonne, la prenne qui veut. » Madame Nicolas fut aussitôt assaillie par une multitude d'évêques qui la voulaient chacun pour soi, et fut en peu d'instants tellement déchirée qu'elle se vit bientôt aussi peu vêtue que notre mère Ève lors de sa création, laissant

voir à ces paillards ses charmes les plus secrets. Le plus sage de la bande
ayant proposé de la prendre chacun son tour, le sort décida de celui qui
l'aurait le premier.

Au bout d'un grand nombre d'années, Nicolas, toujours beau, toujours grand,
devenu le modèle de toutes les vertus, était parvenu à une extrême vieillesse ; il
souhaitait toujours intérieurement, — mais sans espoir maintenant, — d'avoir un
fils pour en faire un grand saint, lorsqu'un beau jour, il vit revenir sa femme
accompagnée de trente-cinq enfants, tous des garçons. C'est ainsi, et lorsqu'ils
s'y attendent le moins, que la Providence exauce au centuple les vœux de ses
fidèles serviteurs. Nicolas, qui rêvait d'avoir un grand saint pour successeur,
se rattrapa sur la quantité et fit de ses enfants autant de petits saints. Il fut
naturellement choisi par les chrétiens pour le patron des garçons.

Les os de cet illustre saint, en l'honneur duquel fut bâti un grand nombre
d'églises en Orient et en Occident, reposent actuellent à Bar, en Italie. Il en
sort, dit-on, une huile tellement abondante qu'elle déborde continuellement par
les fissures de son tombeau ; les fidèles s'en servent pour assaisonner une salade
qui guérit de toutes les maladies. On attribue au beau Nicolas un grand
nombre de miracles ; je cite seulement celui-ci, après lequel on peut tirer
l'échelle : « Des marins, assaillis par une horrible tempête, invoquèrent Nicolas,
qui, leur apparaissant tout à coup, leur dit : Venez, hommes de foi, je vais vous
montrer la cause de cette tempête et en supprimer l'effet. Aussitôt il leur fit
voir au fond de la mer le diable qui battait sa femme et était cause de ce
tumulte des eaux ; ayant tancé d'importance le maître de l'enfer celui-ci resta
tranquille et tout entra dans l'ordre. »

12 DÉCEMBRE. — SAINT VALÉRY, *abbé en Picardie*, IVe SIÈCLE. —
Valéry, Auvergnat de naissance, qui n'avait rien à faire en gardant les troupeaux
de son père, entreprit, pour passer son temps, de s'exercer à la pratique de toutes
les vertus ; mais, jugeant bientôt qu'il ne pourrait arriver seul à la perfection,
il résolut de faire un apprentissage sérieux. A cet effet, il lâcha un beau matin
les troupeaux de son père et s'enfuit au monastère d'Autumon. Un jour, ayant à
demander quelques conseils spirituels à son directeur, il poussa la porte qui
était entrebâillée ; sa stupéfaction fut grande en voyant l'abbé en compagnie
d'une dame, et dans une position tellement scandaleuse que, s'en trouvant scandalisé, il quitta immédiatement ce couvent pour aller dans celui de Saint-Germain
d'Auxerre, où l'on suivait, disait-on, une règle très austère. Il y était depuis
peu de temps, lorsqu'un moine qui était devenu son ami lui dit un jour :

« Mon cher Valéry, tu me sembles un garçon discret, il faut que je te révèle les

secrets de la communauté; la règle d'austérité dont nous faisons parade est pour attraper les sots; mais entre nous... » Valéry, indigné, ne voulant pas en entendre plus long, quitta sur-le-champ le couvent. La réputation de sainteté dont jouissaient les moines de Luxeu, lui inspira le désir d'aller vivre avec eux, mais le pauvre garçon était encore mal tombé. Saint Colomban, qui était un paillard de la plus belle espèce, lui en fit bientôt voir de toutes les sortes. Après avoir encore essayé d'autres couvents sans être plus heureux, il échoua en dernier lieu au couvent Bobio, où il fit connaissance d'un moine nommé Germinardini; mais celui-ci, ayant voulu mettre au masculin ce qui doit être mis au féminin, le pauvre Valéry s'enfuit encore résolu cette fois de s'expatrier. Il alla vivre seul dans un lieu désert de Picardie, sur l'emplacement duquel on bâtit plus tard une ville qui porte son nom. Un jour, ayant aperçu près de lui un chien et une chienne dans une situation que la décence nous interdit de décrire, il comprit enfin que la pureté n'est pas de ce monde, et n'espérant la trouver qu'au ciel, il rendit à Dieu son âme pure et chaste.

13 DÉCEMBRE. — SAINTE LUCIE ou LUCE, *vierge et martyre,* **III**e **siècle. —** Sainte Luce de Syracuse, en Sicile, était de haute naissance. Lorsque sa mère

voulut la marier, elle lui déclara qu'elle avait fait vœu de chasteté. Mais le jeune homme à qui elle était fiancée, très vexé de se voir évincé, la dénonça comme chrétienne au gouverneur Paschasius. Celui-ci la fit venir et chercha à l'intimider; mais Lucie lui répondit : *J'ai le Saint-Esprit en moi, et je ne te crains pas. —Eh! bien, reprit le gouverneur, je vais te faire mener dans un lieu de débauche, et tu perdras ton Saint-Esprit.* Arrivée au milieu de la place, le corps de la sainte devint si lourd qu'on ne pouvait plus la faire avancer. *Paschasius fit atteler mille hommes: rien! puis cinquante paires de bœufs: rien! fit venir des enchanteurs : rien! rien! rien!* Voyant qu'on ne pouvait la déplacer, il ordonna à deux jeunes païens de la prostituer publiquement. Mais Lucie, les regards fixés sur les voûtes éthérées, disait : *Mon corps ne peut être corrompu si ma volonté n'y consent.* Ayant dit ces mots, elle poussa quelques soupirs et rendit à Dieu son âme immaculée.

A propos du martyre de cette sainte, un vieil auteur grivois fait cette réflexion : *L'Église est dans la louable habitude de faire peindre les saintes avec l'instrument de leur supplice; nous souhaiterions savoir comme elle s'en tire à l'égard de sainte Lucie.*

14 DÉCEMBRE. — SAINT JEAN DE LA CROIX, xvie siècle. — Ce saint entreprit de réformer les mœurs des Carmes. Ces religieux, connus du monde entier, et du beau sexe en particulier, pour leur vigueur peu commune, opposèrent à notre saint une résistance énergique, ils se liguèrent avec leurs pénitentes pour lui faire subir une persécution carabinée; mais celui-ci s'adjoignit sainte Thérèse, qui, ayant déjà travaillé à la réformation des filles, voulait tra-

vailler à celle des hommes. Malgré ce puissant renfort, *il ne laissait point d'être attaqué par l'endroit le plus délicat; une fille effrontée eut la hardiesse de...; une autre fois, une jeune veuve qui avait encore moins de pudeur, trouva le moyen de...* Par la grâce de Jésus-Christ, il triompha de toutes ces embûches, et, bon gré mal gré, les Carmes furent réformés, mais pas pour long-temps.

15 DÉCEMBRE. — SAINT IRÉNÉE, *évêque de Lyon, martyr,* iie siècle, fut un des lampions les plus brillants de l'Église. Il naquit en Grèce, vers l'an 120, fut disciple des saints Polycarpe et Papias, qui eux-mêmes avaient été disciples de saint Jean l'Évangéliste. Polycarpe (homme d'un génie très médiocre, assure l'historien Eusèbe), fier de trouver dans Irénée un disciple digne de lui, l'envoya à Lyon pour y prêcher la foi catholique; il mit un tel zèle dans ses prédications, qu'il fit un grand nombre de prosélytes, et saint Pothin, premier évêque de Lyon, qui en crevait de jalousie, ne s'en vit pas moins forcé de l'élever au sacerdoce. Lorsqu'il fut sacré prêtre, son ardeur devint plus grande encore et la moitié de la ville fut bientôt convertie. Les chrétiens, devenant plus arrogants à mesure que leur nombre augmentait, excitèrent tant de troubles que Marc-Aurèle résolut de les réprimer par une persécution sanglante. Irénée, voyant mourir courageusement les nombreux chrétiens qu'il avait faits,

craignit avec juste raison pour sa peau et s'enfuit à Rome, laissant martyriser à sa place le malheureux Pothin qui n'avait rien fait; mais, à la mort de Marc-Aurèle, le danger passé, il se hâta de revenir pour prendre sa place d'évêque, et devint ainsi le chef de l'Église des Gaules. L'empereur Commode, en montant sur le trône, voulut justifier son nom; et comme il se moquait autant de la religion chrétienne que de l'autre, il les laissa toutes deux tranquilles; mais les chrétiens, qui avaient besoin de persécutions, voyant qu'ils n'étaient plus persécutés, se persécutèrent entre eux.

Un nommé Valentin, prédicateur très renommé, furieux de ne pas être nommé évêque d'Égypte, comme il le voulait, commença les premiers troubles; puis vint Florin, qui avait été avec Irénée disciple de Polycarpe. Ce particulier osait soutenir que tout se faisant par la volonté de Dieu, si nous péchons c'est qu'il le veut bien; plusieurs autres vinrent encore dont les systèmes firent naître entre les chrétiens des luttes épouvantables; Blaste, prêtre de Rome, fut un de ceux qui troublèrent le plus profondément la paix de l'Église. Cet hérétique exécrable prétendait que le jour de Pâques devait être *célébré le quatorzième de la première lune*, d'autres disaient au contraire qu'il devait être célébré le *quatorzième même*. Saint Irénée écrivit à ce sujet de si nombreux volumes que leur poids suffi-rait à rendre un mulet poussif. L'empereur Sévère, qui régnait alors, s'était borné à hausser les épaules à la vue des querelles incessantes des chrétiens; mais ayant appris un beau jour qu'ils avaient provoqué une émeute populaire, il se fit ce raisonnement: puisque Commode a voulu justifier son nom en se montrant commode, je dois aussi justifier le mien en me montrant sévère. Ayant prononcé ces paroles mémorables, il prit une allumette et alluma le flambeau de la cinquième persécution. Irénée, à cette nouvelle, se hâta de faire ses malles; mais il manqua le train, fut arrêté à la gare et exécuté avec beaucoup d'autres l'an 202 après J.-C.

Je me suis toujours demandé ce que pouvaient bien promettre dans la vie future les premiers pères de l'Église pour exciter tant de gens à se faire martyriser; voici ce que disait notre saint dans une de ses prédications : *Il viendra un temps où il croîtra des vignes dont chacune aura dix mille ceps ; chaque cep, dix mille branches ; chaque branche, dix mille rameaux; chaque rameau, dix mille grappes composées de dix mille raisins, qui fourniront vingt-cinq mesures de vin, et lorsqu'un des saints ira cueillir du raisin sur une grappe, la grappe voisine lui criera : c'est moi qui suis la meilleure, prenez-moi et bénissez le Seigneur.* Dans un de ses ouvrages, *il affirme avoir vu la statue de sel, montrant par ses parties naturelles ses effets ordinaires.* Il faut être un grand saint pour dire et écrire ces choses-là, car un simple mortel passerait pour un imbécile et un saligaud.

16 DÉCEMBRE. — LA FEMME CAPTIVE, *apôtre*, était une chrétienne qui, du temps de Constantin, empereur, était captive chez les Ibériens, peuple qui n'avait aucune religion. Cette femme était un vrai caniche pour la fidélité, un vrai chronomètre pour l'exactitude... à tous les devoirs de piété, et enfin un vrai chameau... pour la sobriété, car le jeûne était sa seule nourriture. Il était de coutume dans le pays, lorsqu'un enfant était malade, de le porter dans chaque maison pour savoir si quelqu'un avait un remède. Une femme ayant porté son enfant chez la captive, il fut guéri. Un mari jaloux étant allé la voir, fut guéri. Un cheval qui avait la morve, et un cochon qui avait la cocotte furent guéris. La reine, qui souffrait d'un cor au pied, étant venue, elle fut guérie, et le roi, qui avait reçu un coup de pied de Vénus, fut guéri comme  les autres et promit d'adorer Jésus-Christ; mais, oubliant sa promesse, il s'enfut à la chasse, et il survint une si grande obscurité qu'il ne distinguait plus sa main droite de sa main gauche. Il promit aussitôt de faire bâtir une église et l'obscurité cessa. Lorsqu'il fut de retour chez lui, il la fit commencer; au moment où on allait mettre la troisième pierre, elle resta suspendue en l'air et ne voulut pas se poser sur les autres; et tout le monde était bien triste; heureusement, la femme captive se mit en prières, et la pierre descendit miraculeusement à sa place, et l'église fut bâtie. A ce moment le peuple demanda qu'on l'instruisît des choses de la foi; on lui envoya de Rome beaucoup d'évêques et de prêtres; et les évêques et les prêtres devinrent trèsgras, et le peuple devint très maigre;

et plus les évêques et les prêtres devenaient gras, plus le peuple devenait maigre. Il survint aussi un pape qui, à lui tout seul, s'engraissa encore plus que les autres ensemble. Quelques hommes du peuple ayant dit un jour qu'il aurait bien mieux valu pour eux que toute cette cléricaillerie soit restée à Rome

> Le pape sans tarder les fit tous mettre à mort,
> Ce qui prouva fort bien qu'ils étaient dans leur tort.

16 DÉCEMBRE. — **SAINTE ADÉLAIDE**, *reine d'Italie et impératrice d'Allemagne*, xe siècle. — La pauvre Adélaïde eut bien des malheurs. Elle perdit son mari ; Béranger fut nommé roi à sa place. La nouvelle reine, nommée Gifle, qui avait une figure à claque, la fit mettre en prison. Une nuit elle s'évada et tomba dans un étang. Un pêcheur l'ayant repêchée avec trois carpes et deux

goujons, la confia à un ecclésiastique qui la remit à un moine, qui la remit à un évêque, qui la remit à Othon qui, à son tour, la remit à son fils, lequel l'épousa, quoiqu'il sût fort bien qu'elle avait été la maîtresse de Hugues, père de son premier mari, et de beaucoup d'autres ; mais, comme elle apportait en dot de riches provinces, il n'y regarda pas de si près et la fit impératrice d'Allemagne. En l'année 955 elle eut un fils. En 973 son second mari alla rejoindre le premier ; son fils, nommé empereur, pour aller plus à son aise courir la gueuse, lui laissa l'administration des affaires ; mais s'étant aperçu qu'elle avait un faible trop prononcé pour les porte-soutanes, il la pria poliment de lui céder la place ; puis quelque temps après se réconcilia avec elle. Lorsqu'il mourut, elle voulut de nouveau mettre son nez dans les affaires de l'empire, mais la femme de son fils, nommée Téophanie, lui mit le poing sur la figure, lui disant que, si elle vivait encore un an, elle n'aurait pas un pouce de terre dans toute l'étendue de sa domination ; Théophanie fut bien attrapée, car elle mourut empoisonnée un mois après, et Adélaïde rentra dans le gouvernement à la grande joie des porte-soutanes qui firent bombance et fouillèrent à discrétion dans les caisses de l'État. Elle fit, en outre, de grandes libéralités aux moines et aux religieuses, fonda plusieurs églises, abbayes et monastères, devint la maîtresse d'un pape, et s'acquit ainsi des droits à la reconnaissance du clergé, qui certes aurait été bien ingrat s'il n'avait donné à cette catin couronnée une place dans le calendrier.

21 DÉCEMBRE. — SAINT THOMAS, *apôtre*, 1er siècle, est devenu célèbre par son incrédulité. Les autres disciples, lui ayant raconté que Jésus crucifié leur était apparu et leur avait montré les marques de son crucifiemen,

il les traita de farceurs, et dit qu'il ne croirait que lorsqu'il aurait vu et mis le doigt dans les plaies ; mais Jésus n'étant pas plus apparu la seconde fois que la première, Thomas ne voulut pas en démordre, et jura *mordicus* qu'il ne croirait jamais à pareille fumisterie (il eut été du reste bien embêté, car il avait succédé à Jésus dans le cœur de sainte Madeleine). Les pieux histori..., voyant avec raison le tort que cette opiniâtreté allait leur faire, en furent quittes pour raconter que le Christ voulut bien apparaître une seconde fois pour convaincre l'incrédule.

Thomas, appelé aussi Dydime, qui veut dire Jumeau, avait un frère nommé Jules, né en même temps que lui; l'Écriture ne nous en parle pas, parce qu'il resta pêcheur au lieu de suivre Jésus. La coutume était en Galilée quand on avait la nuit un besoin pressant à satisfaire, de se soulager par la fenêtre. Jules et Thomas furent les premiers qui eurent l'idée de mettre ça dans un pot, comme les confitures. Cette nouveauté excita les rires et les quolibets des Nazaréens. Comme les deux frères avaient chacun leur pot, on disait, en les voyant le matin leur ustensile à la main : « Tiens, voilà Thomas qui va vider Jules, et Jules qui va vider Thomas. »

17 DÉCEMBRE. — **SAINTE OLYMPE** ou **OLYMPIADE**, *veuve*, ve siècle, *était surtout recommandable par une haute naissance et des biens immenses.* — Elle perdit ses parents fort jeune. Saint Amphiloque, évêque d'Icone, s'empressa de lui expédier sa sœur Théodosie, avec mission de cultiver cette fleur précieuse pour le profit de l'Église. Malgré le tableau que

Théodosie lui faisait sans cesse des joies ineffables réservées aux vierges, Olympe qui était jolie et n'était pas d'avis de laisser moisir ses charmes, écouta ces pieux conseils avec la plus grande déférence, mais ne s'en maria pas moins avec un nommé Nébride, qui avait été préfet de Constantinople et pour lors intendant des domaines particuliers de Théodose le Grand. Jamais, dit son pieux historien, on n'avait vu dans l'Église autant d'appareils de religion, ni autant de saints évêques à la fois (il est probable que s'il s'était agi d'une pauvre fille, tous ces braves gens-là seraient restés chez eux). Saint Grégoire de Nazianze ne put y assister, étant retenu par la goutte, — voilà ce que c'est que de trop bien vivre, — mais il envoya pour présent de noce un bel épithalame, ajoutant à l'éloge des mariés des instructions pour apprendre à la sainte l'art de vivre chrétiennement dans le mariage, et de faire les enfants avec décence. Mais, hélas ! la pauvre Olympe n'eut pas de chance; son mari mourut, — on n'a jamais su de quelle maladie, — peu de temps après son mariage. Elle devint ainsi veuve à dix-sept ans. Aussitôt son mari enterré, le haut clergé, un instant éloigné, revint en foule; *elle eut bientôt une étroite liaison avec les plus grands évêques de son temps, comme saint Amphiloque, saint Grégoire de Nisse, saint Pierre de Sabaste, saint Épiphane de Salamite, saint Nectaire, patriarche de Constantinople, etc., etc.*

Tous ces saints personnages venaient la voir assidûment, pour..... dit la légende, *la consulter sur les affaires de l'Église;* mais de tous ces saints qui étaient chez elle comme chez eux, il n'y en eut point à qui *elle fut plus attachée* qu'à saint Jean Chrysostôme, dit Bouche d'or; elle trouva en lui le plus tendre des amis. Il était couché, nourri, blanchi et entretenu chez elle. Olympe, nommée diaconesse en chef, se vit bientôt à la tête d'autres diaconesses, pour la plupart veuves comme elle, et chargées de pourvoir aux besoins des autres évêques. Sur ces entrefaites, l'empereur voyant que sous peu les gens d'Église allaient engloutir cette immense fortune, ordonna de la mettre sous la garde du préfet de Constantinople jusqu'à la majorité d'Olympe; mais ceci ne faisait pas le compte des évêques, qui firent tant des pieds et des mains que tous ses biens lui furent rendus. Saint Chrysostome en usa alors de plus belle. Les autres évêques en devinrent jaloux, et l'accusèrent de détourner à son profit des biens qui devaient être partagés entre tous; puis ils le débaptisèrent, changeant son prénom de Jean en celui d'Alphonse; enfin ils cabalèrent si bien qu'ils le firent exiler. Olympe lui fit des adieux déchirants, se traîna à ses pieds et embrassa ses genoux; jamais elle ne voulut, malgré les avances réitérées de son successeur, avoir aucun rapport avec celui-ci; elle lui voua une haine implacable. Peu de temps après l'installation de cet évêque, le feu consuma entièrement son église et le palais qui en était peu éloigné. Cet incendie, qui n'était évidemment que le résultat de la vengeance de Dieu, fut imputé à Olympe. Elle fut traduite devant les tribunaux, condamnée à payer une amende de deux cents livres pesant d'or, et fut poursuivie par les huées de la populace à la sortie du tribunal. Olympe, à la suite de ces diverses épreuves, résolut de se consacrer encore plus spécialement à Dieu, et à cet effet, elle fit, pour se mortifier, le vœu solennel de ne plus prendre de bains et de ne plus se débarbouiller. Elle tint son vœu pendant de longues années, puis elle mourut en odeur de sainteté vers l'an 410.

SAINTES RÉFLEXIONS. — Excellent modèle pour ceux qui se marient, de n'inviter à leurs noces que des prêtres, des évêques, en un mot tous les gens de bien. Avec ces pieuses personnes, les danses, les amusements indécents, seraient proscrits de tout mariage chrétien. Excellent modèle pour les veuves qui ont le bonheur de l'être toutes jeunes et de pouvoir ainsi librement se livrer corps et âme à l'Église.

17 DÉCEMBRE. — SAINTE BÈGUE, *veuve et abbesse,* ayant eu son mari tué à la chasse, et se voyant dans un âge où les galants se montrent de glace, résolut de se faire abbesse. Elle bâtit sept chapelles, et fonda un mo-

nastère où elle donna l'exemple de toutes les vertus. Sainte Bègue avait une très belle voix et en était très fière; malheureusement elle avait une prononciation tout à fait défectueuse, et bégayait de la plus épouvantable façon. Ainsi, lorsqu'elle entonnait le Credo in unum Deum, patrem, omni potentem, elle disait : Cre do do, un nu-homme..., des hommes. Papa trrrr, aime homme. Ninie, pot pot, Potin t'aime..., etc. Au lieu d'édifier ses religieuses, elle les faisait éclater de rire, et Dieu, pour faire cesser ce scandale, se hâta de rappeler sainte Bègue à lui.

18 DÉCEMBRE. — SAINT GALIEN, *premier évêque de Tours,* IIIe siècle,

vint dans cette ville pour convertir les idolâtres. Ses prédictions n'ayant aucun succès, il eut recours au miracle. Un jeune enfant s'étant un jour noyé, notre saint le repêcha, et, par des prières, lui rendit la vie. Trois canards, témoins de ce prodige, se firent baptiser aussitôt, et depuis ce temps, observèrent rigoureusement le jeûne du vendredi.

18 DÉCEMBRE. — SAINT PAUL LE SIMPLE, *modèle des maris trompés,* IVe siècle. — Paul était laboureur dans un village de la Thébaïde. Il épousa à soixante ans une jolie fille qui en avait dix-sept, et fut cocu naturellement. Tout le monde savait cela, et Paul, dans sa simplicité, était le seul qui ignorât cette particularité. Un jour qu'il rentrait plus tôt qu'à l'habitude, il surprit sa femme avec un jeune garçon dans une position que la décence la plus élémentaire m'interdit de décrire. Paul le simple leur dit simplement ces simples paroles : Je vois bien que je suis de trop ici; je m'en vais. Et fermant la porte, il partit aussitôt avec la résolution de se faire saint. Ayant marché huit jours dans le désert, il aperçut un cochon le front cerclé d'une auréole; il le suivit jusqu'à l'ermitage de saint Antoine ; mais aussitôt que celui-ci le vit venir, il s'empressa, par charité chrétienne, probablement, de fermer sa porte au verrou, et répondant à ses supplications, il lui dit d'aller se faire..... saint ailleurs.

Paul se prosterna devant la porte la face contre terre; plusieurs jours se passèrent ainsi, et Antoine, voyant qu'il ne pourrait sortir s'il ne transigeait pas, lui promit de le garder avec lui à la condition qu'il ferait tout ce qu'il lui ordonnerait. Le premier jour *il lui commanda de tirer de l'eau et de la répandre à terre, puis d'en retirer encore et la répandre de nouveau, et ainsi de suite; le second jour il lui fit coudre, découdre, recoudre le même morceau au fond de sa culotte; le troisième, il lui fit casser un grand pot de miel, et après lui en avoir fait faire une grande tartine sur la terre, il lui ordonna de tout râcler avec une coquille de moule, jusqu'à ce qu'il n'y eût plus aucune trace de miel.* Antoine, voyant qu'il s'acquittait parfaitement de ces nobles exercices, le récompensa en l'initiant à l'art d'être saint. Un jour qu'Antoine s'entretenait avec quelques solitaires de grande distinction, Paul se mêla à la conversation et leur demanda avec sa *simplicité* ordinaire, si Jésus-Christ était né avant la sainte Vierge ou la sainte Vierge avant Jésus-Christ? Son maître lui enjoignit rudement de se taire. Par la suite, il ne put jamais lui arracher une seule parole, et fatigué de cet éternel silence, il le congédia définitivement.

19 DÉCEMBRE. — SAINT TIMOTHÉE ET SAINTE MAURE, *martyrs,* IVe siècle. — Les livres dévôts nous racontent que Timothée, n'ayant pas voulu sacrifier aux idoles, eut les yeux et l'intérieur des oreilles percés d'un fer rouge et qu'il devint sourd et aveugle. Puis ils ajoutent que sa femme, âgée de quinze ans, vint lui dire tout ce qu'elle put imaginer de plus tendre pour l'engager à faire ce qu'on demandait de lui. — Un mari sourd et aveugle qui entend et voit sa femme! voilà un miracle qui pénétrera d'admiration l'âme d'un dévot.

20 DÉCEMBRE. — ALFRED, *roi d'Angleterre,* IXe siècle. — Je ne sais pas trop pourquoi Alfred est gratifié par l'Église du titre de saint. Dans toutes les histoires d'Angleterre que j'ai consultées, il n'est fait aucune mention de ce qualificatif. La vie de ce roi n'a en effet aucun rapport avec celle d'un saint, qu'on en juge. Ayant conquis son royaume contre les Danois, il créa la discipline militaire, encouragea le commerce, ressuscita les sciences et les lettres, fit des lois sages, et le bonheur de son peuple, qui lui donna le surnom de grand.

22 décembre. — SAINT HONORAT, v⁰ siècle, fonda un monastère en Provence dans l'île de Lerins. Cette contrée sauvage fut bientôt peuplée d'un nombre prodigieux de saints solitaires qui remplacèrent avantageusement? les serpents et les scorpions dont cette île était infestée. Le monastère était surplombé par un rocher monstrueux; or une nuit qu'il faisait un clair de lune superbe, on entendit un bruit épouvantable; c'était le rocher qui venait de se détacher et roulait du haut de la montagne, prêt à écraser le couvent de sa

masse énorme. Les religieux, saisis de terreur, s'enfuyaient précipitamment, et les villageois accourus voyaient s'échapper des dortoirs des formes blanches qui semblaient n'avoir aucun rapport avec le sexe des moines — des anges probablement. Les capucins s'étaient tous mis à genoux, mais leurs prières étaient impuissantes à conjurer le danger, lorsque l'un d'eux s'écrie tout à coup : Honorat! où est Honorat? lui seul est assez puissant auprès de Dieu pour nous sauver.

On se précipite à sa cellule, il n'y était pas... et le rocher dégringolait toujours. On cherche partout; les échos d'alentour se répètent au loin le nom d'Honorat. Et le rocher dégringolait toujours. On trouva enfin saint Honorat dans le village voisin, confessant une pénitente dont le mari était absent. Il accourut en toute hâte, pas plus vite toutefois que son abdomen proéminant le lui permettait; arrivé en face du monastère, il se prosterna et fit une courte invocation; il était temps! Le rocher, frappé de stupeur, s'arrêta tout à coup, eut l'air d'hésiter; puis obéissant à une volonté surnaturelle, il remonta péniblement, et fut de lui-même se remettre à sa place. On peut encore l'y voir aujourd'hui, témoignant par sa présence de la puissance de Dieu.

23 décembre. — SAINT JEAN CIRITE, *abbé*, xii⁰ siècle, se retira en un lieu solitaire, résolu de consacrer à Dieu sa virginité. Une dame du pays, exaspérée des infidélités de son mari, avait fui le toit conjugal, et se trouvant vers la fin du jour à l'endroit où notre saint habitait, il ne put faire autrement que de la garder pendant la nuit. Cette dame était belle, spirituelle, éloquente; elle s'était enfuie avec ses plu beaux atours, ce qui la rendait encore plus appétissante; la conversation qui n'avait d'abord roulé que sur les torts de son époux, tourna au tendre. Jean sentant dans sa chair un désordre inaccoutumé, vit, dans un éclair de la grâce, l'abîme impur dans lequel il allait tomber. S'élançant vers le feu de l'âtre, il y plongea son bras entier, afin de mâter sa chair par l'horrible douleur. En récompense, Dieu lui donna le pouvoir de faire faire des enfants aux autres.

23 décembre. — SAINTE VICTOIRE, v° siècle, était sur le point de se marier avec un nommé Eugène. Anatolie, sa sœur aînée, jalouse de voir que ce jeune payen la lui avait préférée, mit tout en œuvre pour persuader Victoire de rester vierge et d'embrasser la religion chrétienne. Victoire, qui était aussi simple que belle, ne suivit que trop ces perfides conseils. Eugène, aussi lâche qu'il avait été amoureux, dénonça la malheureuse, qui fut mise à mort pour n'avoir pas voulu sacrifier aux idoles. Un vieil auteur assure que Victoire, avant son supplice, fut dépouillée de tous ses vêtements avec plusieurs autres bienheureuses et fouettée sur la place publique. Ces pieuses  filles, dit-il, aimaient mieux montrer au peuple tous les trésors de la pudeur que de cacher leur culte. Il n'y a que des saintes capables d'une conduite si édifiante.

24 décembre. — SAINT DELPHIN, *évêque de Bordeaux*, v° siècle. — Il fit une chasse vigoureuse aux hérétiques; on lui attribue l'invention d'une poudre *hérecticide;* il en saupoudrait son lit tous les soirs dans la crainte que sa paillasse ne fut infestée de ces vilains animaux.

26 décembre. — SAINT ÉTIENNE, *premier martyr*, 1er siècle. — Dans les premiers temps de l'Église, les chrétiens riches étaient *expressément* tenus de déposer tous leurs biens aux pieds des apôtres. Ceux-ci gardaient d'abord la meilleure part pour eux, et chargeaient de jolies veuves de distribuer le reste. Mais comme ceux qui étaient beaux garçons étaient certains d'avoir la meilleure part, les autres se révoltèrent et se choisirent d'autres administrateurs dont Étienne fut nommé le chef. Quand on s'aperçut qu'il faisait danser l'anse du panier comme ses prédécesseurs, on voulut s'en débarrasser, et dans ce but on le dénonça aux juifs comme ayant blasphémé contre Moïse. Pour se justifier, il fit un admirable discours pendant lequel ses auditeurs ronflèrent comme des contre-basses. Voyant qu'il ne réussissait pas par la persuasion, il

se mit à crier à tue-tête : « Vous êtes plus bêtes que des brutes, *car vos caboches sont en pierres de taille.* » Les auditeurs se réveillèrent bientôt pour cirer à la porte! Mais Étienne, inspiré de l'esprit de Dieu, leur dégoisa tout son catéchisme poissard; puis s'étant enfui, il fut poursuivi à coups de cailloux et resta sur le sol pour ne plus se relever. Il eut ainsi l'honneur d'être le premier martyr de l'Église. Dans un passage de son discours, Étienne disait : *Dieu n'habite pas dans les bâtiments faits par les mains des hommes.* Je suis absolument de son avis; mais alors, à quoi servent toutes nos églises?

27 DÉCEMBRE. — SAINT JEAN *l'Évangéliste*, 1er siècle, ayant vu Jésus-Christ prendre la nuit beaucoup de poissons à l'aide d'une lanterne, crut de bonne foi à la pêche miraculeuse, et devint en peu de temps son disciple préféré. On lui attribue des Évangiles qu'il n'a jamais faits, puisqu'il ne savait ni

lire ni écrire. L'évêque Papias, son disciple, nous parle dans ses écrits des Évangiles de Luc, Marc et Mathieu, et ne dit pas un mot de ceux de saint Jean, ce qui prouve bien qu'ils ne furent fabriqués qu'après la mort de l'apôtre. On nous raconte encore qu'il fut plongé à Rome dans une chaudière d'huile bouillante; mais il est prouvé que, pas plus que Pierre, il n'a jamais mis les pieds dans cette ville. *Aimez-vous les uns les autres*, était, paraît-il, sa maxime favorite; pourquoi alors ordonnait-il expressément de jeter hors de sa maison tous ceux qui n'étaient pas chrétiens, et défendait-il de leur rendre seulement leurs saluts? Un jour, étant aux bains publics, il apprit que Cérinthe, homme delettré, qui niait la divinité de Jésus-Christ, y était aussi. Il quitta aussitôt l'établissement sans prendre le temps de remettre sa culotte. On représente saint Jean tenant un vase d'où sortent des serpents; voici pourquoi : Une coupe lui ayant été présentée, le breuvage empoisonné qu'elle contenait se changea par miracle en ces reptiles.

3 JANVIER. — SAINTE GENEVIÈVE, *patronne de Paris*, VIe siècle. —

AIR : *Les Pompiers de Nanterre.*

Dans le village de Nanterre,
Vivait jadis une bergère,
Que protégeait l'évêqu' saint Loup
Et qui jamais n'avait vu l'loup?
    Cette fill'là, sacrebleu!
    Se nommait Saint' Gen'viève
    Et vous remplaçait l'glaive
    Par un' prière à Dieu.

Quand cette pucell' faisait sa prière,
Dans sa noble ardeur fallait l'admirer,
Devant ses mains joint's une armée entière
    Sans désemparer
    S'dépêchait de s'carapater.

    Zim-la-i-la! (*bis*)
    Le beau capitaine!
    Zim-la-i'-la! (*bis*)   } *bis*
    Qu' la France avait là!

Un jour, aux portes de Lutèce,
S'avance une farouche altesse
Qui faisait cuir' sa viand' sans feu
Et qu'on app'lait l' fléau de Dieu.
    Pour chasser c't' homme si laid,
    Gen'vièv' tout feu tout flammes,
    Racol' toutes les femmes
    Et les arm'... d'un chap'let.

Puis ell's se mett'nt tout's à fair' leurs prières,
Dans leur noble ardeur fallait les r'luquer.
L' farouch' roi des Huns, devant ces mégères,
　　　D' peur de s' disputer
　　　S' dépêcha de s'carapater

Zin-la-i'-la ! (*bis*)
Ce grand capitaine
Zin-la-i'-la ! (*bis*)
R'tira ses pieds d' là !

} *bis*

LA VIE DE DAME SAINCTE GENEUIFUE.

— Nanterre, près de Paris, fust le lieu de naissance de ma dame Geneuifue. Géronce estoit sa maman et son papa Sévère. Pauvres estoient, en une maison, couchés, chauffés, éclairés pour 30 sols par mois ; mais s'ils estoient peu fournis en argent et or, grandement estoient pourvus de dévoctions de toutes sortes, et ne payoient leur propriétaire que par des oremus ; mais celui-ci, homme pervers, offensoit Dieu en ne voulant pas accepter cette saincte monoye, et les auroit fait expulser si huissiers eussent alors été inventés. Cet homme avoit un grand troupeau de moutons, et il envoya la petite Geneuifue le faire paître sur le mont Valérien, pour se payer du local de sa maison.

Marcel, un jouvenceau
Tout gentil, tout mignon
Estoit près de la belle
Aussi doux qu'un mouton ;
Cette gente pucelle
Aimoit d'amour honneste
Un amoureux si beau ;
Et lui le cœur tout plein,

Disait chaque matin :
« Ah ! viens-t'en sur l'herbette,
Ma tendre pucelette
Avec ton jouvenceau ;
Pauvre fille seulette
En ce triste hameau,
Je garde bergerette
Du loup ton cher troupeau.

Hélas ! Hélas ! le pauvre pastour ne put longtemps protéger sa pastourette. Un beau..., non, un vilain jour, le loup vint la lui prendre. Le Loup estoit un bel évêque qui avoit nom saint Loup, et un autre, saint Germain. Ils passoient par Nanterre pour eulx héberger et aller en Angleterre rétorquer un nommé Pélage, abominable hérésiarque qui osoit soutenir que les petits enfants qui venoient au monde n'étoient pas souillés de tous les crimes par le péché originel. Et les gens de Nanterre vinrent en tas se prosterner dévotement devant si hauts et puissants évêques, et Geneuifue feust bien esbahie en entendant saint Loup lui dire : Viens m'amour, ma mourette, mon petit tendron, viens, suis-moi, ma poulette. Puis l'emmena où il estoit hébergé et l'ayant mise dévoctement sur ses genoulx, lui dit : Pour qui sera ce que tu caches en cette jolie gorgerette ? — Sera, dit-elle, pour mon petit pastour. — Nenni ! Nenni ! ces jolis, ces petits tettontinons ne sont point faicts pour un pastour ; ils sont dignes d'appartenir au doux Jésus, aux anges et à leurs serviteurs ; dis, veux-tu que je les consacre au doux Jésus ? Et la pauvre pastourette n'osa dire non à ce bel évêque tout doré ; et pendant ce temps, le pauvre pastour estoit resté à la porte de l'auberge : et les commères, avec leurs vilaines langues empoisonnées, lui disoient : Eh ! Eh ! petit pastoureau, que

fais-tu là tout escrampi, au loup! au loup! Cours donc au loup! Vite, vite, voilà
que le loup entre dans la bergerie! Alors vint saint Germain qui dispersa toutes
ces jacassières, et vinct à son tour consacrer Geneuifue; mais les vilaines disoient
à Marcel le petit pastaour: Va, va, tu peux être sûr qu'à présent ta pastourette a
vu le loup. Saint Germain fit venir les parents de la bergerette, lesquels vinrent,
et leur dit: In nomine patri, et filii, et spiritu sancti, amen. *Bien seure estes, mes
braves gens, saichez que le jour de la nativité de Geneuifue, les anges célébrèrent
grant mistère au ciel, à grant ioye et à grant lyesse, il y a en elle ung signe
célestiel,* et Dieu veult que par nous elle devienne en sainte. Et les parents de
la bergerette et tout le peuple furent grandement esbahis de ce discours, et
furent à l'église consàcrer Geneuifue à Dieu; puis, s'en allant, les évêques
donnèrent à la bergerette une petite médaille en signe de sa consécration.
Aussitôt les évêques partis, le pastaour courut à la maison de sa mie, demandant à la voir; mais lui fut répondu que Geneuifue allait devenir maintenant
une grande saincte et une grande dame, et ne pouvoit plus frayer avec gens de
basse extraction. Et s'en alla désespéré, le pauvre pastaour, droit à la rivière
et fit flouc! au beau milieu; puis se fit à cette place de grands ronds sur
l'eau, puis des moyens ronds, puis des petits ronds, puis plus rien, et personne
ne s'occupa plus du paouvre pastaour, si ce n'est un chien, un grand chien
noir qu'on appelait Cadet et qu'on entendit pendant plusieurs jours pousser
des hurlements si plaintifs qu'ils fendoient l'âme; puis un jour on n'entendit
plus rien; et des gens de Nanterre trouvèrent la pauvre bête morte au bord de
l'eau. Et voilà que Geneuifue devint une grande sainte, comme avaient prédit
les évêques, et fit de grands miracles. Un jour qu'elle voulut sortir de la
maison contre la volonté de sa mère, *sa mère se courrouça et lui donna une
baffe;* et Geneuifue, pour la punir, la rendit aveugle. Une pauvre fille qui n'avait
pas de souliers, lui ayant pris les siens, elle la rendit aveugle. Une autre, curieuse, ayant regardé par un trou ce qu'elle pouvait bien faire étant seule,
devint aussi aveugle. Et les gens de Nanterre s'attroupèrent devant sa maison,
et les femmes criaient: Eh! vas donc, sorcière de malheur, si tu es sainte,
prouve-le donc et rends la vie à ton pauvre pastaour! Mais l'édifiante Geneuifue
n'opposait à ces insultes que la prière et le jeûne, ne mangeant que deux fois
la semaine. Dieu voulant esprouver sa servante, voici que pas mal de mois
après la venue des évêques, elle eut des vomissements, des maux de cœur et
d'estomac et devint comme hydropique, et s'en fut à Paris chez sa marraine où
elle guérit tout d'un coup miraculeusement. *Sa santé rétablie, elle déclara avec
trop d'ingénuité à des personnes indiscrètes, les grandes choses que les ministres*

de Dieu lui avaient fait connoître ; cela joint à ses austérités que ses envieux ne pouvaient souffrir, lui attira de leur part une longue persécution ; ils disoient hautement que sa vie n'estoit qu'hypocrisie.

Saint Germain estant venu une seconde fois la voir, imposa silence à ses calomniateurs et la recommanda aux principaux de la ville. *Un jour qu'elle priait dans l'église de Saint Martin, un des chantres, saisi du démon, se tordait en faisant d'horribles grimaces. Saincte Geneuifue ordonna au démon de se retirer, et comme il menaçait de sortir par l'œil de ce possédé, la saincte le contraignit à faire retraite par l'endroit le plus vil du corps, en laissant des traces dégoûtantes.* Lors, on apprit qu'Attila, le fléau de Dieu, estoit en marche avec son armée aux environs de Paris, et les Parisiens estoient grandement terrifiés ; mais Geneuifue ayant prophétisé qu'il ne viendroit pas à Paris, Attila n'y vint pas et continua par miracle d'aller où il avait envie d'aller. Et Dieu lui fist accomplir ce miracle pour la préserver de la mort que voulait lui faire subir la populace qui la traitoit de magicienne. Mérovée, vainqueur d'Attila, s'empara de Paris, Geneuifue courut le voir pour le convertir ; Mérovée rendit le plus grand hommage aux charmes divins de la saincte, mais ne se convertit pas. Childéric, qui succéda à son père, ayant condamné à mort un grand nombre de criminels, fit fermer les portes de son palais, craignant l'intercession de la sainte ; mais, prodige étonnant, elles s'ouvrirent toutes seules en sa présence. Malgré ce miracle Childéric ne se convertit point ; seulement il s'extasia longuement des appas célestes de Geneuifue, et lui accorda la grâce des prisonniers. Clovis monta sur le trône ; Geneuifue eust grant cresdit à la cour et devinst la mie de la reine Clotilde. Elle mourut, malgré ses grandes mortifications, presque centenaire. Son âme est maingtenant au séjour des bienheureux, tandis que celle du paouvre pastaour bruslera éternellement au fin fond des enfers.

Il existe à la station de Saint-Michel, ligne d'Orléans, près la tour Montléry, une fontaine miraculeuse qui guérit tous les maux d'yeux (les sceptiques assurent que les borgnes en reviennent aveugles) ; néanmoins le fond en est toujours couvert de sous. C'est là que la sainte a bu au temps du roi des Huns. Le culte à Sainte Geneviève fut, paraît-il, favorisé dès les premiers temps, d'indulgences toutes spéciales ; voici, à ce propos quelques anciens couplets adressés à une aimable veuve qui avait Geneviève pour patronne :

<table>
<tr><td>

Courez en diligence,
Trop crédules badauds !
Pour gagner l'indulgence
Que l'on prodigue aux sots,

</td><td>

D'une autre Geneviève
Nos cœurs se sont épris,
Qui nous feroit mieux qu'Eve
Chasser du Paradis.

</td></tr>
</table>

De Paris la patronne
Est vierge, nous dit-on ;
Cependant on lui donne
Marcel pour compagnon.
Même champ les rassemble
Auprès de leurs moutons ;
Mais étaient-ils ensemble
Toujours en oraisons ?

Choisis donc, ainsi qu'elle,
Un compagnon d'amour.
Prends-la pour ton modèle ;
Tu seras sainte un jour.

L'almanach de Cythère
Fera place à ton nom ;
A veuve qui sait plaire
On a dévotion,

A la chapelle sainte
Avec zèle on ira ;
Dans son étroite enceinte
Un cierge on brûlera.
De nos vierges tremblantes
Geneviève est l'appui,
De nos veuves souffrantes
Tu calmeras l'ennui.

RÉFLEXION PIEUSE. — Hommes insensés! sur ce mont Valérien, où sainte Geneviève gardait ses moutons, vous avez bâti un fort pour protéger Paris; vous a-t-il protégés contre les Prussiens? Si, à sa place, vous aviez élevé une église renfermant la châsse de sainte Geneviève — ce chef-d'œuvre de saint Éloi, — l'illustre patronne de Paris, qui jadis protégeait la capitale d'une invasion de barbares, vous aurait encore protégés cette fois-ci.

27 DÉCEMBRE. — SAINTE NICARÈTE, IVe siècle (de naissance illustre[1]), a été canonisée, pour avoir, par un puissant remède, guéri saint Chrysostome d'un grand mal qu'il avait à... l'estomac.

28 DÉCEMBRE. — SAINTE BABIOLE, ou FABIOLE, *veuve*, IVe siècle, se jeta dans les bras d'un premier mari. Après quelques années, ne voulant plus se prêter aux goûts contre nature de son vicieux époux, elle se rejeta dans les bras d'un second, et cela si fréquemment que le malheureux mourut à la peine. Ayant assez comme çà des bras profanes, elle se jeta dans les bras sacrés, et particulièrement dans ceux de saint Jérôme, qui la surnomma *la consolation des solitaires.* Il aurait pu ajouter et des évêques. Parmi les autres bras dans lesquels Fabiole se précipita... saintement, il faut encore citer ceux de saint Jean Chrysostome; mais sainte Olympiade, chez qui il était, comme on sait, nourri, couché et blanchi, lui crêpa le chignon d'une telle façon, qu'elle fut obligée de déguerpir, et vivement.

29 DÉCEMBRE. — SAINT THOMAS de Cantorbéry, XIIe siècle, était un puissant seigneur de la cour de Henri II, roi d'Angleterre, à qui il était rede-

1. Comme les saints et les saintes sont toujours d'une naissance illustre, cela restera sous-entendu à l'avenir.

vable de sa haute situation. Thomas était passionné pour la chasse et avait
une meute citée par toute l'Angleterre, et ses maîtresses étaient aussi nombreuses que ses chiens ; *mais Dieu le délivra par miracle des goûts terrestres.
S'étant jeté dans une rivière pour sauver son oiseau qui s'était plongé dans l'eau
pour prendre un canard ; le courant de l'eau l'emporta jusqu'à un moulin,
dont la roue s'arrêta pour attendre qu'on l'eut retiré de l'eau.* En présence de
ce miracle, il vit clairement que Dieu voulait faire de lui un évêque, et réfléchissant que cette place surpassait en puissances et en richesses toutes celles
de la cour, il résolut d'obéir à la volonté de Dieu. Pour parvenir à son but,
il remisa d'abord ses équipages, ses chevaux, ses femmes et ses chiens, se

couvrit d'un cilice, se leva à deux heures du matin
pour laver les pieds à treize pauvres ; puis ayant
redormi deux heures, il relava les pieds à douze
autres ; et ainsi de suite, et autant de fois que le
bon Dieu faisait de jours. Une si grande sainteté
ne pouvait rester sans récompense ; aussi fut-il
élu archevêque et primat d'Angleterre. A cette
époque les prêtres dépendaient absolument de leurs
évêques, et en aucun cas la justice civile n'avait
droit sur eux ; mais les tonsurés, dont les mœurs
étaient des plus dépravées, en profitaient pour
faire mille fredaines. Un historien nous assure *que pendant le règne de
Henri II, on comptait plus de cent meurtres commis impunément par les
membres du clergé.* Le roi, outré de cet état de choses, voulut, *pour faire
de la peine au saint,* dit un pieux biographe, que les crimes des prêtres fussent
punis comme ceux des autres sujets ; mais saint Thomas l'envoya s'asseoir au
nom du Dieu vivant ; puis il s'enfuit à la cour de France et à celle de Rome ;
et fier de la protection d'un pape et d'un roi, revint en Angleterre, fomenter
des troubles pour la sainte cause, et braver Henri II par son édifiante
insolence. Celui-ci, rendu furieux par les pieuses séditions que l'évêque occasionnait dans tous les coins du royaume, dit un jour en présence de ses
courtisans : *Quelle rosse que ce Tomas, je voudrais que le diable l'emporte !* Ceux-ci, pensant être agréables au roi, coururent assassiner le saint.
Pour ce crime qu'il n'avait pas commis, Henri, par ordre du pape, reçut
prosterné sur le tombeau de Thomas, et en présence du peuple, cent coup,
de verges sur les fesses. A propos de fesses, un jour que le saint faisait devant
l'autel une salutation... angélique, sa culotte, qui était mûre, se déchira

du haut en bas, laissant voir son c... aux fidèles. Un clerc, voyant qu'il restait toujours prosterné, vint l'avertir de l'état des choses ; et Thomas s'en fut derrière l'autel pour raccommoder sa culotte. Une vierge en bois qui s'aperçut qu'il s'y prenait très mal, descendit pour la lui recoudre, et l'opération faite, remonta dans sa niche.

29 DÉCEMBRE. — SAINTE ÉLÉONORE, v° siècle, était une des courtisanes les plus fréquentées de Rome. Après avoir perdu un œil par suite de la petite vérole, elle résolut de consacrer celui qui lui restait à la contemplation perpétuelle de Dieu. A cet effet, elle s'enferma dans une boîte, et colla devant son œil l'image du Sauveur. Elle vécut ainsi pendant cinquante-cinq ans. Cette boîte, conservée à l'adoration des fidèles, avait deux trous : un en haut par lequel on lui passait la nourriture ; l'autre en bas pour... je ne vous dirai pas pourquoi, vous êtes trop curieux.

30 DÉCEMBRE. — SAINT ROGER, *pas vierge, et martyr,* XIV° siècle, était chanoine à Arles et à Nîmes. Mais il eut bientôt plein le dos de la vie ecclésiastique et se fit troubadour. Il allait de cour en cour jouer des comédies qu'il faisait lui-même. Ce saint, qui n'était pas une bête, adorait Dieu, seulement dans la personne de ses créatures et faisait preuve d'un goût très délicat en ne choisissant que le beau sexe. *Arrivé chez la comtesse de Foix, qu'il célébra sous le nom de Tomaves, il y devint amoureux de Huguette de Baux.* Roger, ayant gagné une soubrette, s'introduisit un jour dans le cabinet de toilette de la belle pour y déposer un poulet en vers brûlants ; il allait se retirer lorsque Huguette sortit de son lit et vint procéder à sa toilette la plus secrète. Roger, qui 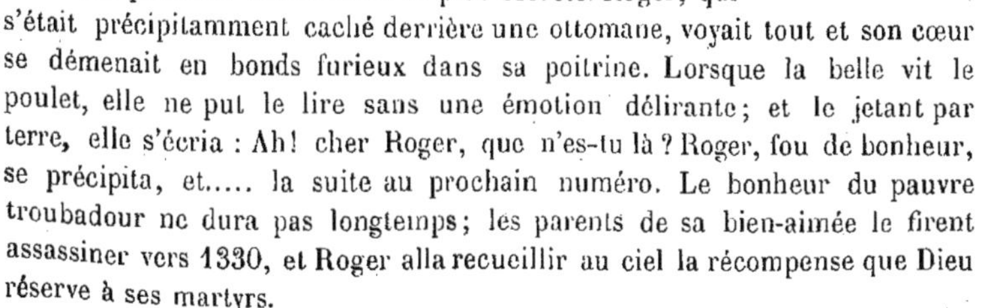 s'était précipitamment caché derrière une ottomane, voyait tout et son cœur se démenait en bonds furieux dans sa poitrine. Lorsque la belle vit le poulet, elle ne put le lire sans une émotion délirante ; et le jetant par terre, elle s'écria : Ah! cher Roger, que n'es-tu là ? Roger, fou de bonheur, se précipita, et..... la suite au prochain numéro. Le bonheur du pauvre troubadour ne dura pas longtemps ; les parents de sa bien-aimée le firent assassiner vers 1330, et Roger alla recueillir au ciel la récompense que Dieu réserve à ses martyrs.

31 décembre. — SAINT SYLVESTRE, *pape*, iv° siècle. — Sous la persécution de Dioclétien, il lâcha complètement les chrétiens, offrit de l'encens aux idoles et livra les saintes Écritures aux payens ; mais lorsque sous Constantin *il vit l'Église comblée de richesses et mise en un paisible estat*, il se hâta de rentrer dans son giron. L'Église l'a sans doute canonisé pour montrer aux fidèles qu'il faut toujours se mettre du côté du manche.

2 Janvier. — SAINT BASILE LE GRAND, *évêque*, iv° siècle. — Jésus-Christ avait dit à ses disciples : aimez-vous les uns les autres ; mais les disciples ne mirent pas plus ce précepte en action que les curés qui prêchent l'abstinence n'observent le jeûne. A cette époque, l'Église était divisée en deux camps : d'un côté les ariens, de l'autre les orthodoxes. L'empereur Valens, qui tenait pour les premiers, voulut essayer de gagner Basile à sa cause et lui envoya à cet effet un préfet nommé Modeste. Le pauvre Modeste fit un four des plus complets, car notre évêque, qui était loin d'être modeste, lui dit : « *Créé de Dieu et appelé à devenir presque un dieu,* je ne puis m'abaisser à recevoir les avis d'un monarque. » Modeste, absolument épaté, s'écria qu'il n'avait jamais trouvé personne qui osât lui parler de la sorte. C'est, lui répliqua Basile, *parce que vous n'avez jamais eu affaire à un évêque.* Basile ne s'en tint pas là pour punir Valens de ne pas être de son avis ; il envoya une grande maladie à son fils. Le père effrayé envoya chercher le saint ; l'enfant fut guéri subito ; mais le papa ayant eu ensuite la mauvaise idée de le faire baptiser par des évêques ariens, saint Basile, justement vexé, fit mourir le fils pour apprendre à vivre au père.

Le croiriez-vous ? Valens, en présence de miracles si étonnants, ne se convertit pas ; bien au contraire ; il prit la plume pour signer l'exil du saint, mais chaque fois qu'il voulait signer l'ordre d'expulsion, sa plume se changeait en cornichon, de sorte qu'il dut y renoncer complètement. Basile, évêque de Césarée en Cappadoce, était un grand sec à mine rogue ; il a commis de très doctes et pieux escrits, dans lesquels il dit qu'*un chrétien ne doit jamais rire ;* que celui qui se marie en secondes noces commet une *fornication ou une polygamie ;* que l'Église de Rome est la grande prostituée de Babylone et qu'il hait son orgueil, etc. Un pieux légendaire nous apprend qu'il y eut tant de pieux fidèles à son enterrement, *que beaucoup furent estouffés par la presse.*

7 JANVIER. — SAINTES MÉLANIE (la vieille et la jeune), IVe siècle. — Commençons d'abord par la vieille Mélanie. Celle-ci qui commença par être jeune devint veuve à vingt-deux ans. *Dans une telle affliction, la grandeur de sa foi l'empêcha de verser une seule larme.* (Quelle belle chose que la foi.) Cette sainte, dégoûtée désormais du mariage et des fausses-couches

auxquelles elle était sujette, résolut d'abandonner à Dieu son fils âgé de trois ans, et d'aller en compagnie d'un jeune moine nommé Rufin — possesseur d'un secret infaillible pour ne pas faire d'enfants — rendre visite à tous les saints solitaires de son temps. La famille de notre sainte, instruite de ses projets, lui représenta que jeune et immensément riche comme elle était, elle ne pouvait, par égard à sa haute position, quitter tout pour suivre un jeune frocard; qu'abandonner son fils était un acte contraire à la nature et une action méprisable aux yeux de tous les honnêtes gens. A ces raisonnements de payens, elle répondait, selon saint Paulin, avec un religieux mépris, que le Dieu des chrétiens seul et véritable était mort sur la croix pour nous enseigner l'abnégation de nous-même et le mépris des choses d'ici-bas, et qu'elle devait penser au salut de son âme avant tout. Les choses en étaient là lorsque l'illustre saint Jérôme vint à Rome. Bientôt toutes les dames pieuses eurent à honneur de l'avoir pour directeur. Parmi les plus assidues, le public remarqua sainte Mélanie et sainte Paule, et l'on jasa de telle façon sur leur compte, que le saint fut obligé de quitter la place. Le pauvre Rufin qui, pendant ce temps, avait été obligé plus d'une fois d'attendre à la porte de saint Jérôme qu'il eut terminé ses longs entretiens spirituels avec sainte Mélanie, pensa mourir de joie en apprenant ce départ. Cela lui permit de reprendre tout son ascendant sur le cœur variable de la sainte. Pour la soustraire désormais à toute autre concurrence spirituelle, il la persuada de quitter Rome sur le champ. A cette époque, la fameuse secte de chrétiens, fondée par l'évêque Arius, pour se venger de n'avoir pas eu l'évêché qu'il convoitait, étant devenue la plus puissante, un grand nombre d'évêques du parti contraire furent déposés, bannis, tourmentés, égorgés jusque sur les autels; quatre-vingts prélats furent mis dans un brûlot, sous prétexte de les mener en exil, et consumés, comme un simple punch au milieu des eaux avec le vaisseau qui les portait. Les solitaires effrayés s'enfuyaient de toutes parts dans les déserts les plus sauvages et les forêts les plus inextricables, craignant bien moins les animaux féroces que la rage de leurs collègues. Sainte Mélanie considéra comme un devoir d'aller consoler tant de pieux personnages et de leur prodiguer ses immenses richesses et ses charmes par-dessus le marché. Le pauvre Rufin, le cœur bourrelé de jalousie et décidé à ne plus tenir ainsi la chandelle, voulut faire des représentations à la sainte; celle-ci lui répondit que puisque Dieu dans sa bonté l'avait délivrée de son premier maître, elle ne voulait pas s'en donner un second. Rufin fut donc obligé de rengaîner ses velléités jalouses, et comme il n'avait aucune position sociale, il fut encore bien heureux de rester et de profiter des moments de tendresse que la sainte voulut bien mettre de temps à autre à sa disposition. Dans le cours de ses pérégrinations, elle alla visiter à Alexandrie saint Anastase qui lui fit présent *d'une peau de brebis blanche, fabriquée,* lui dit-il, *par une hyène apprivoisée.* Elle y vit aussi saint Isidore, *d'un naturel si doux, que les payens même révéraient jusqu'à son ombre.* Elle fut voir en Nitrie, l'illustre Macaire — Robert de son petit nom — homme tellement fortifié dans sa foi, *qu'il se serait vu sans crainte environné d'un million d'ennemis.*

En Égypte, elle voulut entrer dans le monastère de saint Isidore, mais les gouvernantes des moines les ayant tous enfermés dans leurs cellules, lui firent répondre qu'elle eût à continuer son chemin. Elle entendit parler de la belle barbe du grand saint Sérapion; elle alla aussitôt dans le désert pour la lui baiser dévotement. Elle vit aussi l'abbé Arsise, un adorable blond tout confit en suaves maximes, avec lequel elle s'entretint longuement *sur l'onction du cœur*. Enfin, elle voulut visiter tous ces hommes divins qui trouvaient moyen avec un corps mortel de mener une vie angélique. Ayant entendu dire pendant qu'elle était à Jérusalem deschoses étonnantes sur l'admirable vigueur des solitaires d'Égypte, elle se disposait à continuer ses pélerinages; Rufin parvint,non sans peine,à l'en dissuader, et sur son conseil, elle fonda un monastère, où elle s'enferma avec cinquante vierges animées de la plus grande ferveur. Dès le début, Rufin fit afficher les règles les plus austères, entre autres celle-ci : La supérieure de ce couvent voulant mériter le ciel par de nombreuses mortifications, il y aura flagellation générale tous les vendredis. Chaque sœur recevra à son intention cinquante coups de verges sur le derrière. Rufin, directeur de ce monastère, est chargé de l'exécution du présent décret.

O chrétien! l'eusses-tu cru? l'âme privilégiée de Mélanie ne fut pas inaccessible à l'erreur; elle devint chef de parti, et embrassa avec l'ardeur qu'elle mettait en toutes choses, les opinions d'Origène. Mais ayant appris que ce dernier, pour ne pas laisser prise aux propos qui, alors, avaient cours sur la vertu des pères de l'Église, s'était *abeilardinisé* lui-même, elle conçut aussitôt le plus grand mépris pour ses doctrines et rentra dans le giron de l'Église orthodoxe. Il a été démontré que les erreurs attribuées à Origène, n'étaient pas de lui, et qu'il les avait toujours désavouées. Pourquoi alors n'avoir pas mis au rang des saints ce père de l'Église dont à chaque instant on nous cite les écrits, et qui fut certainement un des plus grands génies que le christianisme révère? Nos aimables prélats craignirent-ils en le canonisant, que la petite opération qu'il pratiqua sur lui-même ne leur fut proposée comme modèle?

Pendant les pieux vagabondages de la belle Mélanie, son fils, Publicola, quoique abandonné à la grâce de Dieu, avait poussé comme un champignon et était devenu l'un des plus puissants seigneurs de son siècle. Il se maria avec une jeune Romaine nommée Albine, qui consentit à se laisser épouser, bien qu'elle fut sainte, et à se laisser faire deux enfants, dont une fille, qui devint sainte Mélanie la jeune. Cette dernière n'avait que treize ans, lorsqu'elle fut mariée à Pinien; mais en vraie sainte qu'elle était et après avoir eu aussi deux enfants, elle fut dégoûtée du mariage et voulut persuader son mari de vivre dans la chasteté. Ce bougre de Pinien ne l'entendait pas comme ça, et devenait, au contraire, d'une exigence vraiment révoltante aux yeux d'une sainte. Dans cette extrémité, la jeune Mélanie fit savoir à la vieille Mélanie dans quel péril elle se trouvait. Celle-ci qui, depuis trente-sept ans, n'avait éprouvé aucun besoin de revoir son fils, accourut pour prêter main-forte à sa petite-fille. Le pauvre Pinien se vit bientôt sur le dos la vieille et la jeune Mélanie; sainte Albine, sa belle-mère, se joignit aux deux autres, et toutes trois unirent leurs prières, demandant au Très Haut d'inspirer à Pinien l'amour de la chasteté. Que vouliez-vous qu'il fît contre trois? Qu'il devînt chaste. Il le fut et Publicola avec lui, jusqu'au jour où leurs âmes furent réunies là-haut. Quant à celle de Rufin, elle s'attarda quelques centaines d'années au Purgatoire avant de rejoindre les autres. Je vous laisse à penser la noce qui eut lieu au ciel à la complète réunion de cette tribu de saints.

5 JANVIER. — SAINTE AMÉLIE ou EMMÉLIE, fut la mère de saint Basile, de saint Grégoire de Nysse, de saint Pierre de Sébaste, de sainte Macrine, etc., etc. L'Église l'a mise dans son calendrier pour honorer la mémoire d'une aussi bonne pondeuse de saints.

8 JANVIER. — SAINT LUCIEN, *prêtre d'Antioche et martyr*, III* siècle. — Il fut mis dans une fournaise ardente, et réduit en cendres; puis écartelé sur des chevalets; puis déchiré sur des roues; puis laissé plusieurs jours sans manger, ni boire, ni dormir; puis enfin qu'il eut la tête tranchée Après chacun de ces supplices, il ne disait que ces seuls mots: « Je suis chrétien. »

9 JANVIER. — SAINT MARCELLIN, *évêque et martyr*, III* siècle. — Les historiens du temps nous disent qu'il fut apostat et sacrifia aux idoles. *La vie des saints*, au contraire, nous décrit minutieusement son martyr. Voilà comment les dévots écrivent l'histoire.

10 JANVIER. — SAINT PAUL, *premier ermite*, III* siècle. — La vie de ce saint a été écrite par saint Jérôme. Nous allons juger par les bourdes qu'il nous raconte, du degré de crédulité stupide des premiers chrétiens. Sous la persécution de Dèce, Paul, qui avait perdu ses parents, vivait chez son beau-frère; celui-ci, pour s'emparer des biens de Paul, le dénonça comme chrétien; mais Paul, averti à temps et ne se sentant aucune envie de mourir pour la foi, s'enfuit précipitamment dans les déserts de la Thébaïde. Lorsqu'il eut marché longtemps, il vit une grosse pierre sur son chemin, et l'ayant par hasard dérangée avec le pied, il fut extrêmement surpris de distinguer par une

ouverture un splendide appartement orné d'une jolie fontaine. Paul s'établit là pour y passer le reste de sa vie. Quatre-vingt-dix ans après, il arriva que saint Antoine qui se croyait le premier des solitaires, eut un songe dans lequel il lui fut révélé qu'il en existait un autre plus ancien que lui. Antoine se leva et partit sans prévenir aucun de ses disciples — pas même son cochon — pour découvrir ce solitaire. *Comme il le cherchait à travers les forêts, il rencontra une créature, moitié homme, moitié cheval, qui lui dit de prendre à droite ; quelques pas plus loin, il rencontra encore une autre créature, moitié chèvre et moitié homme,* qui lui dit de prendre à gauche. Saint Antoine ne savait de quel côté tourner, lorsqu'il vit un loup qui s'enfuyait. Malgré le poids de ses quatre-vingts ans, il courut après lui, et réussit à le saisir par la queue. Le loup eut beau se débattre, Antoine lui déclara qu'il ne la lui lâcherait pas avant qu'il ne l'eut mené à la résidence de Paul.

Paul aperçut Antoine de loin, et sachant par inspiration divine comment ce saint avait traité Paul le simple lorsqu'il était venu lui demander asile, il voulut lui rendre la pareille ; il lui ferma donc la porte au nez, se hâta de tirer les verroux, et ne lui ouvrit qu'après l'avoir suffisamment mortifié. Les deux ermites, quoique ne s'étant jamais vus, s'embrassèrent, et s'appelèrent chacun par leur nom. Paul, qui avait alors cent-treize ans, demanda à Antoine comment se portait le genre humain ? — Pas trop mal, et vous ? dit Antoine. — Moi, dit l'autre, ça ne va plus du tout, et dans peu je serai mort. En cet instant survint un corbeau qui avait la coutume de lui apporter un pain tous les jours, et qui doubla cette fois la pitance, parce qu'il avait du monde. Antoine était dans l'admiration de l'extrême dévotion de Paul, qui s'interrompait de manger à chaque instant pour dire à haute voix quelque oraison ; il n'en disait pas moins de trois cents par jour, et à chaque oraison, mettait un gros caillou dans son sein, si bien que leur poids finissait par le faire tomber la face contre terre. Antoine, l'ayant vu un jour dans cette position, crut qu'il priait selon sa coutume ; il s'aperçut bientôt qu'il était mort et voulut lui donner les derniers devoirs de la sépulture ; mais il n'avait aucun instrument pour creuser la terre. Dans cet instant, deux lions accoururent et avec leurs griffes firent un grand trou, et pleurant à chaudes larmes, il aidèrent Antoine à enterrer le saint ; puis ils disparurent après avoir reçu sa bénédiction.

11 JANVIER. — SAINT THÉODOSE, v° siècle. — Ayant lu un passage des livres saints où Dieu commande à Abraham de quitter son pays, se persuada que cela avait été écrit tout exprès pour lui, et s'enfuit de chez ses parents, dans un désert de la Palestine. Quelque désir qu'il eut de se cacher, l'odeur de sa vertu fut si forte qu'elle lui attira plusieurs disciples. Notre saint, sachant  que l'oisiveté est la mère de tous les vices, leur fit construire un tombeau ; et lorsqu'il fut terminé, demanda qui voulait en avoir l'étrenne ? Moi ! dit l'un deux. On apporta un matelas, une paire de draps, une taie d'oreiller, et on lui fit son lit dans ce tombeau. Le disciple mit son bonnet de coton et se coucha ; après quoi on remit le couvercle. Bientôt on entendit le disciple ronfler faiblement, puis plus fort, puis plus fort encore ; puis avec une telle force que les murailles en tremblaient. Et voici que ces ronflements se changèrent progressivement en une musique si délicieuse, que l'on croyait entendre les harpes des bienheureux ; et cettemusique qui ressemblait aussi à celle d'un orgue (pas de barbarie), s'arrêtait de temps à autre, et reprenait lorsqu'on disait la messe, pour accompagner les chants sacrés des offices. Le bruit de ces orgues et de ces miracles s'entendit de si loin, qu'il lui attira des quatres coins du monde un grand nombre de disciples. Comme ils étaient de diverses langues, il fit bâtir beaucoup d'églises, afin que chacun put louer le Seigneur dans sa langue, et ce désert présenta en peu de temps l'aspect d'une ville immense.

11 JANVIER. — SAINT SAUVE, *évêque d'Amiens*, VIII° siècle. — Saint Sauve se dit d'abord : se sauve qui peut, moi je fais bombance. Devenu vieux, il se ravisa, et dit : après tout, se sauve qui veut, et il se convertit. Pour le récompenser, Dieu lui donna une place au ciel, près du Sauveur.

12 JANVIER. — SAINT ARCADE, *martyr*. — Les menteurs sacrés ont beau se torturer le cerveau pour inventer à leurs martyrs des tortures épouvantables, ils ne parviennent qu'à nous faire rire. D'après eux, Arcade aurait eu les cinq doigts fendus jusqu'au coude ; mais selon des historiens de cette époque, il subit un martyre semblable à celui qui est raconté en ces termes dans la *Légende dorée : Il fut mis sur un lit très mou, dans un jardin délicieux où*

*il y avait air frais, chant des oiseaux, murmure des ruisseaux, odeur suave
des fleurs; et il avait les mains et les pieds attachés, de sorte qu'il ne
pouvait se remuer ; et l'on amena une jouvencelle
très belle, mais de vie dissolue, et elle voulut amener
le chrétien à manquer au devoir de chasteté; mais
lui, comme il sentait en sa chair mouvements con-
traires à la raison, et comme il n'avait nulle armure
dont il put se défendre, il coupa sa propre langue
avec ses dents et· la cracha au visage de cette
malheureuse.*

RÉFLEXION PIEUSE. — La chasteté se meurt, la
chasteté elle morte ! Est-il beaucoup de chrétiens aujourd'hui, qui dans un
cas semblable, utiliseraient leur langue si pieusement ?

13 JANVIER. — **SAINT HILAIRE**, *évêque de Poitiers,* v⁰ siècle, fut un
des champions les plus ardents contre la secte chrétienne, dite des Ariens. Il
traite ses adversaires, les évêques, de misérables souillés de tous les crimes. Il
n'est pas jusqu'à l'empereur Constantin, le premier
protecteur des chrétiens, qu'il ne traite d'antéchrist,
de tyran, de loup-cervier, etc., etc., tout cela parce
qu'il n'était pas absolument de son avis sur les dogmes de la foi. Enfin il déversa tant de venin que
l'empereur l'envoya en exil dans une île infestée de
serpents. Ceux-ci reconnaissant en lui un maître,
s'enfuirent épouvantés. Hilaire eut pitié d'eux, et
dans sa bonté leur assigna une portion de terrain
qu'ils ne dépassèrent jamais. Hilaire avait une fille
nommée Apia ; celle-ci ayant manifesté à ses parents l'envie qu'elle avait de se
marier, Hilaire parvint à la dissuader de cette idée, indigne d'une vraie
chrétienne. Apia, qui était d'une bonne pâte, voulut bien obéir à son père ;
mais celui-ci, craignant qu'elle ne changeât d'idée, pria le bon Dieu par une
oraison de la rappeler à lui, pendant — dit la légende — qu'elle était en bonnes
dispositions. Elle mourut en effet quelques jours après. A quelque temps de
là il fit la même oraison pour sa femme, et aussitôt la mère alla rejoindre sa
fille au ciel. Quel dommage que cette oraison ne soit plus connue. Combien
de maris la réciteraient ?

14 janvier. — SAINT FÉLIX, v⁰ siècle. — Il y a toute une tripotée de saints de ce nom. L'un d'eux, né à Nole au iii⁰ siècle, pour éviter une persécution (les pieux biographes avouent naïvement ne pouvoir dire laquelle), alla

se cacher dans un four. Il y était depuis quelques jours et commençait à éprouver des tiraillements d'estomac, lorsqu'une bonne femme survint, qui alluma le feu et enfourna son pain. Un simple particulier aurait été rôti ; mais un saint ne s'étonne pas pour si peu. Celui-ci remercia Dieu qui lui envoyait des provisions. Quand la brave femme vint défourner son pain, elle ne trouva qu'un saint qui avait tout mangé. A cette vue, elle s'enfuit en jetant de grands cris, et le saint fut arrêté. Mis en présence des idoles, il les jeta par terre en soufflant dessus. On le mit en prison ; les murs s'ouvrirent d'eux-mêmes pour le laisser échapper. Il demeura trois mois caché chez une jeune veuve. Cette aimable dame pourvut à tous ses besoins, mais il ne vit jamais sa figure (où la regardait-il donc, grand Dieu ?)

Un autre Félix, maître d'école, faisait asseoir les petits enfants pas sages sur des poêles rouges. Les parents de ces enfants, abominables payens que leur idolâtrie empêchait d'admirer les beautés du martyr, lièrent les pieds et lès mains du saint et le laissèrent au milieu de l'école. A la rentrée de la classe, ses jeunes élèves se précipitèrent sur lui et le tuèrent à coup de canifs. L'Église, voulant honorer sa mémoire, le mit dans son martyrologe.

Nous avons encore un autre particulier du nom de Félix, qui fut pape, ou ne le fut pas, on n'a jamais su au juste. Comme la place de pape fut toujours une bonne place, Félix résolut de l'obtenir à tout prix, et afin d'avoir le peuple pour lui, il commanda, en payant aux marchands de vins de Rome, de défoncer tous leurs tonneaux et de donner à boire à tous ceux qui se diraient ses partisans. A cette nouvelle, les partisans de l'autre pape coururent aussi chez les marchands de vins, et prenant ce qui restait dans les boutiques, firent défoncer à leur tour des tonneaux de mêlé-cassis ; mais voyant que le mêlé-cassis n'était pas de force à lutter, ils firent venir en hâte des tonneaux de trois-six. Alors, on vit tous les Romains saoûls comme des Polonais, se partager en deux camps et ensanglanter les rues de Rome. Les évêques, de leur côté, formèrent aussi deux partis, et malgré les lumières du Saint-Esprit qu'ils appelèrent à leur aide, ils ne purent jamais décider lequel des deux papes était le vrai.

17 JANVIER. — SAINT ANTOINE, *ermite, père des solitaires, ascètes, abbés, anachorètes, moines, robins, frocards, et autres fainéants,* IIIe et IVe siècles. — C'est en l'an de Jésus-Christ 271, que vint au monde à Côme,

dans la Haute Égypte, le cochon de saint Antoine. Son futur compagnon avait alors vingt ans. Dans le mystère de la Sainte-Trinité, le Père, le Fils et le Saint-Esprit ne forment qu'un seul et même Dieu. De même saint Antoine et son cochon réalisent un seul et même saint. Ne séparons point ceux que Dieu a si bien unis. Doué d'une tête plus dure que celle de l'invalide à la tête de bois,

Antoine réalisait à vingt ans le plus magnifique crétin qui ait jamais usé ses fonds de culotte sur les bancs de l'école des frères. Il ne savait *ni lire ni écrire*, au grand désespoir de ses parents, qui moururent du chagrin d'avoir mis au monde une pareille bûche, lui laissant tous leurs biens... plus une sœur cadette. Si Antoine ignorait, même son alphabet, en revanche il était si confit en dévotion qu'on eut pu le débiter en bocal, en guise de bonbons. Or, un jour qu'il pêchait à la ligne, au bord du Nil, il entendit des plaintes déchirantes. C'était un cochon en bas âge que des gamins avaient jeté à l'eau. N'écoutant que son courage et son désir de manger des cotelettes, Antoine qui savait nager, sauva le cochon. Quelques instants après, Antoine se mit en devoir d'égorger sa victime ; mais à ce moment un grognement céleste se fit entendre, et le cochon lui parla en ces termes : « Dieu, qui autrefois fit parler l'âne de Balaam, m'a chargé de te faire entendre sa voix par le canal de mon grouin ; comme il aime les pauvres d'esprit, il a jeté son regard sur toi ; il a décidé dans sa sagesse que tu deviendrais l'un de ses serviteurs les plus illustres, et que ton nom serait dans les âges futurs, donné à l'une des rues de Paris. » Antoine restait la bouche béante en entendant ce langage et le cochon reprit : « N'essaie pas de comprendre, tu n'y parviendrais pas ; laisse tous tes biens, mets ta, sœur n'importe où et suis moi. » Antoine obéit et suivit le séraphique cochon. Après avoir marché longtemps, ils arrivèrent devant un sépulcre abandonné. — « Halte-là ! dit le céleste cochon. — Ils s'arrêtèrent. — Entrons. — Où ça, angélique cochon ? — Dans ce tombeau. — Mais où trouverons-nous à manger ? — Ne t'inquiète pas, la bêtise humaine y pourvoira. » — Elle y pourvut en effet, car le bruit des austérités des deux solitaires se répandit partout, et il vint un grand nombre de pieuses personnes émerveillées de ce complet détachement des choses d'ici-bas, leur apporter des oies, des poulets, des dindons, le sacré cochon, voulant assaisonner tout cela, fut le premier qui trouva l'art de déterrer les truffes, et prouva ainsi que les saints sont quelquefois bon à quelque chose. Le bonheur d'Antoine eut été sans mélange si les violents aiguillons de la chair ne l'eussent horriblement tourmenté. Il ne pouvait passer une nuit sans revoir sa chère Toinette, une blonde aux appâts rebondissants que notre saint avait laissée au pays ; elle lui apparaissait venant, selon sa coutume, faire avec lui ses dévotions au clair de lune. Antoine résista à toutes ces embûches du démon ; mais celui-ci, qui veillait dans l'ombre comme un traître de l'Ambigu, fit subir à Antoine des tentations plus incroyables les unes que les autres, et dont les horribles péripéties font encore éclater de rire les spectateurs des guignols de foire. Sedaine les a décrites dans la chanson suivante :

Air : *Plus inconstant que l'onde.*

Ciel ! l'Univers va-t-il donc se dissoudre !
Quel bruit ! quels cris ! quel horrible fracas !
Devant moi je vois la foudre ;
Elle tombe par éclats !
Tout est en poudre
Sur mon grabat.
Grand Dieu ! du haut des cieux,
Vois ma disgrâce,
Et par ta grâce,
Fais que je chasse
L'enfer de ces lieux.

Air : *Du haut en bas.*

C'était ainsi
Qu'Antoine exprimait ses alarmes ;
C'était ainsi
Qu'Antoine exprimait son souci,
Lorsque le diable, par ses charmes
Venait chez lui faire vacarmes,
C'était ainsi.

Air : *Des folies d'Espagne.*

L'on vit sortir d'une grotte profonde
Mille démons, mille spectres divers ;
Des noirs esprits toute la troupe immonde
Pour le tenter, déserta les enfers,

Air : *Turelure, lure, et flon flon.*

L'on vit des démons
De tous les cantons,
De la ville, et de la campagne ;
De la Cochinchine et de l'Espagne.
L'on y vit des diables blondins,
Des bruns, des gris et des châtains ;
Les bruns surtout, méchants lutins,
Faisaient remuer des pantins,
Turelure, lure,
Et flon, flon, flon ;
Tous avaient leur ton,
Leur allure.

Air : *La Faridondaine.*

Quelques-uns prirent le cochon
De ce bon saint Antoine,
En lui mettant un capuchon,
Ils en firent un moine :
Il n'en coûtait que la façon.
La faridondaine
La faridondon !
Peut-être en avait-il l'esprit,
Biribi,
A la façon de Barbari,
Mon ami.

Air : *Sous un ormeau.*

Sur un sopha,
Une diablesse en falbala,
Aux regards fripons ;
Découvre deux jolis monts
Ronds.

Air : *Au fond de mon caveau.*

Ronflant comme un cochon,
L'on voyait sur un trône
Un des envoyés de Pluton ;
Il portait pour couronne

Un vieux réchaud de fer sans fond
Et pour spectre un tison ;
Sous ses pieds un démon,
En forme de dragon,
Vomissait du canon,
Le diable s'éveille, s'étonne
Et dit : garçon !

Air : *La Pierre-Fitoise (contre-danse.)*

Courez vite ; prenez le patron,
Et faites-le danser en rond :
Courez vite, prenez le patron,
Tirez-le par son cordon,
Bon ;
Messieurs les démons, laissez-moi donc,
Non tu chanteras,
Tu sauteras,
Tu danseras.
Courez-vite ; prenez le patron.
Tirez-le par son cordon,
Bon !

Air : *Quand la mer rouge apparut.*

Le saint craignant de pécher
Dans cette aventure,
Courut vite se cacher
Sous sa couverture,
Mais montant sur son châlit,
Il rencontra dans son lit
Une con con con
Une cu cu cu
Une con, une cu,
Une concubine
C'était Proserpine.

Air : *Quand nous autres bons villa*

Piqué, dans ce bacchanal,
D'avoir vu qu'on brisait sa cruche
Et qu'un derrière infernal
Avait fait caca dans sa huche,
Crainte aussi de tentations,
Notre saint prit un goupillon
Et flanque, aux démons étonnés
De l'eau bénite par le nez.

Air : *Des folies d'Espagne.*

Tel qu'un voleur sitôt qu'il voit main forte,
Tel qu'un soldat à l'aspect des prévôts,
L'on vit s'enfuir l'infernale cohorte.
Et s'abîmer dans ses affreux cachots.

Air : *Ah ! mâman, que je l'ai échappé belle.*

Ah ! mon Dieu ! que je l'échappe belle,
Dit le saint tremblant,
Tout en sortant
De sa ruelle.
Ah ! mon Dieu ! que je l'échappe belle,
Un moment plus tard
Je faisais le diable cornard.

Air : *Le démon malicieux et fin.*

Le démon, quoiqu'il passe pour fin,
Ne fut pas ce jour-là très malin ;
S'il avait pris la forme de Toinette,
Son air charmant, sa taille et ses appas,
C'en était fait, la grâce était muette,
Et saint Antoine eût volé dans ses bras.

. Comme l'affluence de ceux qui venaient voir nos solitaires, grossissait dans des proportions gênantes, Antoine ne savait quel parti prendre. Pour avoir une idée, il gratta le front de son cochon. Celui-ci lui dit : « Allons plus loin, » et ils s'enfoncèrent plus avant dans le désert. Quoique bien cachées, les vertus d'Antoine et de son compagnon, comme la violette, répandirent leurs parfums aux alentours. On revint les trouver de toutes parts. Ceux qui étaient poursuivis par la · police, ou criblés de dettes, ou malheureux en ménage, ne révèrent plus que vivre dans le désert ; et nos deux solitaires furent en peu de temps les chefs de nombreuses confréries de moines. On bâtit beaucoup de monastères. Antoine construisit, dit l'Arétin, des abreuvoirs pour les moines et des auges pour les cochons, et comme le fit plus tard saint François d'Assise, il se mit à prêcher les ânes, et son cochon les hommes. Antoine et son cochon moururent le même jour, l'un âgé de cent-cinq ans, l'autre de quatre-vingt-cinq ans. C'est du cochon de saint Antoine que nous vient cet axiome : ne faites pas aux truies ce que vous ne voudriez pas qu'on vous fît. En Italie, vers 1700, saint Antoine était choisi pour le patron des mulets, ânes, etc. *Le jour de la feste du sainct, on menoit tout ce qu'il y avoit de ces animaux dans la ville de Rome, à l'église de sainte Marie Majeure, avec leurs selles et autres harnois ; on les y bénissoit et on les arrosoit avec le sacré goupillon, moyennant tant pour chaque beste.*

16 JANVIER. — SAINT MARCEL, *martyr*, iiie siècle, capitaine dans la Légion Trajane, un jour de revue, jeta ses armes en déclarant qu'il ne servirait

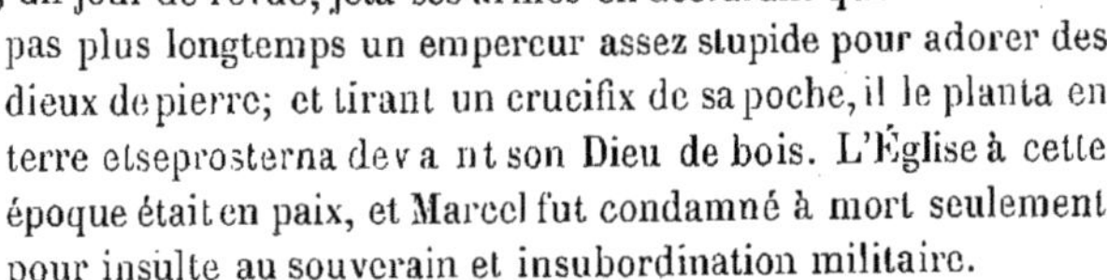

pas plus longtemps un empereur assez stupide pour adorer des dieux de pierre ; et tirant un crucifix de sa poche, il le planta en terre et se prosterna deva nt son Dieu de bois. L'Église à cette époque était en paix, et Marcel fut condamné à mort seulement pour insulte au souverain et insubordination militaire.

Je trouve encore dans la légende un autre *Marcel*, natif de Paris. Ce citoyen du Paradis ne fût pas plus tôt élevé au sacerdoce et à la *cléricaricature*, qu'il se mit à faire une multitude de miracles mirobolants. Il ne pouvait passer devant la boutique d'un maréchal, sans y entrer et jongler avec des fers rouges. On lui présenta un sourd-muet de naissance, il lui rendit la parole ; mais il le fit parler en grec, et personne n'y comprit rien.

Un monstre semblable au serpent qui tenta la mère des humains, ayant voulu mettre à mal la vertu d'une noble dame, Marcel vint heureusement à son secours et *cette horrible bête lui demanda grâce en baissant la tête et agitant la queue.*

Nous n'en avons pas fini avec les MARCEL; voici encore deux papes de ce nom.
Le premier, Marcel Ier, profita du repos laissé à l'Église pour exciter les chrétiens contre les idolâtres. Maxence lui envoya dire d'avoir à rester tranquille;
mais Marcel, têtu comme un mulet, n'en continua pas moins et fut cause de
troubles qui dégénérèrent en meurtres. Un matin qu'il se promenait au soleil,
il aperçut des soldats de Maxence qui venaient pour le mettre à l'ombre. Il
s'enfuit précipitamment et se réfugia dans une étable de mulets. L'empereur,
apprenant le lieu de sa retraite, dit : Puisque Marcel a lui-même si bien choisi
sa place, qu'il y reste. Et il fit mettre des gardes à la porte. Notre saint vécut là
plusieurs années; après quoi il mourut dans le Seigneur et dans la crotte, l'an
310. Le second MARCEL fit de grandes austérités pour se faire nommer pape;
mais lorsqu'il se vit sur le trône pontifical, il fit de telles bombances que vingt-
deux jours après, il mourut d'indigestion, l'an de *grasse* 230 ou 1555.

19 JANVIER. — SAINT SULPICE, IVe siècle, était un bavard de première
force. Mais qui parle trop finit par dire des bêtises; et Sulpice ayant dévidé
tout son chapelet sur la foi orthodoxe, commença par soutenir les hérétiques.
Les vociférations de ses anciens partisans, qui menaçaient de se changer en
voies de fait, le firent rentrer en lui-même, et il jura, pour se punir, de ne plus
prononcer une seule parole jusqu'à sa mort. Il aurait dû commencer par là.

20 JANVIER. — SAINT SÉBASTIEN, IVe siècle, fut fait par Dioclétien
capitaine de la première compagnie des gardes. Ce prince l'avait en grande
affection et Sébastien, pour s'en rendre digne, trahit son maître en favo-
risant secrètement les chrétiens ses ennemis. Dioclétien en
ayant été averti, l'envoya au poteau de Satory, où il fut tellement percé de flèches qu'il avait l'air d'un hérisson. Le
soir de l'exécution, une jolie veuve nommée Irène, qui avait
connu Sébastien, voulut le revoir ; et comme elle admirait en
pleurant ce beau garçon entièrement nu dont les formes
rappelaient celle de l'Antinoüs, elle s'aperçut qu'il n'était
pas mort, l'emmena chez elle et le guérit de toutes ses blessures.
  Lorsque Sébastien se sentit tout à fait d'aplomb, il se dit : Tout le monde me
croit mort, je vais me présenter à l'empereur et lui faire croire à un miracle.
Il courut sur son passage; celui-ci fut très étonné de le revoir; mais sur son
assurance qu'il avait été ressuscité par Jésus-Christ, Dioclétien qui ne voulait

pas qu'on le prît pour un imbécile, le fit assommer à coups de bâtons, et jeter dans un cloaque. Une dame, nommée Lucine vint l'en retirer dans l'espoir de le ressusciter à son tour; mais cette fois il était bien mort. Ce saint qui ne sut pas se préserver de la mort, guérit, dit-on, les autres de la peste.

20 JANVIER. — SAINT FABIEN, *pape*, III° siècle, avait dressé un pigeon blanc à le suivre partout. Or, un jour.que les fidèles étaient assemblés pour élire un pape, son pigeon vint en volant s'abattre sur sa tête, pour manger le blé qu'il avait mis dans sa calotte. Les assistants, ayant cru que le Saint-Esprit lui-même venait le désigner à leurs suffrages, le proclamèrent pape. Plus tard, un aventurier du nom de Napoléon, pensa que ce qui avait été bon pour faire un pape, serait excellent pour fabriquer un empereur, et il se servit du même moyen; mais il remplaça le blé par du lard, et le pigeon par un aigle.

21 JANVIER. — SAINTE AGNÈS, *vierge et martyre*, IV° siècle. — On sait qu'elle était très jolie. On sait qu'à treize ans, elle fut demandée en mariage par une compacte collection de jeunes gens très bien mis. On sait qu'elle

leur répondit : *Jésus est mon époux; il m'a déjà étreinte de ses chastes accolements, son corps est le compagnon du mien, et il m'a montré ses trésors.....* On sait que dénoncée comme chrétienne, elle aima mieux être conduite dans un lieu de prostitution que de sacrifier à la déesse de la sagesse. On sait que, mise nue devant plusieurs jeunes gens, *tout son corps se couvrit subitement d'un poil si épais que sa pudeur en fut préservée.* On sait qu'un seul de ces jeunes gens osa s'avancer pour attenter à sa chasteté. On sait que ce qui allait devenir l'instrument de son supplice se changea tout à coup en cuillère à pot. On sait encore bien des choses sur sainte Agnès. *Exista-t-elle! on n'en sait rien.*

Il existe à Rome une église qui porte son nom. On y consacre chaque année deux agneaux blancs. Leur laine sert à faire un manteau pour le pape; celui-ci en envoie un petit morceau à tous les prélats pour leur rappeler que le bon pasteur doit porter ses brebis sur ses épaules. Je crois plutôt que cela signifie qu'ils doivent tondre les fidèles pour se couvrir de leur laine.

22 JANVIER. — SAINT VINCENT, IV° siècle, n'eut aucun mérite à subir

les plus horribles supplices, puisqu'il ne sentait rien. Ayant eu le ventre ouvert
il vit ses intestins griller sur un gril sans même s'en apercevoir. Son corps fut
jeté dans un champ pour être dévoré par des bêtes. Un corbeau, qui professait
la religion payenne, vint pour s'en payer une tranche ; mais il se convertit
instantanément et défendit le corps du saint contre un loup affamé. Ce que
voyant, le gouverneur Dacien le fit attacher à une pierre de taille et jeter à la
mer. Il y serait resté si un homard n'eut-avalé la pierre, afin que son corps vint
échouer sur le rivage, pour permettre aux chrétiens d'en faire des reliques.

22 JANVIER. — SAINT ANASTASE, *pape,* IVe siècle. — Conseillé par
une dame romaine nommée Marcelle, il ordonna que nul *défectueux ou mutilé
ne fut admis en l'estat ecclésiastique.*

23 JANVIER. — SAINT JEAN L'AUMONIER, VIIe siècle, ainsi nommé
à cause des grandes aumônes qu'il faisait..... faire aux
autres. Il y avait en ce temps-là un citoyen qui ne voulait pas
donner une obole aux pauvres moines mendiants, qu'il
traitait de paresseux. Les pauvres moines allèrent se plaindre à Jean l'Aumônier, lui disant que c'était grand scandale
que cet homme qui ne voulait rien donner aux serviteurs
de Dieu. Et Jean les assura qu'il en serait puni, et leur
dit de remplir un grand tombereau de cailloux et de le
renverser devant la oorte de ce mauvais chrétien ; et ils le
firent.

Et le mauvais riche sortit avec ses gens ; et tous se mirent
à jeter des pierres sur les pauvres moines ; mais aussitôt
qu'elles étaient jetées, ces pierres se changeaient en
poulets, lièvres, perdreaux, saucissons, dindes truffées, petits fours, vins
exquis, bonbons, pâtisseries de toutes sortes, etc., etc. Et le plus étonnant
du miracle fut que le lendemain par une inspiration divine, les marchands de
la ville vinrent lui réclamer le prix de toutes ces choses qu'ils n'avaient pas
fournies, et l'impie fut obligé de les leur payer.

23 JANVIER. — SAINT RAYMOND, XIIIe siècle. — En parcourant la liste
interminable de toutes les vertus de ce saint, je me sens d'abord profondément
édifié ; mais en apprenant que par son crédit l'inquisition fut établie dans le
royaume d'Aragon, je conclus que ce fut une sainte canaille.

26 JANVIER. — **SAINT POLYCARPE**, *évêque et martyr*, II ^esiècle. — On lui demanda de quitter Jésus-Christ, il répondit : Voici quatre-vingt-six ans que je suis à son service. Non seulement il m'a toujours couché, nourri et entretenu, mais j'ai encore accaparé pour moi tous les honneurs et toutes les richesses qui lui étaient adressées, sans qu'il m'en fit jamais le plus léger reproche. Quel est le domestique qui consentirait à quitter un si bon maître?

26 JANVIER. — **SAINTE PAULE**, *jeune veuve romaine*, IVe siècle, voltigea d'évêque en évêque, dépouilla ses cinq enfants pour enrichir les prélats; rayée par erreur de la part des saintes, ce n'est plus la peine de s'y arrêter. *Après sa mort, les évêques se firent un devoir de porter sur leurs épaules le corps de celle qui les avait tous portés sur son cœur.*

27 JANVIER. — **SAINT JULIEN** *l'hospitalier* est le patron des voyageurs qui l'invoquent pour obtenir un bon gîte, parce que Jésus-Christ fut hébergé en sa maison un soir qu'il faisait réveillon. Au moment de se mettre à table, il y eut une discussion très vive entre sainte Marthe et sainte Marie-Madeleine, qui toutes deux voulaient être assises sur le même genou du Sauveur.

27 JANVIER. — **SAINT JEAN CHRYSOSTOME**, Ve siècle. — Nommé évêque de Constantinople, il se mit à déblatérer contre l'empereur, à qui il devait son élévation; l'impératrice elle-même ne fut pas épargnée : il excita si bien le peuple contre elle, que celui-ci renversa la statue de sa souveraine, lui

attacha une corde au cou et la traîna par les rues. Jean fut exilé. Un tremblement de terre étant survenu à peu de temps de là, on l'attribua à la colère de Dieu, et Jean fut réintégré sur son siège, mais ses nouvelles déclamations, son caractère altier et vindicatif lui attirèrent non seulement la haine de la cour, mais encore celle de tous les évêques. Depuis Jésus-Christ, les ecclésiastiques avaient pris l'habitude de vivre avec des vierges qu'ils traitaient de sœurs adoptives ou sœurs *Agapètes*, c'est-à-dire *charitables*, bien aimées ou petites chéries. Jean qui faisait parade d'une grande austérité (voir sainte Olympiade), voulut détruire ces abus, mais ne fit que soulever l'indignation de toute l'Église. Il fut encore exilé, et mourut peu de temps après à la suite de mauvais traitements que des moines lui firent subir.

28 JANVIER. — SAINT CHARLEMAGNE, VIIIe et IXe siècles, fut l'un des plus grands saints et empereurs qui aient oncques vescu, parce qu'il fit cinquante trois guerres, ne plus ne moins. Poussé par zèle et dévoction pour le

profit de la saincte église dont il fut un prince tant et plus orthodoxe, il estoit à la fois grand, héroïque, de très haulte suffisance au fait des armes, mais sa piété reluisait par dessus toutes ses vertus. D'aucuns écrivains, gens de vile et basse extraction, lui ont plaqué sur la conscience un horrible cataplasme, composé de toutes sortes de fétidités criminelles. Ouvrons l'oreille pour ouïr ce que ces mécréants osent argumenter contre lui : Charles ne fut qu'un rusé et féroce chef de brigands, mais comme il eut le bonheur de réussir, on lui décerna les titres de grand et de saint. Après avoir hérité avec son frère Carloman de la couronne usurpée par leur père, Charles, que je n'appellerai plus que Charlemagne, en bon chrétien qu'il était, ne put souffrir le partage du royaume avec son frère. Celui-ci ayant eu une igestinidon, Charlemagne accourut pour lui prodiguer les soins les plus tendres; et malgré certain bouillon qu'il lui administra à onze heures, l'autre mourut à midi précis. La femme et les enfants du défunt devaient hériter de Carloman ; mais Charlemagne, préoccupé du salut de leurs âmes, pensa que les grandeurs de la royauté pourraient les détourner de la véritable humilité chrétienne. Il se hâta de les chasser de leur palais et s'institua légataire universel de Carloman. Après avoir commis cette bonne action, il rentrait chez lui pour se mettre à table, lorsqu'il reçut dans la rue le prospectus d'un magasin de nouveautés où il était dit qu'on pouvait rendre tout article qui avait cessé de plaire. Tiens, dit-il, voilà qui me donne une idée : ma femme a depuis longtemps cessé de me plaire, je vais la renvoyer au roi Didier son père. — Lorqu'il fut rentré, il alla la saluer avec respect, et lui dit : Ma chère Désirée, longtemps vous avez été la désirée de mon cœur; aujourd'hui mon seul désir est que vous *déguerpissassiez* au plus vite. Et lui ayant donné sa bénédiction, il l'envoya se faire f... fiche ailleurs, et prit immédiatement neuf femmes attitrées et une foule d'autres de rechange. Parmi les premières il choisit Hildegarde pour sa légitime. A cette époque, le chef des serviteurs de Dieu qui siégeait à Rome et mettait à son bonnet une triple couronne d'or pour remplacer la vieille couronne du martyre, et qui se faisait baiser les pieds en signe d'humilité, avait entre autres pouvoirs spirituels, celui de fabriquer des rois à volonté. Or, Didier, roi des Lombards, qui avait non seulement recueilli sa fille, la femme répudiée de Charlemagne, mais encore la veuve et les fils de Carloman, demanda au pape de vouloir bien couronner ces derniers et de les reconnaître comme héritiers légitimes des états de leur père. Mais le pape Adrien connaissait la fable où l'on dit que le parti du plus fort est toujours le meilleur, et il se rangea du côté de Charlemagne. Celui-ci flanqua une tripotée à son beau-père, et l'envoya dans un cachot, malgré la promesse qu'il lui avait faite de le bien traiter s'il voulait se rendre. Conseillé par une multitude de moines dont il faisait sa société ordinaire, cet exécrable fanatique entreprend une guerre contre les Saxons, et jure que la Saxe sera chrétienne ou détruite. Il fait à ces peuples une guerre horrible ; pille, égorge, incendie tout sur son passage ; rase leurs temples, massacre leurs prêtres sur les débris de leurs

idoles. En un seul jour il fait couper la tête à quatre-mille cinq cents prisonniers saxons, coupables d'avoir combattu pour leur indépendance. Non content de ces exploits, il veut *chrétianiser* ou *crétiniser* aussi les Sarrazins et part
pour leur faire la guerre. Après quatorze ans d'inutiles boucheries, il revient
bredouille avec un million de morts en plus sur sa vilaine conscience.

Rôme, à cette époque, possédait un nouveau pape du nom de Léon III, dont la
conscience comme celle de Charlemagne, était aussi blanche que les mains d'un
charbonnier. Les Romains, pénétrés des vertus de leur pape, le saisirent un
jour de procession solennelle ; et après l'avoir traîné dans la boue, l'enfermèrent
dans un cachot. Mais il s'évada et s'enfuit auprès de Charlemagne, à qui il offrit
la couronne d'empereur, s'il voulait le remettre sur le trône pontifical. Ces deux
monarques s'entendirent comme deux coupeurs de bourse; le pape fut réintégré sur son siège, et lorsque Charlemagne se prosterna devant l'autel d'une
église de Rome, son compère lui posa la couronne sur la tête et le proclama
empereur d'Occident. Cet empereur, malgré vingt millions d'hommes qu'il fit
périr, malgré le lupanar qui le suivait dans toutes ses expéditions, fut canonisé,
parce qu'il massacrait et dépouillait les peuples pour enrichir les églises ; parce
qu'il fonda dix évêchés et plus de vingt abbayes, parce qu'il donna le pouvoir
temporel au pape. Les moines, par reconnaissance, écrivirent son histoire à la
façon du père Loriquet. De ce soudart ignorant et grossier qui ne savait pas
signer son nom, ils firent un protecteur des sciences et des lettres, un législateur
à qui ils attribuèrent les capitulaires. Malheureusement, nous savons aujour-
d'hui qu'à cette époque barbare, les clercs seuls savaient lire. Quant à faire
des lois, voici pour renseigner le lecteur de quelle façon il rendait la justice :
Lorsque deux seigneurs de sa cour avaient un différend, il les faisait venir devant
lui et leur ordonnait à tous deux de lever les bras en l'air en forme de croix.
Celui qui restait le plus longtemps en cette position gagnait son procès. Dans
beaucoup d'églises de France et d'Allemagne on dit une messe chaque année
pour le repos de son âme. Je n'ai jamais pu m'expliquer l'institution de cette
messe. Si Charlemagne est canonisé, c'est qu'il est au ciel; or, s'il est au ciel,
il est inutile de prier pour lui.

A la mort du saint, Dieu, pour juger son âme, fit apporter les balances qui
servent à peser les bonnes et les mauvaises actions. Comme les mauvaises l'em-
portaient de beaucoup sur les autres, Charlemagne allait être emporté en enfer,
lorsque son ange gardien eut un trait de génie. Il mit dans le plateau affecté
aux bonnes actions, toutes les pierres, les poutres, et autres matériaux qui avaient
servi à la construction des églises et des monastères qu'il avait fait bâtir. Ce

lut par cette ruse que la balance pencha du bon côté et lui gagna le ciel.

30 JANVIER. — SAINTE BATHILDE, VIIe siècle, était de la race des Saxons établis en Angleterre. Ayant été faite esclave, elle appartint à plusieurs maîtres qui se payèrent successivement ses faveurs. Archambaud, maire du palais de Clovis II, voulant profiter d'une baisse considérable dans le cours des femmes, la racheta en dernier lieu sur le marché aux bestiaux, avec une vache et deux cochons, pour la somme de trois francs cinquante. Comme on le voit, les femmes ne valaient pas cher dans ce temps-là; mais l'inconvénient était qu'il fallait les nourrir. Les malins de l'époque, pour s'offrir gratis de

jolies femmes, les achetaient lorsqu'elles étaient à la baisse, et les revendaient à la hausse avec bénéfice, après s'en être servis, bien entendu, par-dessus le marché. L'argent étant rare, ce petit jeu de bourse n'était pratiqué que par les classes dirigeantes. Bathilde était d'une humilité extrême. A la cour de France, elle ne voulut jamais faire autre chose que laver la vaisselle et vider tous les vases de la maison. Archambaud, frappé de ses grandes qualités, lui dit un soir en se couchant : « Depuis que j'ai fait ton acquisition, je suis de plus en plus content de toi, et j'ai résolu de te prendre pour femme. On ne manquera certes pas de m'objecter que je pourrais épouser une femme très riche, mais je me suis fait ce raisonnement : Pour que des parents donnent, je suppose, deux cent mille francs de dot à leur fille, il faut admettre qu'ils possèdent un million. La jeune fille est, par conséquent, habituée à vivre sur le pied de quarante-deux mille cinq cents francs de rente, en supposant leur argent placé en rente cinq pour cent sur l'État; son mobilier déduit de sa dot, il lui restera à peu près six mille cinq cents francs par an, qui suffiront à peine pour sa toilette; je serai donc obligé de subvenir encore au surplus de ses dépenses. Ma foi, — tout bien considéré, je gagnerai encore à me marier avec toi ».

Ayant dit, il lui donna les marques les plus vives de son amour; après quoi il ronfla comme un soufflet de forge. Bathilde ne dormit pas de la nuit, se leva au point du jour, — sans faire de bruit, — traça quelques caractères sur le mur — avec un morceau de craie — et disparut. En s'éveillant, Archambaud put lire ces mots : « Mon doux maître, le vœu d'humilité chrétienne que j'ai contracté, m'interdit d'accepter l'immense honneur de devenir votre épouse; adieu ». Archambaud, après l'avoir fait chercher partout inuti-

lement, se maria avec une autre. Bathilde s'était enfuie dans les caves souter-
raines du palais, et s'était cachée dans une futaille vide. Un cuisinier, de ses
amis, venait toutes les nuits lui apporter sa nourriture. Lorsqu'elle sut son
maître marié, elle reparut; mais son humilité n'eut pas de chance. Le roi
devint amoureux d'elle, la fit conduire à l'autel par deux gendarmes, et
l'épousa de force.

Devenue veuve, elle confia au clergé l'argent de l'État pour fonder des monastères en son nom. Cette femme si humble, montra cependant en plusieurs
occasions une grande énergie; se rappelant sa première condition, elle exigea
— malgré l'avis des évêques — l'abolition de l'esclavage en France. Rassurez-
vous, bons chrétiens, ce n'est point pour ce fait qu'elle a été canonisée.

31 JANVIER. — SAINTE MARCELLE, IVᵉ siècle. — Veuve après sept
mois de mariage, et possesseur d'une fortune considérable, elle fut recherchée
de nouveau par Céréali, consul romain, immensément riche, mais très vieux.
Elle lui préféra saint Jérôme, *avec lequel elle trouva le moyen de former une
liaison très étroite,* en compagnie de sainte Principie, de sainte Eustroquie et
de bien d'autres. Au sac de Rome par Alaric, douze soldats pénétrèrent dans sa
maison, et saccagèrent effroyablement son capital, déjà fort ébréché.

3 FÉVRIER. — SAINT BLAISE, *patron des vétérinaires*, IIIᵉ siècle. — Son
papa qui était vétérinaire, lui apprit son métier; mais Blaise était si éclatant
de sainteté que les chrétiens auraient cru manquer à leurs devoirs, en ne l'élevant pas au siège épiscopal. Pour fuir la persécution de Dioclétien, il s'enfuit dans
une caverne. Il y avait quelques jours qu'il n'avait
pas mangé, lorsque plusieurs animaux sauvages,
touchés de son état, vinrent lui apporter quelque
nourriture. Pour reconnaître leurs bontés, il mit sa
science à leur service. Sa réputation de vétérinaire
s'étant répandue au loin dans la forêt, il eut, en
peu de temps une nombreuse clientèle. Il aurait pu
vivre ainsi très heureux si quelques payens cnovertis
par lui — furieux de se voir arrêtés par Dioclétien,

et abandonnés par le saint au milieu du danger — n'avaient, pour se venger,
désigné le lieu de sa retraite.

Lorsque les soldats vinrent pour l'arrêter, ils le trouvèrent environnés de
bêtes; mais ils ne purent en saisir aucune, si ce n'est Blaise qu'ils emmenèrent.

Lorsqu'il fut en prison, il profita de ses jours de sortie pour faire des miracles.
— Blaise ! Monseigneur ! lui cria un jour une pauvre femme, je n'avais qu'un
cochon et le loup me l'a pris. — Blaise s'en alla dans la forêt, réunit tous les
loups au son du cornet à bouquin et commanda au voleur d'aller lui-même
reporter le cochon. — ce qu'il s'empressa de faire. Malgré ce miracle et bien
d'autres, il fut décapité. Loin de s'en montrer contrarié, il bénit le Seigneur
qui le guérissait ainsi d'un violent mal de dents.

4 FÉVRIER. — SAINT GILBERT, XIIe siècle. — Excité par les prédications fanatiques de saint Bernard, qui conduisirent des milliers de Français à
la mort, Gilbert, gentilhomme auvergnat, se croisa pour aller délivrer les lieux
saints ; mais voyant le mauvais succès de cette expédition — dont Dieu avait
pourtant promis la réussite par la bouche de son trop éloquent prédicateur
— et de plus, les violences et les débauches des pieux croisés, il fut dégoûté du

monde. Sa femme, Péronelle ou Pétronille, sa fille Ponce et lui, allèrent tous
trois terminer leurs jours dans un monastère.

Il y eut encore un autre saint GILBERT à la même époque, qui fut le fondateur
de l'ordre des *Gilbertins* en Angleterre. Ce religieux, dont le couvent regorgeait
de richesses, se gardait bien de mettre en pratique ce que disait alors saint
Bernard, son ami : « *Que fait l'or dans les églises ? Quel fruit retirons-nous de
la pompe et de la magnificence de nos temples ? Que cherche-t-on en tout cela ?
Est-ce pour inspirer des sentiments de douleur et de componction aux pénitents,
ou du plaisir et de la satisfaction aux spectateurs ? ô vanité ! ô folie ! L'Église
est brillante dans les édifices et déso léeuvdans les pares ! Elle couvre d'or les
pierres du temple, et laisse ses enfants nus ! Les curieux trouvent de quoi repaître leurs yeux, et les misérables ne trouvent pas de quoi rassasier leur
faim !* » Ce que disait Bernard des moines de son époque, s'applique encore
parfaitement au clergé actuel. Il est excellent que les saints eux-mêmes nous
disent ce qu'ont toujours été les ordres monastiques. Il ne faut cependant savoir

aucun gré à saint Bernard de ce bon mouvement. C'était la jalousie seule qui le
faisait parler ; en effet, son ordre, qui fut par la suite l'un des plus riches, était
si pauvre alors *que les moines faisaient souvent leur potage de feuilles de hêtre,
et mêlaient dans leur pain de l'orge, du millet et de la vesce.* La vesce leur était
particulièrement désagréable, parce qu'elle interrompait leurs prières en leur
faisant lâcher toute la journée des incongruités sonores.

4 FÉVRIER. — SAINT AVENTIN, vi^e siècle. — Lorsqu'il était tout petit, il gardait les vaches à trois kilomètres de Luchon, dans un petit village
qui porte aujourd'hui son nom. Dieu avait mis en lui un tel amour des choses
saintes, que pour s'amuser pieusement, il faisait de petites
églises avec de la bouse de vache. Un prêtre, passant par
là, lui dit un jour : Tu as fait l'église ; mais tu as oublié
monsieur le curé. — Je ne l'ai point oublié, répondit l'enfant,
seulement je n'avais pas assez de bouse pour le faire. — Le
curé, vexé de cette réponse, lui donna une cravate rouge.
L'effet fut prompt : Le taureau de son troupeau rendu
furieux par cette couleur, se précipita sur notre saint. Celui-
ci s'enfuit à toutes jambes. Au moment d'être atteint, il
sauta d'une haute montagne et tomba à pieds joints sur un
rocher. La chute fut si terrible que ses pieds enfoncérent
jusqu'aux genoux.

Le nombre des pieux pèlerins qui vinrent jusqu'à nos
jours baiser ces miraculeuses empreintes, fut si grand que
la pierre est presque usée aujourd'hui, et n'en laisse plus
qu'une trace vague.

Il vécut plus tard en solitaire dans un autre pays, et fit beaucoup de miracles : « *Un jour qu'il se promenoit dans les routes de sa solitude, il mit le
pied, par hasard, sur un serpent qu'il écrasa : l'insecte, levant la teste, se
préparoit à piquer le pied d'Aventin, et y faire entrer le venin d'une cruelle
mort sûre : mais à la vue du serviteur de Dieu, il retomba presque mort sur
la poussière ; notre saint aussitôt pria, et le serpent, ensuite entièrement rétabli, s'en alla dès que son libérateur le lui eut permis.* Aventin joignait au
don des miracles celui de chasser les démons : une jeune fille qui avait le
diable au corps, le vint trouver dans sa grotte, et le supplia de l'exorciser ;
mais le saint eut beau le conjurer, il s'obstinait à ne pas vouloir sortir.
Aventin, pour ne pas en avoir le démenti, fit rester cette pauvre fille avec

lui pour l'exorciser jour et nuit. Cependant, au bout de plusieurs mois d'efforts, il n'était pas plus avancé ; au contraire, la possédée sentait maintenant parfaitement le diable remuer en elle. Aventin commençait à douter de la puissance de Dieu. Enfin le neuvième mois, comme il procédait aux exorcismes d'usage, *la malheureuse se roula par terre, en poussant des cris effrayants ; et de nombreux assistants, terrifiés, purent voir le diable, s'échappant de dessous ses jupes, sous la forme d'un enfant nouveau né !* »

4 FÉVRIER. — SAINTE AGATHE (*dans l'ancienne langue romane Agace*), IIIe siècle. — Un proverbe campagnard dit :

> « A la sainte Agace
> Sème ton oignon, fut-ce dans la glace. »

Quintien, gouverneur de Sicile, devint amoureux de notre sainte, et sema lui aussi son amour dans la glace. Afin d'apprivoiser la belle, il la fit conduire dans une maison de débauches ; mais Agathe, changée subitement en sainte — torpille ; — donnait de telles secousses aux hommes qui l'approchaient, que les plus aguerris n'osaient la toucher. Au bout d'un mois, elle sortit de là, sans s'être jamais écartée de la loi chrétienne. Quintien l'ayant fait venir à son tribunal, lui ordonna de sacrifier à Jupiter et à Vénus. « N'êtes-vous pas honteux, lui dit-elle, de vouloir me faire sacrifier à un Dieu qui a mené une vie de polichinelle, et à une déesse qui a fait son mari cornard ? » Quintien furieux de n'avoir rien trouvé à répondre à ça, la fit asseoir sur des pots cassés entremêlés de charbons ardents et lui fit couper les mamelles. — Ayant été reconduite en prison, il lui apparut un homme entouré d'une lumière électrique. Agathé lui dit : qui es-tu ? *« Voudrais-tu me ravir ce que j'ai eu tant de mal à garder ? N'ais pas honte, je suis chrétien, lui répondit-il. — Je n'ai pas honte parce que tu es un vieux, et je suis déchirée si cruellement, que nul homme ne pourrait prendre volupté en moi. »* L'homme étendit sur ses plaies une forte couche d'onguent de saint Fiacre, et la sainte fut guérie radicalement. Elle mourut ensuite en pleine santé, afin de bien prouver à ses bourreaux que leurs tortures n'avaient produit aucun effet.

6 FÉVRIER. — SAINTE DOROTHÉE, martyre en Cappadoce, IIIe siècle. — Un jeune avocat nommé Théophile, l'ayant défiée de lui faire voir quelque chose... du jardin cultivé par son divin époux, elle lui donna *une rose* et *deux pommes. Honny soit qui mal y pense.*

29 JANVIER. — SAINT FRANÇOIS DE SALES, XVIᵉ et XVIIᵉ siècles, fut le produit du saint accouplement du comte et de la comtesse de Sales. Madame la comtesse de Sales disait, pendant sa fluxion *bedainale*, qu'elle ai-

merait mieux accoucher d'un hippopotame que d'un fils protestant. Ces très pieux et très catholiques époux eurent un fils selon leur cœur. Le jeune François, qui devait être précoce en tout, naquit à sept mois et fut déclaré à la mairie, célibataire et sans profession. Madame la comtesse, d'une bonne et forte constitution, aurait pu allaiter son marmot; mais cela étant gênant pour aller au bal, elle le colloqua à une nourrice, ce qui, vu son précoce débarquement sur cette terre, le mit en grand danger. Le plus grand soin de sa maman fut de lui choisir une nourrice très dévote et surtout très catholique, afin de lui faire sucer du lait orthodoxe. Avec de telles précautions le diable aurait été bien malin s'il avait fait de François un hérétique. La nourrice était obligée d'aller deux fois par jour dans la maison de Dieu et de maintenir son nourrisson dans un continuel état d'édification. Un pieux manuscrit appartenant aux Visitandines de Nevers nous apprend que cette femme considérait déjà son nourrisson comme un saint et vénérable poupon; elle nous dit que la première fois qu'elle le porta à l'Église lorsqu'il était encore au maillot, elle connut qu'il se plaisait dans le lieu saint; il ne parut jamais chagrin ni ennuyé aux offices; il tenait les mains jointes, inclinait le corps, et avait toujours les yeux fixés sur l'autel ou sur le prêtre qui officiait. Lorsqu'il commença à marcher, sa piété, loin de s'arrêter, n'en marcha que mieux, *et c'est toujours du côté de l'église qu'il entraînait sa nourrice*. Il faut dire aussi que monsieur le curé, pour encourager d'aussi édifiantes dispositions, avait toujours ses poches pleines de dragées qu'on lui donnait pour les baptêmes.

Lorsque François eut l'âge de sept ans, il fut décidé, — suivant un usage généralement établi dans les familles nobles et bien pensantes, — que deux de ses frères, ses cadets, seraient envoyés au collège de la Roche. Quant à lui, comme on le destinait, en sa qualité d'aîné, à une haute situation à la cour, ses parents ne jugèrent pas utile de lui donner d'instruction; François fut très vexé de cette résolution, et demanda à sa nourrice d'user de son influence auprès d'eux pour le faire mettre au collège comme les autres. — Si je réussis, lui dit celle-ci, que me donnerez-vous? — *Je n'ai rien, répondit l'enfant, parce que je suis petit, mais quand je serai grand et que je serai maître, je vous ferai faire tous les ans une brassière de ratine rouge.* — La nourrice mit un tel acharnement à plaider la cause de son protégé, qu'elle finit par l'emporter. François fut donc au collège, surpassa ses frères en peu de temps; de là fit sa théologie à Paris chez les jésuites; fit son droit à l'école de Padoue, où des étudiants firent courir à sa chasteté les plus grands dangers; il en sortit victorieux? et coiffé du bonnet de docteur. Pour le récompenser, son père lui paya un voyage en Italie. *Dieu, voulant lui donner dès cette époque des marques visibles de sa protection, fit deux miracles en sa faveur. Étant logé à Rome dans un hôtel au bord du Tibre, il partit un matin sans prévenir, et resta plusieurs jours absent. L'hôte croyant qu'il s'en était allé sans payer, reloua ses appartements à d'autres voyageurs. Au retour du comte de Sales, ses domestiques voulurent prendre les voyageurs au collet et les faire déguerpir ; mais l'hôte ayant envoyé chercher la police, force fut au comte et à ses gens de céder le terrain. Ils ne furent pas sitôt sortis que le bon Dieu, pour venger monsieur le Comte, versa une pluie effroyable qui fit déborder le Tibre, lequel emporta la maison et noya tout ce qui se trouvait dedans. Une autre fois, voulant faire une promenade sur l'eau, il avisa une jolie gondole et demanda au gondolier pour y monter ; celui-ci lui répondit qu'il l'avait louée à une dame de qualité. Malgré cela il s'en empara avec l'aide de ses domestiques. A ce moment survint la dame avec ses gens. Le comte de Sales lui déclara qu'il avait pris sa gondole dans l'intention de l'honorer de sa société ; cette dame mal apprise le traita d'insolent, et les domestiques allaient en venir aux mains lorsque le comte ordonna aux siens de le suivre, et de se retirer avec lui. La dame ne fut pas plus tôt en mer que Dieu envoya une tempête qui coula l'embarcation à la vue du comte de Sales.* La morale de ces deux histoires nous montre qu'il faut toujours se mettre bien avec les amis de Dieu ; à moins de faire comme cette paysanne normande, qui étant allée à l'église pour faire brûler deux cierges à saint Michel, se ravisa, et en mit un seulement au saint, et l'autre au diable, disant qu'elle ne pouvait pas prévoir où elle irait après sa mort.

Lorsque François fut de retour d'Italie, son père voulut le marier, mais il lui répondit que Dieu, par deux miracles, lui avait fait comprendre qu'il voulait l'avoir à son service. On n'osa contredire cette volonté d'en haut et notre saint fut pourvu de la prévôté d'Annecy. Le premier sermon qu'il fit convertit sur le champ trois gentilshommes protestants ; ces hérétiques qui avaient l'habitude de jurer comme des possédés, vinrent le trouver, et étendant la main sur son crucifix, ils dirent : « Que le tonnerre de Dieu nous écrase si nous disons jamais autre chose que sac à papier ! » Le bruit de cette conversion lui attira la faveur de l'évêque de Genève, qui lui confia la mission d'aller dans le duché de Chablais pour convertir les protestants. Le saint partit avec Louis de Sales son cousin ; et semblable à un seigneur qui se mortifiait le vendredi en ne mangeant à son repas qu'un seul poulet, il se fit accompagner d'un seul domestique. Les livres saints ne tarissent pas sur les persécutions qu'il éprouva en cette circonstance ; on lui fermait, disent-ils, *les hôtelleries, et il était obligé de coucher dehors ; on lui refusait même du pain pour de l'argent.* Loin de s'étonner de ces persécutions, si l'on réfléchit à l'époque peu éloignée de la Saint-Barthélemy, où les catholiques firent égorger en une nuit des milliers de protestants ; si l'on pense que le jésuite Antonio Possevino, envoyé par le pape, et dont notre saint était l'élève, avait organisé lui-même une nouvelle persécution contre les malheureux Vaudois du Piémont, et que dans cette féroce boucherie quatre cents enfants d'hérétiques furent enfermés et brûlés dans une caverne, on s'étonnera que notre prédicateur catholique n'ait pas été égorgé cent fois. François, au contraire fit de nombreuses conversions ; il était peu scrupuleux sur le choix des moyens ; et cet homme que l'on nous donne comme un modèle de douceur et de bonté, employait suivant le cas, la persuasion, l'argent ou l'intimidation. Sur son conseil, le duc de Savoie alla de village en village, chasser les malheureux qui refusaient d'abjurer leur foi. Le cœur tendre de ce bon pasteur saignait bien quelquefois de ces tristes nécessités ; mais que ne ferait-on pas pour obtenir un chapeau d'évêque ? On ne fut pas ingrat, et sa récompense fut l'évêché de Genève. Malgré sa nouvelle dignité, notre saint vécut toujours dans la plus grande simplicité et n'eut jamais, pour orner ses appartements, d'autres tableaux que des images d'Épinal ; il ne souffrit chez lui que deux chambres tapissées et encore de papier à douze sous le rouleau ; il observa la plus grande frugalité..... pour la table de ses domestiques ; ainsi une année où les harengs étaient en grande abondance et à très bon marché, il en fit saler plusieurs barils ; et pendant trois cent soixante-six jours (l'année était bissextile) il ne leur donna rien autre chose à manger. Chaque repas était précédé et terminé par un si grand nombre de prières, qu'il restait à peine aux domestiques dix minutes pour manger ; aussi les gens de Monseigneur étaient-ils cités partout pour leur extrême maigreur. Après chaque repas, Monseigneur allait dans les cuisines, fermait toutes les armoires aux victuailles et mettait les clefs dans sa poche. Un soir, un de ses valets de pied revenu fort tard d'une longue course sans avoir dîné, chargea l'une des armoires sur son dos et s'en fut frapper à la porte du salon où l'évêque avait nombreuse réception. Grande fut la stupéfaction à l'apparition de ce domestique ; mais lui, sans s'émouvoir, dit : Ne voulant pas déranger son Éminence, je viens la prier de m'ouvrir l'armoire au pain.

Une autre fois l'évêque étant dans son carrosse, son cocher l'arrêta court devant un calvaire, puis descendit de son siège. L'évêque surpris, lui demanda ce qu'il faisait ? — Je demande pardon à monseigneur, c'est une habitude de mon enfance de m'agenouiller devant le Christ chaque fois que je passe près de lui. — Très-bien, mon enfant, dit le saint évêque, continuez dans ces excellentes dispositions. — Notre homme se met à genoux, fait des contorsions, lève les bras, pousse des exclamations — ah ! pauvre crucifié ! quel triste état! oui! c'est certain! comment cela se pourrait-il faire autrement? — L'évêque étonné, met la tête à la portière. — Ah! monseigneur! ce pauvre Christ a été pour sûr à votre service pour être si maigre que ça!

En plus du jeûne que François de Sales observait pour ses domestiques, il les tenait sous la règle la plus sévère. *Toutes sortes de jeux leur étaient inter-. dits.* Monseigneur avait spécialement chargé un prêtre de les surveiller; ce livre ne suffirait pas à décrire toutes les avanies que les domestiques firent subir à ce malheureux; celui-ci s'en vengeait en les faisant pincer en faute. Un soir Monseigneur averti par son espion, en surprit plusieurs qui jouaient au loto; il furent chassés sur le champ, et cela sans être payés de ce qui leur était dû. Notre saint avait du reste la réputation de payer ses nombreux valets aussi mal qu'il les nourrissait; cependant l'un d'eux, son valet de chambre, trouva moyen de faire à son service une fortune considérable. Ce fin matois s'était dit: je vais conserver tout ce qui vient de mon maître; comme il est en bonne voie pour devenir un saint, *je prévois qu'un jour tout ceci deviendra des reliques,* et me sera payé au poids de l'or. Il procéda donc avec le plus grand ordre, ayant une boîte étiquetée pour chaque chose; les vieux habits emplissaient plusieurs malles; *quand on lui coupait les cheveux, il avait soin de tout ramas- ser; quand on le saignait, il laissait le sang se dessécher, puis le mettait dans une boîte.*

Il n'était aucune déjection du saint évêque qui ne fut recueillie, enfermée et soigneusement cataloguée, assure monseigneur Crosnier dans sa vie des saints Nivernais; mais ce prélat se garde bien de dire que notre valet roublard, dans son zèle à grossir le nombre des reliques, était assez peu scrupuleux pour y ajouter ses déjections personnelles; en sorte que telle dévote qui baise avec respect un petit papier, persuadée que saint François s'en est servi... ne baise en réalité qu'un affreux chiffon souillé par son valet de chambre. Après tout, le mal n'est pas bien grand puisque c'est la foi qui sauve.

François de Sales était le prédicateur le plus couru de son temps. Les jours où il montait en chaire, le beau sexe se pressait en foule dans le temple: L'amour... divin? la sensualité mystique? s'entrelaçaient si tendrement dans ses sermons; l'orateur sacré était si jeune, si beau, si blond, d'une éloquence si passionnée; sa voix douce et pleine de charmes avait des modulations si caressantes, que toutes les dames, suspendues à ses lèvres se pâmaient... dé- votement aux récits enflammés qu'il faisait des jouissances... célestes.

Aucune femme ne pouvait résister à l'entraînement de cette parole enivrante; toutes auraient voulu l'avoir pour directeur; mais monseigneur leur tenait la

dragée haute. A son lever, paraît-il, les plus grandes dames, le cœur débor-
dant d'effusion, venaient en foule le consulter sur quelque scrupule ou quelque pressant cas de conscience. On distribuait à la porte des numéros d'ordre,
et chaque dévote entrait à son tour. Lorsqu'une pénitente était enfin intro-
duite dans l'oratoire du divin prédicateur, la scène suivante se reproduisait
presque invariablement: — « Mon père, je viens me jeter à vos pieds pour
m'accuser d'une bien coupable pensée... Un désir effréné... immense! a envahi
mon âme. En vain j'ai voulu résister; je n'ai trouvé en moi qu'une invincible
défaillance! Comment vous dire... je suis toute tremblante.... — ici un san-
glot étouffé. — Hélas je n'oserai jamais! — là un ruisseau de larmes. —
Remettez-vous, ma fille ; avouez votre faute; si elle est grande le prêtre a pour
ses pénitentes des trésors d'indulgences et de miséricordes. — Eh bien, mon
père, que le ciel me pardonne! j'aime un homme; son image adorée me suit
partout; la nuit dans mes rêves agités, je le serre fébrilement contre mon
cœur.... — L'Église, mon enfant, pour calmer ce désordre des sens, a institué
le mariage. — Mon père, je suis bien plus coupable que vous ne le pensez;
celui pour lequel je brûle d'amour, est revêtu d'un caractère vénérable et sacré.... Ah! je suis bien malheureuse... Monseigneur, je vous aime éperdûment... — La pénitente tombe le plus souvent dans les bras du prêtre et s'évanouit. — François de Sales, habitué à ces scènes, fait respirer à la belle pécheresse un flacon de sels ; et lorsqu'elle est remise, il sonne. Un domestique
sourd et muet apparaît. — Allez, mon enfant, offrez votre amour à celui qui
est là-haut, — et disant cela il lui montre le ciel! La pauvre femme regarde,
et ne voit que le plafond; puis chancelante, elle est poliment reconduite par
la livrée. »

Le clan des nobles dévotes était en grande effervescence. François manquait
à toutes les traditions de l'Église. Dans tous les temps, les grandes dames et les
évêques s'étaient toujours compris; cet homme était-il donc de marbre? In-
terrogé un jour par un évêque de ses amis sur son cas anormal, il lui avait répondu qu'il ne ressentait aucun besoin. Les choses en étaient là, lorsque le
Parlement de Dijon le pria d'y venir prêcher; ce fut son ami Frémiot, archevêque de Bourges, qui le reçut à son arrivée. Avant de se rendre à la cathédrale, on commença par bien dîner. L'archevêque était à Dijon dans sa famille; il présenta François à son père, au beau-père de sa sœur, au directeur
spirituel de sa sœur, et enfin à sa sœur elle-même, madame la baronne Jeanne-
Françoise Frémiot de Chantal, veuve depuis quatre ans, ayant quatre enfants,
âgée alors de trente-deux ans. La baronne était admirablement belle. Élevée

très dévotement dans la religion catholique, elle avait voué dès sa plus tendre enfance une haine implacable aux protestants. On rapporte qu'à l'âge de six ans, un huguenot lui ayant donné des bonbons, elle les jeta au feu, en lui disant : « *Monsieur, voilà comme les hérétiques brûleront en enfer, parce qu'ils ne croient pas ce que Notre-Seigneur a dit : Si vous donniez un démenti au roi, mon papa vous ferait pendre; qu'est-ce donc de donner tant de démentis à Notre-Seigneur.* » Madame la baronne était donc la plus fervente admiratrice de l'homme auquel la religion était redevable de tant de conversions; il fut mis à table à côté d'elle. Je ne sais si la flamme ardente des beaux yeux de la comtesse eut le pouvoir de faire fondre enfin le cœur de glace de Monseigneur, toujours est-il qu'il fut pour elle pendant le repas d'un empressement extrême. Dans la cathédrale ce fut bien autre chose; en chaire il ne la quitta point des yeux; jamais il ne fut si éloquent et il sembla ne parler que pour elle. A partir de ce moment, il manœuvre avec un art infini pour se concilier toute la famille, et jusqu'au chat de la maison, tous ont part à ses caresses; tous sont subjugués. Un seul se montre rébarbatif; c'est le confesseur de madame de Chantal, qui sent que l'évêque veut lui enlever sa proie; il a du reste des droits acquis, et la baronne a fait vœu de le conserver toute la vie. De son côté, la belle dévote reconnaît intérieurement qu'elle s'est trompée dans son choix; que son confesseur qui ne sait ordonner que discipline et abstinence, ne répond plus aux besoins de son âme. *Il y a quelque chose en moi*, dit-elle, *qui n'a jamais été satisfait.* Quelle différence avec l'autre! Celui-là *voyait plus clair qu'elle-même dans son intérieur, et répondait juste à ses besoins.* » L'évêque parvint à se mettre dans les bonnes grâces du confesseur en flattant son extrême amour-propre, et en lui persuadant habilement qu'il ne voulait diriger sa pénitente que d'après les conseils de son expérience. Il restait encore à vaincre les scrupules de la baronne sur son infidélité spirituelle; mais l'évêque leva cet obstacle comme les autres, et la belle se rendit à discrétion.

Un beau matin, le bel évêque est obligé de partir. Ils s'écrivent alors des choses adorables; il lui avoue qu'il pense à elle à tout moment, *même au moment de la communion.* Ils ont un impérieux besoin de se revoir, et se donnent rendez-vous au pélerinage de Saint-Claude. Là, elle éprouve des extases infinies, en s'identifiant intimement à lui. L'ancien directeur ne voyait pas d'un bon œil ces élancements spirituels, et par ses remontrances, troublait la conscience de la baronne. Pour la rassurer, l'évêque lui écrit : *Notre union vient de Dieu. Dieu m'a donné à vous, et vous à moi; je m'en assure tous les jours plus fort.* Il lui envoie en même temps que cette lettre son portrait en miniature;

en échange, elle lui expédie une mître tissée et confectionnée par elle.

Pendant que toutes ces belles choses s'accomplissaient pour la plus grande gloire de Dieu, une bonne de la maison est devenue maîtresse, et fait vigoureusement danser l'anse du panier. Ses trois filles, affranchies de toute surveillance, s'en donnent à cœur joie. Le baron de Chantal, vieux soldat de la Ligue, jure comme un possédé, parce que sa belle-fille ne renouvelle plus ses cataplasmes; mais la jolie veuve ne peut plus vivre sans son évêque et veut se consacrer définitivement à lui. Elle demande, à ce sujet, avis au père Villard, recteur des Jésuites, qui lui répond : « *Monsieur de Genève vous convient; la Providence veut de vous quelque chose de grand en vous donnant le séraphin terrestre pour vous conduire.* » Aussitôt cette réponse reçue, elle envoya à l'évêque son vœu écrit sur parchemin : « *Je me consacre absolument et sans réserve en la personne de Monsieur de Genève pour lui obéir de tout mon cœur. Amen.* » Monseigneur, ayant approuvé son vœu, elle fut le trouver, et mit à ses pieds son cœur et son immense fortune. L'heureux évêque garda le cœur pour son usage particulier, et employa l'argent à fonder des monastères. Dans ses tournées pastorales, monseigneur écrivait à sa belle dévote : « *Je vous vois un cœur vigoureux qui aime ardemment et je lui en sais bon gré.* » La veuve répondait : « *Oui, Monseigneur! sans si, sans mais, sans exception, votre volonté soit faite sur père, sur enfants, sur toutes choses et sur moi-même.* » Les choses allèrent au mieux pendant la lune de miel, mais Jeanne devint d'une jalousie intolérable. Le bon évêque ne pouvait plus confesser de jolies femmes sans avoir des scènes épouvantables. Le prélat commençait à trouver qu'elle devenait passablement *crampon*; mais les évêques ont, en ces circonstances, des ressources que n'ont pas les maris. François, pour s'en débarrasser, lui fit savoir de la part de Dieu, qu'elle devait s'enfermer dans le monastère de la Visitation — qu'elle avait fondé — pour passer la fin de ses jours. Pour la consoler, *il lui fit la promesse d'aller la visiter tous les soirs.* Jeanne fit ses malles sans murmurer. Ce fut en vain que son vieux père lui cria : « *Laisse-moi mourir avant de m'abandonner;* » que son fils, désespéré, se coucha en travers de la porte pour l'empêcher de passer; Jeanne, dans un élan divin leur dit : « Que mes parents et mes enfants périssent, cela ne m'importe; je ne vis que pour Dieu ». François mourut d'une attaque d'apoplexie; et lorsque, dix ans après on ouvrit son tombeau, Jeanne couvrit de baisers ce corps chéri qui exhalait une odeur de saint. O miracle! le mort serra la veuve sur son cœur.

Jeanne fut aussi canonisée, et son cœur ne cessa de battre après sa mort. On le voit dans son reliquaire, *éclater en sanglots*, à certaines époques.

1er FÉVRIER. — SAINT IGNACE de LOYOLA, xve et xvie siècles. — Cet illustre fanatique, qui aurait mieux fait de rester dans l'œuf, vint au monde en 1491. Peu de temps après sa naissance, sa maman fit cette prière : « O Dieu

trois fois saint, quatre-vingt-dix-neuf fois bon et trente-six fois juste, écoute l'humble requête de dona Marionetta Sacrëz Planteusima de Licorna y Balda-quina y Cocotta y Falbala, épouse légitime de Haultissimo et Puissantissimo et Fortissimo don Belcornardissimo d'Onhez, seigneur de Loyola en Biscaye. Dans ta grandissime bonté, tu m'as octroyé sept fils ; mais aucun d'iceuls ne voulant rester près de leur mère, ils s'en sont allés guerroyer contre les vilains ennemis de notre beau pays d'Espagne; fais, ô mon Dieu, que cettui-ci ne soi point un pourfendeur comme les autres, et que j'aye la joye de le toujours couver sous mes jupes; amen. » Elle n'eut pas plus tôt terminé sa prière, qu'une voix céleste se fit entendre, et lui répondit : zut!

Loin de montrer des dispositions moins belliqueuses que ses aînés, Ignace, enfant, ne rêvait que plaies et bosses. A peine avait-il cinq ans qu'il avait cassé la patte d'un dindon, coupé la queue d'un chien, crevé l'œil d'un camarade, jeté un encrier à la tête de sa tante, étranglé un jeune chat, montré son c... aux passants après la grand'messe. Quand il fut grand, son papa l'envoya à la cour de Ferdinand-le-Catholique; dès son arrivée il emporta d'assaut le cœur d'une princesse, et marcha rapidement de conquêtes en conquêtes. Plus d'une place féminine considérée jusqu'alors comme imprenable, fut obligée de capituler. Peu de temps après nous le retrouvons au siège de Pampélune, la jambe brisée par un biscaïen, et le haut de la cuisse de l'autre jambe endommagé de telle façon que plusieurs ont assuré que cette blessure avait été cause de son renoncement aux plaisirs d'ici-bas. Transporté au manoir de Loyola, les chirurgiens déclarèrent que la jambe ayant été mal remise, il resterait une grosseur au genou. Ignace, qui voulait rester joli garçon, souffrit une opération très douloureuse pour ne pas être infirme; mais on eut beau faire, depuis il marcha toujours comme un ca- nard. Sa convalescence fut longue. Un jour qu'il s'ennuyait, il tira violemment le cordon de la sonnette, suspendu près de son lit :

<table>
<tr><td>« Valets, qu'on me donne un roman
   Pour passer la soirée !
Dit-il. — On apporte à l'instant
   La légende dorée.</td><td>Ce fameux livre où chaque mot
   Respire le miracle,
Le rendit en huit jours dévot;
   Il brûla sa rondache.</td></tr>
</table>

Comme l'affirme cette vieille chanson, qui nous retrace quelques passages de la vie du saint, Ignace dont le cerveau était affaibli par la fièvre, eut bientôt la cervelle troublée par les récits fantastiques de cette vie des saints; et ne se sentant plus désormais suffisamment complet pour la galanterie, il résolut d'imiter ces pieux héros; cette résolution ne faisait pas l'affaire de Satan, qui perdait ainsi une excellente pratique.

<table>
<tr><td>Le diable, enclin à rechercher
   L'ami qui l'abandonne,
Fit un grand trou dans le plancher,
   Et parut en personne.</td><td>Il avait pris les traits charmants
   D'une fille novice.
« Vois, dit-il, mes appas touchants;
   » Ils sont à ton service ! »</td></tr>
</table>

Ignace vainquit cette tentation, non sans regretter de n'avoir plus ce qu'il fallait pour y succomber. Lorsque sa convalescence fut à peu près terminée, il voulut sortir ; mais son frère don Garcia, voyant que la pauvre tête d'Ignace s'était exaltée à la lecture de la vie des saints, le surveillait de très près pour l'empêcher de faire quelque extravagance. Un jour Ignace, trompant la surveillance de son frère, enfourcha un cheval et disparut à franc-étrier ; il était déjà bien loin lorsqu'il rencontra un Maure avec lequel il se mit à discuter sur la virginité de la vierge. Le fils d'Allah lui dit que puisqu'elle avait enfanté, Marie ne pouvait plus être vierge. — *Misérable, s'écrie Ignace, tu oses insulter effrontément la divine mère de notre Seigneur souverain ! et moi qui me suis fait son chevalier, je souffrirais qu'on fasse un tel outrage à son honneur sans le venger ! Non, cela ne sera pas, et je vais te passer mon épée à travers le corps !* — S'apercevant alors à quelle espèce de toqué il avait affaire, le musulman piqua des deux et s'enfuit au plus vite. En le voyant s'éloigner, il vint à l'idée de notre saint qu'il n'avait peut-être pas le droit de tuer cet homme. Dans le doute, il résolut de s'en remettre *au jugement de Dieu ;* et comme il y avait deux chemins en cet endroit, il se dit qu'il tuerait cet infidèle, si son cheval livré à lui-même, suivait la route que cet homme venait de prendre. Le cheval ayant pris l'autre, le Maure eut la vie sauve. Ignace accepta ce *jugement de Dieu, mais le comprit assez peu.* Il alla ensuite dans un monastère, et avant de se consacrer à Dieu, fit une confession générale qui dura trois jours, pendant lesquels il trempa de ses larmes un nombre incalculable de mouchoirs. En sortant de là, il échangea ses riches habits contre les haillons sordides d'un mendiant. Ignace, la tête remplie des romans de chevalerie dont il avait fait sa nourriture habituelle, voulut, la veille du jour où il devait être armé chevalier du Christ, faire la *veillée des armes.* Il retourna à cet effet au monastère ; et tenant une épée d'une main et un poignard de l'autre, il passa la nuit en prières, jurant de défendre le Christ à la vie, à la mort, envers et contre tous. Le lendemain matin il communia. Quelques instants après, il crut se rappeler qu'il avait, dans sa confession, omis l'aveu d'une faute. La pensée d'avoir communié en état de péché l'épouvanta à tel point, qu'il se serait jeté par la fenêtre si on ne l'en avait empêché.

A partir de ce moment, Ignace se livra à de grandes mortifications, eut des visions étonnantes : Jésus, la Vierge, et plusieurs créanciers lui apparurent. Il resta huit jours sans manger ; il serait resté bien plus longtemps, dit naïvement son dévot historien, si son confesseur ne l'eut empêché de continuer.

On a comparé Ignace à don Quichotte ; peut-être eut-il été plus vrai de comparer don Quichotte à don Ignace ; car c'est certainement ce dernier qui a servi de type à Cervantès pour composer son immortel roman.

Après être resté quelque temps dans le monastère, Ignace en sortit un jour, mendiant son pain, le visage crasseux, les cheveux et la barbe en broussailles, les pieds nus, les vêtements en lambeaux, se rendant en Palestine pour visiter les lieux saints et combattre les infidèles. Sa componction sera son épée, son armure sera la foi, son bouclier, la prière. Ainsi équipé de toutes pièces, il part à cheval sur la grâce. Arrivé à Venise, il va demander à un capitaine de l'embarquer pour la terre sainte; sur le refus de celui-ci, Ignace déclare qu'il traversera la mer sur une planche et que Dieu le conduira. Le capitaine, voyant qu'il allait se noyer, le prend en pitié et à son bord. Pendant la traversée, il est scandalisé de la conduite peu orthodoxe des matelots et entreprend de les convertir. Ceux-ci, embêtés, prennent le parti de s'en débarrasser en l'abandonnant dans une île déserte pour catéchiser les pingouins. Un vent contraire, attribué naturellement à un miracle, le sauve de ce danger.

Il parvient enfin à Jérusalem, va trouver avec une lettre de recommandation le révérend père provincial des Franciscains, lui déclarant qu'il vient travailler au salut des âmes. Le révérend, édifié de ces saintes dispositions, lui dit que son ordre, vivant des aumônes déja trop rares des fidèles, il ne peut accepter un mendiant de plus, et le prie, sous peine d'excommunication, d'aller lui faire concurrence ailleurs. Nous le retrouvons plus tard en Lombardie, arrêté comme espion dans un village occupé par l'armée de Charles-Quint; il est conduit devant un chef auquel il ne répond pas un seul mot; celui-ci dit : *Cet homme-là est un idiot, comment pouvez-vous prendre cet imbécile pour un espion? Laissez-le passer.* Ignace commençait à avoir une certaine célébrité; les uns l'appelaient le saint, les autres le fou. Les religieuses du monastère des Saints-Anges, ayant entendu parler de sa haute naissance, voulurent le voir par curiosité, et demandèrent à un prêtre nommé Martino de le leur amener; mal leur en prit; car Ignace, instruit de leurs mœurs, ne fut pas plus tôt dans leur couvent qu'il monta sur une chaise, et dans un speech des mieux sentis, il leur dit qu'il était honteux pour des religieuses de faire de la maison de Dieu une maison de prostitution. En revenant le soir du couvent, lui et son compagnon furent assommés par des capucins, protecteurs de ces dames. Martino rendit l'âme sur place; mais les saints sont comme les chats, ils ont la vie dure, et le nôtre en fut quitte pour la peur. Lorsqu'il fut guéri de ses contusions, il parcourut l'Espagne en prêchant dans les rues pour la conversion des âmes; mais il fut arrêté deux fois par le tribunal de l'Inquisition, qui, l'ayant considéré comme fou, le relâcha en lui disant qu'avant de vouloir instruire les autres, il ferait bien mieux d'apprendre la grammaire. A cette époque, Ignace avait déjà recruté cinq fanatiques à sa suite.

Ce début lui donna l'idée de fonder une société de combattants sacrés; mais comprenant qu'il n'arriverait à rien avec une ignorance aussi crasse que la sienne, il s'en fut à Paris pour user ce qu'il supposait lui servir de culottes sur les bancs de l'école. Ignace continuait à vivre d'aumônes; et comme la crédulité publique tenait toujours la bourse ouverte pour les pieux mendiants, surtout pour les pèlerins qui disaient avoir visité les lieux saints, c'est la bourse bien garnie, que le saint vint à Paris, où il logea au quartier latin. Il avait trente-huit ans lorsqu'il entra au collège Sainte-Barbe. Pour rattraper le temps perdu, il voulut apprendre d'un seul coup la grammaire, le latin, l'éloquence, la philosophie, la physique d'Albert Legrand, la théologie scholastique, la logique de Soto; mais tout cela ne put lui entrer dans la tête.

Une nuit le démon lui apparaît sous la forme d'une araignée et lui dit que s'il consent à se donner à lui, il deviendra sur l'heure un grand savant; Ignace l'envoie au diable. Pour donner de l'émulation aux élèves, il était d'usage chaque dimanche de les faire discuter entre eux, en présence des professeurs, sur des questions apprises pendant la semaine. Ignace, qui pérorait volontiers dans les carrefours, admiré par la populace, ne se souciait pas d'entrer en lice avec des gens plus forts que lui; il se garda de prendre part à ces argumentations, et persuada à d'autres ignorants, comme lui, que la science des hommes était vaine et que celle inspirée par Dieu était la seule véritable.

Le docteur Juan Penha, instruit de ces faits, en manifesta son mécontentement; et les étudiants, qui voyaient d'un mauvais œil les airs d'inspiré de ce mendiant, résolurent de lui administrer une bonne fessée. Le lendemain, au moment où Ignace entrait à l'école, il fut entouré par les élèves; sa culotte se réduisait à si peu de chose, qu'elle fut bientôt mise bas; le saint fessier du seigneur don Inigo Lopez de Recalde est mis à nu; mais notre homme ne perd pas la carte :

« Très sainte Vierge, s'écrie-t-il intérieurement, me laisseras-tu fesser ainsi? Ne sens-tu pas que l'insulte faite au derrière de ton défenseur, outragerait ton propre derrière ?... » Marie accourut à l'appel de son chevalier, mais, arrivée près de la porte, elle n'osa l'ouvrir dans la crainte qu'un tel spectacle offensât ses yeux de vierge. Comment faire? Marie eut une inspiration divine; elle cria à tue-tête : Au feu! au feu! A ce cri, tous s'enfuirent avec épouvante, et Inigo, reconnaissant, se précipite aux pieds de Notre-Dame de Bon-Secours, en faisant des signes de croix d'une main et en tenant son pantalon de l'autre.

Inigo ne s'endormait pas content s'il n'avait dans sa journée, enrôlé quelque nouvelle recrue sous l'étendard de Marie. Chaque nouveau converti était soumis à différentes pratiques de son invention, nommées exercices spirituels. Étant allé un soir chez un dignitaire ecclésiastique qui s'occupait beaucoup plus des intérêts de ce monde que de l'éternité, il le trouva terminant une partie de billard avec une dame de la cour; le prélat lui proposa de faire une partie. Inigo était de première force; mais il dit ne pas même connaître les règles du jeu. — Alors je vous donnerai une leçon, réplique le dignitaire, mais quels seront les enjeux? — *Comme je n'ai pas le sou, dit le saint, si je perds, je me mettrai à votre service pendant un mois ; si je gagne, vous vous soumettrez aux pratiques que je vous indiquerai.* Il fut convenu que la partie serait en cinquante secs. Ignace joue le premier et fait ses cinquante points sans quitter la queue. Le prélat est persuadé que c'est un miracle, *et que Dieu s'est servi d'Ignace pour réformer sa vie trop mondaine. Il pratique donc pendant un mois les exercices spirituels, sort de cette retraite entièrement changé, et devient un modèle de toutes les vertus sacerdotales.*

Une autre fois il apprend qu'un de ses amis va rendre visite à une jolie fille. Inigo bondit d'indignation, et cherche à détourner le malheureux de cette abominable liaison. N'y parvenant pas et voulant faire cesser ce scandale à tout prix, il va en plein hiver, près d'un pont où devait passer son ami pour se rendre à son rendez-vous; *il se met tout nu, brise la glace et s'enfonce dans l'eau jusqu'au cou.* Stupéfaction de l'ami en apercevant la tête d'Ignace en cet endroit; cette tête congestionnée par le froid et claquant des dents, lui déclare qu'elle restera là tant qu'il n'aura pas changé de conduite. L'ami se repent, avale une forte dose d'*Exercices spirituels*, et devient un parfait modèle de chasteté. Le bruit de ces hauts faits accrut la célébrité du saint, et lui fit plusieurs disciples (voir saint François-Xavier) avec lesquels il alla trouver le pape à Rome, pour lui demander la consécration de leur nouvel ordre religieux. Après bien des difficultés, bien des jalousies de la part du clergé, Paul III y consentit, à condition qu'ils uniraient la vigueur d'un dogue à l'obéissance d'un caniche pour la défense de ses intérêts. La nouvelle société prit le nom de compagnie de Jésus, du mot *compañia*, qui signifie en espagnol *compagnie d'hommes d'armes*. Chaque membre, en effet, fut un soldat; Ignace, nommé général des Jésuites, voulait l'obéissance passive; *Perinde ac cadaver* (comme un cadavre), fut la devise du régiment sacré.

A cette époque, la piété était complètement disparue de Rome. A l'autel, des prêtres farceurs disaient, en consacrant l'hostie : *Tu es pain et tu resteras pain;* ils troussaient leurs messes avec une rapidité dont celle des trains express ne donne qu'une faible idée. Les innombrables moines de toutes couleurs, gorgés de richesses, ne songeaient qu'à faire ripaille. *Les Italiennes bien élevées se plaignaient amèrement de vivre dans une prison perpétuelle ; mais c'était pourtant une nécessité d'en user ainsi, par la raison que les trois quarts des hommes, vivant en Italie dans la gêne du célibat, tous ces gens-là en auraient fait des rafles terribles.* Ces messieurs ne songeaient même plus à sauver les apparences ; *lorsqu'ils rencontraient dans la rue une femme qui leur plaisait, ils disaient de les suivre ; si elle s'y refusait, c'était à coups de pied et à coups de poing qu'ils la conduisaient à leurs couvents.* Le commerce honteux des indulgences *qui se vendaient jusque dans les cabarets,* provoqua l'indignation du moine Luther, qui mit le feu aux poudres en demandant la réforme du clergé, et en contestant l'autorité du souverain pontife. Le Saint-Siège menaçait ruine, et le peuple, voyant clair, commençait à se ficher du pape.

Ignace et ses soldats, enrôlés sous la bannière du Christ et du sacré pontife, vinrent juste à propos pour lui tendre la perche. On les vit pâles, hâves, déloquetés, parcourir les rues de Rome ; ils assemblaient la populace en agitant leurs chapeaux ; quelques-uns, pour attirer plus de monde, jouaient de la flûte et du tambour ; on accourait de toutes parts, croyant que c'étaient des tabarins ou des charlatans ; mais, au lieu de vendre de l'eau de Cologne, ils déclamaient contre l'hérésie et proclamaient l'Église romaine seule dispensatrice du salut apporté par le Christ. Leur zèle ardent, leur enthousiasme à prêcher la vertu, leurs austérités contrastant avec les désordres des autres prêtres, en imposait au peuple ; ils eurent bientôt une popularité immense, les autres ordres religieux disparurent dans le troisième dessous ; le pape, qui avait d'abord limité le nombre des jésuites à soixante, s'empressa de biffer cette restriction ; on les vit pulluler d'une façon effrayante ; il y en eut dans tous les pays du monde ; on en trouvait sous les lits, dans les tables de nuit ; on assure même que les maris en trouvèrent jusque dans les chemises de leurs femmes. Ignace menait tout ce monde comme des marionnettes dont il était le Thomas Holden ; pas une désobéissance n'était tolérée ; exemple : *Un jeune jésuite, le père Emerio, trouvait tous les jours à la porte de l'église les plus sales immondices, et se contentait de les enlever humblement.* Ignace, ayant su que ces ordures étaient religieusement déposées tous les soirs par *une cocotte qui demeurait en face,* ordonna à Emerio de prier cette dame de déposer... *ailleurs. Celui-ci, d'une timidité et d'une modestie angéliques, n'osant parler à une dame de cette sorte, pria un autre de faire la commission. Ignace, qui avait érigé la dénonciation comme une des premières vertus de l'ordre, connut aussitôt le fait, appela le novice, et, pour sa désobéissance, l'obligea pendant six mois à porter une sonnette au cou, avec ordre de dire à haute voix, avant et après chaque repas : « Je veux et ne veux pas n'habitent point dans cette maison. »*

Ignace, en visitant les hôpitaux, s'aperçut que beaucoup de malades ne se confessaient qu'au dernier moment, et qu'un grand nombre mouraient sans recevoir les sacrements. Ce brave saint, touché de la perte de tant d'âmes, *conjura le pape de remettre en vigueur la décrétale d'Innocent III, ordonnant que le médecin ne verra les malades qu'autant qu'ils se seront confessés.*

L'embauchage pour la compagnie de Jésus se faisait sur une grande échelle ; et les familles s'effrayaient du nombre considérable de jeunes gens qui s'enrôlaient sous la bannière du Christ. Le fait suivant nous montrera qu'elles n'étaient point dans leur tort : Le jeune Octave César, fils du secrétaire du duc de Monte-Leone, entré depuis peu dans la compagnie de Jésus à Messine, reçoit l'ordre d'Ignace de se rendre à Rome ; mais son père accourt et prétend qu'il n'a point donné à son fils l'autorisation d'entrer dans la compagnie ; il porte plainte au pape ; celui-ci charge le cardinal Caraffa de faire une enquête. La maman d'Octave se jette aux pieds d'Ignace, en lui demandant son fils à grands cris ; le saint l'envoie se faire fiche..., elle fait un pétard de tous les diables, met toute la ville sens dessus dessous, si bien que le cardinal Caraffa ordonne à Ignace, sous peine de suspens, de rendre le jeune Octave à sa mère. Au lieu d'obéir, celui-ci met le jeune homme sous clef, va trouver Paul III et lui déclare que la mère n'est qu'une oie, et qu'il gardera son oison. — Brigadier, répondit le pape, brigadier, vous avez raison. Qui le croirait? malgré ses actes d'autorité absolue, Ignace aimait à singer l'humilité. Ayant entendu dire à un autre que le père Ignace était le plus grand saint du monde, il tomba comme une bombe au milieu d'eux, et d'une voix de tonnerre, il dit à celui qui venait de parler : *Comment, misérable, oses-tu avilir la sainteté au point de l'attribuer à un pécheur comme moi? Pour expier ce blasphème, tu mangeras pendant quinze jours dans les lieux les plus vils de la maison.*

Ignace, qui avait été soldat, voulait que tout soit exécuté militairement ; un matin qu'il voulait purger tous ses hommes, il les fit ranger en ligne, et levant son crucifix, il leur dit : une! deux! trois! — Au mot de trois, toutes les purges furent avalées comme par un seul homme. Le monastère ne possédait qu'un numéro 100 ; les vénérables pères s'y précipitèrent ensemble. Ce ne fut alors que bousculements furieux, grimaces atroces, contorsions effroyables ; soudain Ignace apparaît : — Halte-là! crie-t-il. — Tous s'arrêtent. — Celui qui ne sait pas se vaincre est indigne de la compagnie de Jésus. Que chacun aille... — sans distractions, — méditer jusqu'au soir mes *exercices spirituels.*

Cet illustre saint mourut à soixante-cinq ans, le 31 juillet 1555. Il opéra pendant sa vie un grand nombre de miracles :

> Il faisait sortir en hiver
> Un bon feu de sa manche,
> Et savait marcher sur la mer
> Comme sur une planche.

Les miracles faits après sa mort furent encore bien plus nombreux. Une pieuse légende assure que son nom seul écrit sur un morceau de papier, en a opéré bien plus que Jésus-Christ et tous les autres saints ensemble. Le père Bernard, jésuite, a inventé une eau bénite perfectionnée de saint Ignace ; c'est par millions qu'il faut compter les bénéfices que cette eau a rapportés aux bons pères, surtout en Belgique. Nos charlatans de foire pâlissent devant ces exploiteurs effrontés de la crédulité publique.

Leur fondateur mort, les jésuites furent plus vivants que jamais ; ils eurent des ruses infinies pour capter les héritages, la confiance des rois et l'éducation des dauphins ; ils surent se plier habilement aux exigences des gens du monde, en faisant une religion facile à suivre en secret, même en voyage et pouvant s'appliquer aux mœurs des dames les plus légères ; voyez plutôt : Le révérend père Gracian, jésuite espagnol, recteur du collège de Terragone, assure *qu'il ne croit pas qu'une femme soit put... si elle n'a eu la compagnie de vingt-trois mille hommes.* Je rappellerai seulement pour mémoire qu'ils mirent le Japon à feu et à sang ; qu'à cause de leurs intrigues, des troubles qu'ils excitèrent, de leurs assassinats, de leurs banqueroutes, de leurs viols, de leurs empoisonnements, etc., etc., ils furent chassés d'Allemagne en 1547, d'Anvers et du Portugal en 1578, de Hollande en 1598, de la République de Venise en 1606, de Bohême en 1618, de Moravie en 1649, du Paraguay en 1759, d'Espagne en 1767 et en 1820, de Russie en 1769 et en 1816, par le pape Clément

XIV, en 1773, d'Amérique en 1840, d'Autriche en 1848, de France en 1554, en 1594, en 1762, en 1828 et finalement en 1880. A propos de cette dernière expulsion, j'ai fait à cette époque deux chansons qui ont eu très grand succès ; les voici :

LA MARSEILLAISE DES JÉSUITES

Air : *De la Marseillaise.*

Allons enfants de saint Ignace,
Le jour de vaincre est arrivé ;
Contre nous, de la populace,
L'ignoble étendard est levé. (*bis*)
Entendez-vous dans les campagnes,
Mugir ces féroces Judas ?
Ils viennent jusque dans nos bras,
Arracher leurs fils, leurs compagnes.
Aux armes, frocardins ; prenez vos goupillons
Marchons (*bis*) que l'eau bénite abreuve nos
[sillons !]

Que veut cette horde effroyable
De libres-penseurs conjurés ?
Hélas ! nous envoyer au diable !
Par l'enfer, ils sont inspirés. (*bis*)
Quoi ! se voir traiter de la sorte !
Quels transports ça doit exciter ?
C'est nous qu'on ose méditer,
Seigneur ! de flanquer à la porte !
    Aux armes, etc.

Quoi ! des ministres mercenaires
Feraient la loi dans nos couvents !
Quoi ! des phalanges populaires
Terrasseraient nos combattants ! (*bis*)
Grand Dieu ! de par ces lois damnées,
Nos fronts, sous le joug se ploieraient
Des Républicains deviendraient
Les maîtres de nos destinées !
    Aux armes, etc.

Tremblez, nous sommes « les Jésuites »
Et, pour nous, tout moyen est bon ;
Nos stratagèmes hypocrites,
Toujours de vous auront raison ; (*bis*)
Vous ne pourrez pas nous abattre,
Car nous avons dans notre sac,
Jacques Clément et Ravaillac,
Pour nous apprendre à vous combattre.
    Aux armes, etc.

Viens, ô bon père de famille,
Nous amener tes chers enfants ;
Chez nous seuls la science brille !
Nous seuls faisons de grands savants !
Chez nous, on prend l'horreur du vice !
Il en sort des saints à foison ;
Si quelques-uns vont en prison
C'est la faute de la police !
    Aux armes, etc.

Amour sacré de la soutane,
Conduis, soutiens nos bataillons.
Que les écus de tout profane
Viennent enrichir nos maisons ;
Et forts, par notre discipline,
D'un bout du monde à l'autre bout,
Soyons toujours maîtres partout,
Et que devant nous tout s'incline !
    Aux armes, etc.

COUPLET DES ENFANTS

Nous fesserons sur leur derrière,
Les grands et les petits garçons ;
C'est la seule et bonne manière,
De leur inculquer nos leçons. (*bis*)
Pour montrer notre savoir-faire,
Et pour inspirer la vertu,
Il nous faut taper sur le c..,
Du cher petit pensionnaire.
    Aux armes ; etc.

On nous mit souvent à la porte !
Toujours nous sommes revenus.
Contre les gens de notre sorte,
Tous les efforts sont superflus. (*bis*)
Renoncez à votre espérance,
Vous n'êtes pas débarrassés,
Toujours nous resterons collés
Comme une teigne sur la France.
Aux armes frocardins ; prenez vos goupillons
Marchons ! (*bis*) que l'eau bénite abreuve nos
[silllons !]

LE CHANT DU DÉPART

UN JÉSUITE

Nous partons, car la loi nous montre la frontière,
  Le désespoir guide nos pas,
Et du nord au midi la France toute entière,
  Nous dit : Dieu ! quel bon débarras !
  Nous avons perdu l'espérance,
  Confondu voilà notre orgueil
  Du peuple le balai s'avance,
  Bons cléricaux, prenez le deuil.

CHŒUR DES JÉSUITES

Rome la sainte nous appelle
Faisons nos malles pour partir,
Un frocard doit vivre pour elle, (*bis*)
Pour elle un frocard doit mourir. (*bis*)

UN GENDARME

A cheval sur la loi, qu'elle nous fasse signe,
  Nous expulsons ces moutardiers,
On verra, sacrebleu ! qu'au sujet d'la consigne,
  On n'se fich'pas d'nos brigadiers.
  Cléricafard si tu gigotes
  C'est peine inutile, crois-moi,
  Car lorsque nous mettons nos bottes
  Faut que force reste à la loi.

CHŒUR DES GENSDARMES

La République nous appelle,
Nonobstant il nous faut partir,
Et s'ils se révoltent contre elle (*bis*)
Nous saurons les faire obéir. (*bis*)

UN AVOCAT (*défenseur des cléricaux.*)

Pourquoi donc nous priver de si bonnes pratiques,
  Les affaires ne manquaient pas ;
Que de fois à huis-clos des bandes monastiques...
  Mais suffit... parlons plus bas,
  Tremblez tas d'affreux démocrates,
  Pauvres clients consolez-vous.
  Si nous mettons sur eux les pattes
  Ils pourriront sous les verrous.

CHŒUR DES AVOCATS (*Reacs*).

Dame chicane nous appelle
Adieu nos éloquents discours,
La huitième correctionnelle (*bis*)
Sans eux n'aura plus de beaux jours. (*bis*)

DEUX SOLDATS

Gard'à vos ! Frocaillons ! rompez ! troupeau d'es-
             [claves,
  Qui tremblez de prendre un flingot,
Le pays en danger peut compter sur ses braves,

Il n'a que faire du bigot,
A son appel loin de vous rendre,
Vous vous cachez dans vos taudis.
Si vous ne voulez le défendre
Vous n'êtes que ses ennemis.

CHŒUR DES SOLDATS

Lorsque la France nous appelle,
Citoyens il nous faut partir,
Tout Français doit lutter pour elle (*bis*)
Pour elle un Français doit mourir. (*bis*)

UN ENFANT

Devenir un dévôt ne me fait pas envie,
Je veux être un républicain ;
Il me faut au pays donner toute ma vie.
Disparaissez, ignorantin,
Je suis saturé de vos messes,
De psaumes, d'Ave Maria,
De corrections sur mes fesses.
Et cætera, et cætera...

CHŒUR DES ENFANTS

Les enfants deviendront des hommes
Pour la France ils sauront périr ;
Crédieu ! tout gosses que nous sommes (*bis*)
Pour elle on nous a vus mourir. (*bis*)

UNE DÉVOTE

Partez hommes divins, adieu les saintes fêtes,
  Partez modèles des vertus,
Nous cueillerons des fleurs pour en ceindre vos
             [têtes;
  Pour vous brûlent nos cœurs émus,
  Nous conserverons la mémoire
  De nos vénérés directeurs ;
  Nos voix chanterons votre gloire
  Et nos flancs portent vos vengeurs.

CHŒUR DES DÉVOTES

Rome la sainte nous appelle,
A regret laissons-les partir ;
Un frocard doit vivre pour elle (*bis*)
Pour elle un frocard doit mourir. (*bis*)

UNE JEUNE FILLE A MARIER

O vous jeunes frocards, vous qui de l'hy-
             [ménée
Repoussez les aimables nœuds ;
Pour que l'on s'intéresse à votre destinée,
  Laissez donc là vos tristes vœux;

Croyez-moi, ce qui nous importe,
C'est un petit époux chéri ;
Aussi le diable vous emporte
Si vous n'êtes pas un mari.

CHŒUR DES JEUNES FILLES A MARIER

Rome la sainte les appelle,
Sans regret laissons-les partir,
Un frocard doit vivre pour elle (*bis*)
Pour elle un frocard doit mourir. (*bis*)

3 RÉDACTEURS DE L'UNIVERS

Sur ce saint goupillon nous jurons aux bons
[pères,

A leurs tantes, puis à leurs sœurs,
Au vénéré Veuillot, à nos dévots confrères,
D'anéantir les proscripteurs.
Et dans notre haine profonde,
Armés d'un immense éteignoir
Nous ferons la nuit sur le monde,
C'est notre manière de voir.

CHŒUR GÉNÉRAL DES CLÉRICAUX

Rome la sainte nous appelle,
Pour battre les libres-penseurs,
Sachons lui prouver notre zèle
En nous montrant ses défenseurs.

6 FÉVRIER. — SAINT AMAND, vi⁰ et vii⁰ siècles. — Son père Serein et sa mère Démence lui donnèrent une éducation tellement chrétienne, qu'il ne pensa plus qu'au bonheur de lâcher ses parents pour se consacrer à Dieu. Un jour, ceux-ci allaient se mettre à table lorsqu'ils s'aperçurent qu'il n'y avait pas de pain. On envoya le jeune Amand en chercher. Il fallait dix minutes pour aller et venir. Une demi-heure s'écoula sans qu'Amand fut de retour. A la demi-heure s'ajoutèrent des demi-heures ; aux jours succédèrent les jours ; plusieurs mois s'enfilèrent les uns après les autres, le saint ne revenait pas. Le papa Serein et sa femme, qui étaient restés à table, l'attendant toujours sans manger, maigrissaient à vue d'œil. Ils seraient morts si un marchand de peaux de lapins ne fut entré chez eux. En les voyant en cet état, il s'écria : « Que diable faites-vous donc là ? — Nous attendons notre fils qui est allé chercher un pain. — Votre fils ! mais voici presque un an qu'il est au monastère de l'île d'Oye ; c'est lui qui me vend toutes les peaux des lapins qui se mangent au couvent. » Ces mots furent un trait de lumière. Le père Serein courut au monastère : — Serein ! mon fils Serein ! où es-tu ? — Présent ! dit une voix qui sortait d'une tête, laquelle sortait elle-même d'un guichet qui s'entr'ouvrit. Qu'y a-t-il pour votre service ? — Ah ! c'est toi, malheureux enfant, vois en quel pitoyable état tu m'as mis ! Tu vas plier bagage, et revenir à la maison. — Jamais ! dit le fils Serein, — et il ferma la porte au nez de son père. Celui-ci lui cria que s'il ne revenait pas, il le deshériterait ; mais Amand lui chanta sur un air de plain-chant — dont on a fait depuis un air d'opéra : *Et que me font à moi tous les biens de la terre…*, etc… Le papa et la maman du saint furent tellement affectés de l'absence de leur fils qu'ils continuèrent à ne prendre aucune nourriture et moururent de chagrin au bout de quelques années. Ainsi débarrassé des biens terrestres, il se livra à de grandes mortifications, ne mangeant que trois fois par jour, et couchant nu-pieds. Il fit enfin tant d'actions méritoires qu'il reçut les ordres sacrés.

Il entreprit alors de convertir les habitants du pays de Gand, et s'en fut dans cette contrée, escorté des soldats de Dagobert, armés de chassepots et d'un canon Krupp. Les habitants de ce pays idolâtre, voulant exprimer à notre saint tout le plaisir qu'ils avaient de le voir, le jetèrent à l'eau; mais lui, par miracle, savait nager et s'en retira sain et sauf. Il prêcha encore plusieurs autres rations avec le même succès. Ayant entendu parler de la conduite scandaleuse du roi Dagobert, il vint à la cour de ce monarque. A son arrivée, il se fit conduire incognito chez la reine, qui le reçut à bras ouverts, et lui raconta tout au long les mille et une infidélités de son époux. Armand s'attendrit avec elle

sur ses infortunes conjugales, et lui offrit toutes les compensations spirituelles dont il pouvait disposer. Il lui assura en outre qu'il allait de ce pas faire à son époux une petite semonce dont elle lui dirait des nouvelles. L'histoire ne nous a malheureusement pas transmis l'admirable discours qu'il lui fit ; nous savons seulement qu'il félicita d'abord ce prince au sujet de trente mille Bulgares, femmes et enfants — à qui il avait donné asile — et qu'il avait fait massacrer en une seule nuit, pour s'en débarrasser. Il lui assura que cette action était

très méritoire, attendu que tous ces gens étaient idolâtres. Ensuite il lui reprocha, avec une extrême véhémence de « dire ses prières avec trop de distractions » et le blâma « sur la laideur de sa paillardise » ; il insista surtout sur « son indécente habitude de mettre sa culotte à l'envers lorsqu'il y avait des dames ». Dans un premier mouvement de colère, le roi Dagobert eut envie de lui tordre le cou; mais réfléchissant qu'il était plus dangereux d'occire un évêque que trente mille idolâtres, il le fit chasser de son royaume. Dagobert, usé par ses débauches, n'avait jamais pu faire d'enfants, et c'était pour lui une cause de grande affliction. Neuf mois après la venue de l'homme de Dieu, la reine accoucha d'un fils et déclara à son mari qu'elle avait choisi Amand pour son saint, et que c'était aux prières de ce saint Amand qu'il devait un héritier. A cette nouvelle, le roi envoya plusieurs officiers pour lui amener

Amand. Aussitôt qu'il fut arrivé, il se précipita à ses pieds, lui demanda humblement pardon, et le conjura de vouloir bien être le père spirituel de son fils. Celui-ci y consentit et le jeune prince Sigebert, en devenant par la suite plus illustre par sa sainteté que par la couronne qu'il porta, montra vraiment qu'ils était le fils... spirituel du saint.

Lorsque ce prince eut succédé à Dagobert, il fit présent à saint Amand du bel évêché de Maestricht; mais Amand malgré tous ses efforts, se voyant dans l'impossibilité d'arrêter les débordements de son clergé, alla vivre dans le monastère d'Elnon. Il y mourut à la fleur de l'âge, l'estomac ruiné par toutes sortes de privations, et comptant tout au plus quatre-vingt-dix printemps.

7 FÉVRIER. — SAINT ROMUALD, *abbé*, xᵉ et xiᵉ siècles. — Inventez les absurdités les plus invraisemblables; lisez ensuite les pieuses légendes

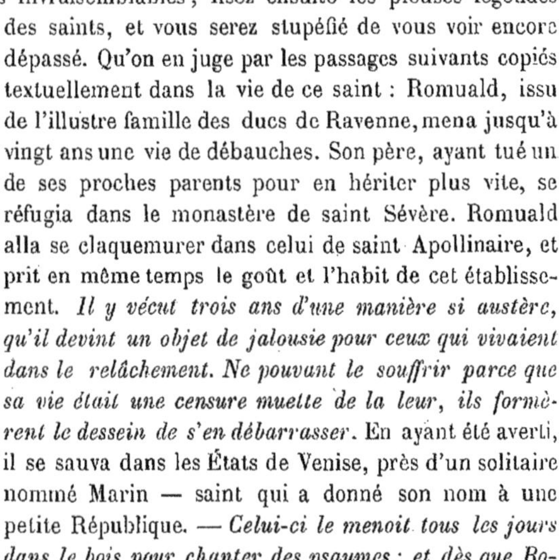

des saints, et vous serez stupéfié de vous voir encore dépassé. Qu'on en juge par les passages suivants copiés textuellement dans la vie de ce saint : Romuald, issu de l'illustre famille des ducs de Ravenne, mena jusqu'à vingt ans une vie de débauches. Son père, ayant tué un de ses proches parents pour en hériter plus vite, se réfugia dans le monastère de saint Sévère. Romuald alla se claquemurer dans celui de saint Apollinaire, et prit en même temps le goût et l'habit de cet établissement. *Il y vécut trois ans d'une manière si austère, qu'il devint un objet de jalousie pour ceux qui vivaient dans le relâchement. Ne pouvant le souffrir parce que sa vie était une censure muette de la leur, ils formèrent le dessein de s'en débarrasser.* En ayant été averti, il se sauva dans les États de Venise, près d'un solitaire nommé Marin — saint qui a donné son nom à une petite République. — *Celui-ci le menoit tous les jours dans le bois pour chanter des psaumes; et dès que Romuald faisoit quelque faute de prononciation, il le frappoit avec un bâton sur la tête. Le saint l'avertit un jour qu'il perdoit entièrement l'ouïe du côté qu'il le frappoit, et le pria en grâce de le frapper à l'avenir de l'autre côté.* Pour compléter ce traitement hygiénique, Romuald ne faisait que deux repas dans la semaine, —le dimanche et le jeudi ; — et pendant le temps du jeûne, le dimanche seulement. Eh bien ! le croiriez-vous ? malgré ou à cause de ce régime, *il ressentait en lui les plus violentes ardeurs de la chair.* Pendant que le saint était dans cet état de ferveur, il apprit que son père était sur le point de quitter le couvent où il était, pour rentrer dans le monde. Il partit pour le dissuader de son dessein. Dès qu'il fut sorti de sa retraite, *les habitants du lieu, pleins de vénération pour lui, — dans la crainte qu'il ne revint pas de son voyage — résolurent de le tuer afin de posséder ses reliques; il ne réussit à s'échapper qu'en contrefaisant le fou.* (Ça ne devait pas être bien difficile.) *Quand il fut arrivé près de son père, voyant que ni les prières, ni les exhortations ne pouvaient rien gagner sur son esprit, il s'éleva au-dessus de tous les sentiments de la nature. Et sa charité, prenant la place de sa tendresse, il lui imposa des pénitences très sévères, de sorte qu'il fut un objet d'édification pour les autres moines. Après avoir ainsi rendu la vie de l'âme à celui dont il avait reçu la vie du corps,* il partit la conscience soulagée d'un grand poids.

Pour terminer l'histoire de ce saint, que dirai-je encore? qu'il fonda un grand nombre de monastères; que les religieux, fâchés de la régularité qu'il exigeait d'eux, le chassèrent à coups de bâton de son propre couvent; qu'ayant voulu trouver le martyre en convertissant les Hongrois, il fut persécuté bien davantage par certains abbés et ecclésiastiques qui étaient entrés par intrigues dans leurs bénéfices, et vivaient d'une manière scandaleuse. Toutes ces choses racontées par les pieux légendaires eux-mêmes sont précieuses pour nous montrer ce que fut toujours le véritable esprit du clergé.

L'Empereur saint Henri, qui désirait passionnément voir notre saint, le fit venir près de lui. Il n'y resta que trois jours. Le premier, il garda par humilité un profond silence; le second, il donna à l'empereur les plus sages conseils pour l'administration de son royaume; le troisième, il succomba sous le poids de ses mérites, âgé de soixante-dix ans.

7 FÉVRIER. — SAINTE APOLLINE ou APOLLONIE, vierge et martyre, IIIᵉ siècle. — *Sous l'empereur Philippe que l'on croit avoir été chrétien,* l'Église jouissait d'un assez grand calme; mais le fanatisme, excitant les uns contre les autres les payens et les chrétiens, la ville d'Alexandrie était souvent le théâtre de scènes de violences. Dans l'une de ces bagarres, Apolline, jeune vierge de quatre-vingt-dix ans, vint mêler ses criailleries à celles de ses frères et amis, et reçut au bas de la région lombaire un si fort coup de pied qu'elle tomba sur la figure, et cassa sa dernière dent. Je n'oserai jamais répéter les épithètes dont l'auteur du formidable coup de pied gratifia cette vieille toquée, qui de son côté lui dégoisa tout son catéchisme

poissard. Le payen, à bout d'arguments, lui déclara que si elle ne déguer-
pissait au plus vite, il allait la faire rôtir comme un vieux balai. *Apolline,*

poussée par le mouvement de l'esprit de Dieu, et par l'impatience qu'elle avait de rejoindre son divin époux, se jeta elle-même dans un brasier qui se trouvait là, et fut consumée à l'instant. Ce trait de générosité, ajoute le pieux historien, *serait blâmable si Dieu ne l'avait inspiré.* Si c'est Dieu qui inspire de semblables traits, j'aime mieux être inspiré par le diable.

Apolline guérit, dit-on, du mal de dents et du mal d'amour. La guérison du premier mal me laisse fort incrédule. Quant au mal d'amour, je crois parfaitement qu'il peut être guéri par une vierge de quatre-vingt-dix ans.

10 FÉVRIER. — SAINTE SCHOLASTIQUE, ve et vie siècles. — *Cette sainte vécut dans le monde comme si elle eût été dans une solitude.* Ainsi quelque besoin qu'elle eut à satisfaire, peu lui importait qu'il y eut du monde

ou non, puisque pour elle le monde n'existait pas. Lorsqu'elle allait voir son frère (?) saint Benoît, à son couvent, celui-ci, homme prudent, pour l'empêcher d'être vue par ses moines, allait à sa rencontre, et l'entretenait dans un lieu écarté, des joies du paradis. Un soir, elle voulut lui faire passer la nuit avec elle pour dire des oraisons; mais le saint s'y refusa, disant qu'il ne découchait jamais. La sainte
s'étant mise dans la tête qu'il ne s'en irait pas, fit une pressante invocation à Dieu pour le prier de le faire rester. Elle l'avait à peine terminée qu'il survint un orage épouvantable, ce qui obligea le saint à rester, il donna naissance au proverbe « *ce que femme veut Dieu le veut.* »

Quelque temps après cet évènement, Benoît, étant seul dans sa cellule, vit par la fenêtre une colombe prenant son vol. Il sut plus tard que sa sœur était morte dans le même moment; et il comprit *que c'était l'âme de Scholastique qu'il avait vue s'envoler au ciel.*

18 FÉVRIER. — SAINT SIMÉON, *stylite*. — Un des saints les plus extravagants de la kyrielle des bienheureux, est certainement Siméon Ier, surnommé
stylite. Mis à la porte d'un monastère à cause de ses actes de démence, il ré

solut de se faire une réputation au-dessus de celles de tous les solitaires de
son temps. Il resta d'abord *plusieurs mois sans manger, vécut quelque temps
au fond d'un puits*, se serra si fort avec la corde de ce puits, qu'au bout d'un
certain temps, elle disparut dans ses chairs en produisant une plaie infecte.
Tout cela ne contentait pas le désir qu'il avait d'éclipser tous les autres saints.

Il trouva enfin quelque chose de neuf, et se construisit une haute colonne, sur laquelle *il resta quarante sept ans, se tenant continuellement debout sur un seul pied.* Pour se donner un peu d'exercice, il faisait de fréquentes génuflexions. Un reporter du *Figaro* — voulant savoir combien il en faisait dans une journée — vint dès le matin et se mit à les compter. Le saint, qui s'en aperçut, en fit de si nombreuses, qu'*en une heure,* le reporter en avait déjà compté *deux mille. Un jour, il vint un char lumineux qui s'approchait de lui pour l'enlever au ciel, comme Élie. Il avançait le pied pour y monter, lorsque, pensant que ce pouvait être une œuvre du démon, il fit le signe de la croix. Bien lui en prit, car le char disparut aussitôt en fumée.* Son ambition fut alors satisfaite, car sa célébrité devint si grande qu'on venait en foule de toutes les contrées pour le voir. Il opérait, dit-on, une multitude de guérisons miraculeuses. *Siméon était rongé par un effroyable ulcère d'où sortaient continuellement du pus et des vers, et qui répandait une odeur fétide.* Un sceptique, lui ayant demandé, d'un air goguenard, pourquoi, sachant guérir les autres, il ne se guérissait pas lui-même, ce mauvais plaisant fut mis en pièces sur le champ par la foule indignée ; ce qui prouve qu'en ce temps-là il n'était pas bon de se montrer moins bête que les autres.

A la mort de Siméon, *son corps fut descendu de la colonne par des évêques, et conduit à Antioche avec une escorte de six mille hommes des troupes de l'Empereur.* Ses obsèques se firent avec une pompe dont celles de Monsieur Thiers ne donneraient qu'une faible idée. Son culte s'étendit dans tout l'Orient et l'Occident. Bien avant sa mort, il circulait déjà dans Rome des médailles frappées à son effigie (absolument comme Mangin). L'admiration pour ce saint fut si grande, qu'elle provoqua dans le peuple une recrudescence de fanatisme inouï. Chacun voulut se surpasser en saintes excentricités. On vit des gens enterrés jusqu'au cou — comme certains faquirs de l'Inde — attendant ainsi leur pourriture. *Un grand nombre d'hommes et de femmes avaient fait le vœu de ne plus vivre qu'au grand air, sans aucuns vêtements, et de brouter l'herbe. Le soir ils couchaient tous ensemble, dans des cavernes, pour s'exercer à vaincre les tentations de la chair.*

Siméon eut de nombreux imitateurs ; entre autres *Siméon II, qui monta sur sa colonne à l'âge de cinq ans, et en descendit la première fois soixante-huit ans après, pour être enterré.*

SAINT SIMÉON, *évêque de Jérusalem,* Ier et IIe siècles, était cousin germain de Jésus-Christ, et prétendait descendre de la race de David.

Pour couper court aux troubles qu'il excitait, les Romains le crucifièrent (il avait alors cent-vingt ans); mais sa constitution était si robuste que, sans cet accident, il vivrait peut-être encore aujourd'hui.

11 FÉVRIER. — SAINT ADOLPHE. — Sapech de son petit nom — était un étudiant connu de tout le quartier latin par ses fumisteries pyramidales. Un jour il fumait tranquillement sa pipe sur le haut de l'obélisque, lorsque son pied ayant glissé, il tomba sur un omnibus et se cassa en deux. Le bon Dieu, qui dans sa bonté a mis du sang dans nos veines pour désaltérer les puces, ne voulut pas laisser l'ami Sapech dans une si triste position; il descendit du ciel, ramassa les deux morceaux, cracha dessus et les recolla solidement. Sapech aurait été bien ingrat s'il ne s'était voué au service de son raccommodeur miraculeux. Touché par la grâce, il se rendit dans un monastère de la rue des Filles-Dieu, où il se livra toutes les nuits aux plus grandes austérités. Il mourut tout parfumé de sainteté dans un âge très avancé.

14 FÉVRIER. — SAINT VALENTIN fut condamné à être décapité. La hache était levée lorsqu'il rendit aveugle une pauvre fille borgne. Ce miracle convertit tous les assistants; mais Valentin, voulant à tout prix recueillir la palme du martyre, se trancha lui-même la tête.

Il y eut encore un autre VALENTIN qui, pour se venger de n'avoir pas eu une place d'évêque, lança dans le commerce clérical une abominable hérésie. Il prétendait que Jésus n'avait rien pris de la Vierge, attendu qu'il avait passé par icelle comme par un tuyau.

15 FÉVRIER. — SAINT FAUSTIN, SAINT SIMPLICE et **SAINTE LUCINE**, IIIᵉ siècle. — En 277, ils furent tous les trois mis à mort pour insultes aux idoles. Le gouverneur Lucrétius, après les avoir fait exécuter, se mit à mal parler de ces martyrs, *lorsqu'un enfant à la mamelle lui cria d'une voix forte : « Tu as fait périr les justes, tu es abandonné à Satan. » Lucrétius saisi du démon mourut sur l'heure en poussant des hurlements effroyables.* Il faut vraiment que les pieux faussaires qui ont écrit la vie des saints, aient eu une bien grande confiance en l'infatigable crédulité de leurs lecteurs, pour oser leur faire avaler des fariboles de cette taille. Dans les récits grotesques qu'ils nous font, ils se plaisent surtout à mentir en donnant des exemples de gens morts pour s'être moqués des saints ou des choses sacrées. Cela est d'un excellent effet pour entretenir parmi les dévots le plus profond respect pour toutes les choses du culte et les trésors du clergé. Voici un fait à l'appui : vers 1037, Eudes, frère de Henri Ier, dévalisa l'église de saint Benoît, fit allumer tous les cierges, et fit bombance aux dépens des richesses de cette église. L'historien — qui relate ces faits — ajoute que Benoît — pour manifester sa puissance par un miracle — envoya la nuit même à cet impie une terrible maladie dont il mourut ; mais ce pieux écrivainest ici convaincu de fraude, car l'historien Dulaure dit qu'il est certain que ce prince ne fut point ainsi puni de ses vols, et qu'il vécut encore de nombreuses années.

16 FÉVRIER. — SAINT ONÉSIME, *patron des voleurs* 1er siècle. — Onésime était esclave dans une ville de Phrygie, chez un chrétien nommé Philémon qui l'aimait beaucoup, et avait en lui une extrême confiance. Onésime, pour lui prouver sa reconnaissance, le dévalisa un beau jour et prit la fuite. Ayant rencontré saint Paul, il lui fit part de sa terreur à la pensée du châtiment qui l'attendait s'il était repris. « C'est Dieu qui vous envoie, mon ami, lui dit le saint, car c'est moi qui ai converti votre maître à la religion chrétienne, et je vais vous donner le moyen de vous tirer de ce mauvais pas. Il faut d'abord vous faire chrétien ; pour cela je vais vous expliquer les dogmes de notre sainte religion. — Inutile, réplique Onésime, je crois à tout sans rien entendre. — Très bien, fit Paul ; en ce cas, voici une lettre de recommandation ; allez trouver votre maître et tout s'arrangera. » Onésime suivit ce conseil. Son maître, enchanté d'apprendre qu'il s'était fait chrétien, lui pardonna et lui rendit sa liberté par dessus le marché. Et comme la foi purifie tout, on fit un évêque de ce voleur.

RÉFLEXION PIEUSE. — Voyez combien les temps sont changés ! Supposez qu'un voleur, en face de ses juges, soit touché tout à coup par la grâce de Dieu, et leur déclare qu'il veut vivre désormais en parfait chrétien ; croyez-vous que ceux-ci, touchés de cette conversion, lui feraient grâce ? Hélas ! hélas ! ils le condamneraient quand même. Je vous le dis, en vérité, mes très chers frères, la religion se meurt ! la religion est morte !

16 FÉVRIER. — SAINCT ÉLIE, prophète de Dieu, très ardent en zèle et très puissant en miracles, empescha, par sa seule parole, de pleuvoir sur Israël l'espace de trente ans. Fut nourry par les corbeaux, lesquels alloient dans les estangs lui pescher des cuisses de grenouilles, mets qu'il affectionnoit; fut nourry idemmement par la veufve de Sarephta, de laquelle, par recognoissance, il multiplia miraculeusement les provisions d'huyle et de farine, ressuscita son fils et une poule qui puoit. S'estant depuis présenté devant Achab, roi d'Israël, pour faire preuve de la vérité de sa religion, attira le feu du ciel pour brusler son holocauste — ce que quatre cent cinquante faux prophètes de Baal n'avaient pu foire. — Pour ce les fit occire, dont Jézabel, femme du roy, se montra fort coléreuse, et chercha à faire mou-

rir le sainct prophète ; mais en fut punie, car Dieu en fit une pâtée à la sauce Cunéodornano, et la bouta à bâfrer à ses dogues. Élie s'enfuya au désert, où un ange lui apporta du pain et de l'eau. Par la force de cette viande, il chemina quarante jours et quarante nuicts. Ayant rencontré deux gamins qui le traitèrent de chauve, à cause qu'il n'avoit pas de cheveux, les fist dévorer de fond en comble par deux ours monstrueux.

Après moult d'aultres prodiges, son heure estant venue de s'éclipser de ce monde, fust — par une insigne faveur de Dieu — ravy au ciel dans un fiacre tout de flammes. Il y avait sept ans qu'il étoit au Paradis, lorsqu'il envoya une lettre au roi de Juda — de qui il avoit eu plusieurs contrariétés — pour lui faire savoir sa mort et sa ruine prochaine.

Il y a — touchant ce ravissement d'Élie — grande diversité d'opinions parmi les respectables évesques et aultres doctes rabbins. D'aucuns, comme *Rabi Kimbi sur Malachie*, estiment qu'ayant dû passer près du soleil, il est arrivé au ciel tout rôti. D'aultres soutiennent qu'il vit encore, et qu'il reviendra à la fin du monde; et ceux-là seuls disent vrai, car ce retour est presdit en la saincte Bible par l'Ecclésiastique, ch. 48, et par la commune créance des chrétiens qui tiennent qu'*il apparoîtra à la venue du Messie, à celle de Gog et Magog, et sur la fin du monde pour prescher avec Hénoch, la pénitence aux hommes ; il sera occi par l'Antechrist, et ressuscité tost après.*

16 FÉVRIER. — SAINTE JULIENNE, IVᵉ siècle, fut mariée à un jeune

homme nommé Eulogien. La première nuit de ses noces, son mari, après avoir
dansé une partie de la soirée, alla se déshabiller dans une chambre à côté de
celle de son épouse, et vint, plein d'une ardeur facile à comprendre, pour la
rejoindre dans le lit conjugal. Il tourne doucement le bouton de la porte pour
pénétrer discrètement dans la chambre fortunée. O surprise! la porte résiste.
— Tiens, se dit-il, c'est singulier. — Il prend le parti de frapper. — Qui est-
là? — C'est moi, ma petite bichonnette adorée. — Qu'est-ce que vous voulez?
— Comment! qu'est-ce que..... Ah! çà mais... je viens pour... — Pourquoi?
— Mais, pour coucher avec vous. — Pourquoi faire? — Comment, pourquoi
faire... elle est raide, celle-là! mais ma petite poulette en sucre, lorsqu'on est
marié c'est pour coucher ensemble. — Mais, Monsieur, vous ne m'avez jamais
dit çà, et je n'ai pas vu cette clause sur notre contrat. Cette prétention de votre

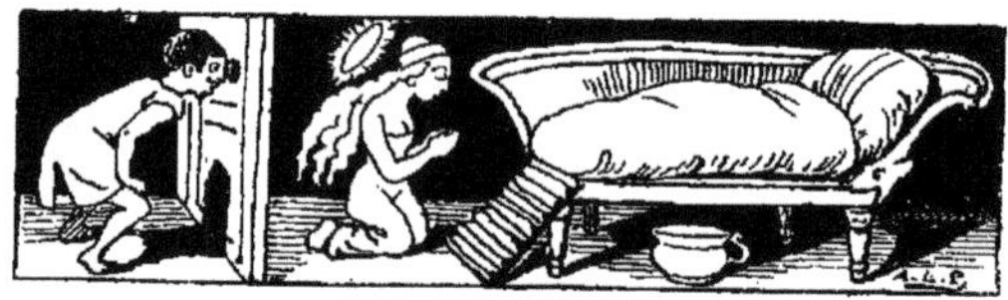

part est inqualifiable. Je suis à genoux au pied de mon lit pour faire ma prière
du soir, et je vous prie de ne pas m'interrompre. — Mais, ma chère petite
femme, vous ne pouvez pourtant pas me laisser geler à votre porte! songez
que je n'ai seulement pas de caleçon. — Pas de caleçon! Et vous osez vous
présenter chez moi dans cette indécente tenue? — Le pauvre mari ne savait
quel parti prendre. Il essaya d'attendrir Julienne en lui prodiguant les noms les
plus caressants. Il eut beau l'appeler « son petit oiseau bleu, son petit œuf à la
neige, sa petite fleur penchée, sa petite chaussette inodore, son petit duvet
frisottant, sa petite vache bretonne, son petit robinet au lait d'iris, sa petite tarte
à la crème, sa petite queue en trompette, son petit canard carolin, son petit
vase odoriférant, sa petite pervenche azurée, sa petite capote imperméable, sa
petite caille en molleton, son petit trombone à piston, sa petite pomme d'api,
sa petite tourterelle roucoulante, son petit corail vert, sa petite merlette
blanche, son petit marron glacé, son petit cœur croustillant, sa petite soupe au
fromage, sa petite dinde azurée, sa petite crotte en sucre, sa petite perruche
verdissante, son petit chat frétillant, son petit coquillage mordoré, son petit
bouton de rose, son petit poil en tire-bouchon, » rien ne put l'attendrir! Elle

lui déclara en dernier lieu qu'elle ne lui répondrait que lorsqu'elle aurait pris l'avis de son directeur spirituel sur ce cas imprévu. Le mari, furieux, alla trouver le père pour l'engager à faire entendre raison à sa fille. Pendant ce temps, celle-ci entrebailla sa porte, appela une esclave dévouée, et lui dit de courir chercher son directeur. Il arriva tout essoufflé. La porte de la chambre nuptiale était à peine refermée sur lui que le mari et le papa arrivaient de leur côté. Ce dernier interpella sa fille à plusieurs reprises. Aucune réponse. Surpris, le gendre regarde par le trou de la serrure. « Par Jupiter ! s'écrie-t-il, je ne me trompe pas ; un homme est avec elle, » et disant cela, par un furieux effort il enfonce la porte.

Un spectacle plein d'édification s'offrit alors aux yeux de cet énergumène : « Sainte Julienne, chastement enlacée dans les bras de son directeur, semblait mourante. Une divine extase la transfigurait à ce point qu'elle paraissait ne plus appartenir à ce monde. Son directeur, lui aussi, semblait inspiré. Loin de se servir des termes profanes dont l'avait gratifiée son charnel époux, il ne l'appelait que sa vierge immaculée, sa colombe céleste, son amour divin, son cœur de Jésus, son oiseau de Paradis, son vase d'élection. Souvenez-vous, lui disait-il, du serment inviolable que vous m'avez fait, de ne jamais vous laisser souiller par un mari payen ; voici l'instant où, élevant votre âme au-dessus des préjugés terrestres, vous vous rendrez digne du séjour des bienheureux. » Un formidable coup de trique abattit ce saint homme aux pieds de la sainte. Celle-ci, traînée en prison, souffrit les plus horribles tortures, plutôt que de se prêter aux ignobles désirs de son époux, et par sa fermeté inébranlable, mérita la palme du martyre.

RÉFLEXION PIEUSE : « Riez, hommes pervers, qui considérez l'action de cette sainte avec les yeux de la chair ; votre âme vile est indigne de comprendre les grandeurs de son divin héroïsme.

Il y eut encore une sainte JULIENNE, prieure du Mont Cornillon, près de Liège, au XIII⁰ siècle. C'est à un songe de cette sainte que nous devons l'invention de la fête du saint Sacrement. Ses escapades furent telles qu'elle dut s'enfuir de son monastère pour se réfugier dans celui de Fossa, où elle mourut. On lit sur sa tombe

> « Réunissant, par un heureux mélange,
> L'amour de l'homme avec l'amour divin ;
> Fêtant Jésus, adorant le bon vin,
> Elle savait mener une VI ° d'ANGE. »

17 FÉVRIER. — SAINTE MARIANNE. — Les cléricaux l'ont en si grand mépris, que la plus grande insulte qu'ils croient faire à la République est de lui donner son nom.

18 FÉVRIER. — SAINTE CONSTANCE, *fille de l'empereur Constantin*, IVe siècle. — *Pour l'attirer à lui, Dieu lui envoya un ulcère* (singulière façon d'attirer les gens). S'étant constitué ensuite son médecin, il la guérit. S'il ne lui avait rien envoyé, Dieu se serait épargné la peine de la guérir.

20 FÉVRIER. — SAINT ÉLEUTHÈRE, *abbé*, avait le don des miracles. La seule puissance de sa sainteté fit parler un enfant qui venait de naître. Voici comment la chose arriva : Ce saint voyageait beaucoup, et, pour épargner les frais d'auberge, allait toujours loger chez des religieuses. Un jour, dans un de ces couvents, la supérieure lui fit voir un petit enfant dont une bonne sœur venait d'accoucher. Le marmot ne l'eut pas plutôt aperçu, qu'il se dressa sur ses petites jambes, et, désignant le saint abbé du doigt, il dit ce seul mot : « Papa. »

21 FÉVRIER. — SAINT PÉPIN, *maire du Palais*, V^e et VIIe siècles. — Il sut profiter de l'avachissement des rois fainéants, pour établir son autorité à leur détriment ; et pour préparer à ses descendants l'usurpation du trône, il eut soin de faire patte de velours aux évêques qui, par le fanatisme, tenaient le peuple dans leurs mains. Il fit la guerre au duc de Pise dans le seul but de le contraindre à embrasser la religion chrétienne. Il répudia Plectrude, sa légitime, pour épouser Alpaïde. Ce saint homme comparait les femmes aux confitures : « Je les aime beaucoup, disait-il, mais je n'en veux pas toujours manger du même pot. »

22 FÉVRIER. — SAINTE ISABELLE, *sœur de saint Louis*, XIIIe siècle. Cette pieuse princesse consacra sa virginité à Jésus à l'âge de treize ans. (Aujourd'hui ce serait s'y prendre un peu tard) ajoute un facétieux auteur. Elle aima mieux se faire tondre par six cordeliers que d'accepter la main d'un empereur.

Elle alla — pendant toute sa vie — tous les jours à confesse. A sa sortie du confessionnal, son confesseur lui administrait chaque fois cinquante-sept coups de verge sur le derrière. A son arrivée au Paradis, la sainte Vierge lui présenta un siège, mais Isabelle ne put jamais s'asseoir.

19 FÉVRIER. — SAINT MOISE, *voleur et assassin,* IVe siècle, était Éthiopien, et d'une force de trois chevaux. Chassé pour vol de chez son bourgeois, il se fit chef de brigands. Un jour, seul et sans armes, il voulut étrangler un berger pour s'emparer de ses moutons; mais celui-ci, avec ses chiens,

l'obligea à la retraite. Une autre fois qu'il était sur le bord du Nil, il apprit que le berger dont il avait juré de se venger, était de l'autre côté. Il mit ses habits sur sa tête, prit son épée entre ses dents, passa le fleuve à la nage, surprit le berger et le tua. Il égorgea ensuite quatre moutons, les attacha à une corde et repassa le fleuve, en les tirant après lui.

Moïse, avec sa bande, commit de si nombreux assassinats, qu'il se vit traqué de toutes parts. On organisa une battue pour le capturer. Sur le point d'être pris, il s'encapuchonna de la défroque d'un solitaire qu'il avait assassiné peu de temps avant, pour lui voler une caisse d'épargne des mieux garnies. A la vue de ce pieux ermite, les gens qui le cherchaient se prosternent à ses genoux, implorent sa bénédiction, et après l'avoir reçue, déposent respectueusement leurs bourses à ses pieds. « Le diable m'emporte! se dit Moïse, après qu'ils furent partis; voici un métier qui vaut mieux que le mien; non seulement je ne cours aucun risque d'être pendu, mais les imbéciles m'apportent eux-mêmes leur argent avec leur plus profonde vénération par dessus le marché; il faudrait que je sois plus borné qu'une cruche pour ne pas choisir cette superbe profession. » Il résolut donc de se faire ermite. Ayant — pour commencer — la crainte d'être reconnu, il s'installa dans un endroit assez peu fréquenté. Il y était depuis peu de temps, lorsque quatre brigands, de son ancienne troupe, vinrent l'attaquer pour le dévaliser. Moïse, qui n'avait rien perdu de sa vigueur malgré ses apparentes macérations, les lia tous les quatre comme une botte de paille, et les porta sur son dos pour les jeter à l'eau. A cette force herculéenne, les malfaiteurs reconnurent leur ancien chef et lui demandèrent grâce. Il la leur accorda, à condition qu'ils renonceraient à leur métier et seraient ses premiers disciples pour peupler le monastère qu'il s'était mis dans la tête de fonder. Ils acceptèrent, *et devinrent d'excellents solitaires*, dit la légende.

Moïse faisait consciencieusement son métier; et lorsqu'il y avait du monde, se livrait à d'incroyables macérations. Sa renommée et le nombre de ses disciples devinrent immenses. Le patriarche d'Alexandrie vint le voir et voulut absolument l'ordonner prêtre. On savait alors partout qu'il était Moïse, le fameux chef de brigands; mais sa conversion n'en faisait que plus d'honneur à l'Église. Un jour, il apprit que le gouverneur de la province se dirigeait de son côté avec une grande suite de gens armés. A cette nouvelle, le pieux scélérat crut pour le coup qu'on venait l'arrêter, et il s'enfuit à toutes jambes; mais malheureusement il se rencontra nez à nez avec celui qu'il voulait éviter. — « Mon ami, lui dit le gouverneur, voudriez-vous me dire où demeure l'abbé Moïse?—L'abbé Moïse, connais pas. — Comment! vous ne connaissez pas ce fameux ermite dont on parle partout? —Oui, je sais à présent ce que vous voulez dire; c'est une espèce de fou qui ne vaut pas la peine que vous vous dérangiez pour lui. » — Lorsque le gouverneur fut parti, notre saint brigand apprit avec stupéfaction que, loin de venir pour l'arrêter, le gouverneur s'était mis en route pour lui apporter une somme considérable destinée à construire son monastère. Cette communauté devint dans la suite extrêmement riche, car les fidèles apportaient toujours *fidèlement l'or* au moulin.

Une nuit que Moïse dormait du sommeil des bienheureux, Dieu, qui ne dormait pas, se dit qu'il était temps de traiter comme il le méritait, ce gredin contrefaisant le bon apôtre; et comme les braves gens ne l'avaient point châtié de ses crimes, il choisit des scélérats de son espèce pour en faire justice. Une nuit, dis-je, on entendit d'horribles hurlements dans le monastère; c'était une bande de brigands qui avaient pénétré par les fenêtres, et qui pillaient et massacraient tout. Moïse fut égorgé avec tous les autres, un seul excepté; celui-là avait eu l'heureuse idée de se cacher dans le trou des latrines.

22 FÉVRIER. — SAINT BARADAT ou VARADAT, *patron des rabougris, des tortillards, des bossus, des écloppés, des mal venus, des béquillards, des crochus, des bancals, et autres mal tournés,* v⁰ siècle. — Cet idiot pensant être agréable à Dieu, *vécut longtemps sur la pointe d'un rocher, enfermé dans une cage si étroite et si basse, que la position qu'elle l'obligeait de garder*

constamment, lui donnait plutôt l'air d'un pigeon à la crapaudine que d'un serviteur de Dieu. Le patriarche d'Antioche vint le voir, et lui conseilla de changer son genre de vie, lui assurant que Dieu n'exigeait pas une telle mortification. Baradat, l'obéissance personnifiée, sortit — sans murmurer — de sa cage, et *s'enferma dans un sac de peau, n'ayant qu'une ouverture pour le passage de la respiration et de la nourriture. Il resta ainsi jusqu'à la fin de ses jours, se tenant toujours debout, et ayant continuellement les mains levées vers le ciel.* La légende ne nous dit pas de quelle grandeur était ce sac. Il est à supposer qu'il était d'une certaine contenance, car il devait s'emplir tous jours, en embaumant les environs d'un délicieux parfum de sainteté. Le patriarche Théodoret, qui nous affirme la véracité de toutes ces choses, déclare les avoir vues et senties. Voilà, s'écrie-t-il, de quoi est capable un homme embrasé de l'amour de Dieu.

23 février. — SAINT GÉRARD, xi° siècle, fut un grand homme d'Oraison, amateur de solitude. Chez lui, la science et la piété marchèrent toujours d'un pas égal. Il avait beau être fortement éduqué; les études auxquelles il fut appliqué ne desséchèrent jamais sa dévotion. Il méprisoit violemment ceux

d'entre les ermites qui se choisissoient des compagnes pour partager leur solitude. Quant à lui, il ne consentit à prendre en sa société rien aultre qu'un compaignon nommé Maure. Ils vescurent ensemble, éloignés du monde, dans un petit ermitage. Gérard se levait très matin, à seule fin de pourvoir à leur subsistance, et rapportoit toujours force lapins ou bécasses, que Dieu, par un miracle, envoyoit dans sa gibecière. Maure, de son côté, faisoit la cuisine ; mais comme il estoit très paresseux, son compaignon ne pouvoit jamais le faire sortir du lit avant une heure très avancée de l'après-midi. Il avoit beau lui reprocher de tremper la soupe à des heures ridicules, Maure ne changeoit pas sa manière de vivre. Fatigué des discussions qu'il avoit toujours avec son compaignon à ce sujet, saint Gérard prit le parti d'adresser ses plaintes à Dieu. Pour le satisfaire, le Très-Hault lui promit qu'à l'avenir il lui enverroit son gibier tout cuit.

Malgré les petites contrariétés dont je viens de parler, le saint et son compaignon vescurent pendant sept ans dans la plus grande intimité. La légende assure qu'ils n'eurent jamais d'enfants. Plus tard, il fut en Hongrie chez un Monsieur Étienne, roi de son pays, et saint par dessus le marché. Pénétré d'admiration pour les vertus de Gérard, il le fit évêque. Ils convertirent ensemble un grand nombre d'idolâtres ; mais ceux-ci, qui avaient changé de religion par crainte du roi, s'empressèrent d'occire l'évêque après la mort du monarque.

23 février. — SAINT SEREIN, *martyr*, iv° siècle. — Ce saint, qui méritait bien son nom, était un jour occupé à ratisser son jardin, lorsqu'il aperçut une dame qui s'y promenait avec ses deux demoiselles. Il alla à leur rencontre pour leur demander ce qu'elles venaient chercher, la dame répondit : — Je prends plaisir à me promener dans ce jardin. — *Une femme honnête ne doit pas se promener ainsi à heure indue ; il est déjà midi ; on doit être chez soi à l'heure qu'il est*, et on ne doit pas venir donner à un pauvre vieillard comme moi, des idées de fornication. Sortez d'ici, sexe impudique. — Les pauvres

femmes, ornées subitement d'un vermillon des plus foncés, s'enfuirent toutes
honteuses. De retour chez elle, la dame raconta l'aventure à son mari qui était
officier aux gardes de l'Empereur Maximien. Cet officier fut assez mal élevé
pour ne pas trouver cette action à son goût et alla se plaindre au gouverneur.
Celui-ci, voulant apprendre à notre saint à être plus poli désormais envers les
dames, fit couper la tête à ce Sercin.

23 FÉVRIER. — SAINT PIERRE DAMIEN, fut le dernier fruit d'une
mère chrétienne qui était d'une extrême fécondité. *Peu après sa naissance, un
des aînés reprocha aigrement à sa mère ce grand nombre d'enfants, disant que
le bien qu'ils avoient, étant partagé en tant de monde seroit réduit à rien. Cette
femme se sentit tellement offensée à ce reproche, qu'elle refusa d'allaiter son
enfant, et ne voulut plus en prendre soin. Il seroit mort de faim et de froid, si
une femme du voisinage n'étoit ve-*

*nue à son secours. Elle réchauffa
l'enfant déjà tout livide et presque sans voix.* Ayant réuni plusieurs femmes, elle fit un tel
charivari à la porte de cette bonne
mère, que celle-ci n'osa refuser
de prendre soin de son fils, et dut
l'élever malgré elle sous la vigilante surveillance de tout le quartier.

Cette mère chrétienne, étant morte peu après, ce fut un de ses fils
qui hérita de l'enfant; mais la femme de ce dernier était si avare, que le pauvre
petit ne mangeait jamais ailleurs qu'à l'auge des pourceaux. Ce qui, pour un autre
eut été le comble de l'humiliation, devint pour notre saint un excellent apprentissage pour gagner le ciel. Devenu grand, il embrassa son frère et sa belle-sœur,
les remercia des soins qu'ils avaient eus pour lui, et n'ayant plus rien à embrasser dans cette maison, il partit pour embrasser la vie monastique. Exercé dès
sa plus tendre enfance aux plus grandes mortifications, il surpassa en peu de
temps toutes celles des religieux, et fut bientôt cité comme un prodige. Une seule
chose restoit à vaincre en lui; c'étoient les mouvements excessifs de la sensualité. Il étoit sujet, la nuit surtout, à des crises d'effroyable lubricité; il se
levoit alors, et se plongeoit dans la rivière, où il demeuroit jusqu'à ce que son
corps fut transi de froid. Le pape, pour récompenser ses mérites, le nomma
évêque d'Ostie et cardinal. Parvenu à ce poste, il voulut arrêter la simonie et
l'impudicité qui régnaient alors dans le clergé, et résolut de destituer tous les

prélats impurs ; mais il dut renoncer à exécuter cette idée, en s'apercevant qu'il ne resterait plus au troupeau chrétien un seul pasteur pour le conduire. Il se donna néanmoins tant de mal à courir après les vices des prélats, qu'il mourut essoufflé en l'an 1072.

24 FÉVRIER. — SAINT FLAVIEN, *évêque d'Antioche*, IVe siècle. — La vie des saints évêques nous offre le plus souvent le tableau de prélats intrigants ne cherchant qu'à exciter les fidèles les uns contre les autres, au profit de leurs jalousies et de leurs ambitions personnelles ; et nous voyons leur désir de supplanter un concurrent, donner lieu à des scènes de carnage. Telle n'aurait pas été, paraît-il, la conduite de saint Flavien envers saint Jean Chrysostome. Ce fait, d'un évêque qui n'est pas jaloux d'un autre, a paru si étonnant au légendaire lui-même, qu'il l'a fait remarquer en ces termes : « *Saint Flavien ne craignit point de placer sur le chandelier de son église, une lampe dont la lumière était capable d'obscurcir la sienne ; et il vit toujours sans envie l'éclat qu'elle répandait de toutes parts.* »

L'histoire d'un autre SAINT FLAVIEN, patriarche de Constantinople au Ve siècle, est l'un des mille exemples des discordes qui n'ont cessé d'exister dans tous les temps parmi les prélats. Notre saint eut, avec un autre prêtre nommé Eutyche, une discussion sur un article de foi. Dans un premier concile, Eutyche fut condamné ; dans un second, il fut approuvé. Après ce dernier concile, les deux partis tombèrent l'un sur l'autre. Une troupe de moines empoignèrent Saint Flavien et l'assommèrent sur place. L'évêque Dioscore, partisan d'Eutyche, lui écrasa la poitrine à coups de pieds, et se livra à une gigue effrénée sur le cadavre, probablement afin de mettre en action cette maxime attribuée au Christ : *Aimez-vous les uns les autres.*

24 FÉVRIER. — SAINT PRÉTEXTAT, *archevêque de Rouen*, s'attira la haine de la reine Frédegonde, en voulant mettre son nez dans ses infidélités conjugales. Pour s'en débarrasser, elle le fit accuser faussement de trahison, et assembla un concile à Paris, composé de quarante-cinq évêques auxquels elle avait fortement graissé la patte. Prétextat se défendit comme un beau diable, et prouva qu'il était innocent. Dans la crainte d'être obligé de rendre l'argent à Frédegonde si le complot ne réussissait pas, les quarante-cinq évêques persuadèrent à Prétextat de s'avouer coupable, lui assurant que le roi

Chilpéric avait promis de lui pardonner. Prétextat n'eut pas plus tôt
suivi leur conseil, qu'ils crièrent tous anathème sur lui, et, d'un commun
accord, ils le condamnèrent à l'exil, après l'avoir convenablement houspillé.
Disons, pour être juste, qu'il fut défendu par Grégoire de Tours, lequel ne
consentit à recevoir aucun argent de Frédegonde. A la mort de Chilpéric, Prétextat revint à Rouen, et Frédegonde le fit assassiner le jour de Pâques en
pleine église. Il était alors entouré de tout son clergé. Plusieurs, parmi eux,
connaissaient l'ordre de la reine, il ne se trouva personne pour empêcher ce
crime, ni pour lui porter secours.

25 FÉVRIER. — SAINT MATHIAS, *apôtre,* 1ᵉʳ siècle. — On sait fort peu
de choses sur sa vie, qui a été racontée, paraît-il, pour la première fois au
douzième siècle, par un moine de l'abbaye de saint Mathias de Trèves, qui
disait la tenir d'un nommé Louis Veuillot. Il fut choisi, paraît-il, pour parfaire
la douzaine d'apôtres qui se trouvait dépareillée par la trahison de Judas. On
cite de lui cette maxime : « *Il faut combattre contre sa chair, et la dompter
entièrement, en ne lui accordant rien de ce que demandent les désirs de la sensualité.* Les chrétiens frémissent à la pensée que cette belle maxime aurait été
perdue pour eux, si le papa et la maman de ce saint l'avaient mise en pratique.

26 FÉVRIER. — SAINT PHOCAS, *martyr*, pratiquait l'hospitalité envers
les étrangers *avec une ouverture de cœur admirable.* Pendant la persécution
de Dioclétien ou d'un autre (les livres saints ne sont pas d'accord), ordre fut
donné d'aller prendre le saint et de lui couper la tête à son domicile. Les
soldats, chargés de cette besogne, viennent en la ville de Sinope, dans le
Pont où demeurait le saint homme. Depuis longtemps déjà, ils le cherchaient
inutilement, lorsqu'ils passèrent par hasard devant sa maison. Phocas, qui
fumait tranquillement sa pipe, sur le pas de sa porte, leur cria : « Holà! mes
braves gens, vous avez l'air d'être bien fatigués; entrez donc un instant vous reposer chez moi. » Les soldats entrèrent; Phocas leur dit qu'il allait se mettre à
table, et qu'ils lui feraient beaucoup d'honneur en acceptant son dîner à la fortune du pot. Ils acceptent avec empressement ; enchantés de l'accueil du saint,
ils veulent lui prouver leur confiance, en lui disant sous le sceau du secret, le
sujet de leur présence en cette ville. Phocas leur réplique sans s'émouvoir :
« Je connais parfaitement celui que vous cherchez; mais comme il se fait
tard, vous allez coucher ici, et demain matin je vous le livrerai moi-même. »
Pendant la nuit, Phocas alla dans son jardin, fit une grande fosse, et prépara

tout ce qu'il fallait pour sa sépulture. Au point du jour, il entre dans la chambre des soldats. — Allons, paresseux, levez-vous ! je vous amène votre

homme ; *c'est moi qui suis Phocas.....* Eh bien ! vous restez immobiles ; avez-vous donc oublié que vous devez me couper le cou ? — Jamais ! s'écrient les pauvres soldats ; jamais nous n'ôterons la vie à un homme qui nous a fait boire d'aussi bon vin. — Cela ne faisait pas l'affaire de Phocas, qui voulait absolument recevoir la palme du martyre. Il leur fit, pendant plus d'une heure, un discours admirable pour les persuader, et leur fit entendre des raisons si convaincantes, que l'un d'eux lui dit : — Eh bien ! j'y consens, quoiqu'à contre cœur ; mais il est bien entendu *que c'est seulement pour vous faire plaisir.* — Phocas l'embrassa avec effusion pour cette bonne parole, *et le soldat lui coupa la tête d'un seul coup.*

27 FÉVRIER. — SAINTE HONORINE. — On ne sait absolument rien sur la vie de cette sainte normande — disent plusieurs livres saints. — D'autres, au contraire, racontent les effroyables détails de son martyre. En attendant qu'ils s'accordent à mentir, nous allons passer à une autre biographie.

27 FÉVRIER. — SAINT GALMIER, *serrurier,* VIe et VIIe siècles. — Vint au monde aux environs de Lyon, dans un pays qui porte aujourd'hui son nom. Il vint à Lyon dans sa jeunesse, et y fut ouvrier serrurier. Il y vécut dans une extrême pauvreté, et faisait des aumônes considérables avec les économies de ses patrons. Lorsqu'il ne trouvait rien autre chose à donner, il emportait jusqu'à leurs outils pour les offrir aux pauvres. A l'atelier, on le trouvait toujours en prières, au lieu de travailler. Il fut embauché successivement chez tous les serruriers de la ville, qui tous le mirent à la porte. Ne sachant plus où aller, il se réfugia dans le monastère de Saint-Just de Lyon, où il fut fait sous-diacre. Ce saint fut honoré par Dieu du don des miracles. Son pays natal, ayant été affligé d'une sécheresse qui faisait mourir tous les bestiaux, sans en excepter les hommes et les femmes, saint Galmier, par le moyen de deux pater et de trois génuflexions, fit sortir de terre une source d'eau pétillante qui datait du temps des Romains. En reconnaissance de ce miracle, cette eau fut baptisée du nom de Saint-Galmier.

28 FÉVRIER. — SAINT ROMAIN, *archevêque de Rouen*, VIIe siècle. —
Son papa, qui avait quatre-vingt-dix-sept ans, et sa maman soixante-dix-neuf,
commençaient à désespérer d'avoir un héritier, lorsqu'un ange leur remit une

dépêche de la part du Père éternel, leur annonçant qu'ils auraient un fils. En
effet, notre saint vint au monde peu de temps après. Voyez comme les gens
ne sont jamais contents. Les parents du saint, au lieu de se montrer reconnaissants de ce miracle, se plaignirent à Dieu, un soir qu'ils faisaient leur prière,
lui disant qu'étant déjà sur le bord de la tombe, ils n'auraient pas le bonheur

de voir leur fils jouir de la haute position que sa naissance lui donnerait dans le monde. Le lendemain, avant le jour, ils furent réveillés par une tousserie aussi insolite que formidable. Extrêmement étonnés, ils allument un lampion ; et leur surprise redouble, en apercevant, au lieu du bébé qu'ils avaient couché le soir, un grand gaillard avec des moustaches. Dieu avait exaucé leur prière, en faisant ainsi grandir leur fils en une seule nuit ; mais le malheureux — dont les cuisses s'étaient démesurément allongées pendant la nuit, hors de son berceau — avait pris froid, en sorte qu'il eut gros rhume. Aussitôt qu'il fut guéri, ses parents l'envoyèrent à la cour de Clotaire II, qui fit de lui l'un de ses plus intimes conseillers, et le nomma son premier ministre. A cette époque l'archevêché de Rouen étant vacant, Romain, bien que laïque, fut promu à cette haute dignité. Il fit bientôt voir aux Rouennais à quel point il était dans les petits papiers du Très-Haut. Par le seul fait de sa puissante intercession, il arrêta une inondation si grande qu'elle aurait noyé tous les canards de Normandie. Cette inondation — qui devait naturellement nuire au pays — tourna à la plus grande gloire de Dieu, car saint Romain en profita pour faire jeter à l'eau tous les prêtres des idoles avec leurs statues. Ce fléau passé, il en survint un autre. Un dragon, nommé la gargouille, vint désoler le bord et les environs du vase de la Normandie. Quoique personne n'ait jamais vu ce monstre, il n'en commettait pas moins des ravages effrayants. Certains historiens assurent qu'il avait une figure de belle-mère, des griffes d'usurier, un ventre de propriétaire avec un exploit d'huissier à la queue. Cette horrible bête aurait dévoré tous les habitants, si saint Romain n'avait résolu de la mettre à mort. Il n'osa cependant l'affronter seul, et demanda un homme de bonne volonté. Personne ne répondit à cet appel. Il fit sortir de prison un assassin qu'on allait pendre, en lui promettant la vie s'il tuait la gargouille. Celui-ci partit avec le saint à la recherche de l'animal. Plusieurs jours s'écoulèrent sans qu'on les vit revenir ; les habitants de Rouen ne dormaient plus. Enfin ils revinrent, portant ensemble une grande malle. Saint Romain déclara que le monstre y était enfermé. Un nommé Armand Menich ayant demandé à le voir, le saint lui déclara que le dragon avait été seulement étourdi d'un coup que son compagnon lui avait donné sur la tête, et qu'en ouvrant la caisse on risquait de le laisser échapper. Menich n'en persistait pas moins à vouloir regarder en soulevant un peu le couvercle ; le saint s'éleva avec véhémence contre cette prétention, en disant que ce serait tenter Dieu. Le peuple, effrayé de l'audace de ce particulier, lui aurait fait un mauvais parti, s'il n'avait pris celui de s'éclipser au plus vite. Loin d'ouvrir la caisse, on fit venir un serrurier du nom de Roger, demeurant rue de la Chaîne. Il cercla cette caisse d'épaisses bandes de fer qu'il fixa solidement à l'aide de lourdes serrures et d'épais cadenas. Puis le saint fut porté triomphalement, aux chants des hymnes, avec accompagnements de cierges, et aux acclamations de toute la ville en délire. La procession ayant duré trois jours, on s'arrêta sur la côte Sainte-Catherine, d'où l'on précipita le coffre dans la Seine. En souvenir de ce mémorable évènement, l'église de Rouen conserva le privilège de délivrer tous les ans un criminel, le jour de l'Ascension. C'est le 23 octobre 639 que notre saint alla au ciel pour recevoir la récompense de ses exploits.

Deux siècles après, un pauvre pêcheur ayant jeté ses filets dans la Seine, non loin du pont de pierre, sentit une vigoureuse résistance, et retira de l'eau, avec des peines infinies, un grand coffre tout bardé de fer. Avec l'aide d'un camarade, il l'emporta tout joyeux chez lui, croyant avoir péché un trésor. Hélas! ce coffre ne renfermait que des cailloux.

Un grand nombre de villes de France ont été à diverses époques, victimes de monstres semblables à la gargouille. Heureusement, il s'est toujours trouvé un saint pour les exterminer. On a prétendu que le monstre terrassé par saint Romain était ressuscité longtemps après sa mort, et qu'il ravageait toujours le pays en changeant constamment de forme. La dernière figure qu'il aurait adoptée serait, paraît-il, celle d'un jésuite. Voici, à ce sujet, un document fort curieux, publié au commencement de ce siècle, qui vient à l'appui de mon dire.

HISTOIRE VÉRITABLE DE LA GARGOUILLE

Air *de Fualdès*

Invocation.
O Jean de l'Apocalypse,
Toi qui as vu de tes yeux
Tant de bêtes dans les cieux,
La gargouille les éclipse :
C'est un méchant animal
Qui a fait beaucoup de mal.

Narration.
Ce fut du temps de nos pères,
A qui longtemps il en cuit,
Que la GARGOUILLE sortit
Tout à coup de dessous terres,
Jetant l'effroi tous les jours.
Dans Rouen et ses faubourgs.

Domicile de la gargouille.
Joyeuse, elle eut pour tanière.
Non loin du mont des sapins,
Un lieu qu'elle rendit malsain,
Dominant la vie entière ;
Et c'est là qu'elle attirait
Les gens qu'elle approfitait.

Portrait de la gargouille.
De cette bête horrifique
Un vieil auteur, trait pour trait,
Nous trace ainsi le portrait,
Tant au moral qu'au physique ;
Pour qu'on ne puisse en douter,
Je vais le lui emprunter.

Portrait du monstre au physique.
« On voit mille et mille têtes
Qui sortent de ce grand corps,
Et qui par un seul ressort
Ou bien s'agitent ou s'arrêtent ;
Si ce n'était effrayant.
Ça serait divertissant. »

Suite du même portrait au physique.
Monstre horrible, immense, informe.
Il est tout parsemé d'yeux
Louches, tournés vers les cieux,
Et dans chaque gueule énorme
On voit triple rang de dents,
Avec du rose en dedans.

Suite du même, toujours au physique.
Ses langues sont de vipère,
De crocodile ses pleurs,
De tigres sont ses fureurs,
Ses caresses de panthère;
Pour griffes de léopards,
Il a de petits poignards.

Costume d'ordonnance de la bête.
Grand chapeau plat à trois cornes,
Rabat blanc et noir jupon;
On voit dans un médaillon,
Sur sa poitrine difforme
Un grimoire en abrégé
Où on lit A. M. D. G.

Portrait de la bête au moral.
Son caractère est perfide,
A la fois lâche et cruel,
On ne voit rien sous le ciel
Qui se montre aussi avide,
Mangeant hors de ses repas,
Prenant et ne rendant pas.

Toujours sur sa moralité.
De chair fraîche elle est friande,
Et surtout de sang royal,
C'est pour elle un vrai régal,
Tant sa barbarie est grande;
Dans le crime elle jouit,
Et lorsqu'elle tue, en rit.

*Comme quoi le monstre, par l'inspiration du démon son
père, composait de mauvais livres.*
« Même, disent les chroniques,
Ce monstre enfant du malin,
Griffonnait sur du velin,
En caractéres gothiques,
Des livres dignes du feu,
Pour attraper le bon Dieu. »

*Comme quoi ces livres étaient mauvais, et comme quoi ils
avaient une tendance à attraper le bon Dieu.*
« On y voyait comment faire
Pour pouvoir, en tout honneur,
Etre menteur et voleur.
Parricide et adultère,
Sodomiste débauché,
Et qui plus est sans péché. »

Exposition des fureurs de la bête.
Dans sa fureur inhumaine,
Pour récréer ses regards,
Partout des membres épars
Couvrant la ville et la plaine,
Homme, femme, enfant, barbon,
Pour elle tout semblait bon.

Comme quoi elle faisait le diable pour avoir de l'or.
On voyait croître sa rage
A l'aspect brillant de l'or;
Il semblait que d'un trésor
Elle couvoitât l'usage,
Pour, au gré de ses désirs,
Payer ses menus plaisirs.

*Réflexion sur la galanterie qui semblait régner dans les
démarches de la bête.*
On eût dit qu'à la tendresse
Le monstre avait du penchant,
Parfois d'un geste touchant

Leur prodiguant la caresse,
Il promettait des bonbons
Aux jolis petits garçons.

La bête prend des libertés.
Croirait-on qu'un cœur farouche
Pour le sexe eut de l'amour?
Faisant patte de velours
Et même petite bouche;
Le monstre avec la beauté
Lachait l'impudicité.

Réflexions morales sur les susdites galanteries du monstre.
Ainsi cumulant les vices,
Les honneurs et les forfaits,
A tous trouvant des attraits
Et même des *bénéfices;*
Traître, galant, tour à tour,
Il semblait fait pour la cour.

Description des chasses où on l'a manqué.
Que de chasseurs intrépides
S'écriaient dans leurs courroux :
« Sous mes redoutables coups,
Tombera ce monstre avide!
Tous à l'envi l'ont chassé
Pas un ne l'a terrassé.

*Comme quoi la bête se moquait des chiens, une seule
espèce exceptée, qui lui donnait du tintouin.*
En défaut mettant sans cesse
Des limiers jusqu'aux bassets,
Des briquets aux chiens barbets,
A force de tours d'adressse;
Elle n'avait, il paraît,
De peur que des chiens d'arrêt.

*Comme quoi elle a été poursuivie inutilement par des gens
de tous les pays.*
Un chasseur de l'Angleterre,
Un Portugais, un Français,
Un Bohème, un Hollandais,
Un Russe qu'on nommait Pierre.
Un Vénitien, un Romain,
La chassèrent tous en vain.

Artifices du monstre.
De tant de coups redoutables
Il a su tromper l'effort :
Quelquefois faisant le mort,
Par une ruse coupable,
Et quelquefois d'un agneau
Prenant au besoin la peau.

De plus en plus fort.
Même on vit ce monstre infâme.
Sur la terre au long couché,
En mille morceaux haché,
Comme s'il eût rendu l'âme :
On n'eut pas le dos tourné,
Qu'il était raccommodé.

*Comment la ville de Rouen fut délivrée de la gargouille
par un miracle.*
Enfin, ô bonheur extrême!
Par la céleste vertu
Le monstre fut abattu
Il fit son paquet *quand même,*
Et périt pour ses méfaits
Dans la grand'cour du Palais.

Comme quoi aucuns racontent que le monstre est ressuscité.

Or un bruit s'est fait entendre,
C'est qu'on l'a cru mort : mais nix !
Ni plus ni moins qu'un phénix,
On dit qu'il sort de sa cendre,
Ou, de même qu'un bouchon,
Qu'il n'a fait que le plongeon.

Son prétendu changement de moralité.

Mais on veut nous faire accroire
Que le monstre est bon enfant
Un vrai mouton maintenant,
Et de petite avaloire ;
On nous trompe assurément,
Je vous le dis franchement.

La vérité sur son caractère et sur le crédit dont elle jouit.

La bête encor cherche à mordre.
Mais quoi, les plus grands chasseurs
Sont, dit-on, ses serviteurs :
Leur bel art est à ses ordres,
A tel point qu'il voudrait bien
Pouvoir dérouter les chiens.

Comme quoi la bête aurait des commandes de livres.

Des traîtres et des gens ivres
Lui graissent la patte en vain,
Lui donnant un pot de vin
Pour en avoir de bons livres.
A l'usage du Dauphin...
Mais ils perdront leur latin.

Opinions probables sur les causes de sa venue à Rouen.

Pour le sûr, c'est la vengeance
Du ciel armé contre nous :
La bête vient en courroux,

Pour nous mettre en pénitence :
C'est sans doute un grand malheur
Que *Molière* fut auteur.

Conclusion.

En attendant ce miracle,
O Rouennais, bonnes gens !
Femmes et petits enfants,
Fermez bien votre habitacle :
Du monstre craignez les coups,
Et restez chacun chez vous.

Suite du précédent.

Il fera force gambades,
Sauts de carpe et de tonneau,
Sauts d'anguille et de cerceau,
Le tout avec pétarades :
Il faut vous en défier,
C'est pour vous allicier.

Autre suite des précédents.

Oui, si par ses tours infâmes
Il vient à vous attirer,
Vous le verrez dévorer
Et vos enfants et vos femmes :
Laissez ce monstre d'enfer
Exhaler sa rage en l'air.

Invocation finale.

O vous qui par tout s'embrouille !
De qui tant de maux sont nés,
Diables, démons incarnés,
O pères de la GARGOUILLE !
Rappelez le monstre à vous,
De ses griffes sauvez-nous !

Il y eut plusieurs autres saints ROMAIN. J'en citerai seulement un qui, étant à Antioche, alla trouver le juge Asclépiade qui faisait mourir les chrétiens ; pour le défier de le mettre à mort. Asclépiade le fit scier en trois morceaux qui se resoudèrent instantanément.

Il le fit mettre dans un brasier ; mais le saint n'eut qu'à pisser dessus pour l'éteindre. L'empereur Dioclétien — qui n'était pas là — dit qu'il était inutile de poursuivre l'expérience, attendu que Dieu était avec cet homme. Romain, voyant son juge aux abois, le plaisanta ; comme il parlait difficilement, ce juge, doublement irrité d'être blagué par *un bégayard, lui fit couper la langue et la donna à son chat. A sa grande stupéfaction, le saint se mit alors à parler avec la plus grande facilité.* Pour le coup, ce fut le juge qui se vit obligé de donner sa langue au chien.

1er MARS. — SAINT AUBIN, *évêque d'Angers,* VIe siècle. — Ayant appris qu'une noble dame de ses connaissances, nommée Étherie, était en prison pour dettes par ordre du roi Childebert, il courut la voir. *La belle se jeta à ses pieds, et lui embrassa les genoux.* Le saint lui rendit la pareille ; un garde survint et voulut les séparer. *Aubin, transporté d'une sainte indignation, souffla sur son visage et le renversa raide mort*. Ce trait de vigueur intimida les autres, qui n'osèrent empêcher le saint et sa pénitente de sortir bras desus bras dessous.

1er MARS. — SAINTE EUDOXIE, ii° siècle. — Était la plus jolie femme d'Héliopolis ; mais son âme était aussi vilaine que sa figure était belle.

Un jour qu'elle était descendue à l'hôtel de Vénus, elle entendit à travers la cloison de sa chambre un lit craquer horriblement, et perçut distinctement une conversation entremêlée de soupirs. C'était un religieux qui faisait à une jeune fille un tableau effrayant des supplices de l'enfer. En collant son œil à une fissure de la cloison, elle vit cette pauvre enfant assise sur le lit du religieux, et fondant en larmes à la pensée des peines effroyables qu'elle avait

méritées. Ce touchant tableau fit rentrer Eudoxie en elle-même, et à son domicile. Elle passa plusieurs jours à écrire à ses nombreux adorateurs pour leur donner congé. Ceux-ci, mécontents de se voir évincés, vinrent néanmoins la trouver. Eudoxie leur ferma la porte au nez ; ces impudiques ne se tinrent pas pour battus.

Une nuit qu'elle dormait du sommeil des justes, douze de ces polissons entrèrent dans sa chambre par la fenêtre. Eudoxie repoussa avec fureur leurs attaques libidineuses ; elle aurait succombé sous le nombre, si Dieu ne s'était hâté de faire un miracle en faveur de sa nouvelle servante. Il changea instantanément ces douze jeunes gens en cruches, en vases de nuit, en bidets, en pots, en clysopompes et en cuvettes, de telle sorte que pour leur punition ils durent servir aux usages les plus vils de la sainte. Ce terrible exemple fit tenir les autres tranquilles, et Eudoxie put vivre en paix jusqu'à sa dernière heure dans la plus adorable componction.

2 MARS. — SAINTE CUNÉGONDE, *veuve et vierge*, x° et xi° siècles. — Mariée à saint Henri, empereur des Romains de par la grâce du pape, ils convinrent tous deux pour s'élever au-dessus des choses méprisables de ce monde, de faire chambre à part, et de vivre dans la plus rigoureuse continence. Le jour fut consacré à la vie active, et la nuit *à la vie contemplative*. Le démon, jaloux de cette édifiante union, pour y mettre le trouble, prit la figure d'un officier, et alla se coucher près de Cunégonde. Lorsque Henri vint le matin

pour faire avec sa femme sa prière accoutumée, il aperçut cet officier et poussa un cri terrible. Il mit vivement la main à son côté pour tirer son sabre. S'apercevant alors qu'il était en chemise, il courut à son appartement pour le chercher. A son retour, l'homme avait disparu. Une scène horrible eut lieu, saint Henri criait à tue-tête que sainte Cunégonde n'était qu'une vile adultère; celle-ci criait encore plus fort pour protester de son innocence. Les seigneurs, accourus au bruit, conseillèrent à Henri de s'en remettre *au jugement de Dieu.* L'épreuve eut lieu, suivant la coutume de l'époque, en présence de toute la cour; *et l'impératrice, pour prouver son innocence, marcha pieds nus sur des socs de charrues qu'on avait fait rougir au feu, sans éprouver la moindre brûlure.* En présence de ce miracle, saint Henri lui fit les plus plates excuses, et mourut rongé par le chagrin d'avoir soupçonné sa femme injustement. Cunégonde, à la suite de cet événement, alla terminer sa sainte vie dans un monastère.

2 MARS. — SAINTE CAMILLE et ses trois sœurs, ayant entendu prêcher saint Germain, quittèrent tout pour aller grossir son sérail... spirituel. Le saint mit une telle ardeur à leur enseigner la morale chrétienne, qu'il mourut d'épuisement. Elles recueillirent précieusement son dernier soupir dans un médaillon, et accompagnèrent son corps jusqu'à Auxerre. La route était si longue et la chaleur si excessive, que trois d'entre elles succombèrent à la fatigue. La quatrième mourut peu après consumée par le chagrin.

4 MARS. — SAINT CASIMIR, *roi de Hongrie,* xv° siècle. — La plus belle action de ce prince fut de coucher sur la dure au pied d'un bon lit.

3 MARS. — SAINTE THAIS et SAINT PAPHNUCE, iv° siècle. — Sainte Thaïs fut élevée dans les principes de la religion chrétienne. Dès sa plus tendre enfance, elle avait de si grandes disposition à la sainteté que lorsqu'elle apercevait une église, elle y courait tout de suite; et malgré ses petites jambes, elle en escaladait les hautes marches avec une rapidité inouïe. Malheureusement, ces heureuses dispositions ne durèrent pas. « Un pucelage a dit quelqu'un est un petit oiseau qui s'envole quand la queue lui vient. » Ce fut avec les plus grandes difficultés que Thaïs put retenir son oiseau en cage jusqu'à l'âge de seize ans. A cette époque, il était devenu tellement sauvage que la vue seule d'un jeune abbé suffit un jour pour le faire envoler à tire-d'ailes. A la suite de cet événement, la maman de Thaïs constata que sa fille avait acquis un surcroît extraordinaire d'intelligence ; et comme elle savait parfai-

tement comment l'esprit vient aux filles, cette bonne mère lui tint ce discours : « Ma chère enfant, je vois que tu t'es émancipée ; je ne t'en ferai pas un crime, loin de là ! seulement, je te demanderai de suivre mes avis ; si tu m'écoutes, je te promets qu'avant peu, tu éclipseras par les toilettes et les équipages toutes les filles d'Alexandrie. » Thaïs suivit ce conseil, et devint en peu de temps la courtisane la plus *fréquentée;* et comme une simple Nana de l'Ambigu, elle vit nombre de gens se ruiner et se tuer pour elle. Le scandale de sa conduite fit un tel bruit qu'il parvint jusqu'aux oreilles de saint Paphnuce. Cet anachorète de la Thébaïde *fut si chagrin du triste état de cette âme que ses larmes coulaient continuelle-ment.* — Mon cher ami, lui dit un confrère, vous ne pouvez continuer ainsi ; vous allez faire déborder toutes les rivières ; allez plutôt convertir cette Pécheresse. — Paphnuce suivit le conseil ; il s'abilla en riche seigneur, prit dans les aumônes des pauvres la plus grosse somme qu'il put porter, et alla trouver la courtisane. *Ce saint homme, snivant l'inspiration de Dieu, lui danna l'argent qu'il avait apporté, pour le prix du péché qu'il fit semblant de commettre avec Thaïs qu'il l'avait mené dans une chambre toute préparée.* La courtisane fut tellement touchée par la grâce et les vigoureux arguments du saint, qu'elle ne voulut plus le quitter. Elle consentit à brûler ses meubles précieux sur la place d'Alexandrie, et à vivre désormais dans une cellule, dont Paphnuce seul avait la clef.

SAINTE MONEGONDE. *Ceux qui aiment trop leurs enfants méritent que Dieu les leur ôte, et en cela il leur fait une grande grâce.* Cette sainte obtint cette grâce et quitta son mari pour Jésus. Le mari se consola avec sa servante.

3 MARS. — **SAINT GUIGNOLET**, VIIe siècle. — Trouvant qu'il était guignolant de travailler pour vivre, il se fit moine pour vivre sans travailler. Ce saint, révéré comme l'un des premiers maîtres de la vie monastique en France, vint en la ville d'Aumale, en Normandie, le 8 septembre 625, pour y prêcher la religion chrétienne. Le soir de son arrivée, il fut reçu par la femme du bourgmestre, nommée Beltronde — dont le mari était absent —. Comme il était tard, il demanda la permission de s'aller coucher. Madame Beltroude lui

donna une lumière, et lui indiqua son appartement. Il avait déjà défait ses souliers pour les mettre à la porte, lorsqu'il fut pris d'une violente colique. N'osant demander à son hôtesse — qui était au lit — à quel endroit se trouvaient les cabinets, il s'en alla nu-pieds à leur recherche. Comme ce saint ne manquait pas de flair, il les trouva assez facilement. Son besoin satisfait, il allait regagner sa chambre, lorsque le vent éteignit sa lumière. Contrarié de ce contretemps, il chercha néanmoins à s'orienter, mais il le fit si maladroitement qu'il entra dans la chambre de madame la bourgmestre. Je ne sais si celle-ci crut entendre rentrer son mari; toujours est-il que Guignolet ne fut pas plus tôt fourré dans le lit qu'il se sentit enlacé et serré avec tendresse par deux bras féminins. Sur le moment, il lui vint à l'idée de se dérober; mais, réfléchissant que tout ce qui survient à l'homme est la volonté de Dieu, il se détermina à rester..... La nuit était déjà fort avancée; Beltroude et Guignolet dormaient comme des bienheureux, lorsque le bourgmestre, qui avait sa clef, rentra sans bruit, se déshabilla de même, et se faufila doucement sous les draps; puis croyant palper les suaves rotondités de madame son épouse, il promena sa main sur les pectoraux de Guignolet. Extrêmement surpris de rencontrer des formes aussi plates, il pousse plus loin ses investigations. Tout à coup, il pousse plusieurs jurons formidables, saute à bas du lit en tenant solidement notre saint qui hurle à son tour comme un possédé. La pauvre Beltroude, réveillée en sursaut, joint ses cris perçants à ceux des deux combattants. La rue de l'Eglise, où demeurait le bourgmestre est bientôt toute en émoi; le veilleur de nuit court au beffroi et sonne le tocsin. A ce bruit, la ville entière est sur pied. De la chambre où la lutte continue, on entend les grondements sourds de la foule. O terreur! soudain, la maison semble ébranlée jusque dans ses fondements. Un bélier de fer, manœuvré par des mains vigoureuses, fait voler en éclats la porte cochère. Des Aumalois, armés de torches et de piques, envahissent en foule la maison, et vont entrer dans la chambre. En cet instant critique, le saint ne se déconcerte pas. Se dérobant à l'étreinte de son adversaire, il fait vivement le signe de la croix. A ce signe sacré, le chef du bourgmestre se change en tête de cerf, et le malheureux reste comme pétrifié. Quant à Beltroude, entourée d'une auréole, debout au fond de l'alcôve, les mains jointes, le regard tourné vers le ciel, elle ressemblait à la Vierge. Dès que les premiers Aumalois eurent ouvert la porte de la chambre conjugale, saint Guignolet les arrêta du geste, et leur fit en trois points un sermon sur les peines réservées aux blasphémateurs; il leur montra ensuite comme exemple le pauvre bourgmestre, et termina en leur ordonnant, au nom de la Vierge qu'ils avaient devant eux, de regagner leur domicile. Ayant dit, il se recoucha tranquillement. Il ne resta que huit jours à Aumale (le temps de convertir la ville et les environs au culte du vrai Dieu), après quoi, il enfourcha un nuage, et disparut dans le ciel. Ce miracle eut lieu sur le grand mail, en présence d'une foule énorme, qui entonna la chanson suivante sur l'air de *« Bon voyage, monsieur Dumolet »*.

Bon voyage,
Saint Guignolet!
De ce pays, partez sur un nuage.
Bon voyage,
Saint Guignolet!
Pensez à nous, quelquefois, s'il vous plaît!

Saint Guignolet dont le cœur fut si tendre,
Du haut du ciel, exaucez vos amis;
Des amoureux, écartez toute esclandre,
Préservez-les du retour des maris.

Illustre saint, par un pouvoir sans bornes,
D'un front uni, tu fis un front cornu;
Depuis ce temps, que de bêtes à cornes
En tous pays n'est-il point survenu?

Saint Guignolet, ton cœur brûla sans cesse,
Tout dévoré d'une divine ardeur;
Prends en pitié notre humaine faiblesse;
Accorde-nous un peu de ta vigueur.

A votre autel, une timide vierge
En rougissant vous demande un époux.
Accordez-lui, pour son tout petit cierge,
Un épouseur aussi gaillard que vous.

Des séducteurs, s'il protège les flammes,
Au détriment de messieurs les maris;
De ces derniers, il casera les âmes.
Après leur mort au sein du Paradis.
Bon voyage, etc...

Lorsque le saint eut complètement disparu, les échevins s'étant assemblés, rédigèrent la présente charte : *A tous cheus qui cheste, présente charte verront et oiront, nou, esshevin de cettuy lieu, nomons pour patron de la vile et de la commune d'Aubemale, le grant* SAINCT GUIGNOLET.

4 MARS. — SAINT ADRIEN et SAINTE NATHALIE, vi° siècle. — Officier dans les armées romaines; voyant des chrétiens aller à la torture, il se déclara lui-même chrétien, et voulut partager leur sort. Dès que Ste Nathalie, sa jeune femme, sut cette nouvelle, elle *accourut toute joyeuse, le féliciter de son courage;* puis elle retourna à sa maison. Adrien, ayant su que le jour de son martyre était arrivé, obtint l'autorisation d'aller dire adieu à sa chère femme en fournissant une caution. Lorsque sa chère

épouse le vit revenir, elle crut qu'il avait renoncé à la foi chrétienne et s'empressa de fermer sa porte. Puis elle dit : — *Qu'il s'éloigne de moi celui qui est lâche et craint de souffrir pour son Dieu; moi qui étais fière d'être la femme d'un martyr, serai-je donc celle d'un renégat.* — Vois, Nathalie, comme tu prends toujours les choses de travers; loin de fuir les bourreaux, je viens, te faire mes adieux avant d'aller au supplice. — En entendant ces paroles, sa chère femme lui ouvrit la porte et lui sauta au cou.

« Mais que vois-je? s'écria-t-elle, tu es venu sans cravate; tu vas t'enrhumer, mon cher petit homme, tiens prends ce foulard; prends aussi ce verre d'excellent vin pour te donner du courage; là..... partons maintenant; ne faisons pas attendre ton exécuteur. » A leur arrivée sur le lieu du supplice, Nathalie vit les autres martyrs qu'on emmenait. Elle quitta son cher époux, après l'avoir embrassé de nouveau, pour aller s'informer du genre de torture qu'on allait leur faire subir. Le bourreau lui dit qu'il allait leur briser les cuisses, leur couper les pieds et les mains, et qu'il les jetterait au feu ensuite. Nathalie glissa un fort pourboire dans la main du bourreau, en le priant de vouloir bien commencer par son mari. — *Ce cher ami dit-elle, a le cœur sensible, il ne pourrait supporter la vue des souffrances de ses camarades; de plus, ce spectacle pourrait au dernier moment le faire renoncer à la couronne du martyre.* — Le bourreau, qui dans le fond était bon enfant, fit comme elle le désirait. Les livres saints nous assurent que la jeune, la belle, la riche, la tendre et sensible Nathalie — peu après la mort d'Adrien — refusa un riche époux ; mais nous savons, au contraire, qu'elle convola en secondes noces huit jours après.

6 MARS. — SAINTE PERPÉTUE et SAINTE FÉLICITÉ. — L'histoire de ces deux saintes me répugne à écrire. On y voit ce que peut le fanatisme sur des cerveaux exaltés ; on y voit une mère, abandonnant son fils à la mamelle, et causer la mort d'un autre qu'elle porte dans son sein ; on y voit encore toutes sortes d'autres horreurs. Telles sont les beautés du christianisme.

6 MARS. — SAINTE COLETTE, XIVᵉ et XVᵉ siècles. — Cette sainte picarde fonda dix-huit couvents de filles. In biau piot ange alla li crire au ciel un belle piote oraison por elle tout' seule ; alle avoit a ch'moison in biau perroquet qui chintoit matines ; alle avoit itout din chin courti in piot mouton tout belot qui s'agenouilloit a l'messe.

7 MARS. — SAINT THOMAS D'AQUIN, XIIIᵉ siècle, fut le précieux fruit de parents très nobles du royaume de Naples.

Thomas montra dès le maillot une incroyable dévotion pour l'Ave Maria. Un jour sa maman, lui ayant repris un papier des mains, le marmot poussa de tels cris de rage, que celle-ci *fut curieuse de savoir quel était ce papier.* Sa stupéfaction fut grande, en constatant qu'il contenait la salutation angélique. A partir de ce jour, la maman, saintement émerveillée de la précoce dévotion de son fils, ressentit pour lui les sentiments de la plus profonde vénération. Cette sainteté si précoce ne fit que s'accroître constamment. A dix-neuf ans, il disparut tout à coup du manoir de ses pères pour se réfugier dans un couvent de l'ordre de Saint-Dominique. A cette nouvelle, sa maman courut tout en larmes réclamer son fils ; mais le prieur lui déclara d'un ton goguenard qu'il était sorti. La maman, outrée de cette réponse, courut prévenir ses deux autres fils pour les envoyer eux-mêmes chercher Thomas. Le prieur, qui ne voulait pas lâcher sa proie, fit entrer le jeune saint dans une balle de laine — au risque de l'étouffer — et l'envoya pour Paris, à l'adresse d'une succursale de son établissement. Deux moines furent chargés d'accompagner cet étrange colis, et lorsque les deux frères vinrent au couvent, ils en visitèrent inutilement tous les coins. Ils s'en allaient désespérés, lorsqu'une jolie fille les accosta.

— Parlez, messeigneurs, vous cherchez votre frère mignon ; je vais, moi, vous

dire où il est, car vraiment, faut que je me venge de ce laid prieur, qui m'a
engrossée et plantée là. Courez à Paris, c'est en cette ville qu'il est parti avec
deux moines. Les deux cavaliers partirent à franc étrier pour regagner l'avance
qu'avaient prise les moines; mais ils crevèrent plusieurs chevaux, et ne purent
les rejoindre. Ils approchaient de la capitale, lorsqu'ils virent de loin un ras-
semblement considérable. Voici ce qui s'était passé : A la barrière, un employé
de l'octroi avait demandé aux deux moines s'ils n'avaient rien de soumis aux
droits. Ceux-ci répondirent non; mais cet employé, sachant par expérience que
les bons pères avaient coutume de passer en fraude des
liqueurs fortes, enfonça la sonde à plusieurs reprises dans
le ballot de laine. Tout à coup, des cris effroyables en sortirent : c'était le pauvre Thomas qui avait sa pauvre fesse
percée de part en part. — Miracle et profanation! s'écria l'un
des moines; cette laine, destinée à la couche de notre prieur
de Paris, est une chose sacrée; et Dieu, par ce miracle, veut
témoigner de sa puissante protection pour les choses qui appartiennent à notre sainte maison. Toutes les personnes
qui étaient accourues, s'étaient prosternées à genoux, et
faisaient de grands signes de croix, lorsque l'arrivée des deux
cavaliers fit diversion. Reconnaissant la voix de leur frère, ils
se précipitèrent sur le ballot, et en arrachèrent frénétiquement
la laine. « Arrière! démons! crièrent les deux moines; chrétiens, mes frères, ne prendrez-vous donc point la défense des
serviteurs de Dieu? » Excitée par ces cris, la foule dévote se
précipite sur nos deux cavaliers. Ceux-ci tirent leurs épées

frappant d'estoc et de taille. Les employés d'octroi, qui ont pris parti
pour les deux seigneurs, repoussent les assaillants dont le nombre va grossis-
sant. L'un d'eux ferme brusquement les barrières, séparant ainsi les combattants. Le pauvre Thomas, moitié évanoui, encore empaqueté de laine, est vivement hissé sur l'un des chevaux, et les deux seigneurs partent au triple galop.

Les dominicains, se voyant frustrés de leur précieux novice, *portèrent leurs
plaintes au pape Innocent IV, qui, touché de cette indignité, écrivit à l'empereur
Frédéric II, pour l'obliger à venger la religion offensée.* Le prince ordonna
qu'on fît le procès aux deux frères, mais leur famille était puissante ; et, au
grand désespoir des moines, il tourna en eau de boudin. Réintégré au domicile
paternel, le jeune Thomas fut enfermé et resta dans une tour pendant deux ans.
Les moines, ne se tenant pas pour battus, gagnèrent sa sœur qui était dévote ;

et, de concert avec elle, le firent échapper par une fenêtre. Crainte de le perdre une seconde fois, *il fut vite expédié à Rome, auprès du général Jean le Teutonique*, qui le fit souvent changer de pays pour dépister sa famille. Pendant ce temps, on lui fit étudier la théologie; et, au dire des livres saints, il devint un puits de science. Quoi qu'il en soit, ses camarades ne furent pas de cet avis, et le surnommèrent *le bœuf muet*; mais, aux yeux des cléricaux, le richissime descendant de l'illustre famille des comtes d'Aquin ne pouvait être autre chose qu'un grand homme. On l'affubla du titre d'*ange de l'école*. Citons, par curiosité, quelques passages des écrits de cet illustre saint : Il se demande *si les anges ont plus d'esprit le matin que l'après-midi, s'ils passent d'une extrémité à l'autre sans passer par le milieu*. Il assure que, *dans l'état d'innocence, les hommes ne se faisaient que par l'intuition des idées, et d'une manière toute spirituelle*. Il prétend que *les organes de la génération sont venus aux hommes seulement après le péché, comme marques habituelles de la désobéissance du premier*. Voilà pour la théologie; quant à la politique religieuse, il dit dans son livre des coups d'État, tome II, page 33, *que l'assassinat est digne de louange et de récompense quand c'est pour le bien de l'Église. Toutes ces choses*, dit la sainte légende, *lui furent apprises par des révélations divines*. Cette théorie de l'assassinat à été partagée par plusieurs autres pieux personnages : Saint Ambroise, entr'autres, dit que *les rois étant les maîtres de la vie et des biens de leurs sujets, peuvent les leur ôter lorsqu'ils le jugent à propos, sans qu'ils soient coupables*. Lors de l'assassinat de Henri III par Jacques Clément, les jésuites mirent dans une église un tableau représentant Jacques Clément montant au Ciel avec la palme du martyre, et Henri III précipité au fond des enfers.

Parmi les curiosités grotesques qui émaillent la vie de ce saint, il faut citer la *conversation en latin qu'il eut avec un Christ en bois ;* ce Christ savait non seulement parler maïs encore se préserver des boulets de canons. Un jour, il en vit venir un qui allait lui emporter la tête; il se hâta de la baisser, et le boulet n'emporta que la couronne d'épines. Ce saint avait de fréquentes extases; *et la ferveur de son zèle était si forte qu'elle le soutenait en l'air à trois pieds de terre.*

Thomas, étant en voyage en Italie avec son mulet, voulut se reposer dans un bois près d'une église; au lieu d'attacher l'animal à un arbre, comme l'eut fait un simple mortel, *Thomas enfonça son bâton en terre, et y attacha le mulet,* puis s'endormit. Comme bien vous pensez, le mulet fut vite détaché; mais le pire fut qu'il entra *comme un étourdi* dans le chœur de l'église. *Pour sa punition, ses pieds s'enfoncèrent dans les dalles et il tomba raide mort.* En apprenant la profanation dont il était cause, Thomas d'Aquin en eut tellement de chagrin, qu'il mourut quelques jours après, âgé de cinquante ans, l'an 1274.

8 MARS. — **SAINT JEAN DE DIEU**, *instituteur des religieux de la Charité,* XVIe *siècle.* — *Ses parents l'élevèrent dans la piété jusqu'à l'âge de huit ans. Il les quitta pour suivre un prêtre qui avait logé chez eux. Sa mère, le croyant perdu, mourut de chagrin au bout de trois semaines. Le jeune Jean, abandonné en chemin par le prêtre, garda les troupeaux pour vivre. A vingt-sept ans, il se fit soldat, perdit sa pudeur et sa dévotion,* et devint un mauvais garnement. Ayant rencontré le prêtre qui était cause de son malheur, il lui exprima sa reconnaissance à grands coups de poings, et fut condamné à mort pour avoir outragé un représentant de Dieu. Gracié par l'intervention d'un officier, il reprit son premier métier. Dix ans après, il se fit encore soldat en Espagne; mais les troupes ayant été licenciées, il revint en Portugal dans le pays où il était né, et ne trouva plus personne de ses parents. Il arriva à Gibraltar, après avoir essuyé une horrible tempête, et se fit colporteur, vendant des images de sainteté et autres bibelots de dévotion. Un jour qu'il attendait

dans une église pour vendre à la sortie de la messe, il entendit un prédicateur qui, d'une voix tonnante, faisait un horrible tableau des peines éternelles. Il en fut si effrayé, que, *fondant en larmes, il remplit l'église de cris et de lamentations, détestant tout haut sa vie passée; il se sauva de l'église en se déchirant le visage, s'arrachant la barbe et les cheveux, et se roulant dans la boue. On crut qu'il avait perdu l'esprit; les enfants se mirent à le poursuivre à coups de pierres et de bâtons, et il arriva tout en sang à une petite boutique qu'il avait. Là, il jeta toute sa marchandise dans la rue,* arracha ses vêtements, et se mit à courir tout nu par la ville, en faisant des gestes extravagants. Enfermé dans une maison d'aliénés, on lui administra le fouet tous les jours pour faire passer sa folie. Lorsque le prédicateur, ravi d'avoir provoqué une conversion si éclatante, vint réclamer un sujet aussi précieux, il dit que celui qu'on prenait pour un fou était un saint. Notre homme, que par la suite on surnomma *Jean de Dieu,* donna raison à son protecteur, et prouva que d'un saint à un fou, il n'y a pas loin. Il mourut en 1550, à l'âge de cinquante-cinq ans, après avoir fondé plusieurs établissements religieux.

8 MARS. — **SAINTE VÉRONIQUE.** — Ce mot de Véronique vient de *Vera Icon*, qui veut dire vraie image. Les dévots érudits, dans leur ardeur à peupler le calendrier, ont pris le nom d'une image pour celui d'une sainte. Cette image est celle de la figure de Jésus, qu'il aurait imprimée sur un linge lors de sa passion, et que l'on conserve à Saint-Pierre de Rome. Plusieurs autres églises possèdent aussi cette image, et la donnent comme la véritable. Il en a été fait de nombreuses reproductions dont les spéculateurs cléricaux font un commerce très-lucratif. En France, dit-on, tout finit par des chansons. A Rome, tout finit par des billets de banque.

9 MARS. — **SAINTE FRANÇOISE,** *dame romaine,* était bien embarrassée, car elle voulait satisfaire à la fois son mari, et le prieur du couvent de Mont-Olivet. Son époux, fatigué de la voir constamment à l'église, vint un jour l'y chercher, et l'emmena chez lui. Lorsqu'elle revint le lendemain, elle ouvrit son livre qu'elle avait oublié sur son prie-Dieu ; mais le verset où elle en était restée, *s'était changé en lettres d'or.* Par ce miracle, elle vit clairement que l'amour divin était bien plus précieux que l'amour charnel, et ce fut le prieur qui l'emporta.

9 MARS. — **SAINT GRÉGOIRE DE NYSSE,** IVe siècle. — Ce saint n'était pas partisan des pèlerinages, et disait que cela servait le plus souvent de prétexte à des parties de plaisir, et même pire ; qu'il était inutile d'aller chercher ailleurs Jésus ou la Vierge, lorsqu'on les trouvait aussi bien dans l'église de son pays. Ce raisonnement a du bon ; le malheur est qu'il ne fait pas le compte des exploiteurs cléricaux.

10 MARS. — **SAINT MACAIRE,** illustre solitaire, doit sa canonisation aux six mois de pénitence qu'il s'infligea pour avoir tué une puce.

SAINT PRUDENT ou **PRUDENCE,** évêque de Troyes, IXe siècle. — Écrivit des choses admirables sur la grâce et la prédestination, mais ses écrits étaient d'une telle *profondeur* qu'on fut obligé de faire poser une balustrade tout autour pour éviter les accidents ; plusieurs docteurs de Sorbonne s'enfermèrent dans un appartement avec une provision de vivres, en jurant qu'ils n'en sortiraient que lorsqu'ils auraient connu le fond de ces écrits. Quelques jours après on entendit des cris épouvantables sortir de l'appartement ; les malheureux venaient d'être atteints de folie furieuse.

8 MARS. — SAINTE ROSE DE LIMA, XVIIᵉ *siècle*, naquit en Amérique de parents sauvages et idolâtres. Les prêtres qui nous peignent les bourreaux des martyrs chrétiens, sous les traits les plus odieux, [devinrent bourreaux

à leur tour en martyrisant les pauvres sauvages de l'Amérique, pour en faire des chrétiens de gré ou de force.

A cette époque, grâce à des flots de sang répandu, la domination cléricale était toute puissante dans une grande partie de l'Amérique. Pour agrandir constamment ses conquêtes, le clergé envoyait ses satellites jusque dans les contrées plus éloignées. Un jeune religieux, envoyé en éclaireur, inspectait un jour avec une longue vue les abords d'une tribu sauvage où le nom du Christ n'avait encore trouvé aucun écho. Soudain, une adorable forme humaine vient, comme par miracle, se placer au milieu de la lentille de sa lunette d'approche. C'était une jeune fille habillée à la mode de son village, c'est-à-dire nue comme un ver. A cette apparition, le cœur du religieux bat à se rompre. Son œil reste ardemment fixé sur le même point. Cependant la jeune fille vient de son côté; et plus elle approche, plus il lui est permis d'admirer des formes d'une si exquise pureté, qu'un peintre ou un sculpteur, se nomma-t-il Raphaël ou Phidias, n'en fit jamais de plus accomplies. Mais le religieux pensa que, dans ce beau corps, se cachait une vilaine âme idolâtre. Il se dit que c'était Dieu qui la lui envoyait pour l'embraser d'un amour divin. Dès qu'elle fut arrivée à sa portée, le religieux, qui s'était dissimulé dans les hautes herbes, apparut à la jeune fille. A son aspect, elle poussa un cri perçant, et voulut prendre la fuite ; mais il la retint, en lui assurant qu'il ne lui voulait aucun mal, au contraire. La pauvre enfant n'en était pas moins émue; mais il s'y prit si bien, qu'il la rassura complètement. Pour ne pas perdre de temps, il entreprit de suite le grand œuvre de sa conversion. La conférence fut longue, et lorsqu'ils se quittèrent, le disque embrasé du soleil avait depuis longtemps disparu à l'horizon. THELGRATAPISTAKOUITA (ainsi se nommait la jeune fille), après avoir promis de revenir le lendemain, s'en alla toute rêveuse. Le jeune religieux la suivit longtemps des yeux, et lorsque sa gracieuse silhouette eut disparu en s'estompant dans la brume du soir, il resta longtemps encore figé à la même place. Il ne la quitta enfin qu'avec effort, et lui aussi s'en alla tout rêveur.

Le lendemain et les jours suivants, le religieux et la belle Thelgratapistakouita se retrouvèrent à la même place. La conversion de la jeune idolâtre avançait rapidement. Il était cependant certains points qu'elle ne pouvait comprendre. Thelgratapistakouita, quoique sauvage, avait une âme poétique. Souvent, le soir, elle était restée après les autres, assise à l'entrée de sa case, et pleine d'admiration, elle avait contemplé l'immensité du ciel étoilé, se demandant qui avait créé tout cela? Or, il lui semblait incroyable que ce Dieu, qu'elle s'était toujours figuré grandiose, pût être — sous forme d'hostie — mangé, digéré et rendu en..... « Horreur! s'écriait-elle, cela ne m'entrera jamais dans la tête. » Il y avait aussi certains mots qui, pour elle, n'avaient aucun sens, tels que : décence, pudeur, choses honteuses, etc. — Comment, disait-elle, vous voulez que je m'affuble d'un vêtement ridicule et gênant, sous prétexte que ma nudité est impudique, et qu'elle offense votre Dieu; mais puisque c'est lui, dites-vous, qui ma créée ainsi, peut-il donc rougir de son œuvre? — Mais, mon enfant, répliquait le convertisseur, dans toutes les villes de France, hommes et femmes sont habillés. — Mais, au moins, disait-elle, lorsque les deux sexes veulent s'unir par le mariage, ils doivent préalablement s'examiner dans leur état naturel, car autrement, comment savoir si l'un d'eux n'a pas quelques vices ou difformités cachés qu'il fera supporter à l'autre pendant l'éternelle durée d'un mariage indissoluble? — Notre religieux était parfois tout ébahi d'entendre de tels raisonnements d'une fille sans instruction, et le maître se trouvait souvent très embarrassé pour répondre à son élève. Il ne serait peut-être jamais venu à bout de la convaincre, si Dieu ne lui était venu en aide, en embrasant ce cœur des lumières de la foi. La jeune Thelgratapistakouita ne fut pas sitôt convertie, que tous les sauvages de sa tribu devinrent pour elle un objet d'horreur. Toutes les nudités qui passaient continuellement devant elle, lui semblaient maintenant des choses révoltantes. Aussi n'osait-elle plus regarder personne, et tenait-elle continuellement les yeux baissés. Ses parents, étonnés d'un pareil changement, ne savaient à quoi l'attribuer. Ils furent encore bien plus surpis, lorsqu'elle leur déclara un jour qu'elle ne voulait plus épouser le jeune Pistonaproutapotoguenn, à qui elle était promise depuis un an. Ses parents lui dirent qu'elle devenait folle, que la parole avait été donnée à ce jeune homme, et que ce serait lui faire insulte que de se dédire pour un caprice inexplicable de sa part. Qu'avait-elle donc maintenant à lui reprocher? N'était-il pas toujours le plus habile chasseur du pays? « Malheureuse! s'écriait la mère, voici que ton père devient vieux; son œil n'a plus la précision d'autrefois, et le gibier manque souvent à la hutte. Ton mariage avec ce jeune homme doit faire ton bonheur et le nôtre, car tu n'ignores pas qu'il est tenu de par nos lois de subvenir aux besoins de sa nouvelle famille. »

La jeune convertie, qui ne rêvait plus que de vivre pour Jésus, ne répondit à ses parents qu'avec ses larmes; mais ceux-ci allèrent trouver les parents du fiancé de leur fille pour arrêter le jour du mariage.

En ce pays fortuné, le notaire et le curé étaient choses complètement inconnues. La cérémonie était d'une simplicité toute primitive : On introduisait d'abord le jeune homme chez la jeune fille; ensuite, on allumait un grand feu en face de la maison, et tous les membres des deux familles dansaient autour, en se tenant par la main, mais sans prononcer un seul mot. Quelques instants après, on voyait paraître par une petite ouverture de la hutte, la main du jeune homme, tenant un linge souillé comme preuve de sa victoire et de la vertu de sa femme. Alors des cris de joie éclataient de toutes parts, et la ronde reprenait avec une vertigineuse rapidité. Enfin, les sauvages n'ayant plus de souffle, tombaient les uns après les autres; et la cérémonie finissait, faute de cérémonieux.

Le jour du mariage de Thelgratapistakouita ayant été arrêté sans qu'elle en fut prévenue, elle fut tout étonnée de voir une grande flamme sélever en face de sa hutte. Elle sut bien vite de quoi il était question, en voyant entrer le jeune Pistionaproutapotoguenn en son costume national de sauvage. Celui-ci, la bouche en cœur, s'avança vers sa fiancée et voulut lui prendre la main. Thelgratapistakouïta se recula avec horreur dans un coin de la hutte; mais son fiancé l'y rejoignit, et voulut pousser plus loin ses inconvenances. La jeune fille, prise alors d'une sainte fureur, se précipita sur lui comme une chatte en furie, le pinça, le mordit, l'égratigna; et profitant de sa stupéfaction, elle s'accrocha aux parois de la hutte, et disparut en un clin d'œil dans le tuyau de la cheminée.

Revenu de sa stupeur, le jeune homme, honteux d'une pareille défaite, et craignant de devenir la risée de ses camarades, ne savait plus quel parti prendre. Pendant ce temps, les indigènes qui attendaient toujours en vain l'apparition du trophée vainqueur, commençaient à murmurer; ce retard prolongé leur semblait de mauvais augure. Quelques-uns vont heurter à la porte pour en apprendre la cause. Alors, on voit sortir le pauvre Pistionaproutapotoguenn, l'oreille basse et l'air déconfit; accablé de questions, il raconte ce qui s'est passé. A ce récit, ses parents entrent en fureur, et demandent raison de l'insulte faite à leurs fils. Des paroles, on passe aux coups, et cette fête, qui devait finir dans la joie, se termine dans le sang. Pendant que ces évènements avaient lieu, Thelgratapistakouita court rejoindre le religieux qui l'attendait au rendez-vous accoutumé, lui dit ce qui vient d'avoir lieu, et lui demande de l'emmener bien loin de ce pays maudit de Dieu. Ils partent ensemble et ne s'arrêtent qu'à Lima, capitale du Pérou. Là, le religieux conduit sa conquête spirituelle au couvent des dominicains dont il faisait partie. La pauvre enfant est reçue à bras ouverts par les religieux, qui procèdent à l'instant même à la cérémonie de son baptême, et ajoutent à son vilain nom celui de Rose, qu'elle méritait à tous égards. Pendant qu'ils étaient dans cette pieuse occupation, une vieille dévote, étant entrée dans la chapelle du monastère, poussa des cris de pudeur effarouchée, et désignant la jolie Rose, dit qu'il était horrible de voir dans un lieu saint une jeune fille complètement nue. — Chose étonnante! depuis que cette belle enfant était au couvent, il n'était venu à l'esprit d'aucun religieux de faire cette remarque. — N'ayant point de couturière sous la main, on l'habilla avec le froc d'un dominicain. Depuis cette époque, Rose se perfectionna tous les jours davantage dans la pratique des vertus; mais l'habit qu'elle n'avait pas l'habitude de porter, lui causait un malaise extrême, sa chemise même, quelque fine qu'elle fut, lui occasionnait sur certaines parties de la peau des chatouillements et des démangeaisons insupportables; mais cela n'était rien en comparaison des luttes intérieures qu'elle eut à soutenir pour conserver intacte toute sa pureté. Les dévots historiens portent aux nues les mémorables combats que la plupart des saintes eurent à soutenir pour rester vierges, mais aucune n'eut autant de mérite que Rose de Lima. En effet, presque toutes celles-ci, nées dans des climats tempérés, n'avaient eu à combattre que des ardeurs de la même température. Rose, au contraire, née sous un soleil de feu, avait un cœur idem. Pendant quinze ans, elle sut retenir en elle la lave incandescente de son amour; mais un jour, ce volcan, trop longtemps contenu, fit irruption, et il ne resta plus de la pauvre Rose qu'un morceau de cendres.

Il y a encore une autre sainte ROSE, de Viterbe, qui mourut en 1528 et fit beaucoup de miracles. A l'âge de trois ans, dit la légende, elle avait déjà ressuscité sa tante.

11 MARS. — SAINT EULOGE, accusé d'avoir enlevé une jeune fille, répondit au juge *qu'il n'avait fait que ce qu'un bon prêtre doit faire... qu'il lui avait montré... le chemin du ciel.* Ce farceur mourut en 859.

13 MARS. — SAINT MAXIMILIEN, *martyr,* III° siècle, avait cinq pieds dix pouces, et fut déclaré propre au service; mais lui déclara qu'il ne serait pas soldat, parce que ses convictions religieuses lui interdisaient d'aller monter la garde devant les temples des faux dieux. Il fut condamné à perdre la tête; mais lorsque le bourreau voulut la lui couper, il s'aperçut qu'il l'avait perdue depuis longtemps.

13 MARS. — SAINTE EUPHRASIE, fut condamnée avec six autres vierges à être violée par des jeunes libertins de la ville d'Ancyre. *La moins âgée* de ces vierges avait soixante-dix ans. Dieu, pour protéger la vertu de ces sainte filles, frappa ces libertins d'impuissance, et ils ne purent exécuter leur odieux dessein.

14 mars. — SAINTE MATHILDE, *reine d'Allemagne*, x° siècle. — Son mari, par des guerres injustes, fit massacrer des milliers d'hommes. De son côté, Mathilde fit bâtir beaucoup de couvents. Rien que dans deux de ces établissements, on ne comptait pas moins de six mille religieux et religieuses ayant fait vœu de chasteté. Avec beaucoup de souverains de cette trempe, on arriverait vivement à la fin du monde.

14 mars. — SAINT LUBIN, *évêque de Chartres*, vi° siècle. — *Dieu lui envoya pour récompense de sa sainteté un chancre sur la figure.* Malgré sa haute position sociale, les grandes dames s'éloignèrent de lui avec horreur, et il ne put jamais embrasser d'autres femmes que sa cuisinière. Celle-ci embrassa ensuite un valet de chambre qui, à son tour, embrassa une grisette, etc., etc. En peu de temps on vit presque tous les habitants de Chartres avec des chancres sur la figure. Quelques hommes irréligieux, ayant accusé saint Lubin de ce mal public, celui-ci leur changea la tête en pomme de terre, et par ce miracle, arrêta leurs langues empoisonnées.

15 Mars. — SAINT ZACHARIE, *pape*, viii° siècle. — Dans un but d'intérêt, il trahit lâchement Thrasimond, duc de Spolette, qui s'était confié à lui. Il réprima la concurrence que lui faisaient d'autres confrères, en enseignant des doctrines opposées à l'Église. Ces roublards, peu satisfaits de la générosité du pape, avaient fait bande à part et exploitaient la crédulité publique à leur profit, et au détriment du denier de saint Pierre. Zacharie écrivit, à propos du philosophe Virgile qui, le premier, ait osé dire que la terre était ronde et habitée sur toute sa surface : « *Qu'il soit plongé dans les plus noirs cachots! Faites-lui subir toutes les tortures inventées par les hommes... »* Ayant reçu un fort pot-de-vin de Pépin, maire du Palais, il aida celui-ci à usurper le trône, au détriment de Childéric III. Il fit en un mot, tout ce qui concerne le métier de pape.

16 mars. — SAINT CYRIAQUE, iv° siècle. — La fille de Dioclétien ayant senti en son corps un diable, qui y faisait d'affreux ravages, *s'écria qu'elle ne pouvait être délivrée que par Cyriaque. L'empereur, qui aimait tendrement sa fille, pria Cyriaque de la soulager.* Le saint parvint à faire sortir le diable du corps de la princesse; mais le malin esprit, qui n'aimait pas rester dehors, *rentra dans le corps de la fille du roi de Perse.* Celle-ci déclara au roi son père *qu'elle ne pouvait être délivrée que par Cyriaque.* Le monarque

*envoya donc un ambassadeur à Rome, pour prier l'empereur de lui envoyer
cet homme à miracles.* Le saint ne fut pas plustôt arrivé, que le diable délogea
encore pour se fourrer dans le corps d'une autre princesse, mais Cyriaque l'y

poursuivit de nouveau. Ce steeple-chase d'un nouveau genre dura longtemps.
Le démon, poursuivi par le saint, rentrait et sortait continuellement. Cyriaque
avait juré la défaite de son adversaire; et s'il n'avait été arrêté par le martyre,
il aurait définitivement chassé le diable du corps des femmes.

17 MARS. — SAINTE GERTRUDE, *abbesse de Nivelle en Brabant,*
VII° siècle. — D'après le conseil de ses parents, qui étaient tous saints, elle
renonça au sexe laid dès l'âge de dix ans. Elle n'eut aucun mérite à faire ce
sacrifice, n'étant point encore en état d'apprécier ce qu'il y avait de bon et
de mauvais en cet espèce de bipède. A quinze ans, saint Amand vint tout exprès la voir pour *mettre le sceau à sa virginité.* A vingt et un ans, elle succéda
à sa mère dans la direction de son monastère. *Son plus grand bonheur* fut
de donner aux religieux de passage la plus large hospitalité. Elle avait tellement soin d'eux, qu'elle se relevait la nuit pour venir reborder leur lit lorsqu'ils étaient découverts.

18 MARS. — SAINT ALEXANDRE *le Charbonnier,* III° siècle. — Le
18 mars 227, il y avait grand émoi en la ville de Comanes. Il était question
d'élire un évêque. Les gros bonnets de l'endroit voulaient qu'il fut choisi dans
la noblesse; mais aucun de leurs candidats ne put obtenir la majorité. Un
certain Grégoire, présent à l'élection, dit : « Puisque nous n'arrivons pas à faire
un choix parmi les grands, pourquoi ne choisirions-nous pas parmi les
humbles? » L'un des candidats — désignant parmi le peuple un charbonnier,
couvert de haillons, montrant une tête, des pieds, des mains, et quelque peu
d'un derrière du plus beau noir — lui répliqua, pour tourner ses paroles en
ridicule : « Pourquoi ne choisissez-vous pas Alexandre le charbonnier. » A cette
saillie, les rires éclatèrent, et le charbonnier fut hué de toutes parts. Lorsque

le calme fut rétabli, ce dernier prit la parole ; et à la stupéfaction générale fit un discours admirable, où il démontra que si Dieu avait permis que son nom fut prononcé, c'est que sa volonté était de le faire évêque. — Le candidat,

qui l'avait apostrophé, voyant que le discours du charbonnier faisait impression, lui cria qu'au lieu de pérorer, il ferait mieux d'aller se débarbouiller. Alexandre lui riva son clou sur le champ. « Il vaut mieux, dit-il, avoir la figure noire et l'âme blanche, que la figure blanche et l'âme noire. » — Bravo ! cria d'une seule voix tout le peuple, qu'Alexandre soit notre évêque ! — Quoi ! s'écria le candidat plein de rage, oseriez-vous élever cet ignoble charbonnier à une si haute dignité ? — Et pourquoi non ? dit Alexandre ; le peuple, s'il le veut, peut d'un charbonnier faire un évêque ; il lui serait peut-être plus difficile de faire d'un évêque un charbonnier. A cette dernière réplique, le peuple, enthousiasmé, empoigna Alexandre, et malgré les protestations indignées de tout le clergé, le porta en triomphe au palais épiscopal. Alexandre le Charbonnier fut peut-être le seul bon évêque que l'Église ait jamais eu, et ses vertus lui valurent le titre de *père du peuple*. Sa fête a lieu avec un éclat extraordinaire dans toute l'Auvergne.

20 MARS. — **SAINT VULFRAN,** *patron d'Abbeville en Picardie.* — S'in fut tout dret in biau matin su in beudet all' cour de monsieu Dagobert. Y avoit lo saint Eloi aveuc un tas d'autres saints qui gadrouilloitent leur virginité aveuc in tas d'margots, tout plein bien afistolées. Quant à li, sin pucelage n'in fut tant seul'ment pas plus égrafigné ni écorniflé que si il avoit été in cailleu. L'diable eut biau souffler tant qui put l'vent des tentations su l'girouette de s'vertu ; j' t'en fiche ! I n'put jamois l'foaire torner.

Il a été trouvé sur le tombeau de ce saint, cette épitaphe en vieux picard :

> Ci-gist Vulfran le fieu de s'mère
> Qui trépassa l'an qu'il mourut.
> Sin tayon vint devant son père,
> Alla, revint, mangea et but ;
> Ci-gist Vulfran, le fieu de s'mère
> Qui trépassa l'an qu'il mourut.

19 MARS. — SAINT JOSEPH, *patron des cornards* et sainte **MARIE,** *sa légitime.*

Air : *Il est un petit homme*
Tout habillé de gris
Dans Paris, ou Toto Carabo.

Autrefois un brave homme,
Etant de son métier
Charpentier,
Possesseur de la somme
De quatre-vingts printemps,
Mes enfants !
S'en vint courtiser,
Ensuite épouser
Fillette de quinze ans ;
Malgré ses poils (*bis*) malgré ses poils tous
[blancs.

Au lit, avec sa femme,
Aussitôt qu'il se mit,
S'endormit ;
Puis pour montrer sa flamme,
Il se prit à tousser,
A cracher ;
Et sans se lasser
Voulut embrasser
Sa femme de quinze ans
Malgré ses poils (*bis*) malgré ses poils tous
[blancs.

Au bout d'une semaine
D'efforts; n'en pouvant plus,
Tout perclus,
Succombant à la peine;
Pour son soulagement,
Lavement
Fut bien préparé,
Puis administré
Par femme de quinze ans
Malgré ses poils (*bis*) malgré ses poils tous
[blancs.

Sa poulette fort triste
Un jour eut en dedans,
Mal aux dents;
Et bien vite un dentiste,
Du nom de Saint-Esprit,
Entreprit
L'opération
Avec onction,
Mais non pas sans douleurs;
Malgré ses cris (*bis*), ses plaintes et ses pleurs.

Il survint c'est notoire,
De l'opération
Fluxion;
Et si j'en crois l'histoire,
C'est de cette façon
Qu'un garçon
Beau comme un amour,
Un soir vit le jour;
Mais non pas sans douleurs;
Avec des cris (*bis*), des plaintes et des pleurs.

Joseph, fort en colère,
Dit : voyant ce poupon,
Sacré nom!
Dans toute cette affaire,
Moi je ne suis pour rien;
Nom d'un chien !
Si j'avais cru ça,
J'aurais laissé là
Ma femme de quinze ans;
Car j'ai les poils (*bis*), car j'ai les poils trop
[blancs.

Saint Joseph, ayant été averti par un ange que Marie, quoique mère, était toujours restée pure, fut on ne peut plus heureux de se raccrocher à cette consolation. Il prit même par la suite l'enfant Jésus en grande affection. Celui-ci en échange lui rendait mille petits services : Joseph ne fut jamais très adroit dans son métier, et depuis qu'il avançait en âge, c'était encore bien pis. Il ne prenait jamais une mesure juste; de sorte qu'au moment de mettre en place la pièce terminée, elle était toujours trop longue ou trop courte. Le petit Jésus étendait alors la main, et la pièce, s'allongeant ou se raccourcissant à volonté, s'adaptait ensuite parfaitement.

Saint Joseph est certainement le saint qui a été le plus *exploité* par l'Église au point de vue commercial. Citons, au hasard, le cordon anti-luxurieux de saint Joseph ; les jeunes filles le portent autour des reins, sous leur chemise; lorsqu'elles en sont munies, elles peuvent aller partout sans le moindre danger. Au ciel, saint Joseph a embrassé la profession d'avocat, et c'est à lui qu'on s'adresse particulièrement pour les causes désespérées. On connaît l'histoire racontée par le père Louis de Gonzague. « Un scélérat, qui avait brûlé beaucoup de cierges en l'honneur du saint, se présente au Paradis, d'où il est mis à la porte. Il demande à grands cris que l'on fasse venir saint Joseph. Celui-ci arrive et prie le Père éternel de faire ouvrir à son client. Le bon Dieu refuse. Ce que voyant Joseph, il appelle sa femme, qui appelle son fils, lequel appelle un tas de saints, et tous s'apprêtent à quitter le ciel. Dieu voyant qu'il va rester tout seul, est obligé de céder.

On vend des bagues, des bâtons, des médailles de saint Joseph et mille autres choses dont le détail remplirait cent livres. Tout cela rapporte naturellement beaucoup d'argent.

20 MARS. — SAINT JOACHIM, était bien triste, car il s'écriait : *Dieu a clos le ventre de ma femme, et elle ne peut pas donner d'enfant à Israël;* de son côté, sainte Anne, voyant un nid d'oiseau, s'écriait avec douleur : « N'est-il pas triste de penser que mon ventre n'aura pas la fécondité de celui d'une simple linotte. » Elle avait à peine dit ces mots, qu'elle entendit derrière elle : « pstt ! pstt ! » C'était un bel ange, avec des bottes, qui lui faisait signe de le suivre. Neuf mois après, elle donnait le jour à une jolie brunette qu'elle nomma Marie, et qu'elle consacra au Seigneur, en attendant qu'elle se fit opérer par le Saint-Esprit.

21 MARS. — SAINT BENOIT, *patriarche des solitaires d'Occident,* v° et vi° siècles. — Le jeune Benoît aimait à faire l'école buissonnière. Lorsqu'il fut grand, ses parents l'envoyèrent à Rome pour terminer les études qu'il aurait pu faire. Benoît aima mieux se réfugier dans un lieu très élevé. Un Romain venait lui apporter sa nourriture que l'on montait avec une corde, après l'avoir averti, en tirant une autre corde qui aboutissait à une sonnette. Le diable — pour le turlupiner, — cassa la sonnette ; mais lorsque Benoît avait besoin de quelque chose, *Jésus apparaissait à quelqu'un et lui ordonnait d'aller porter son dîner à saint Benoît.* Le diable qui ne voulait pas décidément le laisser tranquille, *se changea en merle* et vint voler sous son nez. Un simple *signe de croix, et il fut mis en fuite.* Pour prendre sa revanched, le iable lui mit dans la tête la pensée d'une femme qu'il avait connue au trefois. Au souvenir des rondeurs de cette dame, il fut sur le point d'être vaincu ; il n'eut  que le temps de se jeter tout nu au milieu des épines afin de guérir les plaies du dedans par celles du dehors. Il eut bientôt beaucoup de disciples. Ceux-ci, fatigués de sa règle sévère, mirent du poison dans son vin. Un simple signe de croix, *et le verre éclata* comme une bombe, *au milieu d'eux.*

Saint Benoît bâtit beaucoup de couvents. Il regardait un jour, dans le voisi-nage d'un de ces couvents, un homme qui fauchait des ronces; le fer de la faulx, s'étant détaché, alla tomber dans un précipice. *Benoît prit le manche, le mit au-dessus de l'abime, et le fer vint se rajuster à sa place.* Un prêtre, en-vieux du saint, *lui envoya un pain* empoisonné; *Benoît le jeta à un corbeau qui se mit à crier « croc! croc! »* pour dire qu'il n'en voulait pas. Ce prêtre, voyant qu'il ne pouvait tuer son corps, voulut tuer sa vertu; il lui envoya un méne-trier, chargé de faire danser *sept jeunes filles nues dans son jardin.* Benoît fit venir une voiture de déménagement et quitta la place. Un religieux voulait ouvrir la porte de la cave et n'y parvenait point; le saint fit un signe de croix, et *l'on vit s'enfuir le diable qui était assis dessus.*

On vend des médailles de saint Benoît, dont la vertu *fait pondre des poules, empêche les maris de battre leurs femmes, fait faire de beaux enfants, empêche les trains de dérailler, les verres de lampe de casser, tue les puces,* etc. Toutes ces vertus *sont garanties par le pape.* Malgré leurs saintetés, ces médailles ont leurs revers : Jugez-en : « Un jeune dévot avait un oncle, très riche et très-irré-ligieux, qui souffrait de la goutte. Notre dévot, pour le guérir, lui aurait bien proposé l'emploi de la fameuse médaille ; mais, craignant de se voir rire au nez, il usa de stratagème. Un jour que l'on mettait le vin de son oncle en bouteilles, il glissa dans l'une d'elles une petite médaille en cuivre; et lorsque celui-ci entama cette bouteille, il fut empoisonné par le vert-de-gris. Un sceptique ne manquera pas de dire que la sainte médaille ne produisit pas, en cette circons-tance un très bon effet; mais un dévot répliquera que si elle ne guérit pas l'oncle, elle fit hériter le neveu, ce qui prouve qu'elle est toujours bonne à quelque chose.

A Subiaco, campagne de Rome, il est une statue de saint Benoît en marbre blanc. A certaines époques, elle se couvre d'une sueur miraculeuse qui n'est autre que le produit de l'humidité. On la recueille dans de petites bouteilles que des bénédictins vendent aux imbéciles pour guérir tous les maux présents, passés, futurs, nouveaux.

23 MARS. — SAINT VICTORIEN, v° siècle. — Hunéric, roi des Vandales, voulut, contrairement à l'exemple que lui avait donné son frère, ne pas persé-cuter les chrétiens; mais il s'y vit forcé à cause des troubles sans nombre qu'ils excitaient. Victorien, qui avait été élevé par ce prince à la dignité de gouver-neur de Carthage, fut mis à mort comme chef de faction des chrétiens. Voilà ce que l'Église appelle un martyr.

24 MARS. — SAINTE CATHERINE de Suède, *vierge, quoique mariée*, XIVe siècle. — Conseillée par sa mère, sainte Brigitte, elle donna, la nuit de ses noces, la discipline à son mari, — l'Église assure que ce fut dans un but de mortification. — A la mort d'Ulphon, son père, prince de Néricie en Suède, sa maman lui écrivit pour l'engager à venir à Rome, passer plusieurs jours auprès d'elle. Elle y resta quelque temps, et voulut retourner près de son mari; mais sa mère, voulant la garder pour la préserver des tentations du monde, la *fit châtier, pour la punir de son idée de quitter Dieu, — par le ministère de son confesseur. Catherine se soumit très-volontiers à cette peine; et trouvant elle-même que le remède produisait bon effet, elle voulut bien qu'on le continuât.* Elle eut cependant quelques rechutes, et le souvenir de son mari lui causa une maladie de langueur. Celui-ci mourut heureusement sur ces entrefaites,

et Catherine, délivrée de ce lien terrestre, appartint toute entière à Jésus.

25 MARS. — SAINT SIMON STOCH. — La Vierge lui apporta le premier scapulaire, en lui assurant que celui qui le porterait en entrant au Purgatoire, en sortirait à coup sûr le samedi suivant.

28 MARS. — SAINT GONTRAN, fils de Clotaire Ier, roi de France, VIe siècle, — aima beaucoup à changer de femmes; mais *il fut recommandable par sa douceur et sa clémence.* Il est vrai « qu'il fit égorger les deux frères de sa première femme, nommée Mescatrude, pour être agréable à Austrigilde, avec laquelle il couchait alors; qu'il fit mourir son chambellan Chudon; qu'il fit couper la tête aux médecins d'Austrigilde, pour lui avoir administré une purge qui n'avait fait aucun effet; qu'il donna l'ordre de brûler vif le bienheureux Magneric, évêque de Trèves. » Malgré ces petites peccadilles, il fut mis au nombre des saints, *pour avoir soutenu l'honneur de l'Église.*

29 MARS. — SAINT AMÉDÉE, *solitaire*, se fit trois grottes : *Il priait dans la première, mangeait dans la seconde; quant à la troisième, elle était* *réservée à d'autres usages ;* lorsqu'il mettait les pieds dans cette grotte, le saint prétendait que ça lui portait bonheur.

30 MARS. — SAINT JEAN CLIMAQUE est l'inventeur *d'une échelle pour monter au ciel.* Pour y arriver, il suffit de dire en montant cinq Pater et six Ave sur chaque échelon.

31 MARS. — SAINT BENJAMIN, *martyr,* ve siècle. — Isdegerde, roi de Perse, laissait boire, manger et dormir tranquillement tous les chrétiens de son royaume ; mais un nommé Abdas, évêque, jugea qu'il était indigne d'un chrétien de vivre au milieu de ce peuple d'idolâtres, sans protester. — *Ce prélat, transporté de zèle, abattit le temple de ces idolâtres.* — Voyez-vous d'ici un ministre protestant abattant la Madeleine, sous prétexte que c'est un temple catholique ! *Les infidèles ayant porté plainte au roi, il commanda à l'évêque de rebâtir un autre temple.* Celui-ci, s'y étant refusé, le roi ordonna de démolir toutes les églises des chrétiens, et il fit mettre à mort tous ceux qui s'y opposèrent. Saint Benjamin fut de ce nombre. Il faut avouer qu'il ne l'avait pas volé.

1er AVRIL. — SAINTES CHIONIE, AGAPE et IRÈNE, subirent des tortures si effroyables, qu'elles en feraient dresser les poils d'un casque de dragon. Cette fois, la vie des saints — facétieuse sans s'en douter — a assigné au martyre de ces trois saintes la seule date qui lui convenait.

2 AVRIL. — SAINT FRANÇOIS DE PAULE, *instituteur de l'ordre de Minimes,* xve siècle. — Louis XI — qui en avait fait mourir tant d'autres — se voyant très malade, ne voulait pas mourir à son tour. Ayant entendu parler des nombreux miracles de François pour la guérison des malades, il fit demander le saint pour le prier de le rendre à la vie ; celui-ci répondit qu'il était trop occupé. Louis XI, sentant qu'il glissait de plus en plus hors de ce monde, fit écrire à la hâte au roi de Naples et au pape d'appuyer sa demande ; et ce fut seulement sur leur recommandation que François se décida à faire quatre cents lieues, pour venir à la cour de France. Mais, hélas ! peu après son arrivée, le roi rendit l'âme avec cette horrible pensée que notre saint n'était qu'un vulgaire farceur. Il est bien dommage vraiment que l'histoire de Louis XI soit connue ; sans quoi nos pieux historiens auraient affirmé — selon leur coutume — qu'il avait été guéri miraculeusement.

4 AVRIL. — **SAINT ISIDORE,** vi° siècle. — Ce saint fut accusé de telles turpitudes, *qu'il n'écrivit pas moins de deux mille lettres* en un mois *pour se disculper. Les tempêtes qui s'élevèrent contre lui sur la mer orageuse du siècle, ne servirent qu'à lui faire envisager les charmes de la tranquillité du port..*

5 AVRIL. — **SAINT VINCENT FERRIER,** xiv° et xv° siècles. — Naquit à Valence, en Espagne. Avant sa naissance, sa sainteté fut révélée à sa mère par un miracle. Pendant sa grossesse, elle entendit très distincte-ment — dans son ventre — un bruit de castagnettes et de tambours de basque. Elle demanda à un évêque ce que signifiait ce prodige; celui-ci lui répondit « que l'enfant qui naîtrait d'elle, ferait beaucoup de bruit en Espagne, pour la propagation de la foi. » *Dès son jeune âge, Vincent fut tout imprégné d'une rosée céleste;* et, pour débuter dans la profession des miracles, *il ressuscita un jeune enfant qu'une mère avait fait cuire, après l'avoir coupé par morceaux.* Dieu — très généreux envers ce saint — joignit au don, qu'il luifit,d es miracles, un tas d'autres dons ; entr'autres, celui des langues. Ainsi, *lorsqu'il prêchait dans sa lan-gue maternelle, devant un grand nombre d'audi-teurs de nations différentes, il était compris comme s'il eut parlé dans l'idiome de chacun :* Le saint fut souvent enrhumé du cer-veau; et lorsqu'il dormait, son nez jouait des airs de trombone. Après avoir ronflé pendant soixante-dix-huit ans, il s'endormit dans le Seigneur, l'an 1418.

5 AVRIL. — **SAINT SÉVERIN,** *abbé,* iv° siècle. — Dégoûté du monde par l'infidélité d'une pénitente, il se retira dans un ermitage *et rassembla sous sa conduite un grand nombre de solitaires de l'un et de l'autre sexe.* — A la bonne heure! voilà un saint qui comprenait les besoins de l'humanité. — Il eut un mal inouï à maintenir la bonne harmonie dans sa pieuse communauté. Il se voyait obligé, à chaque instant, d'intervenir pour raccommoder ensemble un religieux et une religieuse qui ne pouvaient plus se sentir ; tantôt pour séparer deux dévotes qui se crêpaient le chignon. Ayant eu le tort d'avoir des préfé-

rences pour quelques-unes de ses administrées, le désordre fut à son comble. Si j'osais faire une comparaison profane, je dirais qu'il en est de même pour un directeur de théâtre. Lorsqu'il se laisse aller au charme de quelqu'une de ses pensionnaires, celle-ci veut ensuite parler en maîtresse et imposer sa volonté aux autres qui naturellement se rebiffent avec toute l'acreté dont la jalousie est susceptible. Total : personne ne veut plus obéir, et l'administration croule. L'administration... pardon, la communauté du pauvre Séverin était en

cet état, lorsqu'il fut demandé près du roi Clovis, souffrant d'une fièvre qui avait épuisé l'art de tous les médecins. Il partit sur le champ, heureux de se soustraire pour quelque temps aux tracas de sa turbulente confrérie. Son voyage fut une longue série de miracles ; en passant à Nevers, il alla voir l'évêque qui lui dit. « Je suis sourd-muet ; cela me gêne horriblement pour prêcher la foi, et prier à haute voix pour mes ouailles ; vous seriez bien aimable de m'enlever cette infirmité. » Le saint se mit en prières, et guérit l'évêque ; mais celui-ci n'eut pas plutôt recouvré sa parole qu'il perdit toute son autorité sur le troupeau — confié à ses soins, — qui pensa que les prières de son évêque étaient de qualité très inférieure, puisqu'il avait pour sa guérison recouru à celles du saint.

Arrivé à Paris, Séverin guérit un lépreux, pour se faire la main, avant la grande séance qu'il devait donner à la cour. En présence du roi, il fit un seul signe de croix, éternua trois fois, *et le monarque fut à l'instant rétabli.* Peu après, Séverin éprouva lui-même une fièvre violente ; mais il eut beau faire de nombreux signes de croix, et éternuer à tirelarigo, il trépassa quand même. Dieu ne lui avait accordé le don de guérison... que pour les autres.

SAINT GUILLAUME. — Il y en eut plusieurs ; l'un se promena de couvents en couvents pour réformer des religieux qui n'avaient de régulier que le nom ; un autre lâcha sa femme et ses enfants pour se faire moine ; un troisième fit le pélérinage de Saint-Jacques, en Galicie, entouré et serré comme une utaille *de deux cercles de fer.*

LES DIVINES OPÉRATIONS DE JÉSUS DANS LE CŒUR
DE SAINTE ANGÉLIQUE

O ciel! quelle étrange douleur
Je ressens en mon petit cœur;
Dieu Cupidon, d'une main sûre,
M'a fait une large blessure.

La volupté remplit mon âme,
Maudit, soit le dieu des amours.
Hélas! mon pauvre cœur s'enflamme;
Doux Jésus, viens à mon secours!

Je te bénis, divin pompier
Qui vient arrêter le ravage.
Je t'offre mon cœur tout entier
Pour récompenser ton courage.

Pour conjurer nouveau malheur,
Une belle plaque en faïence
Ornera ce beau petit cœur
Assuré par la *Providence*.

8 AVRIL. — SAINTE ESPÉRIE, IXe siècle. — Elle avait perdu son
père et sa mère, lorsque son confesseur lui persuada de refuser Ellédius —

puissant seigneur du Quercy qu'elle était sur le point d'épouser. Son frère,
Clarus, sous la tutelle duquel elle était, fut très contrarié lorsqu'elle lui déclara qu'elle ne voulait plus se marier. Il eut beau lui représenter qu'elle
l'avait autorisé à donner sa parole, et que ce refus tardif allait faire reprendre une guerre désastreuse, qui, depuis un demi-siècle affligeait les deux
familles. Espérie tint bon, et sur le conseil de son confesseur, elle s'enfuit
dans une forêt pour se soustraire aux obsessionsde son frère. Ellédius, apprenant ce départ, accusa le frère de manquer à sa parole; celui-ci rechercha la
fugitive et découvrit sa retraite. « Prenez-la — dit Clarus à Ellédius — elle
est à vous; » mais Espérie jura qu'elle ne lui appartiendrait jamais, parce
qu'elle appartenait déjà à quelqu'un. — A qui donc, demanda Ellédius? —
A Dieu ! — N'est-ce pas plutôt à ton confesseur? Suis-moi si tu ne veux pas
mourir. — J'aime mieux la mort. — Eh bien ! tuez-la, dit à son tour son
frère, hors de lui. » — Ellédius tira son sabre et lui trancha la tête. *Elle ne fut
pas plus tôt tombée, que la jeune fille la ramassa, et après avoir couru longtemps après son meurtrier*, elle la lui lança dans le dos et le culbuta dans
un ruisseau, appelé depuis *ruisseau des barbares.*

Morale. — Espérie n'aurait été qu'une vulgaire mère de famille, s'il ne s'était
heureusement trouvé un pieux confesseur pour en faire une sainte.

8 AVRIL. — GENEVIÈVE DE BRABANT, *bienheureuse*, VIIIe siècle. —
Sa vie a été écrite par le père Ceriziers, de la compagnie de Jésus, en 1634.
Ce livre, *approuvé par la sacrée faculté de théologie*, et trouvé bon pour
édifier les âmes et les exciter à la vertu, renferme des beautés dont je prendrai
les passages les plus curieux pour en repaître délicieusement le lecteur. « La
vie du rossignol, qui ne se nourrit que de mélodie, est fort agréable, et celle
du cygne n'est pas à mépriser, bien qu'il ne vive que de mélancolie. Dieu
permit que Geneviève fut semblable à ce triste oiseau. Elle fut aussi blanche
par sa vertu qu'il est blanc de son plumage. Elle n'avait point d'autre vermillon
que celuy qu'une honnête modestie lui mettoit sur les joues, point de blanc
que celuy de l'innocence, point de senteur que celle de sa bonne vie. Aussi n'y
avoit-il point de rides dans son visage à réparer par le plâtre, point de noirceur
à colorer avec le blanc, point de puanteurs à couvrir avec le musc et les
poudres d'iris. »
Un monsieur Sifroy, palatin d'Oftendinck, demanda en mariage cette fleur
de perfection; mais ce n'est pas du premier coup qu'il parvint à « la faire
joindre à son désir. Étant toute à soy, elle avoit de la peine à devenir la moitié

d'un autre, et se priver d'une chose qu'elle pouvoit conserver toujours, ne la pouvant perdre qu'une fois en sa vie. » Elle consentit enfin à devenir comtesse; et le comte Sifroy — peu après son mariage — partit pour la guerre. Pendant qu'il combattait pour rapporter beaucoup d'honneur, le traître Golo, justement exécré dans l'histoire, essayait de battre en brèche celui qui était resté au château en l'honorable personne de Geneviève. *Cet intendant, esclave de la plus sale des passions, résolut de découvrir sa flamme à celle qui en était l'innocente cause.* Un jour qu'il regardait le portrait de la comtesse, qu'un peintre venait de faire, *il lui dit qu'il serait dans les étoiles si elle voulait lui en laisser adorer le prototype.* Geneviève lui ayant répondu qu'elle était trop vertueuse pour se laisser adorer par un autre que son mari, Golo lui présenta un poignard en lui disant : « Avancez ma mort avec la pointe de ce fer, puisque votre rigueur ne permet pas à ma constance d'espérer ce que mérite l'ardeur de mon amour : ce sera m'obliger d'une faveur signalée que de me faire mourir de cette façon plutôt que de languir si lentement. » Golo, ne pouvant rien obtenir malgré ce pathétique discours, jura qu'il se vengerait. « Un matin, il appela le cuisinier Drogan avec des paroles qui avoient cela de commun avec le tonnerre qu'elles ne grondent que pour lancer la foudre; lui reprocha qu'il avoit mis un poison amoureux dans les viandes de la princesse, par le moyen duquel il avoit disposé de ses volontés et de sa personne; » puis il fit enfermer celle-ci dans une tour, sous prétexte de la préserver des ardeurs criminelles de son cuisinier. Là, il essaie encore de la fléchir, « mais il se trompe, car il trouve que Geneviève est un rocher. Si les vents le battent, c'est pour l'affermir; si les flots le frappent, c'est pour le polir. Pendant ce temps, voilà notre sainte comtesse, grosse de neuf mois, dans les tranchées de l'enfantement, qui accouche d'un fils dans ses propres mains. » Golo saisit cette occasion pour la perdre. Il écrit à Sifroy un mois après cet évènement, en lui disant que la comtesse était accouchée dix mois après son départ, ajoutant que le cuisinier Drogan avait travaillé à cet enfant. Sifroy envoie l'ordre de les occire tous trois. *Golo fait préparer à ce pauvre cuisinier un morceau qui lui ôte le goût de tous les autres.* Ensuite, *après avoir doré les mains de deux domestiques*, il leur donne l'ordre d'aller dans un bois pour tuer la mère et l'enfant. *Quand un éléphant est en furie, c'est assez de lui montrer une brebis pour l'adoucir;* Geneviève, qui tenait de ce dernier animal pour la douceur, adoucit de même ses bourreaux qui lui laissent la vie; mais les mamelles de la pauvre comtesse sont taries par l'émotion, et elle s'attend à voir mourir son fils quand une biche vient lui offrir son lait. « Ceux qui ont écrit les secrets de la nature,

disent que la biche ne faonnerait jamais si le ciel ne servoit de sage-femme à
la naissance de son fruit par un puissant coup de tonnerre. D'où l'on tire une
belle cognoissance qu'il n'est point de merveille que les cerfs sont timides,
puisque c'est la crainte seule qui les met au monde. » Malgré le secours de
cette biche, le sort de Geneviève fut bien pitoyable : « Son palais est changé en
affreuse solitude, sa chambre, en antre effroyable, ses courtisans en bêtes farouches, sa musique en hurlements de loups, ses viandes délicates en racines
amères, son repos en inquiétude, et ses joies en larmes si amères que les rochers
mêmes ne semblent suer que de ses souffrances. »

Cependant Sifroy était revenu à son manoir après sept ans d'absence. Une
lettre qu'il trouva dans la chambre de la comtesse lui donna à penser que
c'était peut-être à tort qu'il s'était cru dommageable en son honneur. « Un
soir qu'il étoit couché, il entendit un grand bruit sur le minuit, et il vit un
grand homme pâle et défait qui trainoit après luy un gros fardeau de chaînes.
Il ne put commander à une sueur froide qui se répandit sur tout son corps,
principalement quand il vit que cet esprit luy faisoit signe de venir à luy, ce
qu'il fit; le suivant au travers d'une basse-cour, où il disparut. Le comte appela
ses valets, et commanda de creuser la terre à l'endroit où l'esprit s'étoit éva-
nouy. On n'avoit pas encore percé plus de deux pieds, qu'on rencontra les os
d'un homme mort, chargé de fers et de menottes. Un des serviteurs dit que
c'étoit la carcasse du pauvre cuisinier que monsieur l'intendant avoit fait
mettre là. Sifroy fit dire des messes pour son repos, et depuis ce temps on
n'entendit plus de bruits nocturnes au château ; » mais le cœur du comte n'en
resta pas moins agité par d'effroyables remords.

Il arriva que pour tromper sa conscience, Sifroy organisa une grande battue.
« Pendant qu'on s'échauffe à la chasse, la Providence de Dieu prépare son
coup, mais d'une façon toute amoureuse et pleine de douceur. » En poursuivant une biche, il parvient jusqu'à une caverne. « Hélas! c'est celle de notre
innocente comtesse. Comme il s'apprête pour lancer un javelot sur cette pauvre
bête qui s'était réfugiée dans son sein, il entrevoit, au fond de cet antre, quelque chose qui ressemble assez à une femme, sinon que cela paroit nud, n'ayant
d'autre vêtement qu'une longue chevelure. Sifroy, qui avoit pris cet objet
pour un ours, voit que c'est une femme. — Mais, ma grande amie, dites-moi
votre nom. — Monsieur, je m'appelle Geneviève. A ces mots, le comte se
laisse couler de son cheval, et lui saute au col, s'écriant : « C'est donc toy, ma
chère Geneviève!! » Mais Dieu! quel étonnement ne saisit point ses valets, de
voir leur maître un petit enfant pendu au col, une femme nud à ses côtés, une

biche parmy ses chiens sans aucune querelle. Quelle admiration ! Comme ils reconnurent que c'étoit cette dame qu'ils avoient tant plorée. » Tous les parents et les cousins accourent. Les uns baisent la mère, « les autres restent toujours colez sur les joües de l'enfant. On s'acheminoit au chateau, lorsqu'on

présenta au Palatin un poisson d'une prodigieuse grandeur. La merveille fut qu'après l'avoir vuidé, on trouva un anneau dans ses boyaux : c'était une bague que Geneviève avoit donnée à son mari en partant. » Sur cette bague étoit gravé le mot FIDÉLITÉ. A la nouvelle de la prétendue trahison de Geneviève, il l'avait jetée à l'eau.

« Le comte ne put assez loüer la bonté de Dieu qui faisoit parler les muets, pour déclarer l'innocence de sa sainte femme, et prouver que la rivière elle-même avoit quelque sentiment de justice. Quant à Golo, il ne peut nier un crime qui a les animaux et les poissons pour témoins. On amena quatre bœufs sauvages de la forêt noire qui furent accouplez queüe à queüe ; le misérable Golo fut attaché par les bras et par les jambes qui furent séparez de son corps dont les infâmes reliques trouvèrent leur tombeau dans l'estomac des corbeaux par un juste jugement de Dieu, afin que le corps d'un si méchant homme fut aussi mal logé après sa mort que son âme l'avoit été pendant sa vie. « Geneviève ne vécut qu'un an après son retour au château ; mais elle l'employa si bien, qu'elle donna l'exemple de toutes les vertus qui font les saintes — la continence exceptée. « Un jour qu'elle étoit en oraison, elle vit la Vierge, tenant une couronne tissüe de toutes sortes de pierres précieuses, qui lui dit : Ma fille, il est temps de commencer une éternité de plaisirs ; voici la couronne d'or que je vous ai préparée pour remplacer celle d'épines que vous avez portée. » Le lendemain, elle s'abattit malade, et le pauvre Sifroy versa toutes les larmes de son corps. « Tout beau, Sifroy, tout beau, il n'est pas temps de plorer ; gardez vos larmes pour tantôt. Je me trompe hardiment, vuidez toute l'humeur

de vos yeux, vous auriez honte d'en donner si peu à la perte que vous allez
faire. Les petites douleurs se peuvent plaindre, mais les grands maux n'ont
point de bouche. » Le lendemain, Geneviève rendit son âme à Dieu, et le
pauvre Sifroy se vit à jamais « privé de la jouissance d'une sainte. » La pauvre
biche « suivit le convoi en bramant pitoyablement. Elle mourut de chagrin
sur la tombe de la sainte. » Elle et le cochon de saint Antoine furent les deux
seuls animaux admis au Paradis. Geneviève de Brabant est particulièrement
vénérée en Allemagne et en Flandre. Je n'avais pas cru jusqu'alors que cette
Geneviève fut classée au nombre des saintes, pas même des bienheureuses;
je ne l'ai rencontrée que dans très peu de vies de saintes. Je crois bien que
l'Église l'a accaparée pour avoir au moins à offrir aux dévotes l'exemple d'une
sainte fidèle à son mari.

9 Avril. — SAINT ZOZIME et SAINTE MARIE ÉGYPTIENNE,
patronne des filles de joie, IVᵉ et Vᵉ siècles. — Suivant la règle d'un couvent
dont il faisait partie, Zozime s'en alla dans un désert au delà du Jourdain pour
y pratiquer les austérités du carême dans toute leur rigueur. Après vingt jours
de marche, il allait s'arrêter pour se reposer, lorsqu'il « rencontra une femme
toute nue, portant des cheveux blancs, courts et crêpus comme les nègres,
qui s'enfuit à toutes jambes, aussitôt qu'elle l'aperçut. Zozime courut après
elle », aussi fort que ses vieilles jambes le lui permettaient. Celle-ci, voyant
qu'elle allait être attrapée, s'écria : O Zozo, ô Zozime, il t'a été donné de contempler ma nudité vue de dos; au nom du Dieu vivant, n'exige pas que je te
la montre de face. *Préserve plutôt ma pudeur en la couvrant de ton manteau.*
Zozime obéit; mais comme son manteau avait en plusieurs endroits d'assez
larges ouvertures, il put constater qu'il ne perdait rien à ne pas contempler,
sur une plus grande surface, des charmes accusant au moins soixante-dix
printemps. La sainte (car c'en était une) voulut profiter de cette rencontre
d'un prêtre, pour lui faire sa confession générale. Voici comment elle s'exprima : « Que Dieu veuille purifier tes oreilles de la souillure de mes paroles!
et fasse le Ciel que l'air ne reste pas infecté de toutes ces ordures! » Je me
nomme Marie, et suis née en Égypte. A l'âge de douze ans, je quittai mes
parents, pour me livrer sans contrainte aux violentes ardeurs de mon tempérament lascif. Alexandrie fut le théâtre de mes débauches. J'y restai dix-sept
ans pendant lesquels j'épuisai tous les hommes de la ville et des environs,
sans pouvoir rassasier l'ardeur amoureuse qui me dévorait. Je dois dire cependant que j'aimais le plaisir pour le plaisir, et jamais dans un but d'intérêt. *Je*

ne demandais d'autre récompense du péché que le péché lui-même. Un jour d'été, je vis beaucoup de monde allant à Jérusalem pour la fête de l'exaltation de la Sainte Croix ; je m'embarquai avec les pèlerins, et pour payer mon passage, je prodiguai mes charmes à tous ceux qui voulurent en tâter. Nous n'étions point encore arrivés à Jérusalem, que les pieux pèlerins étaient tous sur les dents. « Je frémis d'horreur des abominations dont je remplis le vaisseau. Je ne saurais assez m'étonner de ce que la mer souffrît mes iniquités, et de ce que la terre ne s'ouvrît pas pour me faire descendre toute vivante dans l'enfer, moi qui faisais tomber tant d'âmes dans les filets de la mort. » Ma présence dans la ville sainte fut bientôt marquée par une véritable hécatombe de corps et d'âmes. Une queue formidable de soupirants s'allongeait continuellement de la porte de ma demeure jusque sur le trottoir. Je ne me refusai à aucun homme. Chaque aspirant à mon cœur était bientôt hors de combat. Je dévorai tous ces malheureux d'une flamme satanique. On ne m'appelait plus dans Jérusalem que l'*Invincible.* Ma dépravation publique transforma la ville sainte en un ignoble lieu de débauches. Un jour, voyant beaucoup de monde entrer à l'église pour adorer la vraie croix, je voulus entrer par curiosité ; mais au moment où j'allais franchir le seuil sacré, une main invisible me repoussa violemment. Ce miracle me fit rentrer en moi-même, et *je pensai que mes nombreux et sales péchés étaient la cause de cet affront.* Je me jetai alors à genoux, en promettant d'être bien sage, et je vis une vierge — qui figurait dans les sculptures du portail — me faire signe d'entrer, ce que je fis sur-le-champ. Après avoir fait ma prière, je m'en allai dans le désert, où trois pains suffirent pour me nourrir pendant de longues années. Malgré ma conversion et mon séjour dans ce désert, une flamme érotique me consuma encore, et ce ne fut que *vers l'âge de cinquante et un ans que je commençai à pouvoir combattre le tyran de la chair*, et pas toujours avec avantage. Vous l'avouerai-je ? en ce moment même, je sens qu'à votre vue mes sens se réveillent avec fureur, et si je ne me retenais...» Zozime, effrayé, s'enfuit avec terreur, et ne fut tranquille pour sa vertu que lorsqu'il fut sur l'autre bord du Jourdain.

L'année suivante, à la même époque, elle vit Zozime qui s'apprêtait à passer le fleuve pour venir la voir, mais Marie lui en évita la peine en traversant l'eau comme si elle était sur le plancher des vaches. Ils se virent ainsi plusieurs années, lorsqu'enfin Zozime trouva la pauvre Marie morte. Il lui creusa une fosse *avec l'aide d'un lion*, qui ne voulut, malgré cet éminent service, accepter aucun pourboire.

SAINT JACQUES, ERMITE, — passe sa vie en pénitence auprès du cadavre d'une fille qu'il a violée et tuée.

Cette légende et le dessin ci-dessous ont été copiés, dans une imitation de Jésus-Christ, mise en vers par Pierre Corneille et éditée à Paris en 1673, chez Guillaume de Luynes, avec approbation des docteurs, et privilège du roy. Je suppose que l'objet que le saint tient dans la main droite, est un flacon d'odeur destiné à le préserver des émanations putrides de sa victime, ce qui tendrait à démontrer qu'il ne fait pénitence qu'en prenant toutefois ses précautions pour préserver son nerf olfactif.

Après toutes sortes de vicissitudes, saint Jacques n'espérant plus trouver la perfection dans la société des hommes, se décida à la quitter pour aller adorer Dieu sans distractions dans le calme d'une profonde solitude. Il hésita long-

temps avant de choisir le lieu de sa retraite. Dans tous les endroits où il passait, il était précédé par la renommée de sa sainteté, et les habitants de chaque
contrée le conjuraient de s'établir parmi eux pour attirer les bénédictions du
Ciel sur leur pays. Il fut à Rome, où le pape le reçut avec empressement. Avant
son départ, *il lui donna sa bénédiction et les reliques de plusieurs martyrs.* De
Rome, il vint à Gênes pour passer en France; « mais l'évêque du lieu, instruit
de son éminente piété, le retint quelques années. Enfin, importuné par les trop
fréquentes visites de ceux qui venaient implorer le secours de ses prières, et
enflammé du désir ardent de suivre son attrait pour la pénitence et la contemplation, il vint définitivement se fixer dans le Berry, où il se construisit une
cellule près de la rivière du Saudre. Il bâtit aussi une chapelle pour y célébrer
la messe. Le saint portait continuellement un rude cilice, buvait de l'eau et
ne mangeait que du pain dur. » Le parfum de cette grande sainteté s'étendit bien
vite dans toute la contrée; une jeune fille, attirée par l'odeur, vint un jour lui
demander sa bénédiction. Le saint la fit entrer dans sa cellule et lui dit de
s'asseoir sur son grabat. Puis, ayant refermé soigneusement la porte, il revint
vers elle, lui ôta son fichu, lui dégraffa sa robe... — La jeune fille interdite lui
dit en lui arrêtant la main : Que faites-vous donc mon père? — Laisse-moi
faire, mon enfant, tu vas éprouver la céleste félicité d'être intimement unie à
un représentant du Christ. — Mon père, au nom du Ciel! épargnez ma pudeur.
— Mais le saint n'épargnait rien et continuait à la déshabiller. La jeune fille
voulut repousser le prêtre, qui l'étendit de force sur son grabat. Une lutte sourde
s'engagea; la fille, serrée comme dans un étau par deux bras de fer, perdit
connaissance... Lorsque le saint l'eut violée, craignant qu'elle n'allât le dénoncer, il l'étrangla, et prit ensuite entre ses bras le cadavre nu qu'il porta dans
un coin de sa cellule, et s'agenouillant, il se purifia de son crime par la prière.
Peu de temps après, il entendit la cloche de son église à deux pas de là — qui
l'avertissait que des âmes pieuses l'attendaient pour la messe qu'il avait coutume de dire. Lorsqu'il eut terminé la célébration de l'office divin, il fit d'un
accent ému un sermon sur la chasteté et l'amour du prochain. Après quoi, les
fidèles étant partis, il fit suivant son habitude son frugal repas; et lorsqu'il eut
terminé, revint s'agenouiller devant le cadavre en chantant des psaumes. Il
continua ce genre de vie jusqu'à sa mort, qui arriva en 865. Aussitôt que le
saint fut au Paradis, les bienheureux donnèrent une grande fête pour célébrer
l'arrivée de cette âme d'élite; car il est écrit qu'il y aura plus de joie au Ciel
pour un pécheur repentant que pour un saint qui l'a été toute sa vie.

Réflexion pieuse. — Admirons la constance de ce grand saint, qui voulut bien faire pénitence toute sa vie de son péché quand il lui aurait suffi, pour s'en laver, de faire un acte de contrition.

Une paysanne se trouvant seule dans une église de Normandie et voyant une échelle dressée contre la statue de saint Jacques, y monta pour le baiser dévotement ; en descendant sa jupe se trouva retroussée par la main du saint, elle la détroussa en disant : *Tiens! chu biau Jacques lo, y veut cor rire!*

10 AVRIL. — SAINT ALBERT, était laboureur. Quand les champs étaient fertiles, il bénissait Dieu avec sa femme. Quand ils ne l'étaient pas, il s'en consolait en disant que c'était Dieu qui l'avait voulu. Il mourut subitement en faisant une partie d'écarté l'an 1190. Il existe une eau miraculeuse de saint Albert. « Elle guérit les fièvres chaudes, froides, quartes, tierces ; fait faire des enfants aux femmes stériles, et les soulage dans leurs accouchements ; elle chasse les démons, etc.... » Une brave femme en ayant acheté, et ne sachant pas comment on l'employait, la donna en lavement à un homme possédé du diable. Quoique administrée au rebours, la vertu de cette eau fut si puissante qu'elle opéra tout de même. Le diable détala au plus vite, en jurant qu'on ne l'avait jamais chassé avec tant de force.

11 AVRIL. — SAINT LÉON, *pape*, v° siècle. — Ce saint pape surnommé le Grand, se montra très sévère sur le chapitre des mœurs du clergé. L'Église offrait, en effet le tableau d'un immense lupanar. Ce pape obligea les clercs, les prêtres et les évêques à expulser toutes leurs concubines et à ne garder qu'une seule femme, *dura lex, sed lex.* Cette loi était, en effet bien dure pour un prêtre ; mais il fallut s'y soumettre???. Il reçut un jour une députation de religieuses qui vinrent se plaindre d'avoir été violées par une bande d'Arabes. Le pape leur promit d'en conférer avec le saint Esprit. Celui-ci répondit qu'il opérait au besoin, mais qu'il ne *désopérait pas.* Les pauvres religieuses 
durent donc se résigner à une perte que le pape et le saint Esprit étaient impuissants à réparer. Léon ne reconnaissait qu'une autorité au monde : celle du saint

Siège, et n'admettait pas que les crimes des prêtres fussent punis par le pouvoir civil. Un certain Célidonius, évêque, souleva l'indignation publique par ses viols et ses meurtres. Son dernier crime était d'avoir fait assassiner un mari pour coucher avec sa femme. Saint Hilaire fut chargé de convoquer une réunion de prélats pour déposer cet évêque ; mais avant de le faire, il en parla au pape, qui lui dit que les crimes des prélats et des prêtres ne devaient point être punis, mais cachés, pour éviter le scandale et le tort que cela pouvait faire à l'Église. Le clergé a toujours mis cette maxime en pratique ; lorsqu'un prêtre a commis dans un pays des escapades trop scandaleuses, on l'envoie tout simplement dans un autre endroit où il recommence de plus belle. On s'étonne souvent de voir sous le gouvernement de la République tant de prêtres condamnés pour viols, attentats aux mœurs, etc., et l'on se demande pourquoi cela était si rare sous les règnes précédents ; rien de plus simple : on n'osait alors poursuivre ces pieux saligauds comme on l'aurait fait pour de simples particuliers. Saint Hilaire supplia le pape de laisser faire justice des forfaits de Célidonius, en le déposant ; saint Léon lui répondit en le faisant mettre en prison ; mais Hilaire s'évada. Le pape s'en vengea en le déposant lui-même et en l'excommuniant.

Saint Léon combattit à outrance les nombreuses hérésies de son temps, entr'autres celle des Priscillianistes. Ces misérables osaient n'avoir aucune foi dans l'efficacité des sacrements pour chasser les démons ; « ils prétendaient qu'il suffisait de faire éternuer les possédés pour faire enfuir le diable. » Vous pensez bien que le très saint Père ne pouvait tolérer ça ; il fit arrêter Priscillien, chef des hérétiques, et lui demanda d'abjurer ses erreurs et de glorifier le pape. Sur son refus, « on lui mit les pieds dans un brasier, on lui promena des fers rouges sur le corps, on lui arracha la peau du crâne, on l'inonda d'huile bouillante et de plomb fondu, et, pour terminer, on lui enfonça dans le ventre une fourche rougie au feu. » Il suffit de cet exemple pour montrer comment les autres hérétiques furent traités.

Les livres saints assurent, avec leur bonne foi habituelle, que Léon délivra Rome, par miracle, du farouche Attila. Il fut, en tout cas, moins heureux avec Genséric roi des Vandales, qui livra la ville sainte au pillage sans que le plus petit miracle se produisît. La légende de ce saint rapporte que faisant baiser sa main aux fidèles, une jolie Romaine la lui baisa si amoureusement qu'il sentit un chatouillement voluptueux lui courir à fleur de peau. « Prenez cette clef, lui dit-il, et venez me trouver cette nuit dans mon oratoire. » La jolie Romaine, enchantée de cette bonne fortune, se garda bien de manquer au rendez-vous. — Pensez donc! Un pape à se mettre sur la conscience! Ce qu'elle allait faire enrager toutes les grandes dames. — Saint Léon, quelque temps après avoir consommé sa fornication, sentit des remords cuisants — l'histoire ne dit pas où, — et se coupa la main, cause de tout le mal — pourquoi la main? était-ce bien elle la plus coupable? — Quoi qu'il en soit, le peuple romain ne pouvant plus vivre sans cette main qui lui donnait tant de bénédictions, fit de si nombreuses prières à la Vierge, que celle-ci *vint elle-même la recoller*. A partir de cette époque, il fut décidé que les fidèles ne baiseraient plus que les pieds du pape. Je ne veux pas terminer l'histoire abrégée de ce saint, sans lui donner un bon point qu'il mérite. Il ordonna qu'aucune fille ne recevrait le voile sacré à moins d'avoir quarante ans d'apprentissage.

12 AVRIL. — **SAINT JULES,** *pape,* IVᵉ siècle. — Son pontificat offrit le spectacle d'un désordre effroyable. Tous les membres du haut clergé s'excommunièrent les uns les autres, à propos de saint Athanase, trouvé souillé de tous les crimes par ceux-ci, et blanc comme neige par ceux-là. Le pape, partisan d'Atanase, se vit lui-même déposé. Ses contradicteurs mitrés, malgré l'infaillibilité qu'il voulait déjà s'attribuer, l'envoyèrent s'asseoir sur le pot comme un simple *Jules.*

14 AVRIL. — **SAINT MACEDONE,** *solitaire qui avait le don des miracles,* fut cause de la naissance du savant évêque Théodoret. La future mère de Théodoret était stérile. Elle en était bien chagrine et son mari bien chagrin. Ils eurent beau s'adresser aux plus éminents serviteurs de Dieu, rien n'y fit. Son mari, ayant appris que saint Macedone, avait déjà, par ses prières, rendu plusieurs femmes fécondes, fut le trouver. — Allez, lui dit Macedone, vous aurez un fils. — Trois ans s'écoulèrent; et pas plus de fils que sur la main. Le mari alla encore trouver le saint solitaire « qui lui dit de faire venir sa femme. Quand elle fut venue, il... lui dit que pour sûr elle aurait un fils; mais il lui fit promettre de le consacrer au service de Dieu. » Neuf mois après étant sur le point d'accoucher, Mᵐᵉ Théodoret craignit pour ses couches; *mais le saint lui fit boire d'une eau qu'il avait bénie,* et

tout alla bien. Cette mère reconnaissante, envoya souvent son fils, lorsqu'il fut grand, pour écouter les avis du solitaire. Le saint homme lui disait : « Mon fils, votre naissance m'a coûté bien des peines, j'ai passé bien des nuits... en prières, pour obtenir de Dieu cette grâce pour vos parents, vous avez été consacré à Dieu avant de voir le jour, vivez en conséquence. » Le jeune Théodoret suivit ces sages conseils, et devint l'un des évêques qui firent la gloire de l'Église.

Réflexion pieuse. — Que les incrédules viennent nous dire après cela que les saints ne servent à rien.

SAINTE ANASTASIE, *vierge et martyre*, fut mariée plusieurs années à un monstre de payen qui, lorsqu'il mourut, laissa Anastasie aussi vierge qu'il l'avait prise. Voilà certes, pour une jeune femme un bien grand martyre. Ne nous apitoyons cependant pas outre mesure, car la légende ajoute qu'elle avait pour compensation les consolations du prêtre Chrysogone, à qui elle avait donné les prémices de sa chasteté.

15 avril. — SAINTE LUDIVINE, xve siècle. — On a dit souvent à propos d'affaires criminelles ou autres : « Cherchez la femme! » Lorsqu'une jeune fille, élevée dévotement, dit un beau jour à ses parents, lorsqu'ils lui parlent de mariage, qu'elle veut se consacrer à Dieu, on peut dire hardiment : « Cher-

chez le confesseur. » Ludivine, qui avait l'esprit faible, suivit les conseils de son confesseur Jean Pot (quel beau nom pour une cruche !) et devant l'obstination ridicule de ses parents pour la marier, elle pria Dieu de la faire venir laide et impropre au mariage. Elle adressa à cet effet, tant de prières au Ciel avec Jean Pot, qu'elle fut enfin exaucée. « En se promenant sur la glace elle tomba et se cassa une côte. Depuis ce moment, elle n'eut pas un instant de santé. Ses maux se compliquèrent et se succédèrent les uns aux autres; elle devint d'une maigreur affreuse, sans appétit, sans repos. Elle était souvent tourmentée par les plus douloureuses coliques; elle en vint à ne plus pouvoir marcher qu'en se traînant sur les mains et sur les genoux. Tout son corps

se couvrit de plaies auxquelles les vers, s'étant mis, la rongeaient toute vivante, en sorte que tous ses membres répandaient une infection insupportable.
La migraine, le feu de saint Antoine, la paralysie vinrent successivement
l'éprouver. » La pauvre fille, trouvant que le Ciel l'avait trop exaucée, demanda
à son confesseur de la guérir ; pour cela, « Jean Pot lui conseilla de s'appliquer particulièrement à méditer la passion du Sauveur. » Elle le fit, mais n'en
reçut point le secours qu'elle en espérait. Elle commençait même à se
dégoûter de cet exercice et demandait un médecin, lorsque Jean Pot lui indiqua un moyen pour le rendre plus efficace : c'était de distribuer le jour en
sept stations, où elle visiterait Notre Seigneur dans les différentes circonstances de sa passion. Ce remède aurait certainement opéré, si Ludivine
n'était pas morte avant dans les plus épouvantables souffrances.

Réflexion pieuse. — Quelle admirable chose que la vie des saints ; comme
elle confond à chaque page la raison humaine ! Tantôt nous assistons à des
guérisons miraculeuses, d'autres fois, au contraire le Très Haut récompense
ses serviteurs par les maux les plus horribles. Cela ne prouve-t-il pas clairement que les jugements de Dieu sont impénétrables ?

15 avril. — SAINT PIERRE GONZALÈS, xiiiᵉ siècle. — Son père
qui était évêque — disent les mauvaises langues — le pourvut tout jeune d'un
gras bénéfice. Le jour où il prit possession de sa dignité, « il se promena dans
la ville, revêtu d'un habit fort riche, et ressemblant plutôt à un conquérant
victorieux qui entre dans une ville, qu'à un ecclésiastique qui ne doit se faire
remarquer que par sa modestie et sa simplicité. Pendant qu'il se montrait
ainsi dans tous les quartiers, son cheval s'abattit dans un bourbier, ce qui
excita les rires de tout le monde, et la foule le reconduisit à sa porte avec des
huées et des railleries. » Son orgueil fut si blessé de cette avanie, qu'il n'osa
jamais se remontrer depuis. L'Église l'a canonisé pour récompenser son grand
amour de la solitude.

19 avril. — SAINTE HILDEGONDE, *vierge*. — Elle perdit sa mère fort
jeune. Son père l'emmena avec lui pour faire un pèlerinage en Terre Sainte,
afin d'obtenir la guérison d'un grand mal de ventre ; mais, n'ayant aucune
confiance dans le monde des pèlerins, il fit habiller sa fille en garçon, et l'appela
Joseph. Dieu, touché de la piété de cet homme, le guérit radicalement avant
son arrivée à Jérusalem, en le faisant mourir subitement. Un domestique qui
les accompagnait, profita de cette circonstance pour se sauver en emportant la

caisse, et laissant Hildegonde sans le sou. Heureusement, un monsieur voulut bien ne pas la laisser dans la peine; et après l'avoir gardée quelque temps, il la repassa à un autre, qui la colloqua à son tour dans un couvent de templiers qui juraient, je ne vous dis que ça. Elle y resta un an. Un voyageur de commerce, ayant pris un vif intérêt à ses malheurs, la prit avec lui pour la ramener en Europe; mais il mourut aussi en route, lui laissant tout ce qu'il posédait, une montre à répétition et trois francs cinquante. Après bien des peines, elle parvint à Cologne, et à gagner l'amitié d'un chanoine, qui l'emmena à Rome. Comme ils n'avaient qu'un cheval pour deux, Hildegonde, toujours habillée en Joseph, éprouvait une grande douleur dans la fourche, occasionnée par le trot du cheval. Étant près d'Augsbourg, le chanoine lui dit de rester avec le cheval et de bien garder des lettres importantes qu'il lui remit, pendant qu'il irait voir quelqu'un dans la ville. Elle s'endormait près du cheval, lorsqu'un homme, courant à toutes jambes et passant près d'elle, jeta un paquet à ses pieds. Aussitôt après survint une troupe d'archers qui l'arrêtèrent comme voleur et voulurent la mettre à mort sur le champ, puisqu'elle avait encore entre les mains les preuves de son vol. Un jeune prêtre, appelé pour recevoir sa dernière confession, fut charmé d'apprendre qu'elle était une femme, et il la sauva de la mort en la faisant passer sur un brasier — sans qu'elle éprouvât aucun mal — pour prouver son innocence. De plus, sur ses indications, le véritable auteur du vol fut arrêté et exécuté. Elle revint ensuite tranquillement par les bois, à la demeure du jeune abbé. Mais de nouvelles épreuves l'attendaient encore. Les parents du voleur — pour se venger — s'étaient embusqués sur son passage; dès qu'ils la virent avec l'abbé, ils se saisirent de tous deux, et les pendirent au même arbre. Un berger, qui passait par là, coupa la corde. L'abbé était mort; Hildegonde passa quelques jours avec le berger pour lui témoigner sa reconnaissance; mais comme il était trop pauvre pour nourrir notre sainte, sans rogner la portion de son chien, elle alla demander asile dans un couvent de carmes, où elle fut reçue sous le nom de frère Joseph. Elle y était depuis un mois lorsqu'elle fut atteinte par une cruelle maladie; les religieux appelèrent en toute hâte le docteur Ricordus. Lorsqu'il arriva, le frère Joseph était mort, et il ne put que constater trois choses : que Joseph était bien mort, que c'était une femme, et qu'elle avait encore sa virginité. En apprenant cette dernière particularité, qu'elle considéra comme un miracle, vu ses nombreuses aventures, l'Église n'hésita pas un instant à admettre Hildegonde dans son sein virginal.

20 AVRIL. — SAINT THÉODORE. — Ce particulier, que l'Église appelle martyr, fut condamné à mort pour avoir mis le feu au temple de Mars.

21 AVRIL. — SAINT ANSELME, *archevêque,* xi° siècle. — Son père était un noceur; sa maman l'éleva dans la piété et sous ses jupons jusqu'à quinze ans. Trouvant alors qu'il devenait trop âgé pour le laisser décemment en cet endroit, elle lui donna la permission d'en sortir. Anselme en abusa tout de suite pour marcher sur les traces de son papa; mais Dieu l'en punit en lui envoyant une vilaine maladie. Sa maman après l'en avoir guéri, l'envoya chez un puissant abbé de ses amis, qui trouva dans Anselme toutes les qualités requises pour en faire un archevêque.

22 AVRIL. — SAINTE OPPORTUNE. — Son frère qui était un évêque, en fit une abbesse. D'une abbesse à une sainte il n'y a pas loin. Quelques biographes assurent qu'elle vécut dans la chasteté; d'autres affirment qu'elle ne fut pas insensible aux avances d'un homme politique du nom de Léon.

23 AVRIL. — SAINT GEORGES. — En Libye, il existait un monstre

dont l'haleine sentait si mauvais qu'elle asphyxiait tous les gens du pays. Ce monstre était d'autant plus gênant, qu'il fallait lui apporter chaque jour deux brebis pour son souper. Lorsque les brebis coûtèrent trop cher à cause de leur rareté, on lui apporta des veaux, puis des hommes, puis des filles. Mais pendant ce temps les brebis qui restaient ayant fait des petits, on lui en apporta de nouveau. Or, le monstre qui avait goûté aux filles ne consentit plus à s'en passer, et force fut de continuer à lui en apporter. Comme on tirait les victimes au sort, la fille du roi fut un jour désignée; son père eut beau offrir de l'or, personne ne voulut prendre sa place.

Saint Georges, voyant de loin ce qui se passait, accourut. Il fit vivement le signe de la croix; il était temps. Il n'y avait plus qu'un pied qui passait hors de la gueule du monstre. Saint Georges tira à lui ce pied mignon, et retira la princesse saine et sauve de ce gouffre vivant. Quant au monstre, il leva la queue, fit un gros pet et mourut. Le roi, pour récompenser le saint, lui offrit d'immenses richesses, mais il les refusa. La satisfaction d'avoir, par ce miracle, converti tous les gens du pays, fut sa seule récompense.

Saint Ambroise dans ses écrits, affirme que Georges fut mis à mort sous l'empereur Dioclétien qui en un seul mois — dit-il — martyrisa douze mille chrétiens. Or l'histoire affirme que cet empereur n'en inquiéta pas un seul pendant les vingt premières années de son règne. Il en avait du reste plusieurs à la cour, et même parmi ses parents; il leur laissait faire leurs grimaces sans s'en inquiéter, à condition qu'ils ne troubleraient point l'ordre. Ce ne fut que vers la fin de son règne qu'il se décida à sévir contre quelques-uns des plus turbulents. Georges, qui occupait un des plus hauts grades de son armée, et faisait partie de son conseil, aurait été condamné à mort pour cause de sédition.

25 AVRIL. — SAINT MARC, *évangéliste*, 1ᵉʳ siècle. — L'histoire de saint Marc est inconnue. Les livres saints sont unanimes pour raconter à son sujet des choses absolument opposées. Suivant les uns, il aurait été le secrétaire de saint Pierre, et l'aurait accompagné à Rome, où, comme on sait, le prince des Apôtres ne mit jamais les pieds. Ils racontent que les habitants de la ville d'Arquilée qu'il voulait faire changer de religion, le tuèrent pour s'en débarrasser. Je ne sais s'il fut martyr. — Le seul fait certain est qu'*il eut une belle-mère.* — D'autres le font aller à Alexandrie, où il aurait bâti une église; d'autres encore disent qu'il était si modeste qu'il se coupa le pouce pour ne pas être ordonné prêtre, mais que le pouce fut raccommodé miraculeusement. Ils assurent que sa sœur, étant devenue éperdûment amoureuse de lui, il lui joua un joli tour de sa façon. En effet, lorsque celle-ci, embrasée d'un amour cou-

pable se précipita dans ses bras, Marc se changea instantanément en lion, ce qui guérit subitement sa sœur de son amour incestueux. Saint Marc a fait une multitude de miracles avant et après sa mort. Je citerai seulement celui-ci :

« Un homme travaillait sur le clocher de Saint-Marc à Venise et il tomba d'en haut, et il se brisa les membres; mais en tombant, il n'oublia pas de faire une prière à saint Marc; il rencontra heureusement un fut de colonne qui le retint, et il put se sauver sans aucune blessure. » Comment trouvez-vous cet ouvrier qui a les membres brisés sans aucune blessure? et qui, en tombant, trouve le temps de faire une prière ?

Après sa mort, le corps de saint Marc fut porté à Venise, dont il devint le patron. On conserva, entre autres précieuses reliques, un anneau d'or qui lui avait appartenu; mais un doge, dans la cérémonie de son mariage avec la mer, y jeta cet anneau, par mégarde, et cette précieuse relique fut perdue. Au xive siècle, un pécheur de Venise trouva parmi les poissons qu'il ramena dans ses filets, un anneau d'or très ancien. « Tiens, dit-il en le montrant à sa femme, il me vient une idée qui fera peut-être notre fortune. » Il alla, le lendemain, trouver le doge de Venise, et lui débita hardiment le conte suivant : « Cette nuit, il faisait une terrible tempête; un homme vint à moi et m'ordonna de le conduire en mer en me promettant de faire ma fortune. Lorsque nous fûmes à une grande distance, je vis une multitude de diables qui étaient cause de cette tempête en battant l'eau de leurs queues. A un signe que leur fit l'homme, ils s'enfuirent tous en poussant des hurlements affreux; et la mer redevint calme. Au retour, l'homme me dit : « Je suis saint Marc, prends cet anneau, c'est le mien; vas le porter au doge, et tu seras riche. » Le doge qui s'appelait Gradenigo — mais qu'on aurait dû nommer grand nigaud — s'empressa d'obéir à saint Marc et couvrit d'or le pauvre pécheur.

Parlons pour terminer, de l'Évangile de saint Marc. Son caractère particulier, est, dit-on, d'avoir marqué la royauté de Jésus-Christ. C'est pourquoi on représente l'évangéliste avec un lion. Je ne vois pas bien le rapport, à moins qu'on ne veuille dire que Jésus-Christ est le roi des animaux. Saint Marc constate dans maints passages de son Évangile « que les apôtres sont des gens grossiers et bornés, et que Jésus a un mal de tous les diables pour leur faire entrer quelque chose dans la tête. » Ainsi, lorsque le Sauveur fit l'*Incroyable* miracle de nourrir cinq mille personnes avec cinq pains et deux poissons, Marc déclare que les apôtres qui avaient fourni les cinq pains et les deux poissons, et avaient eux-mêmes distribué la pitance à tout ce monde, disaient n'avoir rien vu de ce miracle. Si l'on compare l'Évangile de ce saint avec ceux des trois autres, on s'aperçoit que ce n'est qu'un tissu de contradictions. Ainsi Marc fait mourir Jésus à la troisième heure, et Jean le fait mourir à la sixième. Selon Marc, les femmes qui allaient au sépulcre virent un ange; selon Luc, elles en virent deux, et, selon moi, elles ne virent rien du tout. Tout le reste est de la même farine.

Un vieux proverbe dit :

> Quand il pleut le jour de saint Marc
> Il ne faut ni pouque ni sac.

Ce qui veut dire qu'il n'y aura pas de récolte.

« Saint Marc avoit long nez, sourcils noirs et poilus, beaux yeux, barbe moult longue; son nom Marc vaut autant à dire que haut et commandant, parce qu'il garde les commandements célestieux. » D'un seul coup du marteau de la Foi, il aplatissait et écrabouillait le fer des hérésies.

26 AVRIL. — SAINT PASCASE RADBERT, *abbé*, IXᵉ siècle. — N'ayant ni père ni mère, il fut recueilli par une abbesse de Notre-Dame de Soissons, et élevé dans la plus grande piété. Pascase ne pouvait manquer de devenir un parfait modèle de toutes les perfections chrétiennes, car il n'était pas une religieuse qui ne voulut contribuer à son éducation spirituelle. Cependant le jeune saint grandissait en beauté et en componction. Les religieuses ne priaient plus que pour lui. Un perroquet, deux chats et trois serins en étaient morts de jalousie. Mais voici qu'une jeune religieuse constata un jour que sa ceinture était trop étroite; elle la recula d'un bouton, puis de deux, puis de trois, et ainsi de suite. Puis ce fut le tour d'une autre religieuse, puis de deux, puis de trois, et ainsi de suite. Dame, le poulet était devenu un jeune coq. L'abbesse lui donna la tonsure en présence des religieuses, puis elle le congédia au milieu des larmes de toute la communauté. Pascase, trouvant que hors du couvent, la vie religieuse n'avait plus de charme pour lui, acheta un cheval et une voiture avec l'argent que lui avait donné l'abbesse, et se fit arracheur de dents. Il avait beau dire qu'il guérissait miraculeusement du mal de dents, les gens qu'il extropia lui firent une si détestable réputation, qu'il se refit abbé. Il devint par la suite un modèle d'édification, mais il eut toujours un faible pour les communautés religieuses.

29 AVRIL. — SAINT ROBERT, *abbé*, xie siècle, — montra dès le maillot une telle horreur pour les mauvaises mœurs, « qu'il refusa de prendre le lait d'une nourrice qui n'était pas mariée légitimement. »

30 AVRIL. — SAINTE CATHERINE DE SIENNE, xive siècle. — L'histoire de Catherine nous offre encore le triste exemple de l'influence du confesseur sur un esprit faible. Dès sa plus tendre enfance, son pauvre cerveau est la proie de toutes sortes d'hallucinations mystiques. Dès l'âge de cinq ans, assure un pieux historien, elle montre une dévotion extraordinaire à la Vierge; à six ans, cette dernière lui apparaît; à sept ans, elle est tellement embrasée d'amour pour Jésus, qu'elle fait vœu de virginité perpétuelle. » Le confesseur, heureux de trouver un sujet si précieux, pousse cette belle âme jusqu'aux plus hauts degrés de la perfection. Les parents, naturellement, ne se doutent guère de l'influence occulte de l'homme noir sur leur fille. Celle-ci — pour se mortifier — porte nuit et jour une ceinture garnie de pointes de fer qui lui entrent dans les chairs. Lorsqu'elle est en âge de se marier, elle déclare qu'elle « n'aura jamais de commerce avec les enfants des hommes. » Les parents surpris de cette résolution inattendue, ne savent à quoi l'attribuer, lorsque la mère s'aperçoit que la santé de Catherine s'altère peu à peu. Inquiète, elle la surveille. Une nuit, entendant des coups sourds et des soupirs étouffés, elle se lève et vient à pas de loup à la porte de Ca-

therine, pour voir ce qui se passe. Un triste spectacle s'offre à ses yeux : Catherine, nue jusqu'à la ceinture, s'administre la discipline; son corps est tout en sang

« Ma fille, s'écrie la pauvre mère, que fais-tu là ? je te vois dejà morte, tu te
tueras bien certainement ! Mon Dieu, qu'ai-je donc fait pour être si malheureuse ?
Puis elle s'arrache les cheveux en sanglotant, et les bonnes voisines effrayées,
accourent pour tâcher de la consoler. » Malgré tous les efforts de sa famille, rien
ne put arrêter ses mortifications. Ses parents, qui étaient pauvres, voulurent
lui faire apprendre un état ; mais Catherine ne voulait apprendre qu'à servir
Dieu. A cette époque, le bienheureux Raymond de Capoue, jeune dominicain,
auteur d'un beau traité sur le Magnificat, et illustre dans la science mystique,
devint l'ami « de la sainte et lui fit connaître les secrètes et mystérieuses jubi-
lations de la vierge des vierges. » Catherine avait de fréquentes extases ; un jour
qu'elle était agenouillée près du feu de la cuisine pour tourner la broche, elle
entra tout à coup dans une de ses extases. Tout mouvement corporel cessa ;
sa sœur Lyse s'en étant aperçue, continua à tourner la broche sans rien dire,
elle servit le repas et fit tout le service ; Catherine était toujours immobile.
Lorsque tout le monde fut couché, elle revint voir si l'extase de sa sœur durait
encore. Quel ne fut pas son effroi en la voyant étendue dans le brasier. Cependant, quoiqu'elle fut restée plus de deux heures sur des charbons ardents,
Catherine n'avait même pas la plus légère odeur de brûlé. *Le feu intérieur de
son amour avait neutralisé la force du feu matériel.* Un autre jour que Catherine revenait de chercher des œufs pour le déjeuner, elle les mit avec un dé à
coudre dans une grande poche de devant ; comme elle passait près de l'église,
elle entra pour s'agenouiller sur un prie-Dieu ; puis oubliant ses œufs, elle
s'appuya de tout le poids de son corps : « Ciel ! et mes œufs ! » s'écria-t-elle tout
coup. Elle regarda : *le dé seul était écrasé.* Et dire qu'il se trouve encore au
XIXe siècle des gens pour écrire ces choses-là et d'autres pour les croire. Le
récit du mariage de la sainte avec Jésus n'est pas moins extraordinaire. Jésus
— paraît-il — l'épousa dans toutes les formes ; il voulut que les noces fussent
célébrées avec solennité. Il fit présent à son épouse, d'un anneau d'or dans lequel était enchâssé un diamant entre quatre perles. Ce diamant était si brillant qu'il lui tenait lieu de lumière la nuit. Il voulut que la Vierge, sa mère,
fut du festin, avec saint Pierre, saint Jean et saint Dominique. Il commanda
au roi David de descendre du Ciel pour jouer de la harpe pendant la fête. On
montre encore à Sienne la chambre de la sainte et la fenêtre par où Jésus-
Christ entrait quand il la visitait sans vouloir être vu. Catherine allait souvent
dans l'église de Saint-Dominique, et elle y avait de fréquentes extases. « Un
peintre s'étant trouvé là par hasard dans un de ses moments, fit son portrait
sans qu'elle s'en aperçut. Cette peinture est offerte à la vénération des fidèles ;

elle possède la miraculeuse vertu de mettre le démon en fuite. Catherine fonda une école mystique qui fut le rendez-vous d'une foule de jeunes gens pieux. Parmi eux, il faut citer en première ligne, le bien heureux Raymond, de Capoue, qu'on accusa d'avoir joué le rôle de Jésus, lors du mariage de la sainte avec le Christ; ensuite Barthélemy Séraphin *qui avait une place de prédilection dans son cœur;* puis Étienne de Corrado Macconi, jeune homme ardent et passionné, qui était *le premier dans l'ordre de ses affections;* puis encore un autre Étienne, auquel elle disait, lorsqu'elle le pressait saintement sur son cœur : *Le doigt de Dieu est là.* On comptait aussi, parmi cette bande édifiante, un artiste du nom d'André Vanni; en mettant la main sur son cœur, Catherine avait affirmé qu'il battait pour Jésus. Ce qu'il y a de plus curieux, c'est que pendant qu'elle convertissait tous ces beaux messieurs, elle était elle-même assaillie « par les plus honteuses et les plus violentes tentations. Son imagination était peuplée de fantômes indécents et de toutes choses sales honteuses et humiliantes pour une vierge. » Heureusement les moines de l'ordre de Saint-Dominique, parvinrent a mâter sa chair.

La réputation de sainteté de Catherine devint si grande que le pape Grégoire XI, lui-même suivit ses avis. A la mort de ce pape, Urbain VI lui succéda, mais les cardinaux qui l'avaient nommé, mécontents de ses services, lui donnèrent son compte, et nommèrent Clément VII à sa place. Urbain ne voulut pas déménager et resta à Rome. L'autre alla emménager à Avignon, et tous deux jurèrent, au nom du Christ, qu'ils ne lâcheraient pas une si bonne place. Catherine prit parti pour Urbain, et fit à son divin époux une multitude de prières pour obtenir l'anéantissement de Clément, mais elle n'obtint rien. Vexée de l'obstination que mettait son mari à lui refuser cette faveur, elle mourut exprès pour aller lui faire une scène au Paradis.

1ᵉʳ MAI. — SAINT PHILIPPE, *apôtre,* Iᵉʳ siècle. — Jésus lui ordonna de le suivre, sans lui permettre d'aller enterrer son père. En obéissant, Philippe montra qu'il était un mauvais fils, mais un bon chrétien.

1ᵉʳ MAI. — SAINT SIGISMOND, *roi de Bourgogne,* VIᵉ siècle. — Sa première femme étant morte, il en prit une seconde. Celle-ci qui n'aimait point son fils Sigéric, issu de sa première femme, obtint du saint l'ordre de le faire étrangler, ce qui fut fait sur le champ. L'Église a jugé ce scélérat digne de la canonisation, parce qu'il a établi le chant perpétuel des psaumes dans le monastère de Saint-Maurice.

1er MAI. — SAINT AMATEUR, *évêque d'Auxerre*, ve siècle. — Il fit à vingt-deux ans, un mariage d'amour avec une jolie blonde. L'évêque qui les unit, prêtant beaucoup plus d'attention à la mariée qu'à ce qu'il disait, se trompa, et au lieu de prononcer les prières de la bénédiction nuptiale, il dit celles de la consécration au service de Dieu. Amateur et sa fiancée s'en aperçurent et se firent aussitôt ce raisonnement : « Si Dieu a permis à l'évêque de prononcer les paroles destinées à consacrer ses serviteurs, c'est qu'il veut que nous soyions à son service, et vivions dans la virginité. » Puis, *d'un commun accord, Amateur se fit prêtre, et sa femme religieuse.*

1er MAI. — SAINT ANDRÉOL, IIIe siècle. — Sa légende dit *qu'il eut la tête fendue par une épée de bois.*

SAINT URBIQUE, *évêque de Clermont.* — Cet Auvergnat était marié ; il persuada à sa femme de cesser tout commerce de la chair ; *mais la pureté d'une société si édifiante fut troublée par l'esprit tentateur,* qui commença, suivant son habitude, à séduire la femme. « Celle-ci dit tant de raisons spécieuses à l'évêque, qu'il voulut bien consentir à ne plus faire deux lits. » Le malheureux reconnut bientôt *l'horrible faute qu'il avait commise aux yeux de Dieu ;* et pour l'expier, il termina sa triste existence dans les larmes, les gémissements et les jeûnes, vers l'an 400 et le pouce.

SAINT APPHIEN, « voyant le gouverneur de Césarée qui allait étendre la main pour offrir un sacrifice, lui empoigna solidement le bras en lui disant qu'il était stupide de sacrifier à des dieux de pierre, » et que lui chrétien, ne le tolérerait pas. Le gouverneur, qui aurait mieux fait de le faire admettre d'office dans une maison de fous, le fit mettre à mort ; et les dévots comptèrent un imbécile de plus à vénérer.

SAINT RICHARD, *évêque.* — Par ordre du pape Innocent IV, il prêcha les croisades dans toute l'Angleterre avec un si grand zèle, qu'il n'y eut point jusqu'au moindre village qui ne lui fut redevable de quelques victimes. Si ce saint a fait mourir beaucoup de gens, il en a nourri beaucoup d'autres, car il réédita le miracle de la multiplication des pains rien quand les bénissant.

2 MAI. — SAINT ATHANASE, *archevêque d'Alexandrie,* et **SAINT CONSTANTIN,** *premier empereur chrétien,* IV° siècle. — Saint Constantin surnommé le Grand par les catholiques, après avoir fait assassiner son propre fils, étouffé sa femme dans un bain, obligé son beau-frère à se pendre lui-même, étranglé son gendre, tué son frère, égorgé un neveu de douze ans, etc., etc., crut prudent de déguerpir de Rome sans attendre sa récompense. Il établit sa capitale à Byzance dont il fit une ville consi-

dérable, qui prit le nom de Constantinople. On a pu voir dans quelques églises de magnifiques tableaux représentant saint Constantin à cheval, partant en guerre, voyant apparaître au ciel une croix miraculeuse sur laquelle on lit ces mots : « In hoc signo vinces. » — Par ce signe tu vaincras. — Cela fait bon effet pour les dévots; malheureusement l'histoire dément ce beau conte, et nous apprend que Constantin, méprisé par ses sujets, crut politique de protéger les chrétiens dont la secte, devenue puissante, pourrait le protéger lui-même contre le châtiment mérité par ses crimes. Il n'inventa la fable de l'apparition d'une croix lumineuse que pour expliquer sa conversion. Constantin fit du christianisme la religion d'État, et ferma les temples payens. Il semblait après cela que l'Église n'avait plus qu'à vivre tranquillement des rentes que les fidèles lui offraient de toutes parts. Le croire ainsi serait bien mal connaître l'esprit du clergé. Les évêques ne se virent pas plus tôt les maîtres, que chacun voulut imposer ses idées aux autres. Parmi les hérésies qui surgirent de toutes parts, celle du prêtre Arius fut la plus considérable. Jusqu'à cette époque, Jésus-Christ était désigné dans l'Évangile sous le nom de *Fils de Dieu* ou *Fils de l'homme,* ce qui ne voulait pas dire du tout qu'il fut Dieu. Il n'était alors considéré par les chrétiens que comme un voyageur de commerce, envoyé par son patron, le Père Éternel, afin de faire connaître sur terre les saints produits de sa divine maison. Tel était du moins l'avis d'Arius ; mais saint Athanase, qui vivait alors, prétendit que Jésus n'était pas seulement voyageur de la maison qu'il représentait, mais qu'il était associé et patron lui-même. Constantin, voyant que cette discussion menaçait de tout bouleverser dans son empire, convoqua un concile à Nicée en 325 pour trancher la question. Arius dit que jusqu'alors les chrétiens n'avaient eu qu'un seul patron, et que l'Église n'en pouvait admettre deux. Athanase, protégé par Constantin, assura que les deux ne faisaient qu'un, que les chrétiens devraient désormais adorer sous la raison sociale : Dieu, Père et Fils. — Le saint Esprit ne fut inventé comme troisième associé qu'en 381 dans un nouveau concile tenu à Constantinople. — Arius fut battu. Eusèbe, évêque de Nicomédie, qui était du parti d'Arius, et qui, à force de mamours, avait gagné les bonnes grâces de Constantia, sœur de Constantin, parvint à ramener l'empereur à son parti et à faire exiler Athanase ; puis ce fut Athanase qui chassa l'autre à son tour. Enfin, les évêques et les fidèles se divisèrent en deux camps qui se persécutèrent ainsi pendant pas mal de siècles.

Athanase eut, dans sa vie, des hauts et des bas ; tantôt au sommet du pouvoir, il foudroie ses adversaires ; puis, pour échapper aux fureurs cléricales, il vit caché dans un puits pendant six ans ; puis il reparaît encore plus arrogant que jamais, pour disparaître de nouveau dans un sépulcre. Enfin, toute sa vie, il ne fit que rentrer et sortir comme un diable d'une boîte à surprise, jusqu'au jour où il rentra définitivement dans l'éternité.

4 MAI. — SAINTE PÉLAGIE était comédienne à Antioche, lorsqu'un concile vint donner une représentation dans cette ville. Les évêques — jaloux de voir qu'il ne venait pas un chat dans leur théâtre, tandis que celui de la comédienne regorgeait de monde — songeaient à l'occire lorsque l'un d'eux pensa qu'il valait mieux user d'un moyen plus doux. Il alla la trouver et lui peignit avec tant d'ardeur les délices ineffables de l'amour divin, que Pélagie devint sainte sur le champ, et tomba du premier coup en extase.

4 MAI. — SAINTE MONIQUE, IVe siècle. — Elle n'eut qu'un seul mérite et un seul défaut ; son mérite fut de mettre au monde saint Augustin, son défaut fut de trop aimer à lever le coude.

5 MAI. — SAINT PIE V, *pape,* XVIe siècle, disait : *Depuis que je suis pape, je désespère de mon salut.* — Il entra jeune dans un couvent de dominicains pour laver la vaisselle, et servit de femme au prieur.

Lorsqu'il fut pape, il dit aux inquisiteurs qu'il avait sous ses ordres : « Ne révoquez jamais en doute les dénonciations qui vous seront faites. Torturez et mettez tout à mort ; il vaut mieux exterminer vingt innocents que de laisser échapper un coupable. »

5 MAI. — SAINTE AVOYE et SAINTE URSULE, IIIe siècle. — Avoye était si belle que plusieurs soupirants se donnèrent la mort pour l'amour d'elle. Effrayée, elle résolut de s'enfuir loin de la Sicile, son pays. Elle partit avec une amie nommée Ursule, que son futur attendait à la mairie. Ces deux saintes ne voyagèrent pas seules; *elles étaient accompagnées de onze mille vierges,* décidées à souffrir mille morts plutôt que de laisser toucher, même du bout du doigt à leur virginité. Elles s'embarquèrent toutes, et s'abandonnèrent aux flots de la mer. De toutes ces pucelles, dix mille neuf cent quatre-vingt-dix-neuf périrent ; trois seulement purent aborder dans une île. — Sainte Avoye fut du nombre. — A leur débarquement, les sauvages s'emparèrent de nos pauvres saintes, et leur firent subir un tel martyre, que je ne saurais le raconter sans rougir. *A Grugny, canton de Clères,* dans la Seine-Inférieure, *cette sainte est invoquée pour la guérison de la rate.* Tous ceux qui se la sont foulée viennent en pèlerinage des quatre coins du département pour que sainte Avoye veuille bien la leur remettre dans son état normal ; mais cela ne s'opère pas sans récitations d'Évangiles, avec accompagnements d'offrandes, et sans de nombreux cierges allumés que l'on se hâte de souffler pour vendre la cire. L'après-midi, les pèlerins des deux sexes dansent à tirelarigo sur la place, pendant que les vieux vont faire leur partie de domino au cabaret.

7 MAI. — SAINT STANISLAS, *évêque de Cracovie, martyr,* XIe siècle. — Fut accusé de captation d'héritages par le roi Boleslas II. Stanislas, pour prouver son innocence, fit un tas de miracles dont le suivant est un des plus extraordinaires. Un riche propriétaire était mort, et le saint prétendait qu'il lui avait laissé tous ses biens. Le roi, ayant eu l'impiété de contester

cette donation, Stanislas fit ressusciter le mort pour venir la confirmer de vive voix. Malgré ce miracle éclatant, le monarque affirma que Stanislas abusait de la terreur qu'il inspirait aux mourants par le tableau des brasiers de l'enfer, pour accaparer leur fortune ; il assura même que, pour donner un avant-goût de l'infernale cuisson à un vieux richard moribond, qui ne voulait pas se décider à déshériter sa fille, Stanislas avait passé doucement sous la couverture une pelle rougie au feu, en répondant, aux cris de douleur du patient, que Dieu, par ce miracle, voulait lui montrer ce qu'il souffrirait pendant l'éternité. Saint Stanislas, furieux de voir que le roi éventait ainsi la mèche, résolut de s'en venger. Pour cela il fit suspendre l'office divin chaque fois que Boleslas entra dans l'église, puis il délia le peuple de son serment de fidélité au roi, l'assura qu'il ne lui devait aucun impôt, et l'excita à la révolte. Le roi, ayant eu connaissance d'un complot où sa mort avait été décidée, prévint le saint homme en le tuant d'un coup d'épée.

8 MAI. — SAINTE AGLAÉ et SAINT BONIFACE, ive siècle. — « Aglaé, belle, riche et puissante, vivait à Rome dans le faste et le luxe, à tel point qu'elle donnait des fêtes au peuple. Toute entière au plaisir, elle entretenait un commerce criminel avec l'intendant de sa maison, nommé Boniface, homme méprisable sous tous les rapports. » mais doué d'une prodigieuse vigueur. La sainte, en faveur de cette dernière qualité, lui passait tous ses autres défauts. Un beau jour, Boniface se convertit, et mourut martyr, nous assure-t-on. A cette nouvelle, Aglaé se jeta dans les bras de Jésus, pensant qu'un Dieu seul pouvait remplacer Boniface.

Il y eut plusieurs autres saints Boniface. C'est à l'un d'eux qu'on attribue cette belle réponse que devraient bien méditer nos prêtres modernes : Un riche prélat, se moquant de sa pauvreté, riait de le voir célébrer la messe avec un calice en bois. « Il vaut mieux, dit le saint, avoir des vases de bois et des prêtres d'or, que des vases d'or et des prêtres de bois. »

8 MAI. — SAINT DÉSIRÉ, *évêque de Bourges*, VIe siècle. — Pendant les dix-neuf ans de son épiscopat, il travailla dans le vaste champ de la foi à sarcler les cerveaux et à ratisser les intelligences. Le réservoir de ses vertus se répandit en pluie bienfaisante sur ses ouailles, et il sut arracher les orties et les chardons de l'impiété; mais quant aux profondes racines des vices de son clergé, il ne put jamais les déraciner.

9 MAI. — SAINT GRÉGOIRE DE NAZIANZE, *docteur de l'Église*, Ve siècle. — C'est sans rire qu'un historien dévot nous dit « que son père était un saint évêque, et sa mère une sainte nonne. Ces pieux parents le considérèrent comme un dépôt du ciel, et l'élevèrent à califourchon sur les genoux de l'Eglise. Son dévot historien nous assure encore qu'il rechercha toujours la pauvreté, l'humilité et la mortification en toutes choses. Si cela est vrai, pourquoi refusa-t-il de rester à son modeste évêché de Sasime en Cappadoce, « sous prétexte qu'il n'était qu'un passage de gens de rien, exposé au brigandage et à la misère, fatigant par le bruit continuel des chariots, sans eau, sans agréments, sans verdure, etc. » L'humilité de saint Grégoire s'accommoda mieux du siège opulent et richement doré de Constantinople; mais il ne le garda pas longtemps. On nous dit qu'il le quitta par humilité. Malheureusement, les faits nous prouvent qu'il ne l'abandonna qu'à la suite d'un trac qu'on comprendra parfaitement, en apprenant qu'il avait

manqué d'être assassiné. En effet, quelques saints prélats, contrariés de le voir à un poste qu'ils convoitaient, lui avaient dévotement envoyé — au nom du Père, du Fils et du saint Esprit — un pieux assassin, chargé d'expédier, par train express, son âme au séjour des bienheureux. Avant de mourir, Grégoire composa un poème où il avoue que. quoiqu'extrêmement vieux et cassé, il ressentait toujours les aiguillons de la chair le piquer avec fureur, ce qui prouve que, malgré ses austérités, le métier *de saint* a du bon.

10 MAI. — SAINT ANTONIN, *archevêque de Florence*, disait « que les revenus ecclésiastiques étaient le patrimoine des pauvres, et n'étaient pas faits pour entretenir le luxe des prélats. » Il ne voulut ni équipages, ni chevaux; il était toujours vêtu très pauvrement, et parcourait à pied son diocèse. Il mourut en 1456, à l'âge de soixante-dix ans. Les évêques le canonisèrent, mais se gardèrent bien de suivre son exemple.

10 MAI. — SAINTE SOLANGE, *patronne du Berri,* IXe siècle. — Au temps où les gens de la noblesse avaient le droit de tuer un manant en payant une légère amende, vivait une pauvre bergère d'une grande beauté qui avait juré à son berger une fidélité à toute épreuve. Un certain Bernard, comte, marquis, et neveu — par-dessus le marché — d'un sieur Gosselin, évêque de Paris, ayant trouvé la jeune fille à son gré, la pria de lui octroyer ses faveurs; et sur son refus, lui coupa tranquillement le cou. Voici l'histoire dans toute sa simplicité; mais l'Église, la racontant à sa façon, en a fait une sainte; elle a dit que la belle Solange avait résisté au seigneur pour garder son vœu de virginité. Elle a supposé des miracles, organisé des processions et des pèlerinages, promis des indulgences, institué des confréries en son honneur. Elle a fait, en un mot, tout ce qui était nécessaire pour se créer une nouvelle source de revenus.

11 MAI. — SAINT MAMERT, *évêque de Vienne,* ve siècle. — Son diocèse était affligé de toutes sortes de maux, tels que tremblements de terre, apparitions de fantômes, possessions du démon, sécheresse, etc. Pour y porter remède, Mamert institua la procession des Rogations, qui produisit des effets merveilleux. Vous vous rappelez avoir lu dans les contes de Perrault qu'à la naissance d'un prince les fées se réunissent et viennent lui faire chacune un don. Il en fut de même pour Mamert. A sa naissance, les notabilités du ciel s'assemblèrent, et chacune lui donna le pouvoir de faire un miracle. Quant ce fut le tour de saint Michel, il lui fit cadeau d'un petit papier sur lequel était écrit une prière, en recommandant à la nourrice de la lui apprendre par cœur. Etant encore tout petit, Mamert éteignit un grand nombre d'incendies; quand il fut grand, ce fut bien autre chose. Dieu, voulant récompenser sa sainteté, augmenta sa puissance miraculeuse. Ainsi les livres saints rapportent qu'on vint un jour le chercher pour arrêter un incendie; il s'agissait d'une pauvre masure déjà à moitié dévorée par les flammes. Mamert n'eut pas plus tôt dit sa prière que non seulement le feu s'arrêta court, mais la pauvre maison se transforma subitement en une magnifique habitation en pierres de taille.

12 MAI. — SAINT ACHILLE, SAINT NÉRÉE et SAINTE DOMITILLE, IIe siècle. — Achille et Nérée étaient deux eunuques au service de Domitille, jeune fille de haute famille, fiancée à un jeune seigneur du nom d'Aurélien. Les deux eunuques — mécontents de voir que leur maîtresse allait savourer un plaisir qui leur était à jamais interdit — l'endoctrinèrent si bien, qu'ils la persuadèrent de se faire chrétienne, et de consacrer sa virginité à Jésus. Domitille suivit leur conseil ; et son amant, pour se venger, les dénonça tous trois comme chrétiens, et les fit mettre à mort.

12 MAI. — SAINT PANCRACE, IIe siècle. — Sa légende nous dit qu'à l'âge de quatorze ans, il alla lui-même déclarer à l'empereur Dioclétien qu'il était chrétien et réclamait le martyre ; et que pour satisfaire à sa demande, on lui trancha la tête. Il était d'usage autrefois de faire jurer, sur les reliques d'un saint, parce que celui qui faisait un faux serment en était puni à l'instant. Deux hommes étant en procès, allèrent jurer sur le tombeau de saint Pierre ; mais celui qui fit un faux témoignagne n'éprouva aucun mal ; ce que voyant, le juge dit : « Saint Pierre commence à se faire vieux, il n'a plus d'énergie ; allons trouver saint Pancrace. Le faux témoin n'eut pas plus tôt juré sur les reliques de ce saint, qu'il tomba raide mort. » — Cela prouve, qu'il en est des saints comme des melons ; il y en a de plusieurs qualités. — Saint Pancrace portait des culottes. Il me rappelle avoir lu, dans un vieux bouquin relié en parchemin ou en veau, comment un curé de campagne les découvrit miraculeusement : Une nuit ce curé était couché avec une de ses pénitentes, lorsque le mari, qu'on n'attendait pas, rentra tout-à-coup. Le pauvre curé, entendant frapper à la porte, sauta par la fenêtre, qui était assez basse heureusement, et s'enfuit à travers le village en oubliant sa culotte. Le lendemain il annonça en chaire que saint Pancrace lui avait révélé en songe qu'il avait envoyé sa culotte à la femme la plus religieuse du pays pour la lui donner à baiser. Lorsque la messe fut terminée, le curé alla chercher processionnellement cette sainte culotte, qui resta depuis exposée dans l'église pour la plus grande édification des dévotes.

14 MAI. — SAINT PACOME, IVe siècle — est le premier instituteur des moines. Saint Jérôme, affirme qu'il ne voyageait jamais autrement que monté sur le dos d'un crocodile. Ce fut de la bouche même d'un ange qu'il reçut la règle des couvents qu'il fonda. Lorsqu'il établit sa première communauté, *il se vit en peu de jours entouré de plus de sept mille* *moines* animés de la plus grande ferveur, et du plus grand désir de vivre à rien faire. A propos de cette façon de vivre, M. Lecamus, évêque du Bellay, étant de passage dans un couvent, fut prié de faire le panégyrique de saint François. Il s'exprima ainsi : « Admirons la grandeur de ce saint ; ses miracles surpassent ceux du Fils de Dieu. Avec cinq pains et trois poissons, Jésus-Christ ne nourrit que cinq mille hommes pendant un seul jour ; et saint François, avec une aune de toile, nourrit tous les jours depuis quatre-cents ans, quarante mille fainéants. »

16 MAI. — **SAINT HONORÉ**, *patron des boulangers et des pâtissiers*, exerça ces deux professions dans la ville d'Amiens. Il a été canonisé, malgré ses nombreux méfaits, parce qu'il donnait pour rien ses tartes aux curés, tandis qu'il les faisait payer le double aux autres clients.

17 MAI. — **SAINT PASCAL** garda, après sa mort, les yeux grands ouverts. Des témoins, aussi nombreux que dévots, assurent que son respect pour la sainte hostie était si grand, « qu'au moment de l'élévation de la messe, les yeux du mort se fermaient par respect. »

19 MAI. — **SAINT CÉLESTIN V**, *pape*, XIIIe siècle. — Le siège pontifical étant vacant, les cardinaux demandaient tous à être pape. Comme cela n'était guère possible, ils ne voulurent pas du moins que l'un d'eux l'emportât sur ses rivaux, et ils choisirent un pieux solitaire qui édifiait toute sa contrée en vivant dans un terrier. Les cardinaux, sachant que le nouveau pape était d'une ignorance crasse, comptaient bien tenir les fils du pouvoir épiscopal ; mais il n'en fut rien ; Célestin faisait tout sans jamais leur demander conseil, et s'apercevant des vices et des intrigues de son entourage, il changeait de cardinaux comme de chemise, n'admettant près de lui que des gens vertueux. Ceux qu'il avait congédiés décidèrent de l'assassiner ; mais l'un d'eux leur dit : « Laissez-moi faire ; Célestin est aussi bête que dévot ; je me charge de le faire déguerpir sans danger pour nous. » Il prit aussitôt ses mesures ; perça un trou aboutissant derrière un crucifix, devant lequel le saint venait faire ses dévotions ; et un jour que, suivant sa coutume, Clément était en prières pour demander au Christ ses conseils, le cardinal dit à travers le trou : « Clément, je t'ordonne d'abdiquer. » Il n'y avait pas à répliquer, Clément abdiqua et retourna à son terrier ; mais il n'y resta pas longtemps. Boniface VIII, son successeur, craignant que le saint ne revînt sur le trône de saint Pierre, le fit arrêter et conduire dans une infecte prison, où il le laissa mourir de faim.

BIBLIOTHÈQUE NATIONALE IMPRIMÉS — R. F.

SAINT LABRE *patron des pouilleux*.

CANTIQUE SUR L'AIR : *Les gueux, les gueux, sont les gens heureux.*

REFRAIN

Des poux, des poux
Chrétiens, entre nous
Chantons : qu'il est doux
D'avoir des poux.

Des poux chantons la louange
Dieu les fit pour notre bien,
Du mépris Labre enfin venge
Ces compagnons du chrétien.
Des poux, des poux, etc...

Sur son linge et son échine,
Dans sa barbe et ses cheveux,
On pouvait voir la vermine
Par bataillons très nombreux.
Des poux, des poux, etc...

Un saint écrivain assure,
Et ce n'est point un dit-on,
Qu'il en vit sur sa figure
D'aussi gros qu'un hanneton.
Des poux, des poux, etc...

De poux, lorsqu'une avalanche,
Tombait de son paletot,
Il s'empressait, dans sa manche
De les remettre aussitôt,
Des poux, des poux...

Labre, se moquant du blâme,
Vivait dans l'infection ;
Elle n'était pour son âme
Qu'une délectation.
Des poux, des poux.....

Quelle sublime sagesse !
Il ne pouvait faire un pas,
Sans être rongé sans cesse ;
Mais il ne se grattait pas.
Des poux, des poux.....

De la vertu, c'est le comble ;
Mais il n'y tint pas longtemps.
Dévoré de fond en comble,
Il mourut dans son printemps.
Des poux, des poux.....

Après lui, de la vermine,
On entendit le troupeau
Dire, en faisant triste mine,
Chrétien, prends-nous sur ta peau.
Des poux, des poux.....

Quelle honte pour l'Eglise !
Il leur fallut tous mourir.
Personne, dans sa chemise,
Ne voulut plus les nourrir.
Des poux, des poux.....

Les saints ne sont plus qu'un rêve ;
Tout chrétien veut les chanter,
Mais, aucun de ces fils d'Ève.
Ne voudrait les imiter.
Des poux, des poux.....

Dévot qui fais la grimace,
En regardant un pouilleux,
Si tu dédaignes la crasse,
Tu n'es pas digne des cieux.
Des poux, des poux.....

Benoît-Joseph Labre naquit le 26 mars 1748 au village d'Amettes, dans le Pas-de-Calais. Son papa et sa maman s'étaient dit : Nous allons bien travailler pour avoir un fils ; avec le petit avoir que nous possédons, *nous pourrons le pousser* pour en faire un avocat ; mais il faudra bien prendre nos précautions pour n'en pas avoir d'autre, car nous ne pourrions faire des deux que des cultivateurs comme nous. Grand fut le désespoir de madame Labre lorsqu'après la venue de Benoît-Joseph, elle s'aperçut qu'elle s'arrondissait de nouveau ; elle fit de grands reproches à son mari ; lui, protesta qu'il n'y comprenait absolument rien, d'autant plus qu'il se croyait parfaitement sûr de lui. Enfin on eut beau dire, ça y était, et le diable n'aurait pu le retirer ; seulement M. Labre promit à l'avenir de redoubler de précautions. Le résultat de ses précautions se traduisit par un troisième arrondissement, auquel succéda un quatrième arrondissement ; enfin on alla jusqu'au quinzième arrondissement. M. Labre, ne sachant plus que dire à sa femme, se bornait à répéter à la venue de chaque nouvel héritier qu'il ne l'avait pas fait exprès. Il serait encore survenu bien certainement d'autres arrondissements si madame ne s'était enfin déterminée à ne plus lui prêter son concours. Contrariés de la venue de tant d'enfants, les époux Labre les élevèrent néanmoins consciencieusement ; mais Benoît, sur lequel on avait fondé tant d'espoir, fut toujours le préféré ; comme tous les enfants gâtés, il devint capricieux ; sa paresse et sa malpropreté surpassaient encore tous ses autres défauts. On sait que les jeunes enfants n'aiment guère être peignés et débarbouillés, mais cette répulsion était poussée par le jeune Labre à un point inconcevable ; à la seule vue d'un peigne ou d'un savon, il se roulait par terre en poussant des cris effroyables, et ses parents, craignant qu'il n'eut des convulsions, le laissaient tranquillement grandir dans la crasse. Il devint un objet de répulsion pour ses camarades, qui tous s'éloignaient de lui avec dégoût ; Labre, d'un caractère sournois, se plaisait dans son isolement ; sa mère, qui était très dévote, l'avait accoutumé à ne manquer à aucun office, et Labre, qu'on ne pouvait décider à fréquenter l'école, allait de lui-même à l'église.

Motteroz, Adm.-Direct, des Imprimeries réunies, B. Poteaux

Là, agenouillé sur un prie-Dieu, il dormait des heures entières, ce qui édifiait extrêmement les vieilles dévotes qui le croyaient plongé dans la prière et dans la méditation ; quand Labre n'était pas dans l'église, on était sûr de le trouver dans l'étable aux porcs, où il se plaisait d'autant plus que les particuliers qu'il y rencontrait, n'avaient jamais l'air de se scandaliser de sa malpropreté et de sa paresse.

Cependant le père commençait à être honteux d'un tel fils, et après quelques essais infructueux pour combattre sa paresse, il dut y renoncer. « Un jour, il lui dit d'aller remuer une récolte fauchée qui avait besoin de sécher avant d'être rentrée. A peine Benoît a-t-il commencé qu'il survient une pluie diluvienne ; au lieu de s'arrêter, Benoît continue à tout retourner. Son père, le voyant trempé comme une soupe, lui reproche de s'être ainsi laissé mouiller, et d'avoir si malencontreusement terminé son travail. » Benoît répond : *Vous me l'aviez commandé!* Sa mère disait de lui qu'il était d'une candeur adorable ; quant aux gens du pays, ils le considéraient tout simplement comme un idiot. On ne savait plus que faire de cet indécrottable paresseux, lorsqu'il vint à madame Labre l'idée de le mettre chez son frère qui était curé ; son oncle essaya de lui apprendre le latin pour le faire arriver dans les ordres, et n'en put jamais venir à bout ; pour l'utiliser à quelque chose, *il lui fit balayer l'église*, mais comme toute espèce de travail était un supplice pour Labre, il s'enfuit un beau jour à la suite d'une scène que lui avait faite son oncle pour le forcer à se peigner et à se débarbouiller. Labre, livré à lui-même, devint d'une saleté inouïe, et ne vécut que de mendicité ; il allait dans les fermes demander du pain ; sa crasse était tellement infecte qu'elle provoquait partout des haut-le-corps, et comme ils couchaient dans les granges et les étables, les cultivateurs craignaient qu'il ne communiquât sa vermine aux animaux. Labre promena ainsi ses poux de bourg en ville ; il essaya sur sa route d'entrer dans plusieurs couvents, mais il en fut partout mis à la porte. A Moulins, *un prêtre l'accusa de vol*, et le chassa du pays. Après son passage à Saint-Bertrand de Comminges, dans les Pyrénées, on apprend qu'un assassinat a été commis, et *de nombreuses voix* le désignèrent comme en étant l'auteur. Il parvient enfin à Rome, et se mêle à cette fourmilière de mendiants dont la capitale du monde chrétien entretient la pieuse fainéantise ; dans cette cour des miracles existe une ignoble rivalité ; chaque mendiant, pour attendrir les dévots, s'efforce d'afficher la misère la plus sordide. L'apparition de Labre fit évènement parmi cette racaille ; ce pouilleux les surpassait tous ; il excita naturellement la haine et la jalousie de ses autres confrères en pouillerie, mais ils durent avouer avec rage que cet homme avait véritablement le génie de la crasse. Tous ses pieux historiographes sont du reste absolument d'accord sur ce point, et loin de lui reprocher son incomparable saleté, ils l'exaltent sur tous les tons : Cette saleté devient de l'abnégation; les milliers de poux que l'on voit grouiller à travers ses poils, sur sa peau, dans les grains de son chapelet, et dont on voit ses vêtements couverts, sont *un cilice vivant destiné à vaincre les ardeurs de sa chair.*

Enfin cette innombrable vermine et les nombreuses couches de crasse superposées sur son épiderme, Dieu les a rassemblées à dessein sur cet homme pour *protester contre le désir de bien-être dont se voit affligé ce siècle de matérialisme.* Labre répandait une odeur si infecte que ceux qui osaient l'approcher en avaient leurs vêtements imprégnés pendant plusieurs jours. L'impression dégoûtante qu'il provoquait chez les femmes était si forte que plusieurs s'évanouirent en le voyant. Souvent des gens charitables, touchés d'une si grande misère, lui donnèrent des bas, des souliers, des habits, une chemise, en lui faisant promettre de les porter. Labre, pour ne pas manquer à sa parole, *porta en effet les bas et les souliers, mais accrochés à sa ceinture,* et les autres vêtements au bout d'une perche. Il ne pouvait souffrir le sexe, et disait *que si une femme le touchait,* il s'arracherait l'endroit de la peau souillé par son contact; cependant l'abbé Guérin, prêtre de l'Immaculée Conception, nous dit qu'*un jour qu'il pleuvait à verse, il voulut bien accepter le parapluie d'une dame et entrer chez elle; cette dame trouva une telle consolation dans les paroles du saint, qu'elle voulut procurer le même plaisir à une demoiselle de ses amies.... Après sa visite, la jeune fille avoua que personne, jusqu'à présent, n'avait pu pénétrer son intérieur comme Labre l'avait fait.* Il est presque inutile d'ajouter que huit jours après la visite de Labre, les deux pauvres femmes se grattaient encore à s'écorcher la peau. Le saint reçut de Dieu plusieurs dons en récompense de sa saleté, entre autres celui d'ubiquité, et plusieurs de ses biographes assurent qu'il fut vu en même temps en plusieurs endroits différents. Ça vous donne vraiment envie de devenir saint. Voyez comme cela serait agréable : Prenez un soldat, par exemple; il pourrait être en même temps à l'exercice, à la salle de police et en permission; et pour un mari volage, quelle facilité pour tromper sa moitié! Pendant que celle-ci l'entendrait ronfler à ses côtés, il serait tout simplement avec une blonde, une brune et une rousse, à mordre avec ardeur au fruit défendu; et pour les criminels, que d'alibis ils trouveraient! Toute réflexion faite, je crois que Dieu a bien fait de n'accorder le don d'ubiquité qu'à des saints, de simples mortels en abuseraient certainement.

Labre mourut à trente-cinq ans, et resta de longues années dans un profond oubli, jusqu'au jour où le clergé, éprouvant le besoin de fonder un nouveau pèlerinage, choisit Amettes, son pays, et se mit à faire une réclame effrénée autour de son nom. L'entreprise réussit parfaitement.

Pour l'inauguration de ce pèlerinage, un zouave pontifical *rapporta de Rome la paillasse de Labre avec tous les poux qu'elle contenait;* ces poux desséchés depuis longtemps, furent vendus très cher comme reliques. On cite à cette occasion un pouilleux roublard qui fit fortune en faisant dessécher ses poux et en les vendant pour des vrais poux de Labre. Un ex-curé de mes amis, me raconta la chose suivante : «Dans un village de Normandie, dit-il, une bonne sœur me montra, par faveur spéciale, un petit médaillon contenant un poux de Labre; elle portait le précieux objet sur sa peau, chaudement et dévotement enfermé entre ses deux seins; elle voulut bien permettre que je le baisasse, mais elle me fit préalablement jurer sur les cendres de Louis XVI roi martyr, que je n'en dirais jamais rien à personne. Lorsque j'eus fait ce serment, elle me dit confidentiellement que tant que ce saint médaillon touchait la chair, on pouvait commettre toutes sortes de péchés mortels sans aucune crainte de l'enfer. » Je ne sais si toutes les dévotes et les religieuses connaissent cette miraculeuse vertu des poux de Labre, mais elle suffirait à expliquer l'acharnement qu'elles mirent à se les procurer. Cette aimable bonne sœur me dit encore un tas de choses miraculeuses sur ce pou édifiant : entre autres choses, elle m'assura que chaque année, à la date du 16 avril, jour anniversaire de la mort du saint, son pou ressuscitait et courait toute la journée dans son médaillon. »

A l'inauguration du pèlerinage d'Amettes, la fureur des dévots était si grande pour se procurer des reliques, que si on ne les eût retenus, ils auraient démoli la chaumière des parents de Labre pour l'emporter par morceaux. Malgré tous les efforts, on ne put empêcher de nombreux dégâts, et les reliques, ne suffi-sant pas à la pieuse voracité des fidèles, on vendit les cheveux et les poils du saint qu'on avait eu soin d'arracher un à un. Ceux qui croient que j'exagère, trouveront tous ces détails et bien d'autres, écrits tout au long dans l'histoire du pèlerinage d'Amettes et dans tous les pieux biographes du saint, notamment dans le fameux livre de M. Aubineau de l'Univers, qui a prouvé, clair comme le jour, que plus on était ignoble plus on était un grand saint.

La canonisation de Labre eut lieu en décembre 1881; quelque temps avant la cérémonie, Léon XIII s'affubla de ses habits les plus dorés, mit sur sa tête son casque étincelant, orné de trois couronnes, et lorsque l'ophicléide et la grosse

caisse eurent rassemblé autour de lui un cercle suffisant de badauds, il dit :
« Je vais exécuter devant vous le plus beau tour que vous ayiez jamais vu; je
vais canoniser la vermine du bienheureux Labre. Pour voir cette chose étonnante, je demande seulement la bagatelle de trois cent mille francs. »

De tous les points du monde catholique l'argent s'abattit dans la sébille du
pape; lorsque l'argent cessa de tomber, Léon XIII fit le compte. « Allons, mes
frères, cria-t-il, un peu de courage à la poche; il ne manque plus que
265,791 fr. 39 centimes pour faire le compte; » mais le pape eut beau s'égosiller, rien ne tomba plus. « Voyons, mes frères, pour vous encourager, je vais
réduire la somme de moitié; 150,000 francs pour voir canoniser un pouilleux, c'est
pour rien; si vous n'avez point d'argent dans vos poches, fouillez dans celles de
vos voisins; car si vous ne parfaites pas cette somme, la religion, la propriété
et la famille seront en péril. » La grosse caisse et l'ophicléide se firent entendre
de nouveau, et l'argent recommença à pleuvoir. Léon XIII se frottait les mains;
mais lorsqu'il fut de retour au Vatican, il dit à ses familiers : « Mes amis, nous
sommes volés; j'ai trouvé dans ma sébille un nombre considérable de médailles de la Vierge, de jetons à l'effigie de Mangin, et, pour comble d'ironie, des
pièces du pape. » Voilà pourquoi le saint Père fut obligé de canoniser Labre
au rabais et de se contenter de la somme de 60,000 francs, obtenue à
grand'peine. On m'a même assuré qu'il avait contraint son cordonnier, son
tailleur et quelques autres fournisseurs — sous peine de perdre sa pratique —
à se cotiser pour parfaire ce total.

Pour éviter la pluie de pommes cuites qui l'attendait, le clergé romain fit
cette canonisation à huis-clos dans la basilique de saint Pierre de Rome.

19 MAI. — **SAINT DUNSTAN,** *archevêque de Cantorbéry,* x° siècle. —
Voici, en abrégé, l'histoire de ce scélérat mitré. Ordonné prêtre assez jeune,
il mène une vie scandaleuse et se fait détester du roi Aldestan, son parent.
Voyant qu'il n'arriverait à rien en agissant ainsi, tout-à-coup il se fait ermite,
s'affuble d'un cilice, porte une ceinture de fer, et se livre aux plus grandes
austérités. — Avec un peuple ignorant et fanatisé, ces moyens ne ratent jamais. — Lorsque Dunstan se trouve une réputation suffisante de sainteté, il
va trouver le nouveau roi nommé Edred qui, en échange de sa bénédiction, le
nomme son grand trésorier et ne lui demande jamais de comptes. Ce parfait
monarque malgré les ferventes prières de Dunstan, disparaît dans le royaume
des taupes. Edwy lui succède; ce prince, voyant ses finances dans un pitoyable
état de phthisie, prie poliment son trésorier de lui présenter le livre des recettes

et des dépenses. Dunstan lui répond — avec la sainte indignation d'un homme apostolique — qu'un représentant de Dieu ne peut s'abaisser à rendre des comptes à un vil représentant des hommes; et sur l'obstination impie du roi, il ameute contre lui le ban et l'arrière-ban des prêtres, des moines et des fidèles. Il fait saisir la reine Elgive, lui brûle la figure avec un fer rouge; et, à la suite d'une révolte, il oblige le roi à divorcer, sous prétexte que leur mariage n'a pas été accompli suivant les rites prescrits par l'Église. La reine, qu'il a obligée de s'expatrier, n'est pas plus tôt guérie de ses brûlures, qu'elle se met secrètement en route pour l'Angleterre, mais Dunstan a l'œil ouvert. Ses moines se saisissent d'Elgive, et sur son ordre lui charcutent si horriblement les parties secrètes de son corps, qu'elle meurt en peu de jours en proie aux plus atroces douleurs. Non content de ces hauts faits, Dunstan se sert du peuple qui vénère ses semblants de vertu, pour détrôner Edwy, et mettre son jeune frère Edgard à sa place. Dunstan, sous le règne de cet enfant, est le véritable roi, et s'adjuge à lui-même l'archevêché de Cantorbéry avec l'assentiment du pape dont

il seconde la politique. A la mort d'Edgard, les lords d'Angleterre choisissent Ethelred pour roi, mais Dunstan, qui n'a pas été consulté, met Édouard II à sa place, en disant narquoisement à Ethelred : «Eh bien! comment la trouves-tu? tu ne t'attendais pas à celle-là? » Au lieu de lui répondre, Ethelred détrôna son concurrent, et prit sa place. Alors le saint homme en éprouva un tel accès de rage, qu'il en mourut.

L'Église a été de la dernière ingratitude envers lui en ne lui accordant pas la palme de martyr.

22 MAI. — SAINTE JULIE, *vierge et martyre,* v⁰ siècle. — A la suite du sac de Carthage par les Vandales, Julie fut vendue comme esclave à un payen. Son maître était un vieux garçon très riche, ils faisaient tous deux très bon ménage. Cela aurait pu durer longtemps si Julie avait su retenir sa langue. En passant près d'un temple payen, elle cassa du sucre sur les divins personnages qu'il renfermait, et fut pendue pour sa peine.

21 MAI. — **SAINT EMILE,** *martyr*, faisait très mauvais ménage avec sa femme. Ayant été dénoncé comme chrétien par une lettre anonyme qu'on soupçonna être de sa légitime, il fut mis en demeure de sacrifier aux dieux sous peine de mort. Sur sa réponse négative, il fut appliqué à la torture; mais aux premières douleurs, réfléchissant qu'il était bien bête de se laisser torturer pour un Paradis qui n'existait peut-être pas, il fit signe qu'il était prêt à sacrifier. Sa femme, voyant cela, lui cria : « N'avais-je pas raison de te dire que tu n'étais qu'un poltron et un propre à rien? » En entendant ces mots, Émile répliqua « : Qu'on me mette à mort! S'il n'y a pas de Paradis dans l'autre monde, au moins je serai délivré de l'enfer que ma femme me fait subir dans celui-ci! »

23 MAI. — **SAINT DIDIER,** *évêque de Langres*, vi^e et viie siècles. — Didier, après avoir eu la tête tranchée, la ramassa et fut se promener avec. En arrivant au ciel, il réclama pour prix de son martyre la première loge au Paradis ; mais saint Denis lui contesta cette place, en disant que lui seul la méritait, puisque le premier il avait fait ce miracle, tandis que Didier n'était qu'un plagiaire. — Plagiaire vous-même, répliqua Didier, puisque vous avez imité saint Jean-Baptiste. — Des paroles, les deux saints en vinrent aux coups, et on les vit se jeter leurs têtes à la figure. Le bon Dieu, bien embarrassé pour rendre justice, consulta saint Thomas bien connu pour son incrédulité. — Ce sont deux hableurs, dit celui-ci, envoyez-les au diable! — Dieu n'en fit rien, et se contenta de les envoyer *aux communs...* des martyrs.

24 MAI. — **SAINTE ANGÈLE** *n'eut pendant douze ans aucune autre nourriture que la sainte communion qu'elle recevait presque tous les jours.*

25 MAI. — **SAINT URBAIN,** *pape,* iiie siècle, comparut devant le tribunal du préfet de Rome sous l'inculpation d'avoir séduit sainte Cécile pour accaparer sa fortune. Loin de chercher à se disculper, le saint insulta son juge, brisa l'encensoir qui servait pour le Dieu Mars, et cracha sur sa statue. En présence de cet outrage que la loi punissait de mort, Urbain fut exécuté.

7 JUIN. — **SAINTE MARIE ALACOQUE**, née en 1645 à Lenthécourt, en Bourgogne, reçut dès sa plus tendre enfance une éducation si catholique, qu'à dix ans elle avait déjà des extases. Elle déclara à ses parents qu'elle ne voulait

plus porter de pantalons ni de bas, et qu'*elle entendrait désormais la messe les genoux nus sur les dalles de l'église*. A partir de cette époque, ayant fait secrètement le vœu de chasteté à son confesseur, elle ne se livra plus qu'à l'exercice de la contemplation; mais, en avançant en âge, ce vœu qu'elle avait exactement gardé dans son enfance, commença à lui être à charge, et elle se livra au dérèglement. Marie, qui était une belle et robuste fille au sang chaud, mit au plaisir la même ardeur qu'elle avait mise à la dévotion. Hélas! combien de mouillettes profanes vinrent alors se tremper dans le cœur de cette sainte à la coque? *Elle déserta tout à fait l'Église pour les bals masqués;* son confesseur parvint cependant à la ramener au bercail, mais elle y resta peu. Enfin la religion et la nature eurent en elle chacune à leur tour le dessus. Lorsqu'elle allait au confessionnal pour vider dans le sein du prêtre le trop plein de ses péchés mortels, elle lui disait : « Étant petite, je ne voyais que des diables dans mes rêves; aujourd'hui je ne vois que des cœurs enflammés. » Son confesseur, profitant d'une de ces éclaircies de piété, la fit entrer au monastère de la visitation de Paray-le-Monial. Là, après un cours noviciat, et dans la crainte qu'elle ne changeât d'idée, on lui fit prononcer des vœux irrévocables. Au bout de quelque temps les cœurs enflammés reparurent dans ses rêves, elle eut des hallucinations, fit des extravagances, se roula par terre, leva les jambes en l'air; ses extases devinrent plus fréquentes. Une nuit, elle se leva en chemise, alla frapper à la porte de la supérieure, en criant qu'il lui fallait un mari. La supérieure sauta du lit et voulut la reconduire de force dans sa cellule; mais comme je l'ai déjà dit, sainte Alacoque était une forte fille; et la supérieure, voyant qu'elle n'en pouvait venir à bout, appela à l'aide. Toutes les religieuses accoururent en chemise; alors eut lieu une lutte épique de vingt contre une; Alacoque s'était acculée dans un coin, et chaque religieuse qui voulait l'appréhender au corps, allait immédiatement rebondir sur son divin postérieur. On ne savait plus que faire; heureusement, le confesseur de ces dames n'était pas loin; on l'envoya chercher au plus vite. Lorsqu'il arriva, il trouva la pauvre Alacoque secouant avec fureur la grande porte du couvent, et cherchant avec ses pauvres ongles tout ensanglantés à arracher l'énorme serrure pour s'enfuir. — Laissez-moi sortir! criait-elle; un mari! un mari! il me faut un mari! — Ne la contrarions pas, dit le confesseur; dans l'état d'excitation où elle est, cela ne servirait qu'à l'exalter davantage. — Puis, lui mettant doucement la main sur l'épaule. — Vous voulez un mari? venez avec moi, mon enfant, je vais vous en donner un. — Cette voix mâle, succédant tout à coup aux criailleries des béguines, produisit une révolution complète; la pauvre Marie, éclatant en sanglots, s'agenouilla aux pieds du prêtre et baisa ses genoux avec transport, puis elle le suivit docilement.

A dater de cette époque, le cerveau de Marie fut activement travaillé par le confesseur et la supérieure. Pour dompter cette exubérante nature, on lui fit subir de fréquentes saignées; ses extases et ses visions reprirent de plus belle, mais dans le sens dévot, cette fois. Elle voulait un mari; on lui donna Jésus, le plus beau de tous. « La supérieure — dit Michelet, dans son livre du prêtre et de la femme — pour répondre à son désir, célébra ses épousailles avec Jésus; un contrat régulier fut dressé par elle, et Marie Alacoque signa de son sang. » Un jour, ayant vu dans la cuisine un fer qui servait à imprimer le nom de Jésus sur les gaufres qui se fabriquaient au couvent, elle le fit rougir au feu, et arrachant sa guimpe, *elle se l'appliqua sur le sein gauche*. Pour la récompenser, *Jésus lui donna la permission de coller sa bouche sur la plaie amoureuse de son cœur*. Dans ses hallucinations, au lieu des cœurs de Paul ou d'Ernest, sainte Alacoque ne vit plus désormais que celui de Jésus; il lui apparaissait avec une plaie saignante, enveloppé de flammes, entouré d'une couronne d'épines et surmonté d'une croix. Jésus, lui-même, lui apparut et lui déclara qu'il voulait qu'on instituât une dévotion spéciale à son sacré cœur.

Les jésuites, avertis par la supérieure, et voyant tout le parti qu'on pouvait tirer de cette nouvelle dévotion, lui firent une réclame immense; et en moins de quarante ans, près de cinq cents confréries du Sacré-Cœur surgirent aux quatre coins de la France. A cette époque, les jésuites intriguaient près de Charles II pour convertir l'Angleterre au catholicisme. « Pour remplir ce rôle de convertisseur — dit encore Michelet — il fallait un homme séduisant, mais surtout ardent, fanatique; cette qualité manquait au jeune homme que le P. La Chaise, confesseur de Louis XIV, avait en vue. C'est un P. La Colombière, prédicateur agréable, écrivain élégant, doux et docile; il ne lui manquait qu'un peu de folie. Pour lui en donner, on l'approcha de mademoiselle Alacoque; il fut envoyé à Paray-le-Monial comme confesseur des Visitandines (1675); il avait trente-quatre ans, elle, vingt-huit. Bien préparé par la supérieure, elle reconnut en lui le grand serviteur de Dieu que ses visions lui promettaient; et dès le premier jour, elle vit dans le cœur ardent de Jésus son cœur uni au cœur du jésuite. La Colombière, douce et faible nature, fut emporté sans résistance dans cet ardent tourbillon de passion et de fanatisme. On le tint un an et demi dans la fournaise; puis, brûlant, on l'arrache de Paray; on le lance en Angleterre. On se défiait encore de lui; on craignait qu'il ne refroidit; or, de temps à autre, on lui envoyait quelques lignes ardentes, inspirées; Marie Alacoque dictait, la supérieure écrivait. Il resta ainsi deux ans chez la duchesse d'York, à Londres, si caché, si bien enfermé, qu'il ne vit pas même Londres. On lui amenait mystérieusement quelques lords qui croyaient utile de se convertir à la religion de l'héritier présomptif. L'Angleterre, ayant enfin surpris la conspiration papiste, La Colombière fut embarqué pour la France. Il revint malade ; et, quoique ses supérieurs l'eussent renvoyé à Paray-le-Monial pour voir si Marie Alacoque pourrait le ressusciter, il y mourut de la fièvre.

Lorsque la pauvre Marie — après avoir fondé par sa folie un culte qui devint pour l'Église une nouvelle mine de richesses — fut pour celle-ci un instrument inutile, on l'emprisonna dans la cellule la plus reculée du couvent où elle mourut misérablement, dans un accès de fièvre chaude, le 17 octobre 1690.

Monseigneur Languet, archevêque de Sens, a publié en 1753 une vie de Marie Alacoque, dans laquelle Jésus-Christ, amoureux de la sainte, dit à celle-ci un tas de polissonneries que je n'ose reproduire ; et, pour mettre le comble au ridicule, il lui fait des vers.

27 MAI. — SAINT JULES et SAINT PÉLERIN. — Jules était soldat romain et fut mis à mort plutôt pour insubordination militaire que parce qu'il était chrétien. Pendant qu'il marchait au supplice un payen ramassa un énorme caillou pour le lui jeter, mais ses deux mains se changèrent elles-mêmes en pierres, et s'incrustèrent si bien *l'une dans l'autre qu'il resta toute sa vie avec les deux mains collées*, et tous ceux de sa race furent de même. Plus d'un dévot, en lisant cela, m'accusera d'invention. Pour prouver que je n'exagère rien, je vais citer d'autres exemples de faits analogues lus dans des livres pieux : « On voit en Angleterre quelques personnes qui ont des queues, en punition de ce qu'elles se sont moquées jadis du moine saint Augustin que leur envoya saint Grégoire et qui prêcha en Dorketshire l'an 597. Elles attachaient les queues de différents animaux à leurs habits, mais bientôt ces queues s'incrustèrent, et ont passé à leur postérité. » On lit dans la vie des saints Nivernais, publiée à Nevers en 1858 par Monseigneur Crosnier : « Saint Pélerin vint à Entrains, capitale du Donziais, à dix lieues d'Auxerre, où l'on venait de bâtir un temple en l'honneur de Jupiter. Le peuple accourait de toutes parts pour y faire ses dévotions, lorsque saint Pélerin, animé d'un saint zèle, pénétra dans le temple et se mit à crier qu'il était honteux d'adorer une idole, etc. Les dévots payens, animés eux aussi d'un saint zèle, ne lui en laissèrent pas dire davantage et se précipitèrent sur lui. « L'un d'eux eut le courage de cingler, du fouet dont il était armé, le saint apôtre de Jésus-Christ, mais on vit au même instant le fouet prendre la forme d'un serpent, et disparaître dans les fissures d'un rocher. Il y a à Entrains un nommé N..., qui descend de celui qui eut la barbarie de se servir de son fouet. Or depuis ce temps, lui et les membres de sa famille por-

tent le stigmate du crime de leur ancêtre sur le corps, c'est-à-dire un serpent
qui les enlace, et sont une preuve vivante de ce miracle.

« Outre le stigmate du serpent que personne ne met en doute dans le pays,
il est un autre signe aussi bien constaté que le premier, c'est une masse de
terre qui se remarque dans la main des membres de certaines familles.
Plusieurs des persécuteurs de saint Pélerin l'auraient poursuivi, en lui jetant
des mottes de terre, et depuis cette époque leurs descendants auraient conservé
ce stigmate de génération en génération.-Les personnes qui le portent, soit à
Entrains, soit dans le voisinage, sont connues. » Il en est de l'espèce humaine
comme des arbres sur lesquels on voit quelquefois pousser des excroissances
de formes bizarres. Ces bons roublards de cléricaux, passés maîtres dans le
grand art d'exploiter la crédulité publique, savent raconter habilement l'ori-

gine de ces choses pour inspirer le respect le plus sacré sur leur vénérable
personne; mais Monseigneur Crosnier, qui est si fort sur les origines, a oublié
de nous rapporter celle-ci. Le pays, témoin du miracle qu'il nous raconte, était
enfin converti au christianisme ; dans ces premiers temps, la foi était ardente,
et les reliques de saint Pélerin attiraient à certaines époques une foule considérable de prêtres, de moines, d'évêques et de dévotes, qui prirent en l'honnenr
du saint le nom de PÈLERINS, et qui venaient de tous les coins du département et
d'ailleurs pour les vénérer. Les maris, qui pendant ce temps restaient à la boutique pour répondre aux clients, eurent de telles démangeaisons au front qu'il
leur vint d'étranges soupçons sur la fidélité de leurs épouses; une vaste conju-
ration s'établit et tous partirent comme un seul homme. Ils arrivèrent la nuit
au lieu du pèlerinage, et surprirent les saints prêtres couchés saintement avec
leurs saintes femmes. Ces maris oubliant le respect qu'ils devaient aux repré-
sentants du Christ, osèrent les chasser à grands coups de pieds quelque part;
mais il leur poussa aux pieds des excroissances, qui les firent horiblement
souffrir, et depuis cette époque leurs descendants auraient conservé ces
stigmates de génération en génération. Il y a en France quantité de familles du

nom de N..., de P..., de Q..., de Z..., qui portent encore ces stigmates, que l'on désigne ordinairement sous le nom de cors aux pieds, qui sont la preuve vivante de ce miracle.

Mais j'y pense, Monseigneur, vous qui voyez si bien des mottes de terre dans les mains de vos diocésains, avez-vous quelquefois examiné vos pieds pour voir s'il ne s'y trouve pas de cors?

28 mai. — **SAINT GERMAIN**, *évêque de Paris*, patron des *prestidigitateurs*, v^e et vi^e siècles. — Roué de coups par sa mère et sa grand'mère, il se sauva chez un oncle dévot nommé Scapillon, parent éloigné de Robert Houdin. Quand il fut grand, son oncle le mit à la porte, après lui avoir enseigné les élé-

ments de la physique amusante. Il alla échouer dans un couvent de moines; après quelque temps de séjour, il se vit accusé d'un tas de choses pas propres; au lieu de se disculper, il donna une grande séance de prestidigitation, science peu connue alors. Chacun de ses tours passa pour autant de miracles. Childebert, roi de France, en ayant ouï dire un tas de merveilles, voulut avoir un si grand personnage dans sa bonne ville de Paris. Peu de temps après son arrivée, il donna devant la cour une autre grande séance. — Tenez, messieurs, ce gobelet, dit-il, n'est nullement préparé; rien sur cette table, rien dans les mains, rien dans les poches, rien dans ce gobelet; là, je le pose doucement sur la table; une personne de bonne volonté, s'il vous plaît? Childebert! approche mon ami, n'aie pas peur (j'avais oublié de vous dire qu'il tutoyait Childebert, tandis que celui-ci, sous le prestige, l'appelait majesté), lève ce gobelet! Voyez, messieurs, de rien j'ai fait un superbe chapeau d'évêque qui me coiffe admirablement. Childebert! mon ami, cours vite maintenant me chercher six mille livres, toute ta vaisselle d'or et d'argent! Allons, mesdames et messieurs, fouillez dans vos poches, mettez tout dans cette boîte. Très bien; une! deux! trois! le tour est parfaitement réussi! plus rien de ce qu'on a mis dans la boîte! Voici l'or, la

vaisselle, les bijoux changés en une pluie de bénédictions! C'est pour avoir
l'honneur de vous remercier; si vous êtes contents, faites en part à vos amis et
connaissances. — Un volume ne suffirait pas à décrire tous les tours de passe-
passe, non plus que toutes les maladies que cet empirique incomparable guérit
radicalement. Copions son historien : « La paille de son lit, les pièces et les fils
de sa robe, sa salive, ses larmes, ses paroles, l'eau qui lui avait servi à laver
ses mains, son regard, son attouchement, les songes qui le faisaient apparaître
durant le sommeil, les lettres qu'il écrivait, étaient autant de remèdes pour
toutes sortes de maladies. Quand il sortait de l'église, on mettait les malades sur
deux rangs, et il les guérissait tous en passant, etc., etc., lire la suite dans la vie
des saints du père Giry, librairie de Saint-Sulpice. »

En se faisant les cartes, il apprit qu'il mourrait le 5 avant les calendes de
juin. Il l'inscrivit sur le mur pour ne pas l'oublier, et il fut escamoté lui-
même à la date désignée, l'an 576 à l'âge de quatre-vingts ans.

29 mai. — **SAINT MAXIMIN,** *évêque de Trèves,* qui n'a probablement jamais
jamais existé, « s'embarqua avec Lazare le ressuscité, Marie-Magdeleine,
Marthe, les deux Marie Jacobé et Salomé, dans une barque, sans voiles, ni gouvernail, ni pilote, conduite en mer par le doigt de Dieu, qui les déposa sur la
côte de la Camargue. » En arrivant en Provence, Maximin courut se commander
un chapeau d'évêque et exerça son métier tout de suite. Quant à Marie-Magdeleine, elle alla dans la solitude pour pleurer pendant trente ans les péchés
qu'elle avait encore envie de commettre. *Saint Maximin fut le seul être humain
qui l'alla voir dans sa retraite,* et c'est par lui que nous savons *qu'elle n'eut
jamais que ses cheveux* et une paire de jarretières *pour tous vêtements.*

30 mai. — **SAINT FERDINAND III,** *roi de Castille,* xiiie siècle. — Contrairement à saint Louis, son cousin, il remporta de grandes victoires sur les
infidèles. On les canonisa tous deux pour ne pas faire de jaloux..... au ciel.

31 mai. — **SAINTE PÉTRONILLE, PERRONNELLE, PERRINE** ou
PERNELLE, au choix. — Son papa, qui se nommait saint Pierre, et qui guérissait tous les malades, ne put jamais la guérir d'un grand mal d'amour rentré.
A sa mort, son cœur avait tellement souffert qu'il en était devenu liquide et
s'était répandu sur le plancher. Le jeune homme pour qui elle avait tant sou-
piré, le ramassa avec une cuiller et le mit dans un bocal pour le conserver à
l'adoration des fidèles. Ceci est à peu près sa légende; mais la vérité est qu'elle

n'a pas existé, du moins comme fille de saint Pierre, car les écrivains religieux ne la lui ont attribuée qu'à cause de l'analogie des noms. Un livre dévot dit que *Pétronille n'était peut-être pas la fille de Pierre, pas même sa fille spirituelle, mais qu'ils eurent ensemble d'intimes relations, inspirées par le ciel, et que sa santé fut détruite par suite d'une bien triste maladie.* Si la naïveté n'existait plus sur terre, on la retrouverait dans les livres catholiques.

1er juin. — SAINT FLOUR, vint en Auvergne vers 389 et prêchait inutilement ce malheureux pays pour le convertir : « Si vous restez idolâtres, criait-il sans cesse, vous serez privés du soleil qui vous éclaire. » Un jour qu'il répétait ces mots, il survint une éclipse de soleil; à la vue de ce prodige, tout le pays se fit chrétien, et la ville qui fut bâtie depuis, porta le nom du saint.

2 juin. — SAINT POTHIN et SAINTE BLANDINE « On leur brûla, avec des lames de cuivre embrasées, les parties du corps les plus délicates, » de telle sorte qu'il aurait été impossible, après leur martyre, de dire s'ils étaient des hommes, des femmes ou des Auvergnats.

3 juin. — SAINTE CLOTILDE, v^e et vi^e siècles. — Rien n'est plus implacable, dit-on, qu'une haine de dévot; quelque chose est plus implacable : c'est une haine de dévote. L'abbé Legendre dit à propos de cette sainte : « Quoique dévote, elle n'en était pas moins vindicative; elle se persuadait, comme beaucoup de personnes pieuses, que les injures qui lui étaient faites étaient des injures faites à Dieu. » L'abbé Goujet dit aussi dans sa vie des saints : « Elle se laissa aller à deux passions, la vengeance et l'ambition. » Ce fut pour satisfaire son besoin de vengeance, qu'allant rejoindre le roi Clovis, qui devait être son époux, elle fit massacrer par son escorte tous les habitants des villages bourgui-gnons et incendier leurs chaumières! Quel charmant passe-temps pour une jeune fille chrétienne! Après la mort de Clovis, et pour satisfaire une nouvelle vengeance, elle poussa son fils Clodomir à faire une guerre injuste. Ce dernier pour lui être agréable, fit jeter dans un puits le roi de Bourgogne, sa femme et ses deux enfants. Elle fut cause de l'assassinat de ses petits-fils, en répondant avec un indomptable orgueil, qu'elle aimait mieux les voir morts que prêtres. Malgré cela les prêtres la canonisèrent, parce qu'elle poussa Clovis à se faire chrétien, qu'elle lui fit bâtir l'église nommée aujourd'hui Sainte-Geneviève, qu'elle donna de grandes richesses au couvent de Chelles, etc., etc. Sainte Clothilde guérit toutes les maladies des enfants; il suffit pour cela de les conduire neuf jours de suite à une messe dite à son intention.

BIBLIOTHÈQUE NATIONALE
R. F.
IMPRIMÉS

8 JUIN. — SAINT MÉDARD, *évêque de Noyon*; SAINT GODARD, *son frère, archevêque de Rouen*, et SAINTE MADRESINE, *sa sœur*, V^e et VIe siècles.

AIR : *pleut, il pleut, bergère.*

Au villag' quand on cause
Du fameux saint Médard,
On l'appelle, et pour cause,
« Saint Médard, grand pissard. »
Si vous voulez bien être
Un instant attentif,
Vous comprendrez peut-être
Ce qualificatif.

Sa mère, une vrai' sainte,
Dans son jardin, un soir,
Eut, en étant enceinte,
Un r'gard d'un arrosoir.
V'la pourquoi, mesd'moiselles,
Vint au mond' saint Médard,
Pleurant par les prunelles,
Pissant par autre part.

LA VIE DROLATIQUE DES SAINTS.

LIV. 44

Il pissait à l'église.
A la barb' du bon Dieu ;
Il pissait dans sa ch'mise,
Jusque dans l' pot au feu ;
Il pissait dans ses chausses ;
Même un livre nous dit
Qu'la premièr' nuit d' ses noces
Il pissa dans son lit !

Fontain' jamais vidée,
L'pauvre homm' pissait toujours
Il pissait chaque année
Trois cent-soixant'cinq jours,
Sans qu'jamais rien n'arrête
C' l'arros'ment perpétuel.
Il nous piss' sur la tête
Maint'nant qu'il est au ciel.

Morale.
Maris que l'amour presse.
Qui voulez un moutard,
Prenez garde qu'il naisse
Le jour de saint Médard
Qu'ils soient garçons ou filles,
Albinos, blonds ou noirs,
C' jour-là dans les familles,
Il n' vient qu' des arrosoirs.

Chœur des paysans.
Il pleut sur le feuillage,
Et v'là la saint Médard.
Qu'on allume au village,
Des cierges sans retard.
Car si les cieux qui pissent,
A nos vœux restent sourds,
Faudra qu' nos blés pâtissent.
Pendant quarante jours.

A cette époque, dit Mézeray, dans son histoire de France, « l'église Gallicane ne recevoit guère pour évêques que des saints, ou les rendoit tels. C'étoient pour la plupart des grands seigneurs du pays qui pour se mettre à couvert des soupçons et des jalousies que les Visigoths et les François pouvaient prendre d'eux, se jetoient dans l'église comme dans un asile. » Tel fut le cas de saint Médard qui se fit évêque par politique, et qui fut bombardé saint par-dessus le marché, parce qu'il était un grand seigneur. Pour ne pas faire de jaloux, on donna aussi la mitre et le titre de saint à son frère Godard.

C'est saint Médard qui créa l'institution du couronnement des rosières, au village de Salency, en Picardie, dont il était le seigneur. Pour être couronnée rosière, trois conditions étaient de rigueur : être jeune, jolie et pucelle. Chaque année, saint Médard faisait passer toutes les jeunes filles du pays en conseil de révision, et comme il était très fin connaisseur, il était impossible de lui en faire accroire. Lorsqu'il avait fait son choix, il faisait passer celle qu'il avait préférée dans ses appartements particuliers, et lui donnait immédiatement trois leçons de danse. Le lendemain et les jours suivants, elle venait à la même heure, recevoir ponctuellement les trois leçons règlementaires, jusqu'au moment où saint Médard la jugeait suffisamment préparée pour la cérémonie qui avait lieu invariablement le 8 juin. Ce jour-là, à deux heures de l'après-midi, douze jeunes filles, vêtues de blanc, accompagnées de douze garçons qui leur donnaient la main, allaient chercher la rosière, également vêtue de blanc, et la conduisaient à l'église au son des tambourins et des musettes. Après avoir entendu les vêpres, elle revenait au château de saint Médard, à qui elle débitait un petit compliment, confectionné par l'une des fortes têtes du pays. C'est alors que saint Médard lui déposait sur la tête une couronne de roses blanches qu'il aspergeait d'eau bénite, après quoi il lui faisait présent « d'une flèche, de deux petites balles, et d'un sifflet de corne qu'il ne lui remettait qu'après avoir sifflé dedans » (*sic*). J'ai eu entre les mains un manuscrit paraissant venir de saint Médard lui-même, et dans lequel était écrit tout au long le speech qu'il adressait à la rosière, en lui remettant ces objets symboliques dont il lui donnait l'explication. Tout ce qui avait rapport à la flèche et aux deux balles était en partie mangé par le temps et l'humidité. Je cite seulement les quelques passages, relatifs au sifflet, qui s'y lisaient encore. « Tu feras cadeau (il paraît que saint Médard tutoyait les rosières) de ce sifflet à ton mari le jour de tes noces, et tu lui montreras comment on s'en sert..... (ici un passage illisible par l'humidité)... Tu n'exigeras jamais qu'il souffle plus de trois coups à la fois, car il faudra bien te garder de le faire souffler à perdre haleine ; peut-être quelques damoiseaux t'affirmeront qu'ils sont de force à siffler bien davantage, ne les crois pas, ce sont des vantards. Après quelque temps de ménage, ton mari montrera moins d'envie à jouer de son instrument ; donne-lui le ton s'il le faut, et efforce-toi avec adresse de lui faire moduler quelques airs. Cependant, si malgré tes efforts, il abandonnait complétement l'usage du sifflet, souviens-toi qu'il est en *corne*. »

Cela dit, une table était dressée au milieu de la grande cour du château, « elle était garnie d'une nappe, de six assiettes, deux couteaux, une salière, pleine de sel, un lot de vin clairet en deux pots, qui fait environ deux pintes et demie ; de deux verres, d'un-demi lot d'eau fraîche, de deux pains blancs d'un sou, d'un demi-cent de noix et d'un fromage de trois sous. » Saint Médard et la rosière s'asseyaient sur un escabeau, et mangeaient au son de la musique. Comme on le voit, saint Médard ne se ruinait pas en frais de table ; il apportait en toutes générosités la même économie, et c'est à tort que de pieux auteurs prétendent qu'il détacha de son domaine douze arpents, dont il affecta les revenus au paiement de vingt-cinq livres pour constituer une dot à la rosière. Saint Médard voulait bien s'offrir des rosières, mais il tenait à se les payer à l'œil. Ce n'est en effet que plus tard que les seigneurs de Salency donnèrent cette somme sur leurs revenus, et cela jusqu'en 1774, où eut lieu un curieux procès entre le curé de Salency et un sieur Danré, seigneur du même lieu. Le curé prétendait choisir la rosière, régler lui-même la cérémonie, et faire payer les vingt-cinq livres tournois ainsi que tous les autres frais, suivant l'usage, au sieur Danré ; mais celui-ci répondit que le couronnement de la rosière n'était plus qu'une puérile comédie, et que si l'on prétendait lui faire payer ce spectacle, il voulait au moins en régler lui-même la mise en scène, et surtout choisir à son gré l'actrice principale.

Après le dîner, saint Médard allait ouvrir la danse avec la rosière, qui montrait par ses grâces qu'elle avait su profiter des merveilleuses leçons du saint ; celui-ci était, du reste, de première force ; malheureusement, il était sujet à une petite infirmité : il avait la vessie extrêmement faible, et il se sentait à chaque instant l'envie d'aller satisfaire un petit besoin ; ce qui l'obligeait souvent d'interrompre un entrechat pour courir dans le premier coin venu. Ce bal champêtre ne se prolongeait jamais jusqu'à la nuit ; aussitôt le soleil couché, saint Médard conduisait la rosière dans la plus belle chambre du château pour en faire autant, et les villageois s'en retournaient chacun chez eux.

Lorsque saint Médard couronna la première rosière, il en choisit d'abord trois parmi lesquelles il se proposait de faire un dernier choix, lorsque Madresine sa sœur, apprenant qu'elle n'était pas comprise parmi les trois postulantes, vint trouver son frère et lui fit une scène effroyable. Saint Médard, exaspéré, lui dit : — Comment veux-tu que je te fasse rosière ? tu n'as aucune des conditions requises. — Ah ! c'est comme ça, hurla Madresine, eh bien ! rappelle-toi de cela, si tu ne me nommes pas, je débine le truc. Devant cette menace, saint Médard se vit obligé de céder, et voilà comment Madresine, dont le clergé fit une sainte, devint la première rosière.

Quand saint Médard vint au ciel, il présenta une requête au Père Éternel, lui disant qu'ayant été toute sa vie un *grand pissard*, il serait bien aise de présider à la pluie. Le Père Éternel lui promit cette place ; mais le brave homme, qui, à l'époque, commençait déjà à se faire vieux, perdait souvent la mémoire ; il ne se rappela donc plus que peu de temps auparavant il avait promis cette place à saint Barnabé. Lorsque ce dernier vint le sommer de tenir sa promesse, il décida, dans sa sagesse, que chaque année une lutte à coups de bâtons aurait lieu entre les deux saints, et que celui qui l'emporterait déciderait seul de la pluie et du beau temps.

Encore un détail sur saint Médard, avant de terminer : « C'était, assurent ses historiens, un dentiste émérite. » Il arrachait, avec une incomparable dextérité les dents des rosières, et savait au besoin leur en planter.

6 JUIN. — SAINT CLAUDE, *évêque de Besançon.* — Sa vie ne fut écrite que cinq cents ans après sa mort ; mais son biographe assure qu'elle fut d'une grande pureté, à preuve que *son corps s'est conservé exempt de toutes puanteurs et corruptions pendant plus de onze siècles.* On peut encore le voir aujourd'hui dans le même état de conservation (*car il est en pierre*), à l'église de Besançon.

6 JUIN. — **SAINT NORBERT**, *instituteur de l'ordre des prémontrés,* XI*e* *siècle.* — *On cite de lui une action héroïque. Une grosse araignée étant tombée dans son calice déjà consacré, il l'avala courageusement;* mais Dieu *la lui fit rejeter par le nez en éternuant* (sic).

7 JUIN. — **SAINT LIÉ.** Ce saint n'a probablement existé que dans le cerveau de ses biographes, qui n'ont jamais pu s'accorder dans ce qu'ils disent être son histoire. Ils ne s'accordent pas davantage sur l'époque de sa mort que quelques-uns supposent être arrivée en 534. Quelques écrivains catholiques disent qu'il était prêtre, les autres soutiennent qu'il ne l'était pas. Les uns le disent du Berry, les autres des Ardennes ; ce qu'il y a de certain, c'est que le curé de M...., près Mézières (dans les Ardennes), prétendit un beau jour avoir découvert les os de ce saint sur le territoire de sa commune. Des pèlerinages furent vite organisés, et l'argent tomba à verse dans la cure ; mais le curé de F....., pays voisin de M...,, qui desséchait de jalousiee, en voyant le succès de son confrère, prétendit que les os avaient été trouvés sur le terrain de sa commune. Il y eut procès ; et les géomètres, après avoir déterminé la ligne exacte de démarcation des deux pays, donnèrent tort au curé de F..... Celui-ci — pour se venger, disent les mauvaises langues ? — assura que les prétendus os du saint n'étaient que des os de Prussien, restés enfouis depuis l'invasion de 1815 ; mais il eut beau dire, le pèlerinage n'en continua pas moins.

Saint Lié guérit, bien entendu, toutes les maladies ; mais il a une spécialité, et comme saint Léonard, guérit surtout les enfants *noués,* c'est-à-dire qui sont tardifs à marcher. Il suffit de les porter dans l'église où est la statue du saint ; là, le curé prend la corde de la grosse cloche, fait un nœud coulant dans lequel il serre le corps de l'enfant (coût 27 sous). La cérémonie faite, vous pouvez être assuré qu'il marchera à vingt et un ans, quelquefois même avant. C'est absolument infaillible, et l'on ne cite qu'un exemple où l'opération n'ait pas réussi : Cette fois-là, le curé ayant trop serré le nœud coulant, l'enfant mourut étranglé ; mais ce n'était qu'une vengeance du saint ; parmi les vingt-sept sous donnés en son honneur, se trouvaient deux boutons de culotte.

9 JUIN. — SAINT FÉLICIEN et SAINT PRIME, IVᵉ siècle. — Je cite sans commentaires : « On versa du plomb fondu dans la bouche de l'un d'eux, mais il n'en ressentit pas plus de mal que s'il eût bu un verre d'eau fraîche. »

11 JUIN. — SAINT BARNABÉ, Iᵉʳ siècle. — Le saint Esprit, satisfait de ce que Barnabé avait vendu tous ses biens afin d'en déposer l'argent aux pieds des apôtres, ordonna pour récompenser un acte aussi conforme à l'esprit de l'Église, qu'il serait désormais le treizième apôtre de Jésus-Christ ; malgré cet ordre, le clergé continue toujours à n'en compter que douze ; c'est à croire vraiment qu'il se moque du Saint-Esprit.

On attribue à Barnabé des épîtres et des évangiles qui ont été, comme son titre d'apôtre, classés parmi les apocryphes. Pour justifier le mépris qu'on a fait des doctrines de cet apôtre, il suffira de dire qu'il compare les rois à des oiseaux de proie, qu'entre autres phrases il a écrit celle-ci : *Les apôtres que le Seigneur choisit étaient des hommes pervers, et d'une méchanceté excessive.*

12 JUIN. — SAINT ONUPHRE, *anachorète de la Thébaïde,* IVᵉ siècle. — Chrétiens, mes frères, disait un jour un bon curé de campagne, efforcez-vous d'imiter ce grand saint : Il vécut jusqu'à l'âge de cent-dix-neuf ans, *il aima mieux demeurer dans un désert affreux plutôt que de rester avec sa femme.* Pour ne pas faire de cuisine, *il ne mangea jamais autre chose que des racines.* Saint-Paphnuce, son historien, nous dit que lorsqu'il l'aperçut pour la première fois, *il ne savait s'il voyait un homme ou quelque animal d'une espèce extraordinaire ; il était couvert d'un poil fort long, comme les bêtes, ayant seulement autour des reins une ceinture de feuillage.*

13 JUIN. — SAINT ANTOINE de PADOUE, XIIᵉ et XIIIᵉ siècles. — — L'éloquence de ce saint était tellement persuasive que les hérétiques étaient obligés de se boucher les oreilles pour ne pas être convertis. Un jour, le saint, s'en étant aperçu, pria tous les auditeurs de le suivre au bord de la mer. Là « il commanda aux poissons de sortir de l'eau pour l'écouter, afin de confondre par leur attention la malice des impies. A l'instant même, il parut sur le bord du rivage une multitude innombrable de poissons qui s'y rangèrent avec un bel ordre, selon leurs espèces et leurs grandeurs, les plus petits se mettant devant, et les plus grands se tenant derrière. Lorsqu'il eut terminé son discours, les baleines et les autres poissons ne voulurent pas se replonger dans l'eau, avant d'avoir reçu sa bénédiction. » A la vue de ce prodige,

tous les hérétiques se convertirent, et je n'hésite pas à vous avouer que si j'en
voyais autant, je me convertirais de même. Malheureusement, au lieu de ces
miracles gigantesques du bon vieux temps, que voit-on aujourd'hui? Une jeune
femme surprise, en chemise dans un lieu écarté, avec un cuirassier, par une
gardeuse de dindons; la pauvre enfant, élevée dans une maison dévote, et la
tête remplie par les récits d'un tas d'apparitions, vient raconter qu'elle a vu la

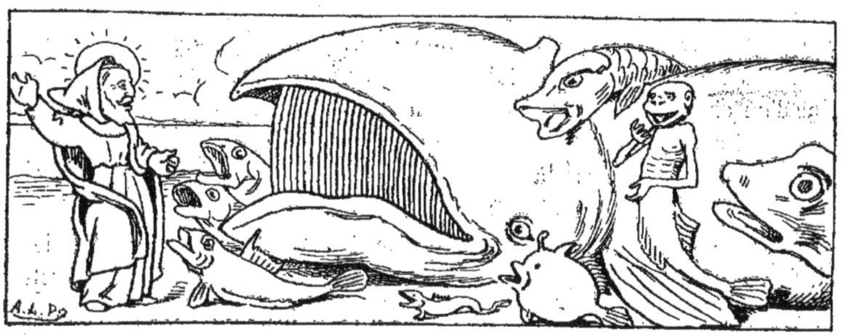

sainte Vierge. On accourt sur le lieu du miracle, mais on ne voit plus rien;
on n'en organise pas moins des pèlerinages; seulement par la suite, chaque
fois que la jeune fille passe dans une rue du pays où se trouve certain phar-
macien, elle s'arrête devant la boutique, et montrant une dame au comptoir :
« Ah! Jésus! s'écrie-t-elle, comme elle ressemble à la sainte Vierge. » Pour éviter
les odieux commentaires que cet incident ne manquerait pas de provoquer
parmi les athées et les libertins, on donne une GROSSE SOMME aux pharmaceu-
tiques époux pour les décider à aller s'établir ailleurs, et l'on met dévotement
la jeune fille sous clef. Eh bien! je le répète, c'est triste et piteux; parlez-moi
de Josué arrêtant le soleil; de Moïse séparant les eaux pour traverser la mer
à pied sec, etc.; à la bonne heure! faites-nous donc des miracles de cette
taille et vous pouvez être certain que nous nous convertirons. Eh bien! tenez,
je n'en demande pas tant! que le P. Monsabré qui remporte un succès si
facile dans les quatre murs de son église, au milieu d'un public de choix, s'en
vienne un dimanche à Asnières, et que, sur les bords fleuris de la Seine, il nous
fasse un sermon; je ne demande pas que, comme Antoine de Padoue, il fasse
venir des baleines; mais que, par son éloquence, il attire seulement une cen-
taine de carpes et de goujons; et je promets de faire amende honorable à son

église, en chemise, pieds nus, la corde au cou, tenant à la main un cierge de dix livres, et plus, s'il l'exige.

Saint Antoine de Padoue est invoqué lorsque l'on est en danger de faire naufrage. Les voyageurs, les femmes stériles, et les femmes enceintesont aussi en lui un puissant protecteur; mais sa spécialité consiste surtout à faire retrouver les objets perdus. Voici dans quelle circonstance Dieu lui accorda ce don. Il était au couvent de Montpellier, lorsqu'un jeune religieux s'enfuit un jour du monastère, en emportant une Bible appartenant à Antoine. Le saint, désolé de la perte de son volume, se précipite à genoux et adresse une oraison au Très-Haut. O miracle! l'oraison met ses bottes de sept lieues, se coiffe d'un chapeau de gendarme et va mettre la main au collet du jeune religieux qui était déjà loin. Ce malheureux revient plus vite qu'il n'est parti, et remet piteusement le livre à son propriétaire.

Lorsque le saint fut au ciel, Dieu voulut que désormai cette grâce de retrouver les objets perdus soit profitable à tous ceux qui invoqueraient Antoine. Il circule dans le monde chrétien un grand nombre de prières à cette intention; plusieurs même sont agrémentées d'indulgences du pape. Je n'en citerai qu'une, mais celle-là, j'en garantis l'efficacité, l'ayant éprouvé moi-même pas plus tard que ce matin, et voici comment : Il est neuf heures, je m'éveille; bon me dis-je, et moi qui ai un rendez-vous à neuf heures et demie, vite! hors du lit. Je m'habille à la hâte ; mais il m'est impossible de retrouver ma seconde chaussette (c'est toujours comme ça quand on est pressé); heureusement, je me rappelle que j'ai dans ma bibliothèque un petit livre de prières; je cours le chercher et récite celle adressée à saint Antoine de Padoue. O prodige! je n'ai pas plus tôt terminé que j'aperçois mes deux chaussettes que j'avais mises au même pied. Voici cette précieuse oraison;

ORAISON A SAINT ANTOINE DE PADOUE, POUR RETROUVER LES PERTES
ET AUTRES BESOINS QUE NOUS AVONS CHAQUE JOUR :

Père et patron, saint Antoine de Pade,
Qui vous invoque, au besoin vous évade,
Périls de mort et de calamités,
De lèpres, fièvres et autres infirmités,
Remédie à mort subite et peste.
En terre et mer, cesse foudre et tempête
Pour retrouver toutes choses perdues,
Des bonnes causes sont par vous défendues.

Et bien souvent aux pauvres innocents
Faites gagner tous procès, tous contents.
Jeunes et vieux qui, à vous, ont recours
A leurs besoins vous donnez tous secours.
Priez pour nous qu'en sortant de ce monde,
Dans le ciel en joie, paix désirable,
Toujours en repos délectable.
Ainsi soit-il.

BIBLIOTHÈQUE NATIONALE IMPRIMÉS

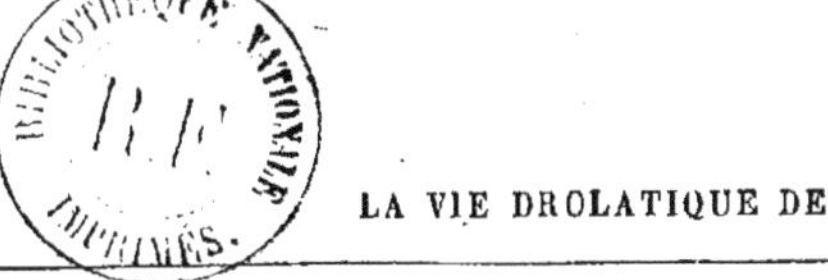

15 juin. — SAINT VIT ou GUY; SAINTE CRESCENCE et SAINT MODESTE, ivᵉ siècle. — Hylas était père de saint Guy; de plus, il était idolâtre. Il mit son fils en nourrice chez sainte Crescence dont il ignorait les

opinions. Celle-ci et son mari saint Modeste, heureux d'avoir entre leurs mains un rejeton d'une des plus riches familles de la Sicile, n'eurent rien de plus pressé que de fourrer dans la tête du marmot tous les principes de la religion chrétienne qui équivalait à cette époque au plus pur radicalisme. Disons seulement, pour en donner une idée, que cette religion tant prônée par le conservateurs d'aujourd'hui, avait mis le partage des biens en tête de son programme, de sorte que tous ceux qui n'avaient pas le sou en étaient. Modeste et sa femme lui assurèrent que les dieux qu'adoraient les gens riches étaient bons à jeter aux ordures ; que Vénus était une catin, Vulcain un cocu, Mercure un voleur, Jupiter un vieux saligaud, etc. Lorsque le jeune Guy fut revenu à la maison de son père, celui-ci s'aperçut des mauvais principes qu'il avait sucés en nourrice ; il voulut réagir énergiquement, mais cela sans résultat. Le papa était furieux de voir que son fils faisait partie de la secte prônée par la canaille, et un beau jour sa colère éclata. C'était la fête de Jupiter, et il était d'usage que les jeunes garçons allassent en signe de réjouissance danser devant la statue du dieu ; mais saint Guy déclara qu'il ne danserait pas. C'est ce que nous allons voir ! cria le père, et s'armant d'étrivières, il en cingla son fils, à tour de bras, jusqu'à ce qu'il fut à bout de forces. Son fils ne céda point et ne fit qu'un tas de grimaces et de contractions nerveuses, occasionnées par la douleur. C'est de là qu'est venu le nom de danse de saint Guy pour ceux dont les maladies de nerfs produisent de semblables contractions. Dans sa colère, le père dénonça Modeste et Crescence comme chrétiens et les fit mettre à mort. La légende affirme qu'il livra lui-même son fils aux bourreaux.

16 JUIN. — SAINT CYR et SAINTE JULIE ou JULITTE ou JULIETTE au choix; SAINT GERVAIS et SAINT PROTAIS; SAINTE FLAVIE. — Sainte Julie aurait été martyrisée sous Dioclétien. Son histoire nous affirme que son fils, saint Cyr, âgé de trois ans, mit un tel acharnement à crier qu'il voulait rester chrétien, que le juge, rendu furieux, le prit par une jambe et lui brisa la tête sur le coin d'un marchepied. A la vue du sang et de la cervelle de l'enfant, tous les spectateurs frissonnèrent d'horreur. *Julie, seule, vit ce spectacle avec des yeux secs et un regard souriant; cette bonne mère fit voir ainsi combien la grâce l'avait élevée au-dessus des sentiments de la nature.* Voici maintenant comment saint Cyr devint le patron de Nevers. Ce fut à la suite d'un rêve du roi Charlemagne, raconté en ces termes par Michel Cotignon : « Dormant le dit Charlemagne, et pensant être à la chasse, tout seul, en des bois, lui sembla voir un grand sanglier furieux venant droit à lui pour l'offenser, dont ayant grand peur, et s'étant mis à prier, s'apparut à lui un enfant nud qui lui dit que s'il vouloit lui donner un voile pour se couvrir, il le délivrerait du mal et de la mort que cette féroce bête lui alloit porter. Ce que lui ayant promis, icelui enfant prit le dit sanglier, monta dessus, lui mena et lui fit tuer de son épée. Réveillé, il avoit continuel-

lement cette vision en sa pensée, et étoit en grande perplexité de savoir que cela pouvoit signifier. Or il arriva que la plupart des évêques de son royaume, étant allés à Paris pour une assemblée du clergé qui s'y tenoit, ledit roi leur exposa sa vision dont fort étonnés et ne sachant qu'en dire. » Saint Jérôme, évêque de Nevers, qui était parmi eux, ne s'étonna pas pour si peu ; il vit là une excellente occasion de faire financer le monarque, et lui dit : « Grand roi ! l'enfant qui vous est apparu est saint Cyr ; quoique ce soit en rêve, cet enfant ne vous en a pas moins sauvé la vie ; vous devez donc en reconnaissance et sous peine de damnation, accomplir la promesse que vous lui avez faite de le couvrir d'un voile ; or ce voile, dont vous devez le couvrir, signifie que vous devez faire bâtir une superbe cathédrale à Nevers en l'honneur de saint Cyr ; que vous devez la doter royalement et que vous devez me faire donner en

outre les terres et chatellenies d'Urzy, Pazzy et Prémery et encore beaucoup d'autres biens dont je vous ferai la liste. » Charlemagne, émerveillé de voir son rêve si bien expliqué, accorda tout, et les confrères de saint Jérôme s'en allèrent furieux et jaloux de n'avoir pas trouvé ça. Du coup, saint Gervais et saint Protais furent destitués de leur titre de patrons de Nevers et durent céder leur place au nouveau venu. Ils se plaignirent au Père éternel, en lui disant que ce n'était vraiment pas la peine d'avoir eu la tête coupée pour recevoir en récompense un pareil affront. Le bon Dieu, fatigué de leurs jérémiades, les envoya promener, en leur disant que c'était à eux d'être assez malins pour conserver leurs places ; et que du reste, il ne pouvait contrarier un évêque qui trouvait moyen de se faire bâtir une nouvelle cathédrale et d'enrichir la catholicité.

Longtemps, saint Cyr fit fureur dans le diocèse de Nevers. Le jour anniversaire de sa fête amenait dans la ville une foule de pieux solliciteurs

mais tout passe en ce monde, même la crédulité des dévots ; et c'est le cœur
serré que Monseigneur Crosnier le constate en ces termes dans son *Hagiologie
nivernaise* : « Maintenant, dit-il, comme autrefois, la fête de saint Cyr attire à
Nevers une foule immense ; pendant deux jours, les abords de la vieille cathédrale sont encombrés par la jeunesse des campagnes voisines en habit de fête ;
mais la plupart ne pensent même plus aux saints protecteurs que leurs aïeux
venaient implorer à pareille époque ; des jours de foire et d'apports ont remplacé cette fête religieuse, autrefois si populaire dans toute la contrée. » Hélas !
monseigneur ! ce que vous dites n'est que trop vrai ; les jeunes gars sont bien
plus occupés à courtiser les villageoises, et les fermiers bien plus désireux de
vendre leurs cochons ou leurs veaux que d'aller faire des génuflexions devant
saint Cyr.

Vers 1842, l'abbé Joseph Gaume, vicaire général de Nevers, afin de réveiller l'ardeur dévote des Nivernais, songea à leur donner une nouvelle pro-
tectrice. Cette nouvelle sainte, nommé Flavie, dont il eut seul l'honneur de
l'invention, puisqu'aucune vie des saints n'en fait mention avant cette époque, fut ramassée par lui dans un tombeau des catacombes de Rome. Il ne
restait plus de cette bienheureuse qu'un morceau de crâne et une fraction de
cuisse qu'il rapporta à Nevers sur ses genoux. Cette Flavie dama bientôt le
pion à Saint Cyr, qui fut à son tour relégué au magasin des accessoires. Tous
les aveugles, bancals et autres détériorés de corps ou d'esprit, fatigués d'avoir
en vain imploré le patron du pays, s'adressèrent à cette nouvelle venue qui,
malgré leurs supplications, les laissa dans le même état. Pour fêter dignement
son arrivée, on fourra les os de la sainte dans le corps d'une belle poupée richement habillée et surmontée d'une perruque blonde, et on la mena processionnellement dans toutes les rues de Nevers. On trouve dans les œuvres de Claude
Tillier, sprituel pamphlétaire de la Nièvre, et contemporain de Monsieur
Gaume, tout un chapitre où il prouve clairement que cette sainte Flavie n'a
jamais existé que dans l'esprit de cet ecclésiastique. Il termine en racon
tant un des miracles exécutés par la sainte : On lui amène un aveugle ; celui-ci
n'a pas plutôt dit les prières d'usage que le curé le déclare guéri. Alors un as-
sistant lui met sous les yeux une étoffe noire en le priant d'en dire la couleur.
— Rouge ! s'écrie l'aveugle. — Plusieurs autres essais ont lieu ; tous sont aussi
concluants, mais le curé ne se déconcerte pas ; et, lui mettant une rose sous le
nez, lui demande ce que c'est ? — Une rose ! s'écrie l'aveugle. — A ce mot
le tout monde crie au miracle, et la renommée de sainte Flavie devient plus
grande que jamais.

18 Juin. — SAINTE MARINE, *vierge,* VIII⁰ siècle. — Un homme veuf, fatigué du monde, se retira dans un couvent de moines pour faire son salut. Au bout de quelques années, il se rappela tout-à-coup qu'il avait laissé chez lui un enfant de quinze ans. Ayant fait part à son abbé de l'inquiétude que cela lui donnait, celui-ci lui dit de faire venir cet enfant au couvent. Il vint donc chez les moines et fut baptisé du nom de Marin. Sa beauté, sa douceur, et un charme inexprimable répandu sur toute sa personne, le firent en peu de temps aimer de toute la communauté. Jamais les moines n'aimèrent à ce point aucun de leurs condisciples. On apprit un beau jour qu'il avait recueilli, je ne sais où, un enfant nouveau-né et qu'il l'élevait par charité chrétienne. Pour ce fait, et pour bien d'autres encore, il fut cité partout comme un admirable exemple de sainteté ; malheureusement, Dieu fit mourir à la fleur de l'âge ce modèle de vertu. Une foule immense assista à l'enterrement ; pendant le trajet du corps, l'un des moines laissa échapper le cercueil, dont le couvercle s'ouvrit, et laissa voir, en tombant, les nudités d'une jeune femme. Voilà comment celui qui devait être saint Marin se vit tout-à-coup changé en sainte Marine.

20 Juin. — SAINT SILVÈRE et SAINT VIGILE, *papes,* VI⁰ siècle. — Saint Silvère, fils du pape Hormidas, parvint à succéder à son père à force d'intrigues et d'argent ; il fut remplacé par un gredin de la plus belle espèce nommé Virgile. Ce pape, souillé de tous les crimes, exila son prédecesseur dans une île déserte où il mourut de faim.

21 Juin. — SAINT LOUIS de GONZAGUE, *jésuite,* descendait d'une famille princière d'Italie. Le plus grand désir de son père était d'en faire un soldat ; mais lorsqu'il voulut lui donner les premières notions de l'art militaire, il s'aperçut que sa pieuse mère et son directeur en avaient fait un cagot. En effet, le jeune homme, déjà parfaitement dressé, ne regardait jamais personne en face. Le papa fit des scènes terribles ; mais les jésuites finirent par l'emporter... dans un couvent. Là ils parvinrent tellement à l'abrutir, ou si vous aimez mieux, à le détacher des choses de ce monde, « que trois mois après son arrivée, il ne savait pas encore comment étaient disposées les tables du réfectoire et qu'un jour son supérieur lui ayant ordonné d'aller chercher un livre à la place du recteur, il fut obligé de s'informer où elle était. »

Dieu fit mourir ce parfait chrétien de la peste, en 1591, à l'âge de vingt-deux ans.

23 Juin. — LA BIENHEUREUSE MARIE D'OIGNES, xii° et xiii°
siècles. — Elle ne voulait rien manger, si ce n'est le corps de Jésus-Christ, et
rien boire autre chose que ses larmes. « Ayant été obligée de prendre des bouillons gras dans une maladie, et un peu de vin, elle se découpa la chair en plusieurs endroits du corps pour se punir de cette satisfaction. »

SAINTE ZOÉ, *impératrice*. — Eh bien! mademoiselle Zoé, en voilà du propre! et dire que sur la foi de l'Église, je vous avais jusqu'alors vénérée comme
une sainte! ah! doux Jésus! ah! très sainte Vierge!! maintenant que j'ai lu votre
histoire, comme il faut que j'en rabatte!! chrétiens! mes frères! n'est-il pas
humiliant pour l'Église de penser que toutes les abominations que je vais raconter
sont, hélas! absolument historiques. Je pousse donc trois gros soupirs et je
commence : Le père de mademoiselle sainte Zoé était empereur à Constantinople et s'appelait Constantin VIII. Ce digne père aimait si tendrement ses deux
filles, Zoé et Théodora, qu'il leur donna les premières leçons d'amour..... Elles
en profitèrent si bien qu'elles furent bientôt en état d'en remontrer à leur père.
Celui-ci, usé de débauches et sentant qu'il allait rendre l'âme, voulut assurer
la succession du trône à sa fille Zoé. A cet effet, il envoya chercher le plus puissant seigneur de sa cour, nommé Argyre, et lui montrant d'un côté le bourreau,
de l'autre sa fille Zoé dans le deshabillé le plus galant : « Choisis, lui dit-il,
d'avoir la tête tranchée, ou d'épouser ma fille. » Argyre, ayant objecté qu'il
était marié, le monarque fit appeler un de ses familiers, et lui dit quelques mots.
Celui-ci partit comme un boulet de canon; et revenant un instant après, déposa
un paquet aux pieds du prince qui l'ouvrit, et montra à Argyre la tête de sa
femme. — As-tu encore quelque objection à faire? — Aucune. — Entrez! dit
alors l'empereur, d'une voix forte, quoique l'agonie commençât déjà à l'affaiblir.
— Un patriarche, du nom d'Alexis, qui attendait dans la coulisse, apparut. Sur
un signe, il bénit les deux fiancés, les déclara mariés, et disparut. Maintenant,
mes enfants, dit Constantin aux nouveaux époux, laissez votre vieux père
mourir tranquillement, et allez vous amuser.

Mademoiselle sainte Zoé ne s'amusa pas longtemps avec Argyre. Un jour, elle
envoya chercher l'évêque Alexis, et lui montrant un monsieur du nom de Michel,
assis à ses côtés : Tu vas nous bénir tous les deux, lui dit-elle! — C'est une
infamie, cria Alexis; Argyre est mon ami, il me permet de puiser à discrétion
dans sa caisse; je ne peux donc le trahir, et de ce pas je cours le prévenir. —
Zoé, qui s'était rappelé l'exemple de son digne père, lui dit : Choisis de prendre
cette bourse ou d'avoir le sort d'Argyre; et, disant cela, elle ouvrit un paquet

dans lequel se trouvait le cadavre de son mari. A cette vue, tous les scrupules de l'évêque s'envolèrent, il bénit les nouveaux époux, et emporta la bourse.

Michel fut sacré empereur à son tour, et tant que dura la lune de miel, Zoé n'eut pas trop à se plaindre de son époux ; c'était un rude gaillard qui ne boudait pas sur le service ; mais la sainte était d'une telle exigence qu'il fut bientôt sur les dents. Pour lui rendre un peu de sa première ardeur, elle le soumit à un régime spécial, et voulut elle-même faire sa cuisine qui se composa exclusivement de céleri, de truffes, d'écrevisses, de homards, de musc, de genseng, de vanille, de cacao, d'ambre gris, d'asperges, de cinéraire sibérienne, de semence de cordamone, d'écorce de cascarille, de mou de quinquina, etc., etc... Le dessert était toujours le même ; il consistait en une tarte à la rhubarbe, saupoudrée d'une épaisse couche de cantharides pulvérisées. Au lieu de produire l'effet qu'elle en attendait, ce régime trop excitant, rendit le malheureux absolument fou ; il en arriva au point de ne plus distinguer les personnes des animaux ; ainsi il prenait sa femme pour un chameau, et son neveu étant venu le voir, il le prit pour l'évêque Alexis. Sainte Zoé, voyant qu'on n'en pouvait plus rien tirer, fit de l'œil au neveu qui n'était pas mal du tout, mais qui s'appelait Calaphate, Cataphlate ou Cataplasme. Zoé, dévorée par l'envie de se le mettre sur la conscience, lui envoya un poulet ainsi conçu : Beau jeune homme, viens ce soir, et dispose-toi à bien m'aimer..... Le lendemain matin, elle lui dit : je suis contente de toi, et je vais envoyer chercher l'évêque Alexis pour nous bénir. — Et mon oncle? demanda le jeune homme. — Sois tranquille, répliqua la sainte, son affaire va être bientôt faite. — Cataplasme déclara à son tour qu'il avait l'âme sensible, et que ça lui ferait quelque chose de voir occir ce pauvre homme ; du reste, ajouta-t-il, ça ne serait vraiment pas la peine ; vous l'avez tellement esquinté qu'il n'a assurément pas plus de huit jours à vivre. — Eh bien! mon chéri, dit Zoé, sois content, je lui donne ses huit jours, mais pas davantage.

Michel eut le bon esprit de mourir avant le terme fixé, et aussitôt qu'il fut mort, sa veuve dit à Cataplasme qu'elle allait chercher l'évêque Alexis pour les bénir ; mais le jeune homme que le sort de ses prédécesseurs avait fait réfléchir, dit qu'il allait le chercher lui-même, et revint avec une escorte à laquelle il donna ordre de se saisir d'elle, et de l'enfermer dans un couvent de femmes en attendant qu'on eût bâti Saint-Lazare. Ensuite, il se fit proclamer empereur ; mais sainte Zoé sut si adroitement jouer de ses charmes avec le confesseur du couvent, et le satura si bien de ses caresses, qu'il voulut se montrer reconnaissant en facilitant son évasion. La sainte ne fut pas plutôt libre qu'elle fit à son tour arrêter le beau Cataplasme, lui fit crever les yeux, couper la langue et toutes sortes d'autres choses, après quoi elle l'envoya lui-même dans un couvent où il mourut.

Sainte Zoé renonça momentanément à se remarier, et s'en dédommagea en ayant à la fois des douzaines d'amants, qui pourtant ne parvinrent jamais à la rassasier. A cette époque, elle se raccommoda avec sa sœur, avec qui elle s'était fâchée, parce que celle-ci avait voulu tâter l'un de ses adorateurs. Les historiens racontent, dit Maurice Lachatre dans son *Histoire des papes* « que ces messalines donnaient audience aux évêques dans la salle des bains; et que là, dans une hideuse nudité, elles écoutaient les harangues pendant que les eunuques répandaient des arômes sur leur corps. Ils ajoutent qu'elles passaient des journées entières à contempler les jeux lascifs de leurs singes, pour prendre des leçons de corruption, lorsque leur imagination déréglée s'était épuisée en inventions nouvelles. » Sainte Zoé avait une dévotion particulière pour Jésus; elle avait fait placer à la tête de son lit un superbe Christ, grandeur naturelle, devant lequel elle venait souvent s'agenouiller pour lui demander pardon des infidélités qu'elle lui faisait. Je t'aime pourtant, lui disait-elle, et te trouve joli garçon; tu n'as pour moi qu'un seul défaut, c'est d'être en bois.

Elle avait soixante-trois ans, lorsque l'évêque Alexis vint bénir sa nouvelle union avec un de ses anciens amants; mais l'histoire ne dit pas si elle le fit occire comme les autres. Mademoiselle Zoé mourut tranquillement dans son lit en 1054 à l'âge de soixante-douze ans, entourée d'une dizaine d'évêques, et munie des sacrements de l'Église. Les payens la considérèrent comme un monstre et une ignoble prostituée. Les chrétiens la vénèrent comme une sainte.

24 JUIN. — SAINT SIMPLICE, *évêque d'Autun*, IV° siècle. — Ce saint évêque vivait publiquement avec une femme, et le peuple murmurait. Pour faire cesser ces murmures, il monta en chair et jura devant le Christ qu'il n'y avait entre lui et cette femme aucun commerce charnel; mais le peuple murmurait tonjours. Voyant alors qu'un miracle était indispenable, il fit monter une estrade, y vint avec sa conjointe et pendant qu'il mangeait de l'étoupe enflammée, et *mettait du feu dans ses poches, celle-ci jonglait avec des charbons ardents. Ce prodige persuada non-seulement tous les incrédule, mais convertit encore plus de mille payens.* Le livre saint, qui raconte ces choses édifiantes, ajoute qu'à la vue de ce prodige une statue de Cybèle qui était sur la place, se trouva mal de dépit, et, dans sa chute, se brisa en mille morceaux.

24 juin. — **SAINT JEAN-BAPTISTE,** fils de Zacharie et d'Élisabeth, était cousin-germain de Jésus-Christ. Sainte Marie et sainte Élisabeth étaient très amies et envoyèrent les deux cousins ensemble à l'école. Dès son

jeune âge, Jean montra un caractère sérieux, et fut ce qu'on appelle un *piocheur*, Jésus, au contraire, ne savait jamais ses leçons, et lorsqu'il lui fallait les réciter, c'était Jean qui les lui soufflait derrière le dos. Lorsque Jésus atteignit l'âge où l'on apprend, par expérience, que les demoiselles appartiennent au sexe aimable, il mit un soin extrême à sa toilette, et parfuma tous les matins sa moustache naissante et ses beaux cheveux bouclés. Jean, au contraire, avait la barbe inculte, et les cheveux en broussailles.

On sait qu'à cette époque les juifs étaient sous la domination des Romains, et qu'ils croyaient à la venue prochaine d'un monsieur appelé le *Messie*, dont ils attendaient monts et merveilles et qui devait surtout les délivrer de leurs oppresseurs. Beaucoup, déjà, s'étaient mis à prêcher le peuple, en se prétendant le Messie, mais aucun, jusqu'alors, n'avait réussi à le convaincre.

Jean fit la même chose et eut plus de succès. C'était un grand garçon à la crinière brune, à l'œil noir lançant des éclairs, à la voix de tonnerre, ayant l'aspect austère et sauvage. Ses déclamations à l'emporte-pièce contre les tyrans obtinrent un grand succès. Jésus prêchait aussi; mais si les hommes ne l'écoutaient guère, il n'en était pas de même des femmes; il en avait toujours un troupeau derrière les talons. Ces dames ne pouvaient, paraît-il, se rassasier de voir et d'entendre un garçon, si beau et si blond.

Un jour, Jean entra dans la chambre de Jésus, mais celui-ci, assis devant une table et la tête dans les mains, était si absorbé par ses pensées qu'il n'entendit pas son cousin. Jean voyant un parchemin fraîchement écrit devant lui, le prit et lut le sonnet qui suit:

JÉSUS A MAGDELEINE.

J'aime ta blonde chevelure,
Ton profil grec, ton œil mutin,
Ton exubérante nature,
Et ton petit air libertin.
Exempte de toute parure,
J'aime à baiser soir et matin

Ta lèvre rouge de luxure,
Et ta douce peau de satin.
Belle! Adorable!! Enchanteresse!!!
A ta beauté, belle maîtresse,
Je préfère un plus grand trésor.
Mais il faut enfin que tu saches
Quel est ce trésor que tu caches?....
Apprends-le donc, c'est un cœur d'or!

« Ce n'est point seulement un cœur d'or qu'a cette femme! dit Jean en remettant le papier, mais c'est aussi une bourse d'or, et tu ne rougis pas de puiser à pleines mains dans la bourse de cette prostituée. Est-ce là la conduite d'un homme qui prétend enseigner la morale au peuple? Si tu veux persuader les autres, commence donc par donner l'exemple. » Jean continua ainsi pendant près d'une heure à faire des remontrances à Jésus; puis il lui annonça qu'il allait partir pour les déserts de la Judée, suivi d'un nombre considérable de disciples, et l'engagea à l'accompagner. Jésus promit; mais les femmes, ayant été informées de son dessein, allèrent toutes se jeter à ses genoux en lui disant:

« Ah ! doux Jésus ! reste près de nous, car nous mourrons de douleur si tu nous quittes. » Le pauvre Jésus était bien perplexe ; si, d'un côté son cœur sensible l'entraînait du côté des femmes, de l'autre, la voix vibrante de Jean, résonnant à son oreille, lui disait qu'il devait tout quitter dans l'intérêt de sa cause. Jean avait prévenu son cousin qu'il partirait le lendemain au point du jour ; mais les... suivantes de Jésus avaient décidé qu'il ne partirait pas, et vous savez, ce que femme veut, Dieu le veut. Pour arriver à leurs fins, elles usèrent de malice, et pendant qu'il dormait, elles bouchèrent hermétiquement toutes les ouvertures qui pouvaient laisser passer la lumière. Jésus, qui voulait partir, se réveilla plusieurs fois, mais voyant toujours l'obscurité la plus profonde, il se rendormait avec confiance. Enfin, trouvant que le jour était bien long à venir, il se leva et ouvrit la porte. Sa stupéfaction fut grande en voyant que le soleil était au milieu de sa course, et en constatant qu'il avait manqué le train depuis longtemps.

Ce malheur ne l'affligea qu'à demi ; car l'idée de quitter ses chères pécheresses était bien cruelle à son cœur.

Cependant Jean ne fut pas plus tôt arrivé dans le désert qu'il se mit à déclamer avec une violence inouïe contre les vices des grands, disant que le royaume de Dieu était proche, que déjà la cognée était à l'arbre du paganisme. On venait de tous les côtés pour entendre ses déclamations virulentes, et ceux qui ne pouvaient aller au désert étaient instruits de ses paroles par ceux qui en revenaient.

Sa renommée devint si grande qu'elle décida Jésus à l'aller trouver. Celui-ci, lorsqu'il revit son cousin, le reconnut à peine ; les privations avaient amaigri ses traits, et il ne portait pour tout vêtement qu'une peau de chameau ; quant à sa nourriture, elle ne se composait que de sauterelles qu'il faisait cuire au soleil, et qu'il assaisonnait avec du miel sauvage. Jésus, quoique cela ne lui convînt guère, fut contraint de se faire baptiser comme les autres. Pendant le temps qu'il resta avec son cousin, il copia, le plus possible, de ses discours pour les répéter à son retour ; mais une querelle survint entre eux qui obligea Jésus de partir plus tôt qu'il n'aurait voulu.

À son départ de Galilée, il était accompagné de quelques rares disciples, et, suivant sa coutume, d'un grand nombre de dames. Plusieurs l'abandonnèrent en route ; mais d'autres le suivirent jusqu'au désert. L'apparition de ces saintes femmes parmi les disciples de Jean produisit une perturbation complète ; cela provenait de ce qu'il y en avait trop ou *trop peu* : Il y en avait trop, eu égard aux mœurs austères des disciples de Jean, et trop peu pour que chacun en ait une. Ces dames, étant en extrême minorité, tenaient la dragée haute à ces messieurs, et faisaient les coquettes, ce qui donnait lieu à de nombreuses scènes de jalousie et à des luttes fréquentes. Voyant cela, Jean Baptiste apostropha Jésus et pria ses femmes de décamper au plus vite. Le pauvre Jésus, ne pouvant se résigner à les voir partir seules, partit avec elles.

Jean continua longtemps encore ses prédications, lorsqu'un jour il s'avisa de traiter de vieille catin Madame Hérodiade, maîtresse d'Hérode, roi de Judée. Être appelée *catin*, passe encore; mais vieille, voilà ce qu'Hérodiade ne put jamais digérer, et elle s'en vengea en faisant mettre Jean en prison. Devenir vieille était ce qui tourmentait le plus la maîtresse du roi; était-il donc besoin que ce misérable Jean s'en vint crier à tue-tête qu'elle était vieille? Hélas! Hérode ne l'avait déjà que trop remarqué, et elle avait toutes les peines du monde à retenir dans ses bras ce volage qui brûlait du désir de tutoyer de plus jeunes appas.

La pauvre Hérodiade, voyant qu'elle ne pourrait pas plus longtemps contenir son amant, prit un parti héroïque, et résolut, pour que les faveurs du prince restassent au moins dans sa famille, de lui sacrifier la belle Salomé, sa propre fille. A cet effet, un jour qui était celui de la fête d'Hérode, elle l'habilla le moins possible, et, lui ayant enseigné une danse extra-lascive, elle l'envoya au prince; celui-ci, qu'elle avait suffisamment préparé, fut tellement charmé dès contorsions de cette demoiselle, qu'il fit le serment de lui accorder tout ce qu'elle demanderait. La fille, ayant été consulter sa maman, celle-ci lui dit de demander la tête de Jean, dans un plat, avec du persil dans le nez.

L'Église, qui a toujours écrit l'histoire suivant ses intérêts, appela Jean-Baptiste le précurseur du Messie. Si cela eût été vrai, lorsque Jésus alla trouver Jean, celui-ci, puisqu'il ne faisait que l'annoncer, aurait considéré sa mission comme terminée, et lui aurait cédé la place. Jean, au contraire, prêcha longtemps après, fut reconnu lui-même pendant sa vie pour le Messie, et, si Hérode ne l'avait fait décapiter, c'est lui qui aurait probablement été le Dieu des chrétiens.

Jésus n'eut de célébrité qu'après sa mort, parcequ'il prit Jean pour modèle.

Voici une prière à Saint-Jean, extraite d'un petit livre dévot, ayant pour titre : MÉDECIN DES PAUVRES.

ORAISON POUR LE MAL D'YEUX.

Bienheureux Saint-Jean, passant par ici, trois vierges dans son chemin, il leur dit : que faites-vous ici? Nous guérissons de la maille. — Guérissez, vierges, guérissez l'œil ou les yeux de N., faisant le signe de la Croix, et soufflant dans l'œil, on dit : Maille, feu grief, ou que ce soit ongle, graine ou araignées, Dieu te commande de n'avoir pas plus de puissance sur cet œil que les Juifs le jour de Pâques sur le corps de N. S. J.-C., puis on fait encore un signe de croix en soufflant dans les yeux de la personne, en disant : Dieu t'a guéri. Sans oublier la neuvaine à l'intention de la bienheureuse Claire.

Dans ce petit livre, on trouve des prières pour guérir les coliques, les rhumatismes, la gale, les fièvres, les brûlures, le charbon : pour se préserver du tonnerre, pour extirper les épines sans douleur, pour chasser les mauvais esprits, etc. En voici deux, entre autres, dont plusieurs personnes pieuses m'ont garanti l'efficacité :

ORAISON POUR GUÉRIR PROMPTEMENT DE LA COLIQUE.

Mettez le grand doigt de la main droite sur la douleur, et dites : Marie, qui êtes Marie ou colique passion, qui êtes entre mon foie et mon cœur, entre ma rate et mon poumon, arrêtez au nom du Père, du Fils et du Saint-Esprit, et dites trois *Pater*, trois *Ave*, et nommez le nom de la personne, disant : Dieu t'a guéri. Amen.

PRIÈRE POUR GUÉRIR LES TRANCHÉES DES CHEVAUX.

Cheval noir ou gris, car il faut distinguer la couleur du poil de la bête, appartenant à N., si tu as les avives de quelque couleur qu'elles soient, ou tranchées rouges, ou en trente-six sortes d'autres maux, de cas qu'ils y soient, Dieu te guérisse, et le bienheureux saint Éloi. Au nom du Père, du Fils et du Saint-Esprit. Ainsi soit-il.

Les malins ne se contentent pas de lire cette prière; ils l'écrivent sur un papier qu'ils font avaler au cheval, pour que ça fasse plus d'effet.

23 JUIN. — SAINTE AGRIPPINE, *vierge et martyre romaine.* — Son nom est invoqué contre les maladies de peau ; mais, à vous parler franchement, j'ai bien plus de confiance en sainte Anne; c'est pourquoi je ne saurais trop vous recommander l'oraison suivante, que j'extrais d'un livre dévot : Prière pour la teigne: *Lève-toi, et va trouver sainte Anne; qu'elle te donne telle huile quelconque; tu t'en graisseras à jeun, une fois par jour, et pendant un an et un jour; celui qui le fera n'aura ni rogne, ni gale, ni teigne, ni rage. Il faut répéter cette oraison pendant un an et un jour, sans y manquer tous les matins à jeun; et au bout de ce temps vous serez radicalement guéri, et exempt de tous ces maux pour la vie.*

23 JUIN. — **SAINTE ETHELRÈDE** est plus connue sous le nom de **SAINTE AUDRY**, quoique Ethelrède soit celui que lui donne l'histoire. Cette sainte eut pour sœurs sainte Ethelbethe, sainte Triplebuze et sainte Ethelhuître; elle eut pour père le pieux Anne, roi des Est-Angles, et pour mère, sainte Testewyde. Elle naquit à Erminge, dans le comté de Suffolk, et fut élevée dans la crainte de Dieu. Ses parents, quoique saints,

la pressèrent de s'engager dans les liens du mariage. Sainte Ethelrède, qui avait résolu de garder sa virginité, ne sachant que faire en cette fâcheuse extrémité, alla bien vite consulter saint Wilfrid, évêque d'York, son directeur. « Puisque vos parents y tiennent absolument, lui dit-il, ne les contrarions pas, et reposez-vous sur moi pour le choix d'un époux. »

Quelque temps après, Ethelrède épousait le prince de Wilhâine Trompeth; mais la première nuit de ses noces, ainsi que celles qui suivirent, elle les consacra uniquement à chanter les louanges du Seigneur. Son mari, qui était bon musicien, voulait absolument l'accompagner avec sa flûte; mais elle refusa énergiquement, se souvenant que saint Wilfrid lui avait expressément recommandé de n'accepter d'autre instrument que son ophicléide. Un beau jour, elle devint veuve, et saint Wilfrid, qui avait assurément une agence de mariage dans la manche trouva de suite un nouveau mari pour remplacer l'ancien; c'était un nommé Egfrid ou Egfroid, roi de Northumberland. Ce prince, qui était de glace, voulut bien sans trop de peine consentir à respecter à son tour la virginité de sainte Ethelrède. Cependant, dans le commencement, il ne fut pas sans vouloir quelquefois réclamer ses droits d'époux, alors il se levait la nuit et venait frapper à la porte de sa femme ; mais sainte Ethelrède, qui n'oubliait jamais de mettre les verroux, se contentait de répondre : on n'entre pas. Je la trouve raide! disait dans sa colère le pauvre Egfroid. Mais il avait beau la trouver raide, il n'entrait pas davantage. Après quelques essais aussi infructueux, il prit enfin le parti de rester tranquille. Cet état de chose durait depuis douze ans, lorsqu'un beau jour Egfroid vit distinctement sa femme envoyer des baisers brûlants au saint évêque. Ce mal appris s'emporta et voulut faire du scandale; mais la sainte répondit que le saint n'était que le digne intermédiaire chargé de transmettre ses caresses au divin époux. Quant à Wilfrid, il le prit de plus haut, et déclara au mari que pas plus que la femme de César, un évêque ne devait être soupçonné; puis il lui donna sa malédiction et emmena la sainte dans l'île d'Ely, à quatre-vingt-douze kilomètres de Londres.

Là, « elle fonda un monastère et poussa la perfection si loin qu'elle en arriva à ne plus mettre de chemise ». La seule distraction qu'elle voulut se permettre fut la pêche aux anguilles qui abondent dans cette île. Le 23 juin 679, dans l'après-midi, elle venait d'en pêcher une superbe, lorsqu'elle mourut subitement. Elle alla au ciel tout droit, et s'empressa d'offrir à la vierge cette anguille encore toute frétillante.

Cette sainte inventa une liqueur dont la propriété était de communiquer au sang une chaleur incomparable; elle est très connue chez les moines sous le nom de LIQUEUR DIVINE DE SAINTE ETHELRÈDE.

Lorsque je fus visiter le lieu où la sainte rendit l'âme, le portier du couvent, à qui j'avais graissé la patte, pour le faire jaser, me montra plusieurs pipes de formes anciennes, en m'assurant que c'était la sainte elle-même qui les avait culottées.

25 JUIN. — SAINT PROSPER D'AQUITAINE, v⁰ siècle. Ce saint, placé au rang des pères de l'Église, passa la plus grande partie de sa vie dans les plus crapuleuses débauches, et devenu vieux, se fit ermite. Certains livres saints disent qu'il fut évêque de Riès, en Provence; d'autres affirment qu'il était laïque et marié; ce qui est certain, c'est qu'il écrivit beaucoup de belles choses tant en prose qu'en vers, et entre autres, un livre sur la grâce tendant à nier le libre arbitre; mais la grâce que je vous souhaite, c'est de ne pas être condamné à le lire.

28 JUIN. — SAINT LÉON II, *pape* (VII⁰ siècle), était d'un naturel très doux, ce qui ne l'empêcha pas d'infliger d'effroyables tortures aux hérétiques nommés Monothélites parce qu'ils s'obstinaient *à ne vouloir reconnaître en Jésus-Christ qu'une volonté et qu'une opération*. A cette époque, Ervige, fils du roi des Wisigoths, trouvant que son père tardait bien à le faire hériter du

trône, lui mit dans son bouillon de la poudre *d'ad patres;* mais au lieu de l'empoisonner, il ne réussit qu'à le rendre fou; cela servit cependant à quelque chose, car profitant de son état d'esprit, il lui fit signer son abdication. Malheureusement, le papa s'avisa de recouvrer la raison; et son cher fils, craignant qu'il ne voulut réclamer ses droits au trône, envoya des ambassadeurs à Léon II, pour le prier, moyennant une bourse abondamment garnie, de vouloir bien ratifier son élection. Supposez qu'au lieu d'être un pape et un saint, Léon II ait été tout simplement un honnête homme, il aurait certainement considéré cet offre ignoble comme une injure, et l'aurait repoussée avec indignation; mais les papes n'ont pas sur l'honnêteté des idées aussi rétrécies que celles des autres hommes; et celui-ci s'empressa de prendre la bourse et de déclarer par écrit qu'Ervige était roi de par la volonté du ciel. Ce saint fit encore de grandes choses, *fust home fort sçavant en grec, latin, musique,* rétama à neuf les chants d'Église tombés dans la cacophonie, *fit de belles mélodies en plein chant, fust le premier qui eust l'heureuse idée qu'on arrousast le peuple d'eau bénite, et qu'hômes et femmes se baisassent à la messe en signe de paix.*

Quel malheur que ce dernier usage soit passé de mode aujourd'hui! que de gens iraient à l'église rien que pour ça.

LES SEPT DORMANTS. — Leur histoire a été racontée par Grégoire de Tours, père de l'Église. — A Ephèse, en 251, sous le règne de Décius, on enferma sept chrétiens dans une caverne dont on fit murer l'entrée. Trois cent soixante-douze ans après, on fit ouvrir cette caverne, et les sept chrétiens en sortirent aussi bien portants qu'ils y étaient entrés. Qu'avaient-ils fait pendant ces trois cent soixante-douze années? — Ils avaient dormi.

Un chrétien. — Que diable nous racontez-vous là? de semblables contes ont pu être faits pour amuser les petits enfants; mais ils n'ont jamais été sanctionnés par l'Église.

— Je vous demande bien pardon, cher monsieur, l'Église garantit le fait, et elle célèbre tous les ans la fête des *Sept Dormants,* à la date du 26 juillet.

Liquéfaction du sang de saint Janvier. — A propos de ce miracle, je dois rapporter une anecdote assez connue, mais qui, néanmoins, a sa place tout naturellement marquée dans ce livre. La voici : « Au mois de mai et au mois de septembre, c'est-à-dire à la fête du saint et à la translation de ses reliques, son sang se liquéfie. C'est à ces deux époques que tout Naples est en rumeur, pour être témoin de ce miracle. Tous les ordres religieux, tous les curés, assistent à une procession solennelle. Vers midi, on apporte le

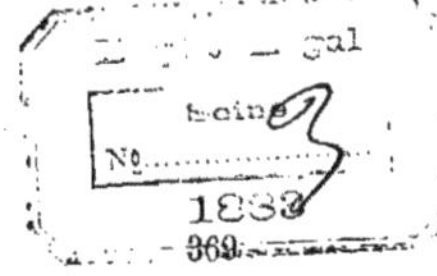

buste de saint Janvier, et, sur le soir, le reliquaire où est le sang. Quand on est arrivé, l'archevêque ou le prêtre qui officie à sa place, retourne plusieurs fois le reliquaire, en prononçant le *Credo*. C'est alors qu'on entend le peuple implorer à grands cris saint Janvier ; les femmes se frappent la poitrine à coups redoublés, se donnent des soufflets et s'arrachent les cheveux. Tout le monde est dans des agitations convulsives. Si le miracle tardait à s'opérer, malheur à celui des assistants qui serait soupçonné d'être hérétique. On lui en attribuerait la cause, et sa vie ne serait pas en sûreté. On cite plusieurs exemples des extrémités violentes auxquelles on s'est porté sur les malheureuses victimes d'un préjugé que l'idée de l'intérêt public entretient dans toutes les têtes, car l'interruption de ce miracle est regardée, à Naples, comme le pronostic d'un grand malheur : aussi est-il rare qu'il manque, et cela n'est arrivé que lorsqu'on a eu l'intention de ne pas le vouloir. Par exemple, lorsque, dans la guerre de succession, nous étions maîtres de Naples, et que M. d'Avarey y commandait, la saison du miracle arriva. Les Napolitains coururent à l'église par dévotion, les Français par curiosité, et M. d'Avarey s'y transporta pour maintenir l'ordre. Il savait que les Napolitains ne nous aimaient pas, nous voyaient avec peine maîtres chez eux, et que l'archevêque était tout dévoué à la maison d'Autriche. Il le prouva dans cette occasion. La fiole de sang de saint-Janvier était déjà entre ses mains, et il l'agitait depuis un quart d'heure, sans que la liquéfaction voûlut se faire. Le peuple, après avoir prié Dieu d'intercéder auprès de saint Janvier pour en obtenir ce miracle, sans qu'il se fît, commençait à murmurer, et en accusait les Français, comme hérétiques, dont la présence était un obstacle aux faveurs du Ciel. Cette fermentation, croissant par degrés, pouvait avoir des suites violentes. Les troupes étaient peu nombreuses, en comparaison des habitants. Un grenadier, en toute autre circonstance, en aurait imposé à cent bourgeois ; mais si le fanatisme venait à enflammer les esprits, le dernier homme du peuple aurait affronté cent grenadiers. M. d'Avarey, prenant un parti prompt, envoya un de ses gens dire à l'oreille de l'archevêque qu'il eût à faire sur-le-champ le miracle, sinon qu'on le ferait faire par un autre, et que lui, archevêque, serait aussitôt pendu, et le miracle se fit. »

SAINT JEAN-PORTE-LATINE, qui n'est autre que Jean l'Évangéliste, reçut ce qualificatif parce qu'il fut plongé dans une chaudière d'huile bouillante dans un quartier de Rome où se trouvait une porte nommée la Porte-Latine. Dans les campagnes du Var, ce saint a détrôné saint Vincent, généralement reconnu comme patron des vignerons. Les viticulteurs de ces contrées ont l'habitude de porter leurs vendanges à dos, dans une *tine*, ce qui leur a fait dire que puisque Jean porte la *tine* c'est lui leur véritable patron (*sic*). Il serait plus facile de persuader une cruche, que de leur démontrer le contraire.

SAINTE CÉCILE, patronne de rien du tout. Je ne veux pas clore ce livre sans vous donner sur cette sainte un détail curieux. Au temps où l'on donnait des patrons à chaque corps d'état, on fut très embarassé pour en donner un aux musiciens. Parmi l'innombrable multitude de saints, pas un seul qui jouât seulement de la clarinette ou de l'accordéon ; il y avait bien le roi David qui jouait de la harpe, mais comme il était de l'Ancien-Testament, il ne pouvait faire l'affaire. Les choses en étaient là, lorsqu'on découvrit une ancienne sculpture représentant une sainte Cécile tenant un instrument à la main. Sauvé, mon Dieu ! On la fit, sur-le-champ, patronne des musiciens, mais longtemps après, un archéologue démontra que ce que l'on avait pris pour un instrument de musique n'était en réalité qu'un instrument de torture. Mais que peut la vérité sur l'habitude ? rien ; car les musiciens n'en continuèrent pas moins à fêter tous les ans Sainte Cécile !

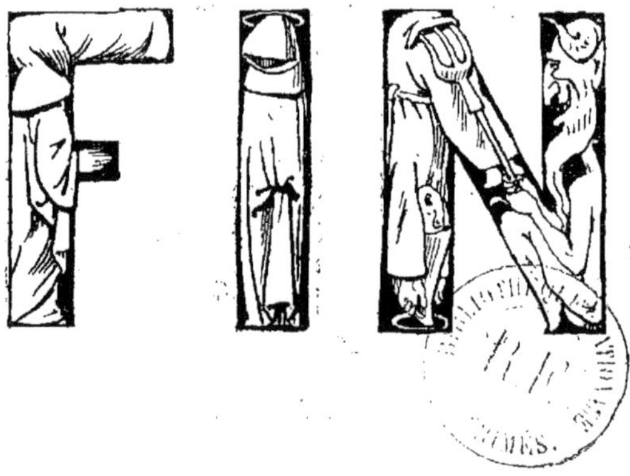

TABLE DES MATIÈRES

Errata. - - Page 216, à SAINTE PAULE, 3ᵉ ligne, *au lieu de :* rayée par erreur, *lisez :* mais cela est si commun.

MOTTEROZ, Admin.–Direct. des Imprimeries réunies, B, Puteaux

www.ingramcontent.com/pod-product-compliance
Ingram Content Group UK Ltd.
Pitfield, Milton Keynes, MK11 3LW, UK
UKHW022322090726
13658UKWH00001B/23